le Guide du **routard**

Directeur de collec...
Philippe GLO...

Cofondat...
Philippe GLOAGUEN

Rédacteur e...
Pierre JO...

Rédacteurs en chef adjoints
Amanda KERAVEL et Benoît LUCCHINI

Directrice de la coordination
Florence CHARMETANT

Directeur de routard.com
Yves COUPRIE

Rédaction
Olivier PAGE, Véronique de CHARDON,
Isabelle AL SUBAIHI, Anne-Caroline DUMAS,
Carole BORDES, Bénédicte BAZAILLE,
André PONCELET, Marie BURIN des ROZIERS,
Thierry BROUARD, Géraldine LEMAUF-BEAUVOIS,
Anne POINSOT, Mathilde de BOISGROLLIER,
Gavin's CLEMENTE-RUÏZ, Alain PALLIER
et Fiona DEBRABANDER

RÉPUBLIQUE DOMINICAINE, SAINT-DOMINGUE

2006

Hachette

Avis aux hôteliers et aux restaurateurs

Les enquêteurs du *Guide du routard* travaillent dans le plus strict anonymat. Aucune réduction, aucun avantage quelconque, aucune rétribution ne sont jamais demandés en contrepartie. Face aux aigrefins, la loi autorise les hôteliers et restaurateurs à porter plainte.

Hors-d'œuvre

Le *GDR*, ce n'est pas comme le bon vin, il vieillit mal. On ne veut pas pousser à la consommation, mais évitez de partir avec une édition ancienne. Les modifications sont souvent importantes.

ON EN EST FIERS : www.routard.com

Tout pour préparer votre voyage en ligne, de A comme argent à Z comme Zanzibar : des fiches pratiques sur 125 destinations (y compris les régions françaises), nos tuyaux perso pour voyager, des cartes et des photos sur chaque pays, des infos météo et santé, la possibilité de réserver en ligne son visa, son vol sec, son séjour, son hébergement ou sa voiture. En prime, *routard mag,* véritable magazine en ligne, propose interviews de voyageurs, reportages, carnets de route, événements culturels, dossiers pratiques, produits nomades, fêtes et infos du monde. Et bien sûr : des concours, des *chats,* des petites annonces, une boutique de produits de voyage...

Comité Éthique

Nous avons créé un Comité Éthique comprenant des membres de la rédaction et hors de la rédaction. Si vous avez des questions et des commentaires concernant certains textes, merci d'écrire au Comité Éthique : 5, rue de l'Arrivée, 92190 Meudon. ● guide@routard.com ●

Les réductions accordées à nos lecteurs ne sont jamais demandées par nos rédacteurs afin de préserver leur indépendance. Les hôteliers et restaurateurs sont sollicités par une société de mailing, totalement indépendante de la rédaction qui reste libre de ses choix. Idem pour les autocollants et plaques émaillées.

Mille excuses, on ne peut plus répondre individuellement aux centaines de CV reçus chaque année.

Le contenu des annonces publicitaires insérées dans ce guide n'engage en rien la responsabilité de l'éditeur.

TABLE DES MATIÈRES

COMMENT Y ALLER ?

GÉNÉRALITÉS

SANTO DOMINGO

À L'EST DE SANTO DOMINGO

LA CÔTE DES COCOTIERS

À L'OUEST DE SANTO DOMINGO

LE CENTRE DU PAYS

LE CIBAO

LA CÔTE NORD

À L'OUEST DU CIBAO

DE MONTECRISTI À LA PRESQU'ÎLE DE SAMANÁ

LA PÉNINSULE DE SAMANÁ

NOS NOUVEAUTÉS

GUIDE DE CONVERSATION ALLEMAND (paru)

L'allemand, trop complexe ? Plus d'excuse avec ce guide de poche. Ludique et complet, il répertorie plus de 7 000 mots et expressions. Tout le lexique pour organiser votre voyage ou simplement discuter autour d'une bière. Un outil indispensable qui rend accessible à tous la langue de Goethe.

GUIDE DE CONVERSATION ANGLAIS (paru)

Certes votre accent *frenchy* est irrésistible, mais encore faut-il avoir le vocabulaire adéquat ! La langue privilégiée de l'échange dispose désormais d'un nouveau guide. Dans votre nouvel indispensable, des centaines de phrases-clés pour toutes les situations de voyage. *Exit* le temps du bégaiement hésitant : le routard que vous êtes peut désormais s'épanouir hors de nos frontières. *Have a good trip !*

GUIDE DE CONVERSATION ESPAGNOL (paru)

Excuse me, où est la Sagrada Familia ? Visiblement, les mots vous manquent... Votre mini-guide en poche, palabrer dans la langue d'Almodovar deviendra un jeu d'enfant. Phrases-clés prêtes à l'emploi, encadrés culturels et conseils pratiques : tout est là. Vous êtes fin prêt pour arpenter les contrées hispanophones !

GUIDE DE CONVERSATION ITALIEN (paru)

Un voyage dans la Botte en prévision et vous parlez seulement avec les mains ? Rassurez-vous, la tchatche italienne est désormais à portée de guide. Tous les mots et expressions-clés de la vie quotidienne, transcrits en phonétique, enfin réunis dans un format poche très fonctionnel. Et pour que l'immersion soit complète, des encadrés vous dévoilent les us et coutumes autochtones. Un compagnon de route indispensable pour vivre au rythme de la *dolce vita*.

LES GUIDES DU ROUTARD
2006-2007

(dates de parution sur **www.routard.com**)

France

Nationaux

- Nos meilleures chambres d'hôtes
  en France
- Nos meilleures fermes-auberges
  en France
- Nos meilleurs hôtels et restos
  en France
- Petits restos des grands chefs

Régions françaises

- Alpes
- Alsace, Vosges
- Aquitaine
- Ardèche, Drôme
- Auvergne, Limousin
- Bourgogne
- Bretagne Nord
- Bretagne Sud
- Châteaux de la Loire
- Corse
- Côte d'Azur
- Franche-Comté
- Île-de-France
- Languedoc-Roussillon
- Lot, Aveyron, Tarn
- Nord-Pas-de-Calais
- Normandie
- Pays basque (France, Espagne)

- Pays de la Loire
- Poitou-Charentes
- Provence
- Pyrénées, Gascogne et Pays toulousain

Villes françaises

- Bordeaux
- Lille
- Lyon
- Marseille
- Montpellier
- Nice
- Toulouse

Paris

- Junior à Paris et ses environs
- Paris
- Paris balades
- Paris exotique
- Paris la nuit
- Paris sportif
- Paris à vélo
- **Paris zen (mai 2006)**
- Restos et bistrots de Paris
- Le Routard des amoureux à Paris
- Week-ends autour de Paris

Europe

Pays européens

- Allemagne
- Andalousie
- Andorre, Catalogne
- Angleterre, Pays de Galles
- Athènes et les îles grecques
- Autriche
- Baléares
- Belgique
- Crète
- Croatie
- Écosse
- Espagne du Centre (Madrid)
- Espagne du Nord-Ouest (Galice,
  Asturies, Cantabrie)
- Finlande

- Grèce continentale
- Hongrie, République tchèque, Slovaquie
- Irlande
- Islande
- Italie du Nord
- Italie du Sud
- Malte
- Norvège, Suède, Danemark
- Piémont
- Pologne et capitales baltes
- Portugal
- Roumanie, Bulgarie
- Sicile
- Suisse
- Toscane, Ombrie

LES GUIDES DU ROUTARD 2006-2007 *(suite)*

(dates de parution sur **www.routard.com**)

Villes européennes

- Amsterdam
- Barcelone
- **Berlin (mars 2006)**
- Florence
- Londres
- Moscou, Saint-Pétersbourg
- Prague
- Rome
- Venise

Amériques

- Argentine
- Brésil
- Californie
- Canada Ouest et Ontario
- Chili et île de Pâques
- Cuba
- Équateur
- États-Unis, côte Est
- Floride, Louisiane
- Guadeloupe, Saint-Martin, Saint-Barth
- Martinique, Dominique, Sainte-Lucie
- Mexique, Belize, Guatemala
- New York
- Parcs nationaux de l'Ouest américain et Las Vegas
- Pérou, Bolivie
- Québec et Provinces maritimes
- République dominicaine (Saint-Domingue)

Asie

- Birmanie
- Cambodge, Laos
- Chine (Sud, Pékin, Yunnan)
- Inde du Nord
- Inde du Sud
- Indonésie
- Istanbul
- Jordanie, Syrie
- Malaisie, Singapour
- Népal, Tibet
- Sri Lanka (Ceylan)
- Thaïlande
- Turquie
- Vietnam

Afrique

- Afrique de l'Ouest
- Afrique du Sud
- Égypte
- Île Maurice, Rodrigues
- Kenya, Tanzanie et Zanzibar
- Madagascar
- Maroc
- Marrakech
- Réunion
- Sénégal, Gambie
- Tunisie

Guides de conversation

- **Allemand (nouveauté)**
- **Anglais (nouveauté)**
- **Chinois (mars 2006)**
- **Croate (mars 2006)**
- **Espagnol (nouveauté)**
- **Grec (mars 2006)**
- **Italien (nouveauté)**
- **Portugais (mars 2006)**
- **Russe (mars 2006)**

Et aussi...

- Le Guide de l'expatrié
- Le Guide de l'humanitaire

Nous tenons à remercier tout particulièrement Loup-Maëlle Besançon, Thierry Bessou, Gérard Bouchu, François Chauvin, Grégory Dalex, Fabrice de Lestang, Cédric Fischer, Carole Fouque, Michelle Georget, David Giason, Claudine de Gubernatis, Lucien Jedwab, Emmanuel Juste, Florent Lamontagne, Delphine Meudic, Jean-Sébastien Petitdemange, Laurence Pinsard, Thomas Rivallain, Claudio Tombari et Solange Vivier pour leur collaboration régulière.

Et pour cette nouvelle collection, nous remercions aussi :

David Alon et Andréa Valouchova
Antonin Amado
Didier Angelo
Marjorie Bensaada
Jean-Jacques Bordier-Chêne
Philippe Bourget
Nathalie Boyer
Ellenore Bush
Florence Cavé
Raymond Chabaud
Caroline Chapeaux
Alain Chaplais
Bénédicte Charmetant
Geneviève Clastres
Stéphanie Condis
Agnès Debiage
Tovi et Ahmet Diler
Bénédicte des Dorides
Émilie Droit
Sophie Duval
Pierre Fayet
Sophie Ferard
Alain Fisch
Cécile Gauneau
Stéphanie Genin
Arnaud Gèze
Adrien Gloaguen
Angela Gosmann
Romuald Goujon
Stéphane Gourmelen
Mérill Goussot
Xavier Haudiquet
Bernard Hilaire
Lionel Husson
Catherine Jarrige
Sébastien Jauffret
François et Sylvie Jouffa
Olga Krokhina

Hélène Labriet
Lionel Lambert
Vincent Launstorfer
Francis Lecompte
Benoît Legault
Jean-Claude et Florence Lemoine
Sacha Lenormand
Valérie Loth
Dorica Lucaci
Stéphanie Lucas
Philippe Melul
Kristell Menez
Delphine Meudic
Éric Milet
Catherine Moine
Xavier de Moulins
Jacques Muller
Alain Nierga et Cécile Fischer
Sébastien Noulet
Hélène Odoux
Caroline Ollion
Nicolas Pallier
Patrick de Panthou
Martine Partrat
Odile Paugam et Didier Jehanno
Xavier Ramon
Dominique Roland
Déborah Rudetzki et Philippe Martineau
Corinne Russo
Caroline Sabljak
Jean-Luc et Antigone Schilling
Brindha Seethanen
Alexandra Sémon
Guillaume Soubrié
Nicolas Tiphagne
Christophe Trognon
Charlotte Valade
Julien Vitry

Direction : Cécile Boyer-Runge
Contrôle de gestion : Joséphine Veyres et Céline Déléris
Responsable de collection : Catherine Julhe
Édition : Matthieu Devaux, Stéphane Renard, Magali Vidal, Marine Barbier-Blin, Sophie Berger, Laure Méry, Géraldine Péron, Amélie Renaut et Jean Tiffon
Secrétariat : Catherine Maîtrepierre
Préparation-lecture : Véronique Rauzy
Cartographie : Frédéric Clémençon, Cyrille Suss et Aurélie Huot
Fabrication : Nathalie Lautout et Audrey Detournay
Couverture : conçue et réalisée par Thibault Reumaux
Direction marketing : Dominique Nouvel, Lydie Firmin et Juliette Caillaud
Direction partenariats : Jérôme Denoix et Dana Lichiardopol
Édition partenariats : Juliette Neveux et Géraldine Seris
Informatique éditoriale : Lionel Barth
Relations presse : Danielle Magne, Martine Levens et Maureen Browne
Régie publicitaire : Florence Brunel

Remerciements

– **Gérard Prystasz,** consul honoraire de France à Saint-Domingue, pour son aide depuis plusieurs années.

NOUVEAUTÉ

PARIS ZEN (mai 2006)

Las du rythme effréné de la vie citadine, fatigué par le métro, épuisé par le stress du boulot et le manque de dodo ? « Om » ! Bienvenue dans l'ère du bien-être ! Voici une boîte à outils qui invite chacun à se réconcilier avec soi-même et à donner un peu plus de sens à sa vie pari-zen. De A comme Alimentation saine à Z comme Zazen, ce guide révèle ce qui peut, à Paris, détendre, déstresser, recentrer, équilibrer, harmoniser... : des hammams aux salons de massage et aux spas, en passant par la pratique des gyms douces, du yoga, du taï chi et du qigong... Quant aux sages en devenir, ils trouveront ici un choix de lieux où s'extraire de l'agitation du monde pour méditer. Enfin, pour s'ouvrir les chakras autant que l'appétit, nos meilleurs restos végétariens et une belle sélection d'endroits où vous approvisionner en produits bio. Sans tomber dans le mysticisme, tout ce qu'il faut pour devenir totalement Zen sans finir zinzin !

LES QUESTIONS QU'ON SE POSE LE PLUS SOUVENT

▶ *Quels sont les papiers nécessaires pour se rendre en République dominicaine ?*

Il faut un passeport en cours de validité. Pas de visa pour un séjour de moins de 3 mois, mais nécessité d'acheter une carte de tourisme (soit avant le départ auprès du consulat, soit directement sur place à l'aéroport).

▶ *Quel est le décalage horaire ?*

6 heures en été, 5 heures en hiver. Quand il est midi en France, il est 6 h (ou 7 h) du matin en République dominicaine.

▶ *Quelle est la meilleure saison pour partir ?*

Le climat tropical, tempéré par les alizés, est chaud toute l'année, entre 25 et 30 °C le jour, autour de 20 °C la nuit. La période idéale se situe entre décembre et avril. La saison des pluies est en mai-juin et octobre-novembre.

▶ *Cuba ou République dominicaine, que choisir ?*

Cuba pour la conscience politique des gens, la révolution, la richesse de l'architecture, les incroyables vibrations. La République dominicaine pour les plages, l'insouciance, la joie de vivre de son peuple, la nature, le sentiment de liberté mais aussi pour les prix attractifs.

▶ *Quel itinéraire doit-on privilégier ?*

Santo Domingo pour sa ville coloniale, les villages de montagne du Centre (autour de Jarabacoa), une halte à Santiago pour son animation populaire et ses cigares, la superbe côte Nord pour les défricheurs qui veulent éviter la foule (Montecristi, Punta Rucia...). Cerise sur le gâteau : la péninsule de Samaná.

▶ *Que peut-on voir ?*

Quelques morceaux de villes coloniales. Mais le vrai plus, c'est la nature. Une bonne dizaine de parcs nationaux couvrent le pays. Deux must : la baie de Samaná, avec la visite des baleines entre janvier et avril, et le parc de Los Haïtises, toujours dans la péninsule de Samaná.

▶ *Le pays est-il dangereux ?*

Absolument pas. La population est d'une gentillesse déconcertante et a toujours le sourire. Se méfier comme partout des pickpockets dans les sites touristiques.

▶ *Peut-on facilement voyager avec des enfants dans le pays ?*

Sans aucun problème. La population est particulièrement bienveillante avec les gamins et le pays est sain et sans danger. Certaines formules « tout compris » leur sont particulièrement adaptées.

▶ *Comment circuler sur place ?*

Location de voitures possible (4x4 recommandé), mais conduite de nuit fortement déconseillée. Compagnies de bus très fiables et pas chères pour les longues distances. Problème de transport dans les coins reculés. Petite moto conseillée dans la région de Samaná.

▶ *Le pays est-il cher ?*

Relativement, dès qu'on désire un certain niveau de confort. Le meilleur rapport qualité-prix reste les formules « tout compris » dans les *resorts*. Avantage : tout est compris. Inconvénient : on passe des vacances mais on ne voit rien du pays. On peut voyager en routard pour pas cher (30 € par jour et par personne), mais un peu à la dure.

▶ *Peut-on pratiquer la plongée ?*

Sans aucun problème, en ayant en tête que ce ne sont pas les plus beaux fonds de la planète. La plupart des hôtels possèdent un club de plongée.

COMMENT Y ALLER ?

LES COMPAGNIES RÉGULIÈRES

Au départ de la France

▲ **AIR FRANCE**
Renseignements et réservations au ☎ 0820-820-820 (0,12 €/mn, de 6 h 30 à 22 h), sur ● www.airfrance.fr ●, dans les agences Air France et dans toutes les agences de voyages.
– *Saint-Domingue :* av. Maximo-Gómez, n° 15, plaza El Faro. ☎ 809-686-8432. Fax : 809-689-1352.
➢ Air France dessert Saint-Domingue avec 3 vols hebdomadaires au départ de Roissy-Charles-de-Gaulle, terminal 2C (via Punta Cana à l'aller et vol direct au retour).
➢ Air France dessert Punta Cana avec 3 vols hebdomadaires au départ de Roissy-Charles-de-Gaulle, terminal 2C (vol direct à l'aller et via Saint-Domingue au retour).
Air France propose une gamme de tarifs accessibles à tous : du *Tempo 1* (le plus souple) au *Tempo 5* (le moins cher) selon les destinations. Pour les moins de 25 ans, Air France propose des tarifs très attractifs *Tempo Jeunes,* ainsi qu'une carte de fidélité, « Fréquence Jeune », gratuite et valable sur l'ensemble des compagnies membres de Skyteam. Cette carte permet de cumuler des *miles*.
Tous les mercredis dès 0 h, sur ● www.airfrance.fr ●, Air France propose les tarifs « Coups de cœur », une sélection de destinations en France pour des départs de dernière minute.
Sur Internet, possibilité de consulter les meilleurs tarifs du moment, rubrique « offres spéciales », « promotions ».

▲ **CORSAIR**
Renseignements et réservations dans les agences Nouvelles Frontières et JV (voir, plus loin, « Les organismes de voyages »). ● www.corsair.fr ●
➢ Corsair assure des vols directs au départ de Paris vers Saint-Domingue (capitale), Punta Cana, Puerto Plata et La Romana.

Au départ de Cuba

▲ **CUBANA DE AVIACIÓN**
– *Paris :* 41, bd du Montparnasse, 75006. ☎ 01-53-63-23-23. Fax : 01-53-63-23-29. Ⓜ Montparnasse-Bienvenüe.
➢ *De La Havane :* liaison La Havane – Saint-Domingue les jeudi et dimanche (aller comme retour).

▲ **AEROCARRIBEAN**
➢ *De Santiago de Cuba :* vol dans un sens comme dans l'autre les lundi et vendredi.

LES ORGANISMES DE VOYAGES

– Ne pas croire que les vols à tarif réduit sont tous au même prix pour une même destination à une même époque : loin de là. On a déjà vu, dans un

même avion partagé par deux organismes, des passagers qui avaient payé 40 % plus cher que les autres. De plus, une agence bon marché ne l'est pas forcément toute l'année (elle peut n'être compétitive qu'à certaines dates bien précises). Donc, contactez tous les organismes et jugez vous-même.
– Les organismes cités sont classés par ordre alphabétique, pour éviter les jalousies et les grincements de dents.

En France

▲ ANYWAY.COM
☎ 0892-302-301 (0,34 €/mn). Fax : 01-53-19-67-10. ● www.anyway.com ● Du lundi au vendredi de 8 h à 20 h et le samedi de 9 h à 19 h.
Depuis 17 ans, Anyway.com se spécialise dans le vol sec et s'adresse à tous les routards en négociant des tarifs auprès de 500 compagnies aériennes et de l'ensemble des vols charters pour garantir des prix toujours plus compétitifs.
Anyway.com propose aussi un large éventail de séjours et week-ends à prix réduits : croisières, séjours bien-être, circuits tout compris ou sur mesure. Possibilité de comparer les différents séjours sur le site internet.

▲ BOURSE DES VOLS / BOURSE DES VOYAGES
Pour connaître les derniers « Bons Plans » de la Bourse des Vols / Bourse des Voyages, rendez-vous sur le site ● www.BDV.fr ● ou par téléphone appelez le ☎ 0892-888-949 (0,34 €/mn), agence ouverte de 8 h à 22 h, du lundi au samedi.
Agence de voyages en ligne, BDV.fr propose une vaste sélection de vols secs, séjours et circuits à réserver en ligne ou par téléphone. Pour bénéficier des meilleurs tarifs aériens, même à la dernière minute, le service de Bourse des Vols propose en temps réel un large panel de vols réguliers, charters et dégriffés au départ de Paris et de nombreuses villes de province à destination du monde entier ! Référençant les offres d'une trentaine de tour-opérateurs spécialisés, Bourse des Voyages permet aux internautes d'accéder à une gamme étendue de voyages répondant à toutes leurs envies d'escapades ! BDV.fr propose également des guides pratiques sur plus de 180 destinations à consulter en ligne pour préparer ses prochains voyages.

▲ EXPEDIA.FR
Renseignements et réservations au ☎ 0892-301-300 (0,34 €/mn), du lundi au vendredi de 8 h à 20 h et le samedi de 9 h à 19 h. ● www.expedia.fr ● Expedia.fr permet de composer son voyage sur mesure en choisissant ses billets d'avion, hôtels et loueurs de voiture à des prix très intéressants. Possibilité de comparer les prix de quatre grands loueurs de voitures et de profiter de tarifs négociés sur 17 000 hôtels de 1 à 5 étoiles dans le monde entier. Également la possibilité de réserver à l'avance et en même temps que son voyage des billets pour des spectacles ou musées aux dates souhaitées.

▲ ILES-RESA.COM
– *Paris :* 32, rue de Ponthieu, 75008. ☎ 01-56-69-25-25. Fax : 01-56-69-25-20.
Ce tour-opérateur en ligne, spécialiste des îles, vous offre la possibilité de réserver votre voyage sur mesure dans les îles. Le portail ● www.iles-resa.com ● réunit 6 sites qui invitent à réaliser un voyage personnalisé dans les îles : hébergements toutes catégories (du 2 étoiles à la catégorie luxe, en hôtel ou en villa, transport à la carte).
Seychelles, Réunion, Îles Maurice, Rodrigues, République dominicaine, Guadeloupe, Saint-Martin, Saint-Barthélemy, Martinique ou les îles de la Méditerranée, chaque île ou archipel est décliné dans un site unique qui présente la destination et ses hôtels dans le moindre détail.

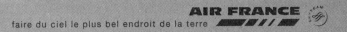

AIR FRANCE

faire du ciel le plus bel endroit de la terre

Les Vacances selon Air France.

Les Vacances plus accessibles que jamais avec les tarifs Tempo. Les Vacances dans le monde entier vers plus de 650 destinations, les Vacances où l'on devient le centre de toutes les attentions, les Vacances en toute sérénité, les Vacances selon Air France.
www.airfrance.fr

A petit prix

sur airfrance.fr

AIR FRANCE KLM

Consultation des disponibilités, des tarifs et réservation en ligne, avec paiement sécurisé, ou par téléphone auprès du bureau parisien.

▲ JV / TRAVELIA

Renseignements et réservations au n° Indigo : ☎ 0825-343-343 (0,15 €/mn). ● www.jvdirect.com ● JV est distribué dans les points de vente Travelia :
– *Paris* : 54, rue des Écoles, 75005.
– *Saint-Denis* : 30, rue de Strasbourg, 93200.
– *Bordeaux* : 91, cours Alsace-Lorraine, 33000.
– *Lille* : 20, rue des Ponts-de-Comines, 59000.
– *Lyon* : 9, rue de l'Ancienne-Préfecture, 69002.
– *Nantes* : 20, rue de la Paix, 44000.
– *Rennes* : 1, rue Victor-Hugo, 35000.
– *Toulouse* : 12, rue de Bayard, 31000.
Depuis plus de 15 ans, JV est spécialiste des locations de vacances et de l'hôtellerie de charme « Partout où brille le soleil ». Des voyages en toute indépendance et des tarifs attractifs sur les séjours grâce aux différents partenaires de JV, en particulier la compagnie aérienne *Corsair*.
Dans les catalogues JV, on découvre des produits locatifs (studios, villas, bungalows) et des hôtels de charme, loin des complexes touristiques de masse. JV est aussi distribué en Belgique, au Luxembourg et en Suisse.

▲ LASTMINUTE.COM

Pour satisfaire une envie soudaine d'évasion, le groupe lastminute.com propose des mois à l'avance ou au dernier moment des offres de séjours, des hôtels, des restaurants, des spectacles... dans le monde entier. L'ensemble de ces services est aussi bien accessible sur Internet ● www.lastminute. com ● www.degriftour.com ● www.travelprice.com ● que par Minitel (36-15, code DT) et téléphone : ☎ 0899-785-000 (0,34 €/mn).

▲ LOOK VOYAGES

Les brochures sont disponibles dans toutes les agences de voyages. Informations et réservations sur ● www.look-voyages.fr ●
Ce tour-opérateur propose une grande variété de produits et de destinations pour tous les budgets : séjours en club *Lookéa,* séjours classiques en hôtels, des circuits « découverte », des autotours et des croisières.

▲ MARSANS INTERNATIONAL

– *Paris* : 49, av. de l'Opéra, 75002. ☎ 0825-031-031 (0,15 €/mn). ● www. marsans.fr ● Ⓜ Opéra.
Marsans a pour signature « Voyagez Cultures et Passions », et c'est le thème qui transparaît dans leurs catalogues.
L'un des spécialistes de la destination, qui propose un grand choix de formules très variées. Des hôtels à la carte sympas à Saint-Domingue, un circuit organisé et un autotour en liberté pour découvrir l'île par soi-même : balades à cheval ou en 4x4 sont proposées en excursion. À Bayahibe, peu connu, ou même à Boca Chica et Juan Dolio, qui offrent l'avantage d'être proches de Saint-Domingue, sans oublier Las Terrenas, Samaná, Cabarete, Puerto Plata et en nouveauté Luperón dans le Nord, région plus authentique et sauvage.

▲ NOUVELLES FRONTIÈRES

– Renseignements et réservations dans toute la France : ☎ 0825-000-825 (0,15 €/mn). ● www.nouvelles-frontieres.fr ●
Les 12 brochures Nouvelles Frontières sont disponibles gratuitement dans les 210 agences du réseau, par téléphone et sur Internet.
Plus de 30 ans d'existence, 1 800 000 clients par an, 250 destinations, une chaîne d'hôtels-clubs *Paladien* et une compagnie aérienne, *Corsair*. Pas étonnant que Nouvelles Frontières soit devenu une référence incontourna-

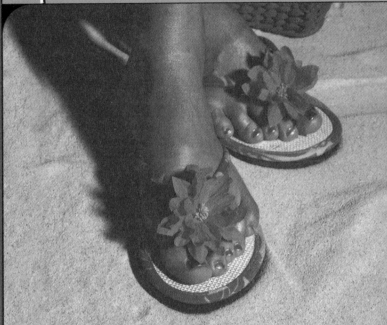

ble, notamment en matière de tarifs. Le fait de réduire au maximum les intermédiaires permet d'offrir des prix « super-serrés ». Un choix illimité de formules vous est proposé : des vols sur la compagnie aérienne de Nouvelles Frontières au départ de Paris et de province, en classe Horizon ou Grand Large, et sur toutes les compagnies aériennes régulières, avec une gamme de tarifs selon le confort et le budget. Sont également proposés toutes sortes de circuits, aventure ou organisés ; des séjours en hôtels, en hôtels-clubs et en résidences, des week-ends, des formules à la carte (vol, nuits d'hôtel, excursions, location de voitures...), des séjours neige.

Avant le départ, des réunions d'information sont organisées. Intéressant : des brochures thématiques (plongée, rando, trek, thalasso).

▲ OTU VOYAGES

Informations : ☎ 0820-817-817 (0,12 €/mn). ● infovente@otu.fr ● N'hésitez pas à consulter leur site ● www.otu.fr ● pour obtenir adresse, plan d'accès, téléphone et e-mail de l'agence la plus proche de chez vous (26 agences OTU Voyages en France).

OTU Voyages propose tous les voyages jeunes et étudiants à des tarifs spéciaux particulièrement adaptés aux besoins et au budget de chacun. Les bons plans, services et réductions partout dans le monde avec la carte d'étudiant internationale ISIC (12 €). Les billets d'avion (Student Air, Air France...), train, bateau, bus, la location de voitures à des tarifs avantageux et souvent exclusifs, pour plus de liberté ! Des hôtels, des *city trips* pour découvrir le monde, des séjours ski et surf. Des séjours linguistiques, stages et jobs à l'étranger pour des vacances studieuses, ainsi que des assurances voyage.

▲ ROOTS TRAVEL

– *Paris* : 85, rue de la Verrerie, 75004. ☎ 01-42-74-07-07. Fax : 01-42-74-01-01. ● www.rootstravel.com ● Ⓜ Hôtel-de-Ville. Ouvert du lundi au vendredi de 10 h à 13 h et de 14 h à 19 h et le samedi à partir de 11 h.

Roots Travel propose des séjours en République dominicaine qui permettent de découvrir le pays autrement. Des séjours originaux dans toute l'île et en particulier dans la péninsule de Samaná, en maisons, petits hôtels ou dans le très bel hôtel « tout compris » *Portillo Beach*. Roots Travel propose également de nombreuses solutions d'hébergement à Las Terrenas (de la pension à l'hôtel 4 étoiles) et des excursions pour découvrir toute la péninsule. Trois nouveautés : Barahona, Jarabacoa et Río San Juan.

Vols secs ou forfaits, locations de voitures, réservations d'hôtels, pensions et maisons, excursions... Le catalogue de voyages avec les modalités de réservations peut vous être envoyé par courrier. Leur nouveau site internet présente les promos, des photos et des informations pratiques, et surtout un module de voyages à la carte où chacun peut constituer son propre itinéraire.

▲ TERRES DE CHARME

– *Paris* : 19, av. Franklin-D.-Roosevelt, 75008. ☎ 01-55-42-74-10. Fax : 01-56-24-49-77. ● www.terresdecharme.com ● Ⓜ Franklin-Roosevelt. Ouvert du lundi au vendredi de 10 h à 19 h et le samedi de 13 h à 19 h.

Terres de Charme a la particularité d'organiser des voyages haut de gamme pour ceux qui souhaitent voyager à deux, en famille ou entre amis. Des séjours et des circuits rares et insolites regroupés selon 5 thèmes : « charme de la mer et des îles », « l'Afrique à la manière des pionniers », « charme et aventure », « sur les chemins de la sagesse », « week-ends et escapades », avec un hébergement allant de douillet à luxueux.

▲ VIVACANCES

Agence de voyages créée en 2002 par le groupe Galeries Lafayette et Amadeus, Vivacances.fr est accessible en ligne sur ● www.vivacances.fr ● et par téléphone au ☎ 0892-350-340.

SORTEZ DE CHEZ VOUS

Comment aller en République Dominicaine pas cher ?

Vols Corsair A/R Paris/Punta Cana, le samedi - Paris/
La Romana, le lundi - Paris/Puerto Plata, le mercredi :
à partir de 499 € HT* - Taxes aériennes : 144 €*.

Comment partir de province ?

Vols au départ de province, nous consulter.

Où dormir tranquille ?

- Hôtel Paladien Riu Melao**** à Punta Cana,
  à partir de 759 € HT.
- Hôtel Paladien Riu Merengue**** à Puerto Plata,
  à partir de 670 € HT.

Prix par personne, 7 nuits en formule tout inclus, base
chambre double, vols au départ de Paris et transferts A/R.

A Voir / A faire :

- Excursions à Isla Saona, Saint Domingue, Cayo Levantado,
  Puerto Plata...
- Plongée à Sosua. La côte nord de l'île offre aux plongeurs
  l'opportunité d'explorer une grande variété de paysages
  sous-marins. Les grandes éponges tubulaires jaune vif
  tranchent dans un bleu intense et limpide le long des
  tombants. Jardins de coraux, canyons, grottes et épaves
  sont autant de refuges pour tous les poissons tropicaux.
  8 plongées d'exploration : 176 €.

* Prix HT par personne, à certaines dates, sous réserve de disponibilités.
 Taxes aériennes : prix indicatif à la date de parution du Guide.

NOUVELLES
FRONTIERES

210 AGENCES EN FRANCE - 0825 000 825, nouvelles-frontieres.fr
(0,15 € la minute)

Sur Vivacances.fr, on accède en quelques clics aux tarifs négociés de plus de 550 compagnies aériennes.

Ce site permet de réserver tous types de produits : billets d'avion, séjours, hôtels, voiture ou train. Des locations de vacances, week-ends, croisières et circuits sont aussi disponibles.

À chaque achat, on cumule des points de fidélité S'Miles qui permettent d'avoir des réductions sur les prochains voyages.

▲ VOYAGEURS DANS LES ÎLES

Le grand spécialiste du voyage en individuel sur mesure. • www.vdm.com • Nouveau, Voyageurs du Monde Express : des séjours « prêts à partir » sur des destinations mythiques. ☎ 0892-688-363 (0,34 €/mn).

– *Paris :* La Cité des Voyageurs, 55, rue Sainte-Anne, 75002. ☎ 0892-236-262 (0,34 €/mn). Fax : 01-42-86-16-49. Ⓜ Opéra ou Pyramides. Bureaux ouverts du lundi au samedi de 9 h 30 à 19 h.

– *Bordeaux :* 28, rue Mably, 33000. ☎ 0892-234-834 (0,34 €/mn).

– *Grenoble :* 16, bd Gambetta, 38000. ☎ 0892-233-533 (0,34 €/mn).

– *Lille :* 147, bd de la Liberté, 59000. ☎ 0892-234-234. Fax : 03-20-06-76-31.

– *Lyon :* 5, quai Jules-Courmont, 69002. ☎ 0892-231-261 (0,34 €/mn). Fax : 04-72-56-94-55.

– *Marseille :* 25, rue Fort-Notre-Dame (angle cours d'Estienne-d'Orves), 13001. ☎ 0892-233-633 (0,34 €/mn). Fax : 04-96-17-89-18.

– *Nice :* 4, rue du Maréchal-Joffre (angle rue de Longchamp), 06000. ☎ 0892-232-732 (0,34 €/mn). Fax : 04-97-03-64-60.

– *Rennes :* 31, rue de la Parcheminerie, 35102. ☎ 0892-230-530 (0,34 €/mn). Fax : 02-99-79-10-00.

– *Toulouse :* 26, rue des Marchands, 31000. ☎ 0892-232-632 (0,34 €/mn). Fax : 05-34-31-72-73. Ⓜ Esquirol.

Sur les conseils d'un spécialiste de chaque pays, chacun peut construire un voyage à sa mesure.

Pour partir à la découverte de plus de 120 pays, 100 conseillers-voyageurs, de près de 30 nationalités et grands spécialistes des destinations, donnent des conseils, étape par étape et à travers une collection de 25 brochures, pour élaborer son propre voyage en individuel. Des suggestions originales et adaptables, des prestations de qualité et des hébergements exclusifs.

Voyageurs du Monde propose également une large gamme de circuits accompagnés (Famille, Aventure, Routard...).

À la fois tour-opérateur et agence de voyages, Voyageurs du Monde a développé une politique de « vente directe » à ses clients, sans intermédiaire.

Dans chacune des *Cités des Voyageurs,* tout rappelle le voyage : librairies spécialisées, boutiques d'accessoires de voyage, restaurant aux cuisines du monde, lounge-bar, expositions-vente d'artisanat ou encore dîners et cocktails-conférences. Toute l'actualité de VDM à consulter sur leur site internet.

▲ VOYAGES WASTEELS (JEUNES SANS FRONTIÈRE)

63 agences en France, 140 en Europe. Pour obtenir l'adresse et le numéro de téléphone de l'agence la plus proche de chez vous, rendez-vous sur • www.wasteels.fr •

Centre d'appels infos et ventes par téléphone : ☎ 0825-887-070 (0,15 €/mn). Voyages Wasteels propose pour tous des séjours, des vacances à la carte, des croisières, des voyages en avion ou train et de la location de voitures, au plus juste prix, parmi des milliers de destinations en France, en Europe et dans le monde. Voyages Wasteels, c'est aussi tous les voyages jeunes et étudiants avec des tarifs réduits particulièrement adaptés aux besoins et au budget de chacun. Bons plans, services, réductions et nombreux avantages

en France et dans le monde avec la carte d'étudiant internationale ISIC (12 €). Séjours sportifs, ski et surf, séjours linguistiques.

En Belgique

▲ CONNECTIONS
Renseignements et réservations au ☎ 07-023-33-13. • www.connections. be • Ouvert de 9 h à 21 h en semaine et de 10 h à 17 h le samedi.
Spécialiste du voyage pour les étudiants, les jeunes et les *Independent travellers*. Le voyageur peut y trouver informations et conseils, aide et assistance (revalidation, routing...) dans 21 points de vente en Belgique et auprès de bon nombre de correspondants de par le monde.
Connections propose une gamme complète de produits : des tarifs aériens spécialement négociés pour sa clientèle (licence IATA) et, en exclusivité pour le marché belge, les très avantageux billets « Campus » réservés aux jeunes et étudiants ; le bus avec plus de 300 destinations en Europe (un tarif exclusif pour les étudiants) ; toutes les possibilités d'arrangement terrestre (hébergement, locations de voitures, *self-drive tours,* vacances sportives, expéditions) ; de nombreux services aux voyageurs comme l'assurance voyage « Protections » ou les cartes internationales de réductions (la carte internationale d'étudiant ISIC).

▲ NOUVELLES FRONTIÈRES
– *Bruxelles* (siège) : bd Lemonnier, 2, 1000. ☎ 02-547-44-22. Fax : 02-547-44-99. • www.nouvelles-frontieres.be •
– Également d'autres agences à *Bruxelles, Charleroi, Liège, Mons, Namur, Waterloo, Wavre* et au *Luxembourg.*
Plus de 30 ans d'existence, 250 destinations, une chaîne d'hôtels-clubs *Paladien.* Pas étonnant que Nouvelles Frontières soit devenu une référence incontournable, notamment en matière de tarifs. Le fait de réduire au maximum les intermédiaires permet d'offrir des prix « super-serrés ».

▲ SERVICE VOYAGES ULB
– *Bruxelles :* campus ULB, av. Paul-Héger, 22, CP 166, 1000. ☎ 02-648-96-58.
– *Bruxelles :* rue Abbé-de-l'Épée, 1, Woluwe, 1200. ☎ 02-742-28-80.
– *Bruxelles :* hôpital universitaire Érasme, route de Lennik, 808, 1070. ☎ 02-555-38-49.
– *Bruxelles :* chaussée d'Alsemberg, 815, 1180. ☎ 02-332-29-60.
– *Ciney :* rue du Centre, 46, 5590. ☎ 08-321-67-11.
– *Marche :* av. de la Toison-d'Or, 4, 6900. ☎ 08-431-40-33.
– *Wepion :* chaussée de Dinant, 1137, 5100. ☎ 08-146-14-37. • www.servi cevoyages.be •
Ouvert du lundi au vendredi de 9 h à 17 h.
Services Voyages ULB, c'est le voyage à l'université. L'accueil est donc très sympa. Billets d'avion sur vols charters et sur compagnies régulières à des prix hyper-compétitifs.

▲ TAXISTOP
Pour toutes les adresses *Airstop,* un seul numéro de téléphone : ☎ 07-023-31-88. • www.airstop.be • Ouvert du lundi au vendredi de 10 h à 17 h 30.
– *Taxistop Bruxelles :* rue Fossé-aux-Loups, 28, 1000. ☎ 07-022-22-92. Fax : 02-223-22-32.
– *Airstop Bruxelles :* rue Fossé-aux-Loups, 28, 1000. Fax : 02-223-22-32.
– *Airstop Anvers :* Sint Jacobsmarkt, 84, 2000. Fax : 03-226-39-48.
– *Airstop Bruges :* Dweersstraat, 2, 8000. Fax : 05-033-25-09.
– *Airstop Courtrai :* Badastraat, 1A, 8500. Fax : 05-620-40-93.

La République Dominicaine avec Vivacances.fr vos rêves aux meilleurs prix !

www.vivacances.fr
0892 350 340
(0,34€/min)

Vols secs
Séjours & Week-ends
Circuits & Croisières
Hôtels & Location de voitures

Vivacances.fr a été créée
par le groupe Galeries Lafayette et Amadeus,
et fait partie de l'alliance S'Miles.

Vivacances.fr

– *Taxistop Gand :* Maria Hendrikaplein, 65B, 9000. ☎ 07-022-22-92. Fax : 09-242-32-19.
– *Airstop Gand :* Maria Hendrikaplein, 65, 9000. Fax : 09-242-32-19.
– *Airstop Louvain :* Maria Theresiastraat, 125, 3000. Fax : 01-623-26-71.
– *Taxistop* et *Airstop Wavre :* rue de la Limite, 49, 1300. ☎ 07-022-22-92. Fax : 07-024-26-47.

En Suisse

▲ NOUVELLES FRONTIÈRES
– *Genève :* 10, rue Chantepoulet, 1201. ☎ 022-906-80-80. Fax : 022-906-80-90.
– *Lausanne :* 19, bd de Grancy, 1006. ☎ 021-616-88-91. Fax : 021-616-88-01.
(Voir texte dans la partie « En France ».)

▲ STA TRAVEL
– *Bienne :* General Dufour-Strasse 4, 2502. ☎ 058-450-47-50. Fax : 058-450-47-58.
– *Fribourg :* 24, rue de Lausanne, 1701. ☎ 058-450-49-80. Fax : 058-450-49-88.
– *Genève :* 3, rue Vignier, 1205. ☎ 058-450-48-30. Fax : 058-450-48-38.
– *Lausanne :* 26, rue de Bourg, 1003. ☎ 058-450-48-70. Fax : 058-450-48-78.
– *Lausanne :* à l'université, bâtiment BFSH2, 1015. ☎ 058-450-49-20. Fax : 058-450-49-28.
– *Montreux :* 25, av. des Alpes, 1820. ☎ 058-450-49-30. Fax : 058-450-49-38.
– *Neuchâtel :* Grand-rue, 2, 2000. ☎ 058-450-49-70. Fax : 058-450-49-78.
– *Nyon :* 17, rue de la Gare, 1260. ☎ 058-450-49-00. Fax : 058-450-49-18.
Agences spécialisées notamment dans les voyages pour jeunes et étudiants. Gros avantage en cas de problème : 150 bureaux STA et plus de 700 agents du même groupe répartis dans le monde entier sont là pour donner un coup de main *(Travel Help)*.
STA propose des voyages très avantageux : vols secs *(Skybreaker),* billets Euro Train, hôtels, écoles de langues, voitures de location, etc. Délivre la carte internationale d'étudiant ISIC et la carte Jeune Go 25.
STA est membre du fonds de garantie de la branche suisse du voyage ; les montants versés par les clients pour les voyages forfaitaires sont assurés.

Au Québec

▲ NOLITOUR VACANCES
Membre du groupe Transat A.T. Inc., Nolitour est un spécialiste des forfaits vacances vers le Sud. Destinations proposées : Floride, Mexique, Cuba, République dominicaine, île de San Andres en Colombie, Panama, Costa Rica et Venezuela. Durant la saison estivale, le voyagiste publie une brochure Grèce avec de nombreux circuits, croisières dans les îles grecques et en Turquie, hôtels à la carte, traversiers, etc. Sous la marque Auratours Vacances, une brochure Italie est aussi proposée, incluant circuits guidés, hôtels à la carte, villas, locations de voitures... Des vols sur Haïti sont aussi proposés.

▲ SPORTVAC TOURS
– *Québec :* 538 Notre-Dame, St-Lambert, J4P 2K7.
Spécialiste des séjours ski (Québec, Ouest canadien et américain, Alpes françaises) et golf (Québec, États-Unis, Mexique, République dominicaine, France, Portugal), Sportvac est l'un des chefs de file dans son domaine au

Canada. Racheté début 2004, Randonnées Plein Air propose une sélection de voyages de groupes au Québec (Gaspésie notamment), dans les Rocheuses canadiennes, aux États-Unis (Grand Canyon), en Bretagne, en Corse, à Madère... Et l'hiver, des expéditions à ski de fond ou raquettes.
● www.sportvac.com ●

▲ VACANCES AIR CANADA

Le voyagiste de la compagnie aérienne est surtout présent sur les destinations « soleil » : Antigua, Barbade, Aruba, Cuba, Jamaïque, Guadeloupe, Sainte-Lucie, Nassau, Mexique (Cancun, Cozumel et Puerto Vallarta), République dominicaine (Puerto Plata et Punta Cana) et Grand Caiman. Également : programme vol + voiture + hôtel à travers la Floride et à Las Vegas et sélection de croisières. Pour en savoir plus : ● www.vacancesaircanada. com ●

▲ VACANCES SIGNATURE

Ce voyagiste, bien établi au Canada et membre de First Choice Holidays, propose principalement des forfaits vacances vers le Mexique, Cuba et la République dominicaine au départ de 14 grandes villes canadiennes. Les destinations proposées par le voyagiste sont sur ● www.vacancessignatu re.com ●

▲ VOYAGES CAMPUS / TRAVEL CUTS

Voyages Campus / Travel Cuts est un réseau national d'agences de voyages qui s'adresse tout particulièrement aux étudiants et négocie de bons tarifs auprès des transporteurs aériens comme des opérateurs de circuits terrestres, et diffuse la carte d'étudiant internationale (ISIC), la carte de jeunes de moins de 26 ans (IYTC) et la carte d'enseignant ou de professeur à plein temps (ITIC). Voyages Campus publie deux fois par an le magazine *L'Étudiant voyageur,* qui présente ses différents produits et notamment ses séjours linguistiques (Canada anglais, Amérique du Sud, États-Unis), de même que son Programme Vacances Travail (PVT) disponible dans 10 pays (États-Unis, France, Nouvelle-Zélande, Japon, Afrique du Sud...). Le réseau compte quelque 70 agences au Canada, dont 9 au Québec (5 à Montréal, 1 à Québec, 1 à Trois-Rivières et 2 à Sherbrooke), le plus souvent installées près ou même au sein des campus universitaires ou collégiaux, sans oublier 6 bureaux aux États-Unis. ● www.voyagescampus.com ●

BERLIN (mars 2006)

Redevenue la capitale de l'Allemagne, Berlin est une ville qui surprend, non seulement par son étendue (9 fois la superficie de Paris) et par la juxtaposition de ses divers styles (du classique au postmoderne) au milieu de gigantesques espaces verts, mais surtout parce qu'il s'agit d'une ville en ébullition. La complète métamorphose et le bouillonnement alternatif côtoient une branchitude teintée d'*Ostalgie*. On y recense pas moins de 150 théâtres, 300 galeries et quelque 170 musées rénovés de fond en comble ! De quoi satisfaire le plus boulimique des cultureux. En pansant les cicatrices de son histoire, Berlin n'est pas seulement un nouveau rendez-vous des Allemands avec eux-mêmes, c'est aussi un rendez-vous incontournable de l'Europe, et surtout de sa jeunesse, avec son avenir.

GÉNÉRALITÉS

CARTE D'IDENTITÉ

- *Superficie :* 48 671 km² (île entière avec Haïti : 77 914 km²).
- *Population :* 8,6 millions d'habitants (73 % de métis, 16 % de Blancs, 11 % de Noirs).
- *Densité :* 175 hab./km².
- *Répartition :* villes, 60 % ; campagnes, 40 %.
- *PIB par habitant :* 2 486 US$.
- *Pyramide des âges :* plus de 43 % de la population a moins de 20 ans.
- *Capitale :* Santo Domingo de Guzmán (environ 3 millions d'habitants).
- *Villes principales :* Santiago de los Caballeros, San Pedro de Macoris, San Francisco de Macoris, Puerto Plata, Higüey.
- *Langue officielle :* l'espagnol.
- *Monnaie :* peso dominicain ($Do).
- *Régime politique :* démocratie présidentielle. Congrès composé du Sénat et de la Chambre des députés.
- *Chef de l'État :* Leonel Fernández (Parti de libération dominicaine), élu en mai 2004, pour 4 ans non renouvelables.
- *Religions :* catholique en majorité, et divers cultes protestants et anglicans.
- *Taux d'alphabétisation :* 82 %.
- *Site classé au Patrimoine de l'Unesco :* la ville coloniale de Saint-Domingue.

« C'est une terre à désirer et,
une fois vue, à ne jamais quitter. »
Christophe Colomb,
Lettre à Luis de Santangel,
février-mars 1493.

La République dominicaine (plus communément appelée du nom de sa capitale, Saint-Domingue) partage avec Haïti la mythique île d'Hispaniola, découverte par Christophe Colomb. Premier pays d'Amérique où furent construits la première cathédrale, le premier hôpital, la première université... Saint-Domingue est devenu la première destination touristique des Caraïbes, devant Cuba. Pourtant, les souvenirs de la Conquête et de la colonisation y sont paradoxalement moins nombreux : partis chercher de l'or, les Espagnols abandonnèrent vite l'île pour aller conquérir le Mexique et le Pérou.

On ne vient donc pas vraiment à Saint-Domingue pour ses trésors architecturaux (rares en dehors de la capitale), mais pour ses trésors naturels, à commencer par ses centaines de kilomètres de plages de sable blanc bordées de cocotiers. Ajoutez à cela beaucoup de soleil, quelques villages de pêcheurs, un air de *merengue*, beaucoup de verres de rhum... et vous aurez tous les ingrédients pour des vacances de rêve ! Cela dit, ce n'est pas ce cocktail tropical typiquement caribéen qui fait la vraie richesse de Saint-Domingue.

Ce qui vous séduira davantage, pour peu que vous ayez la curiosité de quitter les confortables *resorts* côtiers pour vous aventurer dans l'île, c'est cette subtile atmosphère exotique, faite de petites tranches de vie, de sourires éclatants, de regards chaleureux, d'images multicolores, d'une gentillesse de chaque instant, d'une grande sensualité et d'une petite musique locale (la *bachata*) qui vous imprègnent doucement, au point d'entraîner les plus inhibés d'entre vous sur les pistes de danse...

Vous nous avez compris : il serait dommage de se contenter d'écumer les cocoteraies et les lagons ! Prenez le temps de parcourir le pays profond. Dans les campagnes vierges de tourisme, les p'tits ports de pêche et les villages presque inaccessibles, mais aussi et surtout dans les montagnes de l'intérieur, propices aux sports aventureux et aux balades à la découverte des merveilles naturelles, avec en récompense le pico Duarte...

AVANT LE DÉPART

Adresses utiles

En France

🛈 *Office de tourisme de la République dominicaine :* 11, rue Boudreau, 75009 Paris. ☎ 01-43-12-91-91. Fax : 01-44-94-08-80. • www.dominicana.com.do • Ⓜ Opéra ou RER A : Auber. Ouvert du lundi au jeudi de 10 h à 17 h et le vendredi de 10 h à 16 h.

■ *Consulat de la République dominicaine :* 24, rue Vernier, 75017 Paris. ☎ 01-55-37-10-30. Fax : 01-44-09-98-88. • www.amba-dominicaine-paris.com • consuldompar@wanadoo.fr • Ⓜ Porte-de-Champerret. Ouvert du lundi au vendredi de 10 h à 13 h et de 14 h à 16 h.

En Belgique

🛈 *Office de tourisme dominicain :* av. Louise, 271, Bruxelles 1050. ☎ 02-646-13-00. Fax : 02-649-36-92. Ouvert de 9 h 30 à 17 h.

■ *Consulat de la République dominicaine :* av. Bel-Air, 12, Uccle 1180. ☎ 02-346-49-35. Fax : 02-346-51-52.

En Suisse

🛈 *Consulat de la République dominicaine :* Weltpoststrasse 4, Berne 3000. ☎ 031-351-15-85. Fax : 031-351-15-87.

Au Canada

🛈 *Office de tourisme dominicain :* 2080, rue Crescent, Montréal (Québec). ☎ (514) 499-1918. Fax : (514) 499-1393.

Formalités

– Pour les Français, passeport ou carte d'identité plastifiée et sécurisée (avec photo intégrée), en cours de validité, ainsi qu'une carte de tourisme *(tarjeta de turismo)*. Cette dernière, valable 1 mois, s'achète directement à l'aéroport, en République dominicaine (avant de franchir la douane). On peut aussi se la procurer auprès du consulat de la République dominicaine, avant le départ. C'est un peu plus cher (14,50 US$), mais on évite ainsi les files d'attente à l'aéroport. Au-delà d'un mois de séjour, on paie une taxe calculée en fonction du temps supplémentaire passé sur place.
– Pour les Belges, Suisses et Canadiens, passeport et carte de tourisme exigés.
– Une taxe de départ de 20 US$ ou en pesos (600 $Do) est demandée à l'aéroport.

Vaccinations

Aucune vaccination obligatoire n'est exigée pour entrer en République dominicaine depuis l'Europe et l'Amérique du Nord (pas de fièvre jaune). Nous conseillons cependant de se faire faire un rappel D-T-Polio (Revaxis ®). Les perfectionnistes et ceux qui souhaitent séjourner à l'intérieur du pays pourront également se faire vacciner contre l'hépatite B, l'hépatite A et la typhoïde.

ARGENT, BANQUES, CHANGE

– La **monnaie locale** est le *peso dominicain* ($Do, ou RD$ comme vous verrez souvent sur place), mais le dollar US est accepté à peu près partout et surtout dans les hôtels un peu chic. 1 US$ = environ 30 $Do. Ce taux est très variable, en raison de l'instabilité économique et politique du pays. L'euro, au moment de la réédition de ce guide, valait à peu près 1,25 US$. Il est maintenant accepté à peu près partout et, bien entendu, chez les cambistes. Il est toutefois légèrement dévalué en République dominicaine par rapport à son cours officiel (on ne l'échangeait en effet que contre 35 pesos dominicains). Les billets en circulation sont de 2 000, 1 000, 500, 100, 50, 20, 10 et 5 pesos. Il existe également des pièces de 1 et 5 pesos. Payez au maximum en monnaie locale car le « billet vert » a une fâcheuse tendance à augmenter les prix (les commerces dominicains sont bien entendu nettement moins chers que les établissements destinés aux touristes). Certains hôtels, tenus par des Européens, ont une fâcheuse tendance à n'accepter que les dollars ou les euros, ce qui est illégal, car dans un pays on ne peut refuser une transaction en monnaie locale. À défaut de pesos, évitez toute autre monnaie que le dollar US$ ou l'euro, car comme les Dominicains ne connaissent pas toujours les taux de change, vous risquez d'y perdre.
– De même, il est préférable de se munir de **chèques de voyage** en dollars ou en euros, comme les *travellers American Express*. C'est plus sûr en cas de vol et, en outre, le taux de change est en général légèrement plus intéressant que celui pour les billets.
– Les **cartes de paiement** sont également acceptées dans les établissements touristiques, mais de nombreux commerçants taxent de 2 à 3 % supplémentaires pour leurs frais ; se renseigner avant. Il existe également dans l'ensemble du pays des distributeurs automatiques de billets de plus en plus efficaces, en pesos uniquement. Notre conseil : quand vous retirerez de

l'argent d'un distributeur, demandez une somme se terminant par 900 car la plupart des commerçants manquent toujours de monnaie et il est à peu près impossible de payer une bière ou un *concho* avec un billet de 500 pesos...
Les principales cartes de paiement sont acceptées dans le pays (*Master-Card, Visa* et *American Express*).
– La carte **MasterCard** propose une assistance médicale incluse. Numéro d'urgence : ☎ (00-33) 1-45-16-65-65. En cas de perte ou de vol, composer le ☎ (00-33) 1-45-67-84-84 en France (PCV accepté) pour faire opposition 24 h/24 (numéro aussi valable pour les cartes *Visa* émises par le Crédit Agricole et le Crédit Mutuel). ● www.mastercardfrance.com ●
– La carte **Visa** inclut également une assistance médicale. Numéro d'urgence : ☎ (00-33) 1-42-99-08-08. Pour faire opposition, contactez le numéro communiqué par votre banque (à demander de préférence avant le départ).
– Pour la carte **American Express,** téléphoner en cas de pépin au : ☎ (00-33) 1-47-77-72-00. Numéro accessible 24 h/24, tous les jours. PCV accepté en cas de perte ou de vol.
– Pour toutes les cartes émises par **La Poste,** composer le ☎ 0825-809-803 (pour les DOM : ☎ (00-33) 5-55-42-51-97).
– Également un numéro d'appel valable quelle que soit votre carte de paiement : ☎ 0892-705-705 (0,34 €/mn).
– En ce qui concerne le *change,* il n'existe pas de marché parallèle, mais quelques petites différences sont quand même à connaître. Le taux le moins intéressant est celui qui est pratiqué à l'intérieur des aéroports (changez le minimum), ainsi que dans les banques et les hôtels. Le meilleur taux : les « cambistes » ou bureaux de change. Évidemment, vous obtiendrez un meilleur taux de change en ville ou dans les campagnes que dans les stations touristiques. Dans tous les cas, nous ne saurions trop insister sur les risques du change dans la rue, d'ailleurs interdit, à Saint-Domingue ; vous êtes assuré à 99 % de vous faire avoir. Ne vous laissez pas appâter par un taux mirifique, car les changeurs sont des manipulateurs de génie et tout le monde se fait piéger. On vous aura prévenu... N'oubliez pas de conserver 20 US\$ (par personne) pour la taxe de sortie lors de votre départ.

ACHATS

– Si vous désirez rapporter des souvenirs, ne manquez pas le *mercado Modelo* à Santo Domingo. Vous y trouverez la plus grande concentration du pays d'objets de fabrication locale : des tableaux (souvent haïtiens), des petits objets plus ringards que créoles et, bien entendu, toutes les marques de rhum et de cigares (gare aux faux...). Une mention particulière pour les *poupées Limé,* dont la particularité est de représenter les Dominicains, et comme il n'y a pas de « race dominicaine », eh bien, on se contente d'un corps habillé et d'un visage abstrait, sans yeux, ni bouche, ni couleur.
– Intéressant également, des cassettes ou des CD de *merengue* et de *bachata.* Méfiez-vous des vendeurs ambulants, qui revendent en général des copies de cassettes de qualité médiocre.
– Sinon, vous pourrez rapporter, sans risquer un excédent de bagage, de jolis *bijoux* en ambre ou en larimar (pierre semi-précieuse dans les tons de bleu, gris et vert) dont le coût est relativement modeste. Ce sont des souvenirs de qualité. Sans risque d'éclater votre budget vacances, traînez dans la calle Conde, seule rue piétonne de Santo Domingo : vous y trouverez de tout et surtout des petits cadeaux pas chers.
– Vous pouvez rapporter 50 cigares par personne. La différence de prix est intéressante, surtout si vous les achetez à Santiago, directement chez les fabricants. Les prix sont alors fixes. Attention aux cigares proposés par les vendeurs ambulants, ils sont presque toujours faux (c'est valable également pour l'ambre). Voir aussi la rubrique « Cigares » plus loin.

GÉNÉRALITÉS

ARCHÉOLOGIE SOUS-MARINE

« *La mer est le plus grand musée du monde.* » Mais ce musée fascinant et mystérieux est très loin d'avoir été exploré par les hommes. De nombreuses épaves de navires, véritables trésors archéologiques, dorment depuis des siècles dans les abysses de la mer des Caraïbes et de l'Atlantique, et particulièrement dans les eaux territoriales de la République dominicaine. Pourquoi ? Il y a trois raisons à cela. La première : les recherches archéologiques sous la mer sont techniquement bien plus difficiles et complexes que sur terre. Deuxièmement, la logistique matérielle et humaine est extrêmement coûteuse, et le pays n'est pas si riche que ça. Enfin, une raison psychologico-politique : le gouvernement dominicain craint de voir son patrimoine sous-marin fouillé par des chasseurs de trésors peu scrupuleux qui vendront leurs trouvailles à l'étranger, spoliant ainsi le pays d'une part de sa mémoire.

Résultat : le rythme des campagnes d'exploration subaquatique s'est ralenti, alors qu'elles furent – il faut le dire – plus actives dans les années 1970. Selon les responsables de l'archéologie sous-marine dominicaine, les eaux territoriales comptent un nombre très important d'épaves de galions espagnols datant des XVe et XVIe siècles, mais aussi de navires de commerce des XVIIIe et XIXe siècles... Seule une toute petite partie de ce patrimoine immergé a été fouillé par des équipes de plongeurs professionnels dominicains aidés par des organismes étrangers, comme l'université américaine d'Indiana, par exemple. En compulsant quelques ouvrages comme l'*Atlas des Naufrages et des Trésors*, de Nigel Pickford (Éd. Gallimard), on a une bonne idée du travail déjà accompli et surtout de ce qui reste à faire. Voici quelques épaves historiques déjà fouillées ou simplement identifiées :

– **La Santa María :** une des trois caravelles de Christophe Colomb. Elle coula le 25 décembre 1492, lors de son premier voyage, au large des côtes de l'actuelle Haïti, entre Cap-Haïtien et la frontière dominicaine. Navire amiral de la flotte qui découvrit l'Amérique, la *Santa María* pesait 100 t, et mesurait 26 m de long. Sa cargaison d'or et d'argent fut sauvée par Colomb lors du naufrage, mais l'épave gît toujours au fond de la mer. Retrouvée par des plongeurs, son ancre est aujourd'hui exposée au Faro de Colon, à Santo Domingo. Une reconstitution (plus petite) de la *Santa María* a également été réalisée par un particulier fortuné, propriétaire du restaurant Neptuno's à Boca Chica où on peut la voir...

– **La Nuestra Senora de la Concepcion :** ce galion espagnol, qui cinglait de La Havane (Cuba) vers l'Espagne, fit naufrage en octobre 1641, sur les récifs du Banc d'Argent, au nord de la République dominicaine. Sa cargaison, constituée essentiellement d'argent, fut partiellement sauvée en 1680 par un chercheur américain nommé Phipps. Au fil des siècles, cette épave a été fouillée par une bonne vingtaine de chercheurs de trésors et de plongeurs, dont le Français d'origine russe Alexandre Korganoff (sponsorisé par le play-boy dominicain Porfirio Rubirosa !), l'Américain Glenn Russell Krause, l'Australien Ted Flacon Barker, sans oublier le commandant Jacques-Yves Cousteau (durant l'été 1968), et Burt Webber (opération Phipps, de 1977 à 1980). Celui-ci découvrit quelque 60 000 monnaies d'argent, des porcelaines chinoises Ming, et même les astrolabes du bord, pièces rarissimes dont il ne subsiste que quelques exemplaires dans le monde.

– **Le Conde de Tolosa :** navire espagnol coulé le 24 août 1724 au fond de la baie de Samaná, au large de Miches. Il se rendait de Cadix (Espagne) à La Havane (Cuba). Sa cargaison ne contenait pas d'or mais du mercure, élément chimique utilisé dans les mines d'argent pour révéler le précieux métal... On y trouvait aussi des objets en verre, et d'autres à caractère religieux. L'épave a été fouillée en 1976 par la compagnie américaine Caribe Salvage.

– **La flotte de Bobadilla :** c'est certainement l'épave la plus fascinante de Saint-Domingue, celle qui faisait rêver Phipps, un aventurier américain du

XVIIe siècle. On prétend même qu'il connaissait l'emplacement exact du naufrage, mais il a emporté le secret dans sa tombe... Cette flotte porte le nom de Francisco de Bobadilla, gouverneur d'Hispaniola de 1499 à 1501 et rival honni de Christophe Colomb. Bobadilla fut envoyé par la couronne d'Espagne pour arrêter le Grand Amiral, accusé de mauvaise gestion et de malversation, et le renvoyer enchaîné en Espagne. Il fut l'un des instigateurs de la disgrâce de Colomb. Le 2 juillet 1502, 29 galions espagnols prirent la mer malgré l'arrivée d'un ouragan que seul Christophe Colomb avait prévu. Bobadilla n'en fit qu'à sa tête. Ce fut un désastre.

Au total, 19 bateaux firent naufrage à 8 ou 10 lieues (44 et 55 km) à l'est de Santo Domingo. L'*El Dorado,* navire amiral de Bobadilla, coula – dit-on – au large du rocher Los Serpientes, près du cap Engano. Près de 500 marins et soldats périrent dans cet ouragan ! Il existe toujours aujourd'hui une Punta Bobadilla, près de Punta Cana, en mémoire de ce lointain événement. Trois ou quatre autres navires gagnèrent l'île de Saona, puis Santo Domingo. Les autres bateaux furent dispersés et jetés sur les récifs d'Hispaniola et de Porto Rico. La cargaison contenait de grosses quantités d'or (200 000 castillans), une énorme pépite de la taille d'une assiette et pesant 35 livres, et surtout une table en or massif pesant 3 310 livres (1,6 t environ) ! Chaque année des plongeurs dominicains et américains de l'université d'Indiana fouillent patiemment les fonds sous-marins autour de Saona pour retrouver la flotte de Bobadilla et la « table d'or ». Une vraie quête du Graal dans une mer tropicale !

BOISSONS

– L'*eau* des robinets n'est pas du tout recommandée mais on trouve facilement de l'eau minérale en bouteille. Seulement elle coûte une vraie fortune : une bouteille de 50 cl, autour de 10 $Do (0,33 US$) dans une boutique de rue, facilement le double dans un resto. Plus chère qu'en Europe ! Comme partout dans le monde, les éternels *Pepsi* et *Coca* sont disponibles dans tout le pays. Évitez, en dehors des établissements touristiques, les glaces et jus de fruits, car l'eau ou la glace employées ne sont peut-être pas compatibles avec votre organisme.

– La *bière* locale *Presidente* est excellente (même les Allemands l'ont adoptée, c'est dire !). Elle est disponible en trois versions : 33 cl dans les établissements touristiques et 65 cl, voire 1 l (*pequeña, grande* et *maxi*), dans les établissements locaux, les prix étant curieusement assez voisins. Le seul reproche que l'on puisse faire, c'est l'excès en tout. On aime une bière fraîche, mais souvent elle est à la limite de la congélation et le goût est franchement « cassé ». Enfin, quand on a soif...

– Essayez, par curiosité, une boisson assez agréable, nutritive, non alcoolisée et pas chère, la *Malta Morena.*

– En ce qui concerne le *vin,* on trouve, surtout dans les établissements européens, des vins d'importation chilienne, argentine, espagnole ou même française à des prix abordables (enfin, surtout en carton de 1 l...).

– Mais le fleuron de la boisson dominicaine est le *rhum.* Trois marques, les trois B, se partagent le marché : *Brugal* (la plus populaire), *Barcelo* (la plus appréciée, peut-être) et *Bermudez* (la plus distinguée). En fait, elles se valent toutes (pour des palais non habitués) et seuls les natifs de l'île peuvent y trouver une différence notable. Chaque marque a son bas de gamme pas cher, une catégorie intermédiaire, *gran añejo,* et un produit de luxe surtout destiné aux *gift-shops*. À voir, quoique un peu cher, le splendide flaconnage bleu marine du *Brugal siglo de oro* vendu en coffret, et la bouteille style cognac du *Bermudez 145° aniversario*. La jolie bouteille ronde du *Barcelo Impérial* est la plus économique dans les rhums de prestige. Une bonne idée de cadeau. Si vous aimez les rhums « flambés » ou les cocktails un peu forts, essayez le *151*, ça brûle un peu plus que l'essence, c'est fort en bouche et ça titre 75,5°. À consommer à dose homéopathique, sinon gare à la gueule de bois...

– En ce qui concerne les *cocktails,* ils ne font pas partie, comme à Cuba, de la culture locale : le *cuba libre* et la *piña colada* sont en fait des inventions des barmen des établissements touristiques et les amateurs seront forcément déçus. Le meilleur cocktail, et le plus simple, c'est l'équivalent du *ti punch* antillais ou de la *caipirinha* brésilienne : un peu de rhum brun sur un mélange de sucre de canne et de citron vert. À consommer avec modération. De toute façon, ne cherchez pas des cocktails hors des sites touristiques. Si vous voulez vivre à la mode dominicaine, commandez un *servicio de ron* dans un *colmado* (épicerie-buvette), un bar ou une discothèque : on vous apportera une bouteille de rhum accompagnée de Coca ou Sprite (à préciser à la commande), un bol de glaçons et, si vous insistez, des citrons verts. Comme ça, vous faites vous-même à meilleur coût et à votre goût votre *cuba libre* (rhum-Coca) ou votre *santos libre* (rhum-Sprite).

BUDGET

Force est de constater que la République dominicaine n'est plus vraiment (mais l'a-t-elle jamais été ?) une destination routarde. Deux possibilités s'offrent à vous. Le système le plus simple et le meilleur marché est le « tout compris » pratiqué dans les *resorts.* Ce n'est pas ce qui manque et certains sont installés dans des sites magnifiques, sur de jolies côtes mais dont les villages environnants sont souvent artificiels. Pour un budget relativement modeste, vous passerez 8 ou 15 jours dans de beaux sites tropicaux où la plage, le soleil et les boissons sont généralement servis à volonté, mais où vous ne connaîtrez pas la vraie République dominicaine, car les contacts que vous aurez seront « aseptisés ». Si vous ne parlez pas un mot d'espagnol et si vous êtes en famille, cela peut être cependant un bon choix.

– En revanche, si vous êtes un routard, n'hésitez pas : lancez-vous avec votre guide préféré à la découverte de ce beau pays, vous ne le regretterez pas. Mais le budget sera quand même souvent supérieur, surtout si vous fréquentez les établissements tenus par des « gringos » (non-Dominicains), autant le savoir.

– Du coup, une autre solution intermédiaire est de plus en plus utilisée par les « routards » : on réserve un séjour tout compris d'une ou deux semaines dans un *resort,* et au bout de quelques jours, on part à l'aventure en voiture, à moto ou en transport en commun. On dort à droite à gauche, on explore les villages comme de vrais voyageurs et on revient au grand hôtel quand on a envie de faire une pause. Le forfait à la semaine en « tout compris » ne revenant pas beaucoup plus cher que le vol sec, c'est une formule hybride mais vraiment intéressante pour ceux qui souhaitent allier la facilité avec un brin d'aventure.

Logement

La République dominicaine est un faux pays pas cher. Les hôtels ne sont pas donnés pour peu qu'on souhaite un minimum de confort. Il existe des hébergements bon marché de bon rapport qualité-prix et situés un peu partout. Le pays manque d'adresses intermédiaires dans la catégorie 2 étoiles. De manière générale, les prix annoncés dans les hôtels incluent les taxes et les services (qui peuvent aller jusqu'à 26 % !).

– Attention aux prix donnés ici en dollars US car ils correspondent au taux de 1 US$ = 30 $Do. Ce taux varie souvent et vite, soit à la hausse, soit à la baisse. Pensez-y ! La plupart des hôtels ont des sites Web (nous vous les donnons). Consultez-les avant de partir pour connaître l'actualité des prix pratiqués). La règle la plus avantageuse est de payer en monnaie nationale, et non en dollars, les petites et moyennes dépenses, et les grosses en dollars.

Voici une échelle de prix pour la rubrique « Où dormir ? », sur la base d'une chambre double.
– **Bon marché :** environ 300 \$Do (10 US\$ environ).
– **Prix moyens :** de 300 à 600 \$Do (10 à 20 US\$ environ).
– **Un peu plus chic :** de 600 à 1 000 \$Do (20 à 34 US\$ environ).
– **Beaucoup plus chic :** plus de 1 000 \$Do (34 US\$ environ).
– **Très, très chic :** plus de 3 000 \$Do (100 US\$ environ).
Si vous pouvez éviter les périodes s'étendant de Noël à Pâques, et juillet-août, vous obtiendrez (surtout dans les sites touristiques) des diminutions pouvant aller jusqu'à 30 ou 40 %... si vous savez négocier.

Repas

On peut manger pour pas trop cher en République dominicaine, mais on finira peut-être par se lasser de la nourriture classique et populaire, qui, bien que bonne, tourne rapidement en rond. Dès qu'on sort de ce cadre, ça peut devenir assez cher, notamment dans les restaurants touristiques en bord de mer.

Attention également aux **taxes et services** : pour les établissements très modestes, les taxes sont généralement incluses, mais dès qu'un resto ressemble un tant soit peu à un resto, deux taxes de 10 et 16 % s'appliquent et viennent grever l'addition. Certains établissements appliquent une des taxes, les autres les deux ! Au début, on croit à une arnaque du restaurateur. Que nenni ! C'est la loi, tout simplement. Quand vous vous attablez et que vous choisissez un plat, il est indispensable, si votre budget est un peu serré, de faire le calcul, sinon bonjour la mauvaise surprise. Bon, on s'habitue vite.
Voici une échelle de prix pour la rubrique « Où manger ? ».
– **Bon marché :** environ 150 \$Do (5 US\$ environ).
– **Prix moyens :** de 150 à 400 \$Do (5 à 14 US\$ environ).
– **Plus chic :** de 400 à 600 \$Do (14 à 20 US\$ environ).
– **Beaucoup plus chic :** plus de 600 \$Do (20 US\$ environ).

Transports

– Les **transports publics** sont excellents et vraiment efficaces sur tous les grands axes. En dehors de ces circuits bien rodés, ils sont très lents et compliqués, mais toujours bon marché.
– Le moins cher pour se déplacer à deux est la location d'une **moto** mais il faut vraiment faire attention. On déconseille ce mode de transport pour les grandes distances mais pour circuler dans une région, ça peut être une bonne formule. On la loue juste pour faire des excursions à la journée et ça revient moins cher. Même si on ne vous en propose pas, exigez qu'on vous fournisse un casque ; mieux, si vous êtes motard, apporter le vôtre. En gros, vous trouverez à louer une petite moto pour environ 800 \$Do (27 US\$) par jour.
– À quatre personnes, la **voiture** est plus avantageuse et le prix de l'essence est beaucoup moins élevé qu'en Europe. Pour une voiture normale, compter aux alentours de 1 350 \$Do (45 US\$), et 2 700 \$Do (90 US\$) pour un 4x4, prix très souvent négociables pour une semaine ou plus. Sachez quand même qu'en passant par des compagnies internationales comme *Hertz* ou *Nelly,* vous paierez un peu plus cher, mais au moins les véhicules seront en bon état et bien assurés. Évitez de louer une voiture à un particulier : en cas

d'accident corporel, votre responsabilité serait engagée. Par ailleurs les petits loueurs, même parfaitement légaux, n'ont souvent pas d'assurance pour les dégâts matériels causés au véhicule. En cas de pépin, faites obligatoirement appel à la police, le constat vous sera exigé lors de la remise du véhicule.

– Quel que soit le loueur, avant de signer un contrat, bien vérifier les « suppléments » éventuels : taxe d'aéroport, taxe ITBI, frais de retour à un autre lieu que celui de la prise en charge, assurances complémentaires diverses, etc. Tout additionné, cela peut vous coûter le double de la location proprement dite.

– Dernier conseil : rendez le réservoir d'essence de votre véhicule exactement comme vous l'avez pris, en général plein.

CARNAVAL

Le carnaval dominicain n'est pas à date fixe comme dans les autres pays de culture catholique. Bien sûr, la mi-carême est l'objet de nombreuses fêtes dans le pays, mais on en trouve aussi tous les dimanches de février (en particulier, le 27, fête de l'Indépendance) à Santo Domingo, à Santiago et à La Vega, et dans la plupart des villes et villages, le jour de Pâques à Cabral. Mais le plus intéressant de tous est le *carnaval de La Vega,* qui a une longue tradition. Instauré par les immigrés cubains au début du XXe siècle, il est à l'origine du folklore dominicain. La laideur, l'horreur ou... la beauté des masques sont impressionnantes. Confectionnés à partir de papier mâché, ils sont peints de couleurs violentes et vernis ensuite. Ils représentent le diable en quête de pécheurs (et il n'en manque pas), qu'il va chercher dans la foule pour les punir avec sa fourche symbolisée par une vessie pleine d'eau, ou plus souvent une chambre à air peinte, avec laquelle il « frappe » les spectateurs.

Revêtus de grands manteaux (souvent garnis de petits miroirs) et de clochettes, ces diables, qui sortent de leurs « grottes » tous les dimanches de février à La Vega et surtout le 27, ont fière allure. Ils sont plus de mille, chaque groupe représentant un quartier, un club sportif, une association... Le « sponsoring » local (commerçants, bière, rhum) ajoute au folklore, s'il en était besoin... Un grand moment pour les amateurs de photo. Comme dans tout le pays, l'après-carnaval, c'est-à-dire le soir, vaut le déplacement si l'on a envie de s'amuser, surtout que dans ces liesses populaires, tout est bon marché, boissons, restauration et que, bien entendu, le *merengue* résonne à profusion dans toute la ville.

– Pour ceux qui n'ont pas la chance d'assister à l'un de ces carnavals, ne manquez pas de visiter le musée de l'Homme dominicain à Santo Domingo, ou le musée folklorique Tomás-Morel à Santiago, où le fils du fondateur vous fera visiter sa collection unique de masques et objets représentant les carnavals passés.

CIGARES

Découvert en 1492 par Christophe Colomb lors de son premier voyage dans les Caraïbes, le cigare était couramment fumé par les Indiens taïnos vivant dans ces îles. La feuille de tabac à peine séchée était roulée et présentait l'aspect d'un « pétard » mal dégrossi. Intrigués, les marins espagnols l'essayèrent, l'approuvèrent et en rapportèrent en Espagne... où l'accueil fut plus que froid. Un des marins de Colomb, ayant été surpris en train de fumer par un membre de l'Inquisition, fut condamné à deux années de prison, tant cette pratique paraissait diabolique aux religieux. Plus tard, dans d'autres cours européennes, le tabac fut davantage apprécié : tout compte fait, ce n'était pas si mauvais que ça et si le roi aime, alors c'est que c'est bon ! Les nobles tout d'abord, puis le reste du peuple se mirent gaiement à fumer le cigare, la pipe, et beaucoup plus tard la cigarette. Priser et chiquer furent également des manières très populaires, surtout chez les marins. Mais revenons à nos cigares et plus précisément à ceux que vous trouverez sur place. Tout d'abord, avant d'acheter un cigare, vérifiez bien si la bague ou la boîte porte l'inscription « hand made », ou mieux « hecho a mano », ce qui veut dire « fait main ». De l'avis des 22 millions d'amateurs de cigares dans le monde, seul un cigare fait à la main (à Cuba ou en République dominicaine) est à même d'apporter le plaisir auquel vous aspirez. Attention à la douane française, vous ne pouvez rapporter que 50 cigares pour votre consommation personnelle.

Avant la manufacture

Bien longtemps avant la plantation et la cueillette des feuilles de tabac, les acheteurs spécialisés viennent retenir chez les agriculteurs leur quantité nécessaire. La qualité d'un bon cigare, c'est avant tout la feuille qui est sélectionnée en fonction de la terre de culture, de l'exposition au vent, au soleil, et surtout du savoir-faire des paysans du Cibao où sont cultivés les meilleurs plants. C'est à Santiago de los Caballeros que se trouvent les manufactures où sont fabriqués les cigares.

Plantation et récolte du tabac

Lors de la récolte, le producteur laisse venir en graine les plants de tabac les plus vigoureux. Chaque fleur produit des milliers de graines qui sont récupérées, séchées et conservées pour la récolte de l'année suivante.
Fin septembre, une petite parcelle de terre est préparée en semis *(cantero)*. Les graines y sont alors semées et font l'objet de soins quotidiens (notamment arrosage si la terre est un peu sèche).
Au bout de 5 semaines, les plantes les plus vigoureuses sont soigneusement déracinées et repiquées, tout comme on le fait en nos pays pour les tomates. Le tabac, comme la tomate, d'ailleurs, est d'origine américaine et ces deux plantes sont toutes deux de la famille des solanacées, cousines germaines en quelque sorte. Elles sont repiquées à intervalle régulier, alignées tout comme la vigne et serrées par des sillons permettant l'accès pour les nombreux soins dont elles seront l'objet tout au long de leur croissance.
Cette dernière est rapide. Repiquées vers la fin octobre, elles sont récoltées progressivement en janvier car les feuilles sont cueillies une par une, de bas en haut, au fur et à mesure de leur maturité, et cette dernière dépend de l'étage foliaire où elles se situent sur la plante.
Entre le moment du repiquage et celui de la récolte, il aura fallu beaucoup d'attentions : irrigation s'il n'a pas assez plu, fumigations avec fongicides contre les champignons, insecticides...

La préparation du tabac

À mesure que les feuilles sont cueillies, elles sont rassemblées pour former une sorte de guirlande qui est ensuite suspendue dans le séchoir, le *rancho*, jusqu'à ce qu'elles sèchent et perdent leur chlorophylle, pour prendre leur couleur « tabac ». Décrochées et réunies au milieu du *rancho* sous forme de tas *(pilones)*, elles subiront alors une première sudation, lente et naturelle, qui durera 2 à 3 mois. C'est le sucre contenu dans le tabac et l'élévation naturelle de la température qui provoquent cette sudation. C'est le moment que choisissent les acheteurs pour venir apprécier la qualité de la matière première et négocier un prix d'achat avec le récoltant. Si l'affaire est conclue, le tabac est mouillé pour éviter que les feuilles ne se rompent lors du transport. Il est alors mis en sacs *(serones)* tressés avec une sorte de roseau et fermés, en sa partie supérieure, par des feuilles de *yagua* (espèce de palmier royal). Il doit peser 50 kg brut. Arrivés chez l'acheteur, le fabricant ou le grossiste, les sacs sont pesés à nouveau en présence du vendeur et le marché définitif est conclu.

Vidées à même le sol, les feuilles sont alors triées par des femmes spécialisées, qui séparent le *seco* du *ligero*. Le *seco* est plus léger, dégage moins de puissance, mais a une meilleure combustion. Il donne au cigare son arôme et sa subtilité. Le *ligero,* quant à lui, a plus de force, plus de puissance, mais brûle moins bien. Dans un cigare, les deux tabacs se complètent. On confectionne alors des meules de *seco* d'un côté, de *ligero* de l'autre.

Le tabac ayant été mouillé pour le transport, la première fermentation commence et, lorsque la température atteint 42 à 45 °C, la meule est démontée pour en refaire une autre à côté, en plaçant à l'intérieur de celle-ci les feuilles qui étaient à l'extérieur, et vice versa. La fermentation repart. Dès que la température ne monte plus autant, après 5 ou 6 *virades,* on laisse les meules en l'état pour un temps variable, allant de plusieurs semaines à plusieurs mois, jusqu'à ce que l'on décide de procéder à l'*écotage* (retrait de la veine centrale de la feuille), pour les feuilles qui serviront à faire la *cape* et la *sous-cape.* Cette opération est réalisée par des ouvrières spécialisées car il faut une certaine dextérité pour effectuer ce mouvement délicat et précis à la fois. L'écoteuse prend une gerbe, libère les feuilles une à une, les lisse à la main, puis ôte la nervure d'un geste sûr, séparant chaque feuille en deux demi-feuilles. Les écoteuses sont rémunérées au rendement.

Chaque demi-feuille est déposée sur une barre en arc de cercle. Ces piles sont alors confiées à l'*escogedora* (sélectionneuse) qui les répartit en fonction de leur teinte et de leur taille. Les feuilles de *cape* (enveloppe extérieure) rejoignent ensuite celles de la *tripe* (partie centrale du cigare) et de la *sous-cape* (enveloppe intérieure) dans le domaine du *jefe de liga* (responsable de mélange), qui a la responsabilité de l'assemblage des divers éléments constituant le *blend.* C'est cette sélection qui donne à chaque cigare sa spécificité.

Les feuilles sont rassemblées en paquets *(manillas)* d'une vingtaine de feuilles de dimensions identiques et, avec ces paquets, on reforme de nouvelles meules de *seco* et de *ligero* séparées. Après avoir été de nouveau mouillées, une deuxième fermentation se produit. On procède alors comme lors de la première. Ces fermentations ont pour but de brûler les alcaloïdes agressifs que contient le tabac. Une forte odeur d'ammoniac apparaît. Quand la température ne monte plus, la fermentation est terminée, le tabac est prêt. Il est séché dans un *secador* par paquets de 4 ou 5 feuilles, sur des claies. Ceci est la méthode artisanale, donc entièrement manuelle, mais les grandes fabriques comme Altadis, Fuente ou Jimenes utilisent, quant à elles, des séchoirs à gaz. Cela peut prendre de 2 à 4 jours, selon le degré d'humidité de l'air ambiant. Des balles de tabac (en jute) très compressées sont alors confectionnées et étiquetées, en indiquant la variété du tabac, le nom du récoltant, le poids brut et le type de tabac (*seco* ou *ligero* – voir plus haut pour ceux qui se seraient endormis en cours de lecture). Elles sont alors stockées pour vieillir. Cette étape est une condition essentielle pour la fabrication de bons cigares, tout comme la qualité de la semence, le savoir-faire du récoltant et le travail minutieux des préparations.

La fabrication des cigares

Chaque fabricant a un ou plusieurs mélanges. Le goût du cigare dépend de ce que l'on met dedans. Le but recherché par un fabricant soignant la qualité consiste à obtenir, d'année en année, une permanence dans le goût et la consistance du cigare pour conserver la personnalité qui a plu à certains connaisseurs. Il lui faut obtenir des assemblages de différents tabacs, de zones et années distinctes, pour conserver la personnalité du cigare. Prétendre faire un cigare millésimé, c'est du pipeau, un mensonge très marketing, disent les uns, d'autres pensent le contraire.

Les dégustateurs de l'entreprise *(catadores)* extraient du tabac de certaines balles et procèdent à des essais. Quand les tabacs ont été choisis, les employés séparent, une à une, les feuilles qui ont été comprimées et les préparent ainsi pour les *empuñeros* (rouleurs qui fabriquent la *tripe)* et les *pegadores* (qui mettent la *cape)*, dans les proportions définies pour un assemblage spécifique.

Ils placent les différentes feuilles sur leur établi *(vapor)* afin de rouler « à la main », suivant un rituel immuable. Quand la poupée est terminée, le cigarier la place dans un moule qui permet de calibrer les cigares au diamètre requis ; ils sont ensuite placés dans une presse pour un temps minimal de 30 mn. Ce n'est qu'ensuite que la cape est appliquée. Après cette opération, les cigares sont coupés à la longueur désirée.

Les cigariers *(torcedores)* sont payés à la pièce et peuvent produire entre 250 et 600 cigares par jour, en fonction de la qualité du produit. Les *torcedores* sont les employés les mieux rétribués de la manufacture. Les modules défectueux sont retirés et non rétribués.

Les capes utilisées en République dominicaine proviennent majoritairement de l'État du Connecticut aux États-Unis, mais peuvent venir aussi du Cameroun ou d'Indonésie. La couleur et le goût varient alors. Les capes provenant de ces pays sont de loin les meilleures et surtout leur qualité est régulière. Le terroir dominicain ne parvient pas pour le moment à fournir des capes de qualité régulière, suffisamment belles, solides et élastiques, bien que des travaux sur ce sujet soient menés en permanence. Cuba, en revanche, a toujours produit ses propres capes.

Mais revenons à nos cigares ! Quand le cigarier a terminé la fabrication de 50 modules, il les remet au contrôleur qui les vérifie, un par un, pour chercher d'éventuels défauts : trop serrés et limitant le tirage, trous ou vides partiels dans le corps du cigare, irrégularités flagrantes, cape abîmée...

Les cigares sont ensuite réunis dans un fagot de 50 unités, appelé roue *(rueda),* qui est pesé pour vérifier que le poids est conforme à la norme spécifique établie pour ce type de cigares. Cette roue est alors enfermée dans une feuille de papier sur laquelle seront écrits le module du cigare, la date de fabrication et le nom du cigarier. Ce qui témoigne, on le voit, d'un véritable suivi de la chaîne de fabrication. Ainsi les meilleurs rouleurs sont rapidement repérés. Fin prêt, le cigare, décoré de la bague à l'image du fabricant, est stocké dans un local sombre et climatisé, en attendant d'être expédié aux quatre coins du monde. Peut-on faire vieillir un cigare comme un bon vin ? Là encore, certains pensent que non, d'autres qu'on peut les garder, dans de bonnes conditions évidemment (d'humidité notamment) jusqu'à 10 ans...

Sachez pour terminer, qu'un *module* caractérise la taille d'un cigare *(Churchill, Robusto, Corona, Panatela)* et que la *vitole* englobe toutes les caractéristiques propres d'un cigare, la qualité du tabac, sa construction, sa combustion, sa personnalité, son arôme, sa force... (le *n° 4 d'Arturo Fuente Réserve Supérieure,* le *Corona Belrive Selection Medium Filler,* le *Churchill Davidoff Millenium Blend,* etc.).

La République dominicaine est le premier pays producteur de cigares au monde avec 600 millions d'unités par an, suivie du Honduras avec 340 millions. Cuba n'arrive qu'en troisième position (140 millions).

Si vous vous intéressez au cigare et si vous avez eu la patience de lire en entier ce descriptif assez ardu, vous aurez sûrement remarqué un nombre incroyable d'analogies entre le monde du cigare et celui du (bon) vin. Ce sont tous les deux des produits de luxe ayant leurs traditions artisanales et leur langage d'initiés. Professionnels et consommateurs leur vouent une grande passion. Celle de l'hédonisme tranquille.

Où visiter une fabrique ?

C'est dans la région de Santiago, située à 150 km au nord-ouest de Santo Domingo, dans la région du Cibao, qu'est installée la majeure partie des fabriques de cigares : *La Aurora-Léon Jimenes (Philip Morris), CIDAV-OK Cigar (Davidoff/Avo), General Cigars (Partagas, Cohiba, Punch), Tabacalera del Monte*. Seules *Altadis (Seita/Tabacalera)* et *Agio* sont excentrées et localisées à La Romana et San Pedro de Macoris. Ne soyez pas surpris de trouver des marques cubaines en République dominicaine. Ces marques appartenaient à des familles qui ont fui la Révolution de Fidel Castro et les ont vendues par la suite à des sociétés américaines (d'où des procès interminables). Les fabriques *Léon-Jimenes* et *Tabacalera del Monte* peuvent se visiter aisément car elles sont proches du centre de Santiago.
On rappelle que les tolérances douanières vous permettent de rapporter 50 cigares par personne adulte en Europe.

CINÉMA

Pas grand-chose d'intéressant : dans les salles obscures, les productions américaines et japonaises ont supplanté Buñuel. Bien que de culture espagnole, le Dominicain s'oriente surtout vers des pays peut-être plus « brillants » à ses yeux, comme les États-Unis ou le Japon. Dommage ! On voit souvent des films américains assez récents dans les bus *Caribe Tours* ; ça fait passer le temps. Pas de production dominicaine, sauf en vidéo : des séries historiques sur la dictature de Trujillo, assez bien réalisées. De nombreux films ont été tournés en République dominicaine, dont le plus célèbre, *Apocalypse Now* de Coppola. Plus récemment, le décor de *La Fête au bouc,* une production franco-québécoise, fut campé sur la magnifique plage de Cosón à Las Terrenas (voir « Livres de route » plus loin).

CLIMAT

Située entre l'équateur et le tropique du Cancer, l'île bénéficie d'un climat tropical tempéré par les alizés. Il fait assez chaud en été (dans l'hémisphère Nord, les variations sont à peu près semblables à celles de l'Europe, 15 à 20 degrés en plus, bien sûr...) et frais la nuit en hiver, surtout dans les montagnes. La température moyenne est de 30 °C le jour et 20 °C la nuit, la température de l'eau oscillant entre 26 et 28 °C. On compte une saison des pluies en mai-juin et une autre en octobre-novembre, mais cela varie souvent d'une année à l'autre. Des régions de plaines comme celles de Punta Cana ou Montecristi sont beaucoup plus sèches que la péninsule de Samaná, au nord du pays. Pour ceux qui n'aiment pas du tout la pluie, même tropicale, le mois le plus sec est mars.
On parle souvent des ouragans qui dévastent les Caraïbes. Il est vrai que, formés au large des côtes africaines, ils se promènent dangereusement le long des îles en semant la terreur. Mais ne dramatisons pas, car les ouragans, aussi violents soient-ils, ne sont dangereux que pour ceux qui habitent au bord des côtes et des cours d'eau. La violence des vents n'a jamais été la cause des catastrophes qu'a connues la République dominicaine : ce sont toujours les inondations, les crues et les coulées de boue qui ont causé des dégâts (les terribles inondations de Jimani en mai 2004 ont provoqué la mort de centaines de personnes). De plus, il faut savoir que les ouragans sont programmés et suivis par les services météo américains avec une précision

PLANS ET CARTES
EN COULEURS

SOMMAIRE

LA RÉPUBLIQUE DOMINICAINE

NORD

OCÉAN ATLANTIQUE

Isla Cabrita
Siete Hermanos
Parque Nacional Montecristi
Cayos
Cabo del Morro
Bahía de Icaquitos
Playa Montecristi
Ruinas de la Isabela
Castillo (Parque National)
Luperón
La Isabela
Punta Pastilla
Bahía de Maimón
Playa Costambar
Puerto Plata
Playa Cabarete
La
Cabarete G
Bahía Escondi

Montecristi
Punta Rucia
Estero Hondo
Imbert
790
Pico Isabel de Torres
Sosua
Tubagua
Sabaneta de Yásica
Gaspar Hernández

Bahía de Manzanillo
Manzanillo
Copey
Villa Elisa
Valle del Cibao
Esperanza
Mao
Santiago

Ouanaminthe
Dajabón
Sabaneta
Moca
Santo Cerro
San Fran de Mac

Santiago de Rodriguez
Loma de Cabrera
Monción
La Vega
Pime

RÉPUBLIQUE D'HAÏTI

Pedro Santana

Cordillera
Jarabacoa
La Ciénaga
Parque Nacional Armando Bermúdez
Parque Nacional José del Carmen Ramírez
Pico Duarte 3 087
Central
El Río
Co

Matayaya
Constanza
Piedra Blanca
Mai

Belladère
Elias Piña
San Juan
R. C. Valle Nuevo
Nizao

La Descubierta
Parque Nacional Isla Cabritos
Galvan
Azua
San José de Ocoa
San Cris

Jimani
P. N. Lago Enriquillo
Neiba
Las Marias
Tamayo
Vicente Noble
Duvergé
Laguna del Rincón

Parque Nacional Sierra de Bahoruco
Cabral
Barahona
Las Salinas
Bani

Polo magnetico

Pedernales
Bahoruco
San Rafael
Paraiso
Los Patos
Enriquillo

El Cabo Rojo

Bahía de Las Aguilas
Parque Nacional Jaragua
Oviedo
Laguna Oviedo

Isla Beata

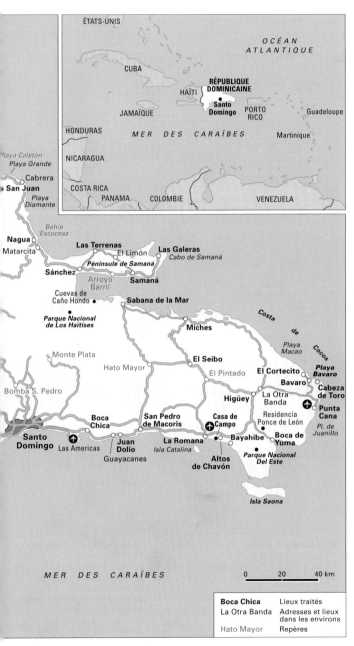

LA RÉPUBLIQUE DOMINICAINE

ÉTATS-UNIS

OCÉAN
ATLANTIQUE

CUBA

RÉPUBLIQUE
DOMINICAINE

HAÏTI

Santo
Domingo

PORTO
RICO

Guadeloupe

JAMAÏQUE

MER DES CARAÏBES

Martinique

HONDURAS

NICARAGUA

COSTA RICA

PANAMA

COLOMBIE

VENEZUELA

Playa Caletón
Playa Grande

Cabrera

San Juan

Playa
Diamante

Bahía
Escocesa

Nagua

Matarcita

Las Terrenas

El Limón

Las Galeras

Cabo de Samaná

Péninsule de Samaná

Sánchez

Arroyo
Barril

Samaná

Cuevas de
Caño Hondo

Sabana de la Mar

Parque Nacional
de Los Haïtises

Miches

Costa

Monte Plata

de

Playa
Macao

Cocos

Hato Mayor

El Seibo

El Pintado

El Cortecito

Playa
Bavaro

Bavaro

Bombá S. Pedro

Higüey

La Otra
Banda

Cabeza
de Toro

Boca
Chica

San Pedro
de Macoris

Casa de
Campo

Residencia
Ponce de León

Punta
Cana

Santo
Domingo

Las Americas

Juan
Dolio

La Romana

Bayahibe

Boca de
Yuma

Pl. de
Juanillo

Guayacanes

Isla Catalina

Altos
de Chavón

Parque Nacional
Del Este

Isla Saona

MER DES CARAÏBES

0   20   40 km

LA RÉPUBLIQUE DOMINICAINE

Boca Chica	Lieux traités
La Otra Banda	Adresses et lieux dans les environs
Hato Mayor	Repères

LA RÉPUBLIQUE DOMINICAINE

SANTO DOMINGO (SAINT-DOMINGUE) – PLAN GÉNÉRAL

■ **Adresses utiles**

🚌 1 Terminal Metro
🚌 2 Terminal Caribe Tours
7 Alliance française

🏠 **Où dormir ?**

19 La Gran Mansión
20 Hostal Primaveral
21 Petit Apart-hotel
25 Maison Gautreaux
26 Hotel Papo's

27 Hostal Duque de Wellington
28 Plaza Colonial
29 Hotel El Señorial
30 Apart-hotel Esmeralda
31 Hotel Villa Italia
32 San Geronimo Hotel & Casino
33 Hotel El Napolitano
34 Hispaniola Hotel & Casino
35 Hotel Melia Santo Domingo
36 Hotel Santo Domingo
37 V Centenario Intercontinental

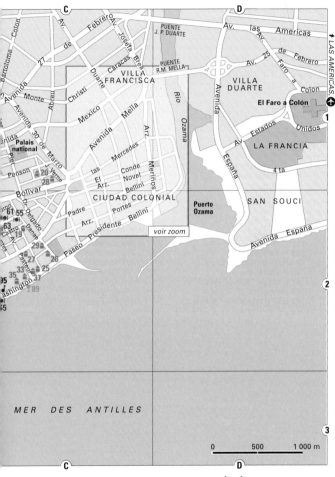

SANTO DOMINGO (SAINT-DOMINGUE) – PLAN GÉNÉRAL

SANTO DOMINGO – PLAN GÉNÉRAL

REPORTS DU ZOOM DE SANTO DOMINGO

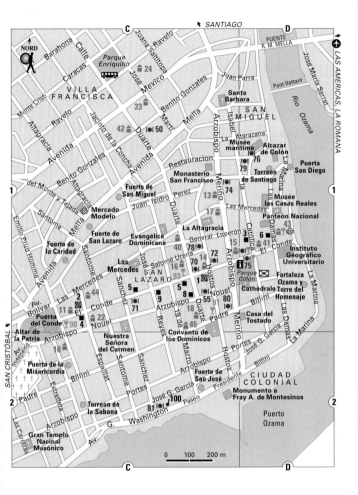

SANTO DOMINGO – ZOOM

À la découverte
des produits du terroi

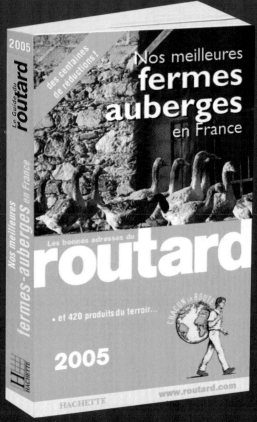

11,90

Plus de 700 adresses pour déguster des produits gourmands fabriqués sur place.

▶ index des fermes-auberges
   et des produits du terroir
▶ index des produits "bio"

HACHETTE

GÉNÉRALITÉS

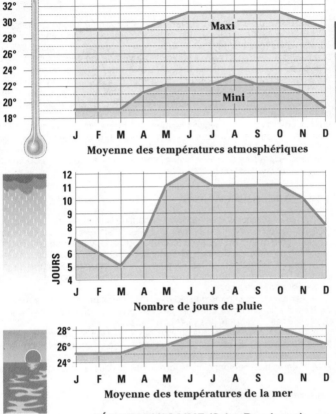

Moyenne des températures atmosphériques

Nombre de jours de pluie

Moyenne des températures de la mer

RÉP. DOMINICAINE (Saint-Domingue)

remarquable. La saison propice au voyage va de décembre à fin avril et la plupart des ouragans surviennent entre septembre et novembre. Mais les touristes, abrités dans des habitations en dur, ne courent absolument aucun risque sinon celui d'être bloqués quelques jours en attendant que les aéroports soient praticables.

Vêtements conseillés

À Saint-Domingue, point n'est besoin d'emporter une garde-robe importante. On se contentera de vêtements d'été : shorts, chemisettes, T-shirts... et on n'oubliera pas son maillot de bain !
Un chapeau et des lunettes de soleil sont indispensables, de même que des chaussures montantes en toile pour visiter les parcs, ou en cuir pour randonner dans le centre montagneux. Un imperméable léger n'est pas inutile durant la saison des pluies. Enfin, ne pas oublier une petite laine si l'on doit se rendre dans les régions de montagne... ou dans les restaurants (ou bus) climatisés !

CUISINE

Les **produits locaux,** yucca, banane plantain, riz, café, cacao, ananas, etc., forment la base de la cuisine dominicaine (comida criolla). Le plat de base, comme dans tous les pays en voie de développement, se compose de riz, accompagné de haricots et de poulet. Côté **viande,** on déguste de la chèvre (chivo) en ragoût (c'est délicieux), du bœuf (res) et du porc (cerdo), bien qu'ils soient chers. Les **produits de la mer** (poisson, crevettes, crabes et langoustes) sont en général réservés aux touristes. Les **soupes** sont préparées dans les foyers les plus pauvres et mêlent quelques légumes et morceaux de viande.

Il n'est pas dans les habitudes locales de boire autre chose que de l'eau durant le repas. Le travailleur qui part le matin prend en général un repas assez copieux qui lui permettra d'attendre le dîner. Aller au restaurant n'est pas dans les traditions locales (seule la bourgeoisie s'y rend). Le Dominicain mange pour vivre et non le contraire.

Les grandes spécialités

– Pour les Dominicains, le **sancocho** (ragoût de viandes : bœuf, poulet, porc et légumes) du dimanche n'est pas une fête, c'est indispensable, c'est tout. On se régale quand même avec le **chivo guisado,** viande de chèvre marinée dans un mélange d'origan, d'oignons, de poivrons, d'ail et de... rhum.
– On trouve également sur les routes des **chicharones,** couenne de porc marinée dans du jus d'oranges amères et cuite dans sa propre graisse, c'est un peu gras mais très bon.
– Le plat le plus consommé dans le pays est le **pica pollo,** sorte de Kentucky fried chicken à la mode locale, en général servi avec des tostones, bananes plantain frites. C'est bon, pas cher et nourrissant.
– Une mention spéciale dans la cuisine locale pour les **mondongos,** sorte de tripes de bœuf ou de porc que l'on déguste avec un zeste de citron vert. À essayer pour les amateurs. De toute façon, ce n'est pas cher du tout et si vous n'aimez pas, personne ne se formalisera si vous laissez votre assiette...

Les restaurants

– **Frituras :** ce sont les plus populaires et les plus simples. Ils « cuisinent » sur des vieilles roues de voiture à plat avec un peu de charbon, ouvrent le matin et s'en vont quand tout est vendu. Conditions d'hygiène plus que douteuses, mais on y trouve des **empanadas,** sortes de beignets garnis de jambon et de légumes. C'est très bon marché et délicieux. Saucisses, boudin, salami cuit sont servis dans un morceau de papier kraft. Quand on est fauché, on peut s'y restaurer copieusement pour l'équivalent de 80 \$Do (2,70 US\$).
– **Pica pollos :** dans tout le pays, des petites échoppes et des restos de chaînes (genre fast-food) vendent du poulet frit accompagné de tostones (bananes plantain frites). C'est généralement servi dans un emballage plastique, c'est pas cher et c'est souvent très bon.
– **Comedores :** là, on commence à évoluer dans l'échelle sociale, on est assis et on mange dans des assiettes. Assez peu de variété : poulet, bœuf, tripes ou poisson (attention aux intoxications !). On y commande, pour l'équivalent de quelques dollars, un servicio qui comprend une entrée genre crudités et une viande accompagnée de riz et de haricots. Pas de pain ni de vin. Assez marrant : quel que soit le plat qu'on commande, la sauce est la même !
– **Cafeterias :** on les trouve surtout dans les grandes villes. Les produits sont toujours frais car le débit est important et les prix bas. Nourriture assez variée, contrairement aux comedores. Ne pas hésiter à pousser les portes de

ces établissements (qui souvent n'en ont pas car ils sont ouverts sur la rue), même si leur aspect peut paraître un peu sinistre.
– *Paradas :* extrêmement pratiques, frais, copieux et bon marché, ces « routiers » dominicains que l'on trouve sur tous les grands axes vous servent en quelques minutes un bon repas local à consommer sur place dans une ambiance souvent bruyante et colorée.
– *Restaurantes :* comme partout dans le monde, on y trouve le meilleur et le pire. Chinois, arabes, japonais, français, italiens, espagnols et même... dominicains. Bref, un grand choix de restaurants, surtout dans les grandes villes. Se méfier du prix, car peu d'entre eux annoncent le menu à l'extérieur. Par ailleurs, on a parfois fait plus d'effort sur la déco que sur la qualité de la bouffe. Attention aussi aux suppléments non annoncés : 10 % de service et les 16 % de taxes sont souvent appliqués en plus des prix affichés. Autre conseil : n'oubliez pas votre petite laine si vous vous rendez dans les restaurants les plus chic : on y crève de froid en raison de la climatisation ! C'est comme avec la sono, ici tout est *demasiado (too much)*. En fait, cela permet à la bourgeoisie locale de sortir ses plus beaux vêtements...
– *Fast-foods :* l'oncle Sam a encore frappé ! Les grandes villes dominicaines sont envahies par les *McDo, KFC* et autres *Burger King*. Rien à dire, sauf que c'est très cher pour le pays, mais le snobisme et le prestige des *Yankees* font que, paradoxalement, on y trouve plus de Dominicains que de touristes. À fuir.

DANGERS ET ENQUIQUINEMENTS

La République dominicaine est un pays sûr. La délinquance existe, bien sûr, mais beaucoup moins que dans les grandes villes européennes. Des cas d'agressions de touristes ont été signalés, mais c'est quand même une exception et on peut circuler dans le pays sans risque particulier. Prudence quand même, surtout le soir dans certains quartiers de la capitale, mais pas de parano inutile. Les gens ici sont vraiment doux, adorables et serviables.
– En cas de problème, la *police touristique* est censée vous protéger (☎ 1-200-3500). Les Dominicains sont en général gentils et pas agressifs, ce qui explique le peu de problèmes que rencontrent les visiteurs. Attention cependant aux arnaqueurs, tout sourire, qui se proposent de vous aider dès l'aéroport...
– Dans la campagne, on cherchera souvent à vous donner un coup de main, à vous guider, à vous accompagner. Cette démarche est sympathique, mais parfois votre interlocuteur attendra un paiement en retour. Pour éviter les situations ambiguës, essayez de vous mettre d'accord au préalable sur la rétribution.
– Attention également lors de l'utilisation de votre carte de paiement, des cas de fraude ont été signalés. Mais là encore, pas de panique inutile.
– Évidemment, les stations touristiques attirent les petits voleurs et il est prudent de conserver ses biens dans le coffre de l'hôtel plutôt que sur la table de nuit, quand on va à la plage. Bref, il suffit d'appliquer les attitudes de base du voyageur averti pour éviter les problèmes.

DÉCALAGE HORAIRE

Six heures de moins par rapport à la France en été et cinq heures en hiver.

DROGUE

« La possession, la consommation ou le commerce de drogue sont sévèrement punis », comme le stipule le texte affiché dans de nombreux établissements.

On est loin de la tradition des Indiens taïnos, grands consommateurs de substances plus ou moins hallucinogènes qu'ils aspiraient au moyen d'inhalateurs en os de lamantin (mammifères marins). Actuellement, les Dominicains fument assez peu d'herbe, même les jeunes, plutôt attirés par la bière et le rhum, compléments habituels du *merengue*. On est loin des rastas des îles voisines. Cependant, il y a une petite consommation locale de marijuana et de champignons qui ne sont pas de Paris. À noter que l'intrusion dans l'île d'autres substances est malheureusement due à des crapules sans scrupules, originaires d'Amérique du Sud.

Il est évident que l'île, surtout la partie haïtienne, est une plaque tournante des produits colombiens (pas le café...). Pour s'en convaincre, il suffit de se renseigner sur l'origine des nombreux avions saisis qui traînent sur les aéroports. Sans parler des bateaux échoués le long des côtes. D'ailleurs, la police a un département spécialisé copié sur le modèle de la DEA *(Drug Enforcement Agency)* américaine et probablement financé par les États-Unis : cela crée des liens entre les deux services... Mais compte tenu de l'insularité, il est fort probable qu'une grosse partie du trafic passe au travers des mailles du filet. Nous ne sommes pas là pour faire de la morale, mais attention : comme les policiers arrêtent rarement les professionnels, ils se défoulent avec le menu fretin de passage. Un minimum de 6 mois est requis pour la consommation personnelle... vous êtes prévenu.

Autant se contenter des cigares de Santiago, c'est moins dangereux...

DROITS DE L'HOMME

Lorsqu'il a pris ses fonctions en août 2004, le nouveau président Fernandez ne s'attendait certainement pas à une partie de plaisir. L'économie du pays est exsangue et la dégradation des conditions de vie (coupures importantes d'électricité, augmentation des prix, chômage...) est telle qu'un grand nombre d'habitants n'hésitent plus à fuir le pays. Ils prennent alors des risques énormes (50 sont morts dans un naufrage en août 2004) pour franchir le passage qui sépare l'île d'Hispanolia de Porto Rico. Difficile dans un tel contexte de mettre en place des réformes pourtant nécessaires en matière de Droits de l'homme. Les forces de l'ordre dominicaines sont toujours aussi brutales, et selon les sources, entre 250 et 350 personnes auraient été tuées par la police en 2004, officiellement lors d'« échanges de coups de feu avec des délinquants ». L'impunité reste malheureusement la plupart du temps de mise. En janvier 2004, la répression de manifestations importantes contre les coupures d'électricité a fait 6 morts. Le 7 mars 2005, un dramatique « incident » est venu rappeler la situation des prisonniers en République dominicaine. Des affrontements entre gangs rivaux ont en effet provoqué un gigantesque incendie dans la prison de Highey, provoquant la mort de 133 détenus. La prison était bien entendu vétuste et surpeuplée, comme partout en République dominicaine (9 000 places prévues, pour 13 500 prisonniers). La torture et les mauvais traitements y sont par ailleurs encore très largement pratiqués.

La République dominicaine a aussi acquis une triste réputation en matière de prostitution enfantine. Mais tous les abus envers les enfants ne sont pas liés à la prostitution. Sur 27 000 cas de violence à l'encontre de mineurs recensés en 2003, 60 % étaient le fait d'un proche de la famille. Encore ne s'agit-il là que des plaintes effectivement déposées... Le code pénal a néanmoins été renforcé pour réprimer ce type d'abus, et un Code des mineurs a été officiellement mis en place en octobre 2004. Il autorise notamment les mineurs à porter plainte contre ceux qui se sont rendus reponsables de mauvais traitements à leur égard. Par ailleurs, les violences conjugales demeurent un réel sujet de préoccupation pour les organisations de défense des Droits de l'homme et sont à l'origine de 15 décès par mois.

Enfin, la République dominicaine est connue pour son intolérance à l'égard des Haïtiens. Le gouvernement refuse par exemple de leur reconnaître la nationalité dominicaine, même aux Haïtiens installés depuis plusieurs générations. La main-d'œuvre Haïtienne, extrêmement bon marché, n'est cependant pas dédaignée des exploitants dominicains, notamment dans les *batey* (camps de travail) de canne à sucre, où travaillent et vivent près de 20 000 *braceros* haïtiens, dans des conditions proches de l'esclavage (absence d'électricité, d'eau courante, d'accès à l'éducation...).
– Pour en savoir plus, n'hésitez pas à contacter :

■ **Fédération internationale des Droits de l'homme (FIDH) :** 17, passage de la Main-d'Or, 75011 Paris. ☎ 01-43-55-25-18. Fax : 01-43-55-18-80. ● www.fidh.org ● Ⓜ Ledru-Rollin.

■ **Amnesty International** *(section française) :* 76, bd de la Villette, 75940 Paris Cedex 19. ☎ 01-53-38-65-65. Fax : 01-53-38-55-00. ● www.amnesty.asso.fr ● Ⓜ Belleville ou Colonel-Fabien.

– N'oublions pas qu'en France aussi, les organisations de défense des Droits de l'homme continuent de se battre contre les discriminations, le racisme, et en faveur de l'intégration des plus démunis.

ÉCONOMIE

Les observateurs ont parlé d'un petit « miracle économique dominicain » et ceci malgré les gros problèmes de corruption et l'inflation importante. Le tourisme est la première source de revenus pour le pays. Puis viennent les transferts de fonds des émigrés résidant pour la plupart à New York (les « Dominicayork »). Les activités traditionnelles comme l'agriculture, l'exploitation des mines d'or, de fer, de cuivre et de nickel assurent l'autre part des ressources du pays.
Voici quelques chiffres significatifs de la bonne santé économique de la République dominicaine :
– *Population active :* 54 %.
– *Emploi des zones franches :* 200 000.
– *Taux de chômage :* 16,5 %.
– *Taux d'analphabétisme :* 18 %.
– *Taux d'inflation* (en 2004) : 42 %.
– *PNB/habitant :* 2 387 US$, en diminution de 4 %.
– *Exportations :* 5,4 milliards de US$.
– *Importations :* 6 milliards de US$.
– *Dette extérieure :* 5,5 milliards de US$.
– *Industrie touristique :* avec plus de 3 millions de touristes pour l'année 2004, la République dominicaine reste la première destination touristique des Caraïbes (devant Cuba, la Martinique et la Guadeloupe). Dépense moyenne par visiteur étranger : 105 US$ par jour. Un chiffre significatif : en haute saison, on compte environ 15 000 touristes français qui séjournent chaque semaine dans la région de Punta Cana, le secteur le plus touristique du pays.

ÉLECTRICITÉ

– **Le courant est en 110 volts** comme aux États-Unis, mais la ressemblance s'arrête là. Ici, on a du courant « alternatif », une fois ça marche, une fois ça ne marche pas.

– Prévoyez un *adaptateur* (de 110 en 220 volts) pour recharger les batteries de vos appareils : téléphone portable, appareil numérique, caméscope...
– *Prises de courant :* attention là aussi, elles sont différentes. Elles sont avec trois trous disposés en triangle. Chaque trou de forme rectangulaire est très étroit. Prévoyez un adaptateur pour les prises.
– *Coupures de courant :* la privatisation de l'électricité en 1999 n'a pas résolu le problème des coupures de courant, encore fréquentes. Selon le journal *Le Monde,* « volé ou perdu en ligne, le tiers de l'électricité produite n'est pas facturé tandis que les usagers honnêtes paient le tarif le plus élevé du continent ». Mais, soyez tranquille, si vous voyagez dans des hôtels de standard moyen et de luxe, quand il y a des coupures, de gros générateurs prennent automatiquement le relais. Dans les campagnes, certains villages n'ont de courant que 12 ou 14 h par jour.

ENVIRONNEMENT

La République dominicaine partage avec Haïti l'île d'Hispaniola. Les différents chefs d'État dominicains, quelle que soit leur couleur politique, ont vite pris conscience de l'importance de la protection de la nature. C'est frappant quand on survole les deux pays, la République dominicaine est verte, riche, tandis qu'Haïti est quasi désertique... 20 % du territoire national est classé parc national ou réserve scientifique, ce qui exclut toute construction, industrielle ou touristique. Les Dominicains organisent chaque année une *Feria ecoturistica,* ce qui démontre l'intérêt qu'ils accordent à l'écotourisme.
Tout ça, c'est le bon côté des choses ; malheureusement, il y a encore beaucoup à faire dans ce beau pays, surtout sur le plan du nettoyage, du ramassage des poubelles (Saint-Domingue...) et de la pollution due aux gaz d'échappement, usines, camions... Enfin, la population dominicaine est consciente du problème, ce qui représente déjà un grand pas dans le bon sens.
Pour ne pas répéter l'expérience malheureuse de son voisin Haïti, la République dominicaine a tenu à préserver son patrimoine historique, sa faune et sa flore.

Faune

Parmi les mammifères que vous aurez peut-être la chance de croiser en République dominicaine, le plus impressionnant est sans conteste la *baleine à bosse.* Cette espèce vit dans les eaux froides du nord de l'Atlantique et vient séjourner dans les Caraïbes pour s'y reproduire. De janvier à mars, plusieurs milliers de spécimens viennent s'ébattre et mettre bas au large des côtes dominicaines, plus particulièrement dans les environs de la péninsule de Samaná. Une excursion à ne pas manquer si vous venez à cette époque de l'année.
Vivent également dans les eaux dominicaines, mais ceux-là toute l'année, les *manatees* ou *lamantins*. Ces gentils mammifères chantés par Homère ont longtemps été pris pour des sirènes, sans doute à cause de leur chant et... de leur torse bombé. Manque de chance pour eux, ces animaux si doux ont une chair tendre et goûteuse. Les Indiens taïnos les mangeaient, les Dominicains également, jusqu'à ce que des organismes internationaux les classent comme espèce en voie de disparition. Juste retour des choses, aujourd'hui, la Marine traque impitoyablement... les chasseurs.
Les *tortues* de mer ou d'eau douce sont également très protégées. Le *solenodonte,* petit mammifère genre marsupilami, est une des espèces endémiques de l'île. De nombreux *iguanes* font également partie de la faune terres-

tre, ainsi que le plus petit *boa constrictor* du monde (1,50 m). Dans le sud-ouest du pays, la réserve de *crocodiles* du lac Enriquillo mérite d'être visitée (on y voit aussi le très rare iguane « rhinocéros »).

En ce qui concerne la faune avicole (aérienne), on trouve, surtout dans le parc de Los Haïtises, des milliers de *pélicans, frégates, faucons* ou *milans,* et des échassiers blancs comme la neige, les *garzas.* Des milliers de *flamants* séjournent tranquillement dans les différents parcs nationaux. On peut aussi y rencontrer un magnifique perroquet, la *cotora,* emblème du pays, ainsi que des *colibris.* On évalue à 112 le nombre d'espèces d'oiseaux sédentaires et migrateurs vivant dans l'île.

Flore

On trouve bien sûr à Saint-Domingue une variété immense de fruits ou de légumes typiquement tropicaux comme l'ananas, la mangue, l'avocat, le coco, la banane fruit ou plantain. N'oublions pas non plus que le tabac et le yucca (tapioca), originaires de l'île, ont été rapportés en Europe par Christophe Colomb. D'autres espèces, comme la pomme et même les fraises, poussent sur les hauts plateaux de Jarabacoa. On trouve aussi arbre à pain, cacao, caféier, *tayota, guayaba, lechosa, zapote* et le délicieux fruit de la passion. Bien sûr, on ne peut parler de la flore dominicaine sans mentionner la canne à sucre, qui a fait la richesse du pays pendant des siècles et qui maintenant, grâce au rhum, continue à soutenir le moral du peuple.

Côté fleurs, des espèces toutes plus belles les unes que les autres poussent dans l'île : bougainvillées, hibiscus, orchidées, etc. Également de nombreuses espèces d'arbres comme le *mangle* (palétuvier), qui pousse à l'embouchure des *ríos,* le *caoba* (acajou), le magnifique flamboyant et, bien sûr, les palmiers royaux et les cocotiers, sans lesquels les îles des Caraïbes ne seraient pas ce qu'elles sont. N'oublions pas la *ceiba* (fromager) : certains, énormes, sont contemporains de Colomb.

Parcs nationaux

De nombreux parcs nationaux ont été créés afin de préserver la faune et la flore de la République dominicaine, parmi lesquels : Jaragua (1 374 km^2), Los Haïtises (1 200 km^2), la sierra de Baoruco (800 km^2), Armando Bermudez (766 km^2), Jose del Carmen Ramirez (764 km^2), Montecristi (530 km^2) et le parque del Este (420 km^2). De nombreuses réserves scientifiques, ainsi que le sanctuaire des baleines au banco de la Plata et dans la baie de Samaná, représentent une superficie totale de plus de 10 000 km^2 (20 % de la surface du pays), contrôlée par un organisme militaire, la Direction des Parcs nationaux.

De nombreuses excursions sont organisées pour visiter certaines de ces merveilles : Enriquillo, Los Haïtises, Montecristi, le pico Duarte, le parque del Este, l'île de Saona, l'observation des baleines, etc. Nous vous en parlons dans les chapitres concernés.

FÊTES ET JOURS FÉRIÉS

Bien entendu, les établissements publics sont en général fermés le samedi après-midi et le dimanche.

Les principaux jours fériés

– *1ᵉʳ janvier :* Jour de l'an.
– *21 janvier :* jour de Alta Gracia.

– *27 février :* jour de l'Indépendance.
– *1er mai :* fête du Travail.
– *24 septembre :* jour de la Mercedes (la sainte, pas la voiture).
– *25 décembre :* Noël, bien sûr.
Le lundi le plus proche des dates suivantes est également férié :
– *6 janvier :* Épiphanie.
– *26 janvier :* anniversaire de la naissance de Duarte, « Père de la Patrie ».
– *16 août :* jour de la Restauration.
– *6 novembre :* jour de la Constitution.

Les fêtes

– **Le carnaval :** fin février (voir plus haut la rubrique « Carnaval »).
– **La Semaine sainte :** c'est la paralysie totale dans le pays, à tous points de vue, surtout à partir du jeudi. Les Dominicains fuient les villes pour s'installer sur les plages avec transistors, tentes, femmes et enfants. C'est la fête sur tout le littoral, notamment à Boca Chica, Las Terrenas ou Sosua... Très bruyant, on s'en doute, mais ça peut aussi être l'occasion de moments et de rencontres inoubliables.
– **Semaine du Merengue à Saint-Domingue :** fin juillet.
– **Les fêtes patronales :** c'est un peu l'ambiance de la Semaine sainte à l'échelle d'un village. Chaque localité fête son saint chaque année, et c'est l'occasion, sur la place principale, d'une semaine de foire, musique, danses et... beuveries, surtout lorsque la fête atteint son apothéose, le samedi soir. Ambiance très chaude assurée.

GÉOGRAPHIE

« L'Hispaniola est une merveille : les sierras et les montagnes, les plaines et les vallées, les terres si belles et grasses, bonnes pour planter et semer, pour l'élevage des troupeaux de toutes sortes, pour édifier des villes et des villages » – telle est la description enthousiaste qu'en fit Christophe Colomb après sa découverte en 1493. Plus de cinq siècles plus tard, les propos du Grand Amiral de la mer Océane n'ont pas vieilli et restent d'actualité.
Située au milieu des Caraïbes, entre Cuba et Porto Rico, l'île d'Hispaniola est aujourd'hui divisée entre la République d'Haïti (un tiers de la superficie), à l'ouest, et la République dominicaine (deux tiers), à l'est. Long d'environ 500 km et large de 300 km, le pays comporte 1 500 km de côtes, dont 600 km de plages (parmi les plus belles des Caraïbes). La surface du pays se répartit entre des plages bordées de cocotiers, des plaines agricoles et des montagnes au centre, où se trouve le point culminant des Caraïbes : le pico Duarte (3 087 m).
Le pays peut aussi se vanter de posséder le point le plus bas des Caraïbes : le lac salé Enriquillo, qui se situe à 45 m sous le niveau de la mer. Les fleuves principaux sont le Yaque del Norte (308 km), qui se jette à côté de Montecristi, et le Yuna (210 km), qui se jette à Sánchez dans la baie de Samaná.

HÉBERGEMENT

Le réseau hôtelier dominicain souffre d'un manque de chambres dans la catégorie « Prix moyens ». De nombreux hôtels locaux, aux conditions de confort inférieures au minimum exigible, offrent des chambres à partir de 300 $Do (10 US$), et dans les sites touristiques, on trouve des milliers de chambres à plus de 1 800 $Do (60 US$) par personne. Il faut dire qu'à ce prix, tout est inclus en général (ce qu'on appelle la formule « tout compris »).

Bon, tout cela n'arrange pas forcément les affaires des routards. Mais en cherchant bien, on finit quand même par trouver des solutions... On vous recommande *Roots Travel,* une petite agence sympathique, spécialisée dans les régions de Barahona, Jarabacoa, Río San Juan et surtout la péninsule de Samaná. Voir « Comment y aller ? » en début de guide.
– *Le camping :* inexistant dans le pays, sauf pendant la Semaine sainte quand les citadins viennent s'installer sur les plages.
– *Logement chez l'habitant :* possible dans les campagnes en cas de force majeure, mais le *B & B* n'est pas institutionnalisé dans le pays.
– *Les hôtels :* on trouve les deux extrêmes, du très rudimentaire au grand luxe, mais hélas pas grand-chose entre les deux. L'équivalent de nos 2 étoiles est très rare ! Les hôtels de charme, au style colonial ou caraïbe, ne sont pas légion mais quand ils existent, ils sont superbes. Le réseau hôtelier est rarement saturé, sauf à Santo Domingo en période de carnaval et pendant le festival du Merengue, fin juillet.
– *Les appart-hotels ou condominiums :* ce sont en fait des chambres d'hôtel avec une cuisinette, formule plus économique que l'hôtellerie classique. Fonctionnels mais souvent sans charme.
– *Les resorts* (hôtels-clubs) *:* ces établissements vendus sur catalogue par les agences de voyages prolifèrent sur la côte. Construits à l'écart des agglomérations, dans des cadres souvent paradisiaques, ils ne reflètent pas du tout l'image du pays car ils sont complètement détachés socialement de toute vie locale, autant le savoir. Les seuls Dominicains que vous verrez alors sont les serveurs et les femmes de ménage. En revanche, ils offrent l'avantage de vous faire réaliser de substantielles économies si vous achetez un forfait vol-transfert-hébergement-restauration, etc. Pour plus de précisions, se reporter à la rubrique « *Resorts,* mode d'emploi » au début du chapitre consacré à la côte des Cocotiers.
– *Les cabañas :* peu connus des touristes, ces motels à l'américaine servent essentiellement à des « siestes améliorées » pour les couples en mal de discrétion. Mais à part ça, ce n'est pas cher, souvent propre et on y bénéficie de sanitaires corrects, d'une TV câblée (attention, les films ne sont pas toujours pour les enfants...) et d'un garage. Pratique si l'on a une voiture de location ou une moto. En plus, c'est rarement complet et on paie d'avance. Le prix est proportionnel au temps d'occupation. On les trouve à proximité des grandes villes et on les repère à leurs noms (et néons) évocateurs : Éros, Aphrodite, Vénus...
– *La location de villas :* souvent une bonne solution pour une famille ou une bande d'amis. Louer une villa en bord de mer ou avec piscine pour une semaine ou deux revient finalement moins cher que l'hôtel et il est facile de trouver sur place quelqu'un qui vous fera le ménage, la lessive et les repas. Bien sûr, il est préférable de se renseigner sur place et de pouvoir visiter afin d'éviter les surprises.

HISTOIRE

À l'origine, vivaient les Taïnos...

Avant l'arrivée des Européens en 1492, l'île s'appelait *Quisqueya* et connaissait la civilisation la plus avancée des Antilles, celle des *Indiens taïnos,* de souche arawak, venus de l'embouchure de l'Orénoque environ 800 ans après J.-C. Ils étaient environ un million à l'arrivée des Espagnols et étaient dirigés par cinq grands chefs (les caciques) qui se répartissaient les différents royaumes de l'île et les protégeaient contre les fréquentes agressions des redoutables *Indiens caraïbes.* Excellents navigateurs et pêcheurs, les Taïnos étaient aussi de grands cultivateurs, auxquels les Européens doivent un nombre considérable de découvertes (et de mots), parmi lesquelles le maïs, le tabac, le coton, la patate douce, la banane, l'ananas, la goyave, etc.

Également artistes, ils ont laissé de très belles poteries, des céramiques, des sculptures sur bois et sur roche, d'innombrables peintures et gravures rupestres (que l'on peut voir dans les grottes de l'île) et de saisissantes figurines humaines, souvent très érotiques, que les Français ont pu découvrir il y a quelques années lors d'une grande exposition parrainée par l'un des plus fervents défenseurs de la culture taïna : Jacques Chirac. L'empreinte laissée par la civilisation taïna sur l'actuelle République dominicaine n'est pas non plus négligeable : la plupart des lieux géographiques portent des noms indiens et la langue dominicaine (mais aussi cubaine) comporte plusieurs centaines de mots d'origine taïna. Il n'est peut-être pas inutile de rappeler que la langue française emploie une trentaine de mots inventés par les Taïnos, comme hamac *(hamaca)*, iguane *(iguana)*, barbecue *(barbacoa)*, ouragan *(huracane)* et canoë *(canoa)* !

De la soif de l'or... au génocide

La découverte du Nouveau Monde commence donc en 1492, et avec elle la disparition du peuple taïno (et de bien d'autres Amérindiens). Après avoir accosté à Cuba, Christophe Colomb débarque au nord de l'île de Quisqueya, le 25 décembre, et la rebaptise aussitôt *Hispaniola* (Española), en hommage au pays qui finança son expédition. Le jour de son arrivée lui inspire le nom du fort qu'il fait construire avec les planches d'une de ses caravelles échouées : fort de la Nativité. Il y laisse 39 hommes, chargés de fonder la première colonie des « Indes ».

Revenu onze mois plus tard accompagné de 1 500 hommes, dont des prêtres (pour évangéliser les sauvages), des ouvriers (pour édifier une ville) et des agriculteurs (pour nourrir tout ce beau monde), Colomb découvre que sa garnison a été massacrée. À son premier voyage, il avait pourtant jugé les Indiens pacifiques et dociles, si l'on en croit son journal de bord ! D'après les historiens, il semblerait que les hommes de Colomb (recrutés parmi la pire racaille) l'étaient moins : ils auraient probablement provoqué les Indiens et tenté de violer leurs femmes... En représailles, Colomb organise des expéditions punitives, qui marquent le début du génocide indien. Mais sa première préoccupation est de découvrir de l'or, afin de prouver à ses financiers qu'il a enfin découvert le fameux Eldorado.

Il décide d'édifier la ville de La Isabela (en hommage à la reine d'Espagne) sur la côte nord de l'île, dans les environs de l'actuel Puerto Plata. Le problème, c'est que pour extraire de l'or, une importante main-d'œuvre s'avère indispensable. Devant la mauvaise volonté évidente des Taïnos à se laisser enrôler comme esclaves (leur devise était : plutôt mort qu'esclave), les conquistadors amplifient les rafles, qui tournent vite au massacre. Les Indiens résistent pourtant vaillamment. Certains chefs (Enriquillo, Caonabo) sont devenus des héros légendaires en Amérique. Anacaona est également restée dans les mémoires : cette reine indienne, célèbre pour sa grande beauté autant que pour son esprit de résistance, échappa aux armées espagnoles jusqu'en 1503.

La situation devenant intenable à cause des épidémies et des guerres, la région nord est vite abandonnée. La construction d'une nouvelle Isabela au sud de l'île est confiée à Bartolomeo Colomb, le frère cadet de Christophe Colomb, en 1496. Détruite peu après par un cyclone, la ville est transférée de l'autre côté du fleuve Ozama et prend le nom de Santo Domingo de Guzmán. Les affaires vont mal pour la famille Colomb : n'ayant toujours pas trouvé les quantités d'or promises (les filons de l'île sont vite épuisés) et accusé de tuer inutilement les indigènes, Christophe Colomb est alors renvoyé en Espagne sur ordre de la reine Isabelle la Catholique, et déchu en 1500 de son titre de vice-roi des Indes occidentales. On ne le plaindra pas.

En l'espace de 30 ans, la population indigène est décimée par les guerres, le mauvais traitement des prisonniers, les suicides collectifs (de ceux qui refusent l'esclavage) et les épidémies de maladies nouvelles venues d'Europe. Pour continuer à cultiver leurs plantations, les Espagnols commencent à importer de la main-d'œuvre africaine à partir de 1505. Après le génocide, c'est donc l'esclavagisme de masse et le fameux commerce triangulaire qui est inauguré dans le Nouveau Monde, sous la bannière chrétienne d'un dieu d'amour et de paix (sic !). Avec cette « industrialisation » du travail et la première colonisation à grande échelle, l'Europe entre dans l'ère moderne !

La grande époque des corsaires, flibustiers et boucaniers

Ayant découvert d'autres territoires bien plus riches en or, les Espagnols commencèrent à abandonner l'île d'Hispaniola dès la fin du XVIe siècle, pour exploiter les terres du Mexique et du Pérou. Après avoir connu des débuts prometteurs (construction à Santo Domingo de la première université des Amériques, du premier hôpital, de la première cathédrale, etc.), le pays commence peu à peu à sombrer dans l'oubli, n'étant plus pour les Espagnols qu'une escale sur la route de l'Amérique centrale. D'autres pays d'Europe vont alors s'intéresser à son sort, ou plus exactement à ses terres, qui deviennent enfin rentables grâce à la culture de la canne à sucre et à l'élevage... Abandonnées par leur armée, les colonies espagnoles commencent à subir l'assaut des corsaires anglais, le plus mémorable restant le pillage de Santo Domingo en 1586 par le célèbre capitaine Francis Drake. Voyant leurs ennemis héréditaires sur le point de s'emparer des richesses espagnoles, les Français s'en mêlent et lancent leurs corsaires royaux dans la partie.

Parallèlement, les pirates se multiplient dans le secteur, mais contrairement aux corsaires, ceux-ci agissent pour leur propre compte. Notons au passage que l'appellation de « flibustiers » date précisément de cette époque (et qu'elle ne désigne que les pirates des Antilles). Les nombreux galions échoués dans les fonds antillais témoignent encore aujourd'hui de ces incessantes batailles navales qui occupèrent la région pendant près d'un siècle (et accessoirement firent la joie des romanciers populaires et de leurs jeunes lecteurs rêvant de chasse au trésor). Pour une fois, les Français seront plus malins que les Anglais (qui se rattraperont ailleurs) : vers le milieu du XVIIe siècle, leurs corsaires et leurs pirates s'installent sur la minuscule île de la Tortue (naissance d'un autre mythe), située au nord-ouest d'Hispaniola côté Haïti. Cette implantation hautement stratégique leur permet de grignoter peu à peu l'ouest de la grande île en implantant de petites colonies dans les coins les plus sauvages.

C'est aussi l'époque des fameux boucaniers, ces aventuriers spécialisés dans la chasse. Les cochons sauvages et les bœufs, apportés par les conquistadors, ayant proliféré dans l'île sont fumés (boucanés) afin de mieux les conserver et sont revendus ensuite pour leur cuir. Un grand nombre de boucaniers français s'étant fixés sur l'île pour se lancer dans le commerce de peaux ou pour se recycler dans l'agriculture, le gouvernement français tient un bon prétexte pour revendiquer les terres. La Couronne espagnole ayant regroupé ses colons en 1603 autour de la ville de Santo Domingo (pour ne pas perdre le contrôle de l'île), les deux puissances coloniales en arrivent à un compromis : le *traité de Ryswick,* signé en 1697, reconnaît l'occupation française et divise du même coup l'île d'Hispaniola en deux : une partie française à l'ouest (future Haïti, alors appelée colonie de Saint-Domingue) et une partie espagnole à l'est (Santo Domingo, future République dominicaine). De cette signature dépendra désormais toute l'histoire de l'île... et les différences autant culturelles que politiques des deux pays en découleront.

De la colonisation à l'indépendance, via la Révolution

Au XVIIIe siècle, Saint-Domingue est la plus prospère des colonies françaises, grâce au sucre de canne (envoyé à Nantes et à Bordeaux), mais aussi au tabac. Les grands propriétaires blancs règnent en maîtres sur une population de Noirs et de métis pourtant quatre fois plus nombreuse. Cette situation va changer à la fin du siècle avec l'arrivée des idées révolutionnaires françaises, qui éveillent les consciences. Les « libres » (esclaves affranchis) et les métis revendiquent de plus en plus des droits et s'insurgent contre les mauvais traitements subis par leurs frères esclaves. Mais les propriétaires se cramponnent à leurs acquis. Les esclaves, entraînés par les « libres », se révoltent en 1791 et constituent des bandes armées qui écument l'ouest de l'île. Devant les pillages et la destruction des plantations, les colons finissent par déménager sous des cieux plus cléments.

Toussaint Louverture, ancien esclave affranchi, prend la tête de l'insurrection. En 1793, l'abolition de l'esclavage est enfin proclamée par la Convention. Du coup, Toussaint Louverture se rallie aux soldats français pour pacifier le pays et en chasser les colons espagnols. En remerciement, il se fait nommer gouverneur de Saint-Domingue, mais ses visées indépendantistes irritent le nouvel homme fort de la métropole : Napoléon. Rappelons qu'une fois au pouvoir, après avoir bénéficié de la Révolution, Bonaparte s'est empressé de rétablir l'esclavage dans les colonies, sans doute poussé par la famille de son épouse Joséphine (grande propriétaire terrienne aux Antilles françaises). Considérant qu'un ancien esclave noir dirigeant l'une de ses colonies cela faisait quelque peu négligé, il lança en 1802 une armée de plus de 20 000 soldats pour remettre les choses en ordre. Toussaint Louverture fut capturé et envoyé en France, où il mourut. Le général Jean-Jacques Dessalines (également ancien esclave) lui succéda et les Français, sous la direction du général Leclerc puis de Rochambeau, allèrent de défaite en défaite jusqu'à la *bataille de Vertières*, où l'armée locale battit définitivement en 1803 les vainqueurs d'Arcole. Fait d'armes trop souvent oublié...

Dessalines proclama l'indépendance de la colonie française en 1804 et fonda la première république noire du monde : Haïti. N'ayant pas de drapeau sous la main, il en récupéra un dans le stock pris aux Français, de rage enleva le blanc et, recousant la partie rouge directement avec le bleu, il créa le drapeau national. Assoiffé de pouvoir, Dessalines se fit en même temps proclamer empereur sous le nom de Jacques Ier (le syndrome napoléonien, peut-être) et sa politique autoritaire lui valut la haine des autres chefs haïtiens, qui le firent abattre en 1806.

Mais revenons à la partie est de l'île, tombée entre-temps sous contrôle français, les troupes de Toussaint Louverture s'étant ralliées aux autorités révolutionnaires de la métropole pour chasser de l'île les Espagnols alors alliés aux Anglais (tiens, les revoilà ceux-là !). La partie espagnole de l'île fut officiellement cédée en 1795 à la France (traité de Bâle). Les armées haïtiennes envahirent ensuite la partie orientale du pays pour leur propre compte. Les Espagnols les écrasèrent à Palo Hincado en 1809 et récupérèrent la ville de Santo Domingo. Depuis cette date, la France n'eut plus aucune colonie dans l'île. Cela dit, les autorités espagnoles abandonnèrent à nouveau le territoire en 1821, date de la première indépendance de la partie orientale de l'île, proclamée par le colon espagnol José Nuñez de Caceres.

De l'indépendance à la démocratie, en passant par la dictature...

Santo Domingo va encore subir plusieurs invasions de la part des Haïtiens, qui contrôleront toute l'île pendant plus de 20 ans (on comprend pourquoi ils ne s'aiment pas trop aujourd'hui). Il a fallu attendre 1844 pour que la République dominicaine voie le jour, sous la direction des fondateurs de la patrie, Francisco del Rosario Sanchez, Ramon Mella et Juan Pablo Duarte. Ces trois compères avaient fondé l'organisation secrète *Trinitaria* afin de débarrasser leur pays de l'occupant haïtien. Ils sont pourtant vite débordés, et la jeune république s'enfonce dans une succession de guerres civiles, attisées par des militaires peu scrupuleux, avides de pouvoir.

En 1861, le général Santana brade le pays à l'Espagne. Vive réaction du peuple dominicain. En 1863, débute, à l'initiative de Santiago Rodriguez, Benito Monción et José Cabrera, la guerre dite « de Restauration », qui ramènera en 1865 l'indépendance de la République. Les Espagnols quittent le pays définitivement. Va s'ensuivre une longue période d'instabilité politique. En 1869, Buenaventura Báez propose même l'annexion du pays aux États-Unis... qui déclinent l'offre ! Puis, en 1882, le président Ulisses Heureaux instaure une dictature qui plonge le pays dans une longue crise économique. Il est assassiné en 1899. Les Américains s'intéressent à leur tour au pays et s'immiscent peu à peu dans son économie, jusqu'à la contrôler. Devant les résistances internes, de plus en plus fortes, les États-Unis décident d'intervenir militairement : les *marines* débarquent à Santo Domingo en 1916 et occupent le pays. On est en pleine guerre mondiale et le contrôle de l'industrie sucrière s'avère vital... L'occupant américain quitte l'île en 1924 et le pays redevient indépendant. Une indépendance très relative, puisque, après avoir été colonisé par de nombreuses puissances extérieures, le pays passe en 1930 sous la tutelle d'un seul homme, le général Trujillo... Ce despote total appuie son pouvoir sur la puissante Garde nationale, laissée par les Américains, et le renforce grâce à une mainmise complète sur les industries du pays (il devint à l'époque l'un des hommes les plus riches du monde. D'ailleurs, cette richesse le poursuit une fois mort : son fils Ramfis fuyant Saint-Domingue pour Paris en bateau enveloppa de dollars le corps de son père). Le « généralissime » fait ainsi régner une terreur absolue pendant 30 ans. Presse bâillonnée, syndicalistes pourchassés, communistes emprisonnés, torturés, assassinés ou exilés dans le meilleur des cas comme Juan Bosch. Il met à l'épreuve la fidélité de ses ministres en couchant avec leurs femmes. Culte de la personnalité poussé à son point extrême : Saint-Domingue est rebaptisée Ciudad Trujillo et le dictateur donne aussi son nom à la montagne la plus haute du pays, l'actuel Pico Duarte. En 1937, entre 20 000 et 30 000 Haïtiens venus travailler dans les champs de canne à sucre sont massacrés en 8 jours. Ayant honte de ses ascendances haïtiennes, il tente de se blanchir la peau. À la longue, les Américains trouvent cet allié de plus en plus encombrant et organisent sa liquidation. Il fallut donc attendre son assassinat en 1961 par des militaires dominicains pour que le pays voie enfin le bout du tunnel.

C'est l'ancien bras droit du dictateur, Joaquin Balaguer, qui lui succéda pendant un an, avant d'être remplacé par le leader du Parti révolutionnaire, Juan Bosch, de retour après 25 ans d'exil. Les Américains intervinrent à nouveau dans le pays en 1965, de crainte de voir les communistes prendre le pouvoir comme à Cuba ! En accord sur beaucoup de points avec la politique de l'oncle Sam, Balaguer dirigea à nouveau le pays à plusieurs reprises (en tout pendant 12 ans), en alternance avec ses opposants, Antonio Guzman et Salvador Jorge Blanco. Balaguer a terminé son dernier mandat en 1996 et n'a pas hésité à en briguer un autre en mai 2000, car la Constitution ne permettait plus à l'ancien président Leonel Fernández Reyna de se représenter. Mais Hipólito Mejía, du PRD (Parti socialiste), a enlevé à ce presque centenaire sa dernière chance de reprendre une dernière fois les rênes du pouvoir. On ne peut pas dire qu'il ait redressé le pays : crise économique, échec de sa politique sociale entraînant des manifestations de grande ampleur... La population dominicaine a sanctionné lourdement sa politique en votant en mai 2004 pour son adversaire, Leonel Fernández, du PLD, qui n'est autre que... l'ancien président. Comme quoi, la politique est un éternel recommencement ! Il va surtout avoir fort à faire pour redresser le pays...

INFOS EN FRANÇAIS SUR TV5

La chaîne TV5 est reçue dans la plupart des hôtels du pays.
Pour ceux qui souhaitent s'y installer plus longtemps, TV5 est disponible dans la plupart des offres du câble et du satellite.
Si vous êtes à l'hôtel et que vous ne recevez pas TV5 dans votre chambre, n'hésitez pas à la demander. Vous pouvez également rechercher les hôtels recevant TV5 sur ● www.tv5.org/hotels ●
Pour tout savoir sur TV5, sa réception, ses programmes et ses journaux, connectez-vous à ● www.tv5.org ●

LANGUE

La langue officielle est l'espagnol et, à part l'accent et quelques expressions typiquement locales, c'est à peu près le même qu'en Espagne. Dans les grandes villes, on parle un peu l'anglais, voire l'italien ou l'allemand (les Allemands sont nombreux dans le pays), mais vous rencontrerez peu de gens parlant le français, même s'il est, paraît-il, très étudié (l'Alliance française a plusieurs établissements dans le pays). Cela dit, dans certains coins comme Las Terrenas, le français prédomine, surtout dans le secteur touristique.

Vocabulaire « hispano-dominicain » de base

oui/non	*sí/no*
bien sûr que si	*claro que sí*
bonjour/bonsoir	*buenos días/buenas noches*
salut	*hola*
bonne nuit	*buenas noches*
au revoir, à bientôt	*adiós, nos vemos*
excusez-moi	*perdóne* ou *disculpe*
avec grand plaisir	*con mucho gusto*
s'il vous plaît	*por favor*
merci	*gracias*
j'ai faim/soif	*tengo hambre/sed*
que désirez vous boire/manger ?	*¿ que quiere tomar/comer ?*
où sont les toilettes ?	*¿ donde estan los baños ?*
viens ici/où vas-tu ?	*ven aqui/¿ a donde vas ?*
combien/quand/comment ?	*¿ cuanto/cuando/como ?*
cela me plaît	*eso me gusta*
je t'aime	*te quiero* (plus sérieux : *te amo*)
maintenant/demain matin	*ahora/mañana por la mañana*
tout de suite/plus tard	*ahora mismo/ahorita*
un transport gratuit svp	*una bola por favor*
un peu/beaucoup	*un poco/mucho*
un tout petit peu cher	*un chin caro*
beaucoup trop cher	*demasiado caro*
devant/en avant !	*delante/¡ adelante !*
allons à la plage	*vamos a la playa*
argent/l'addition	*dinero/la cuenta*
encaisser/payer	*cobrar/pagar*
carte de crédit	*tarjeta de credito*
en bas/en haut	*abajo/arriba*

à côté de/près de	*al lado de/cerca de*
davantage	*más*
que se passe-t-il ?	*¿ qué pasa ?*
aidez-moi s'il vous plaît	*ayudeme por favor*
danser/saoûl	*bailar/borracho*
ouvert/fermé	*abierto/cerrado*

Jours, mois, heures

jour	*día*	matin	*mañana*
semaine	*semana*	midi	*medio día*
lundi	*lunes*	après-midi	*tarde*
mardi	*martes*	soir	*noche*
mercredi	*miércoles*	minuit	*media noche*
jeudi	*jueves*	heure	*hora*
vendredi	*viernes*	quart	*cuarto*
samedi	*sábado*	demi	*medio*
dimanche	*domingo*	minute	*minuto*

Chiffres

un, une	*un, una*	quatorze	*catorce*
deux	*dos*	quinze	*quince*
trois	*tres*	seize	*diez y seis*
quatre	*cuatro*	dix-sept	*diez y siete*
cinq	*cinco*	dix-huit	*diez y ocho*
six	*seis*	dix-neuf	*diez y nueve*
sept	*siete*	vingt	*veinte*
huit	*ocho*	cinquante	*cincuenta*
neuf	*nueve*	cent	*cien(to)*
dix	*diez*	deux cents	*doscientos*
onze	*once*	cinq cents	*quinientos*
douze	*doce*	mille	*mil*
treize	*trece*		

Quelques faux amis

Banco : banque, mais *banca :* centre de paris (jeu de loto, PMU).
Guapa : joli (en castillan), mais signifie furieux, fâché en « dominicain ».
Tarea : tâche (travail), mais signifie aussi surface de terrain de 624 m^2.
Mañana : de nombreux dictionnaires d'espagnol traduisent *mañana* par demain. En fait, si cela est vrai en Castille, à Saint-Domingue cela veut surtout dire que ce n'est pas aujourd'hui, distinguo subtil que l'on apprend souvent à ses dépens. Lorsqu'un autochtone vous promet quelque chose pour *mañana,* vous êtes au moins sûr d'une chose : ce n'est pas pour aujourd'hui.

LIVRES DE ROUTE

Le premier écrivain à parler de l'île fut le frère jésuite **Bartolomé de Las Casas,** grâce auquel on a pu connaître le problème indien. Son œuvre principale, *Très brève relation de la destruction des Indes,* parue en 1552, fait autorité sur ce sujet. Las Casas fut avec le frère Montesinos le représentant des Indiens auprès des cours européennes. L'expression « prêcher dans le désert » employée par Fray Montesinos est significative du désintérêt des chrétiens de l'époque pour cette cause.

En ce qui concerne la littérature dominicaine proprement dite, les auteurs ne manquent pas, mais, peu ou pas traduits, ils ont du mal à se faire connaître en dehors du monde hispanophone. *José Joaquin Pérez* et *Salomé Urena de Henriquez*, écrivains de la fin du XIXᵉ siècle, sont considérés comme les fondateurs de la littérature dominicaine. Autre phare national, *Manuel de Jésus Galvan,* qui écrivit en 1877 *Enriquillo* (considéré comme l'une des œuvres les plus lues dans le pays ; normal, elle sert de base à l'enseignement de la littérature dans les écoles). Au début du XXᵉ siècle, *Gaston Deligne, Pedro Henriquez Urena* et *Émilio Prud'homme* (auteur, entre autres, de l'hymne national) sont parmi les gloires littéraires du pays. Plus près de nous, *Juan Bosch* (ex-président de la République) est l'un des rares dont la renommée a dépassé l'île, grâce à ses œuvres principales, *La Manosa* et *El Oro y La Paz*. L'ancien président *Joaquin Balaguer* a lui aussi laissé une œuvre assez considérable sur la littérature et la politique du pays. Durant la dictature de Trujillo, qui ne laissait pas beaucoup de place à la liberté d'expression, les auteurs se firent très discrets. Il fallut attendre les années 1960 pour que puissent s'exprimer des auteurs de talent comme *René del Risco Bermudez, Miguel Alfonseca, José Goudy Pratt* ou *Hector Diaz Pollenca.*

Les livres consacrés à la République dominicaine sont assez rares, on trouve surtout en librairie des ouvrages sur Haïti. Certains d'entre eux pourront néanmoins vous éclairer, l'histoire de ces deux pays étant bien souvent commune.

– *Le Manuscrit de Port-Ébène* (1998), de Dominique Bona. Livre de poche nº 14988 (2001), 320 pages. De nos jours, un éditeur découvre les confessions de l'épouse d'un planteur installé dans la colonie française de Saint-Domingue au XVIIIᵉ siècle. Débarquée de sa Vendée natale, la jeune catholique bien sage se laisse peu à peu envoûter par l'île, ses tambours, ses sorciers et la sensualité de ses habitants. Cette fresque historique d'un romanesque classique cache en fait une réflexion sur le colonialisme, les affres du métissage et la difficulté pour une femme d'aimer librement. Une bonne introduction à l'histoire mouvementée de l'île, qui a valu à son auteur d'obtenir le prix Renaudot en 1998.

– *La Fête au bouc* (2002), de Mario Vargas Llosa. Folio nº 4021 (2004), 580 pages. À lire absolument si l'on s'intéresse au pays. L'auteur est péruvien, et c'est certainement le meilleur narrateur de son époque. Ce roman passionnant relate avec force détails (souvent choquants d'ailleurs) la vie du dictateur Trujillo (n'oublions pas qu'il a fait massacrer une vingtaine de milliers de Haïtiens en 1934 sous le prétexte « discutable » qu'ils avaient la peau noire).

– *Au Temps des papillons* (1994), de Julia Alvarez. Metailié, coll. « Suite Americas », nº 66. Passionnant, ce roman historique raconte la vie et la mort des sœurs Mirabal qui, assassinées par Trujillo, devinrent des héroïnes nationales. Une œuvre d'une grande sensibilité, servie par une remarquable traduction en français.

MÉDIAS

Presse

Les grands quotidiens nationaux ont pour noms *Listin Diario, Nacional, Hoy el Caribe* et *Ultima Hora*. Une assez grande liberté d'expression existe et la presse semble moins orientée qu'en Europe : le même journal peut un jour faire l'apologie d'un homme politique, le descendre le lendemain, et inversement pour son opposant. On y trouve également de très bons articles sur l'histoire, l'économie, la technique, le tourisme et, bien entendu, la vie mondaine et le sport. Depuis quelque temps, une nouvelle presse semble prendre une place importante dans la vie du pays, surtout dans les grandes villes : la presse gratuite. Les grands quotidiens sortent des journaux offrant en une vingtaine de pages l'essentiel de l'actualité nationale et internationale. Ce système devrait permettre aux plus démunis d'avoir accès à l'information. L'idée semble intéressante et remporte un grand succès au détriment de la presse payante, mais comme ce sont les mêmes éditeurs...

Radio

Dans le domaine de la radio, une multitude d'émetteurs locaux en FM diffusent du *merengue*. La musique permanente ne laisse que peu de place à l'information.

Télévision

Une douzaine de chaînes se disputent l'auditoire populaire. La publicité est omniprésente et un film ou une émission d'une heure peuvent comporter près de 20 mn de coupures publicitaires : un cauchemar à l'américaine... Peu d'émissions culturelles ; dans ce domaine, la presse écrite est vraiment en avance, à moins que l'audiovisuel soit très en retard. Le record absolu d'audience de 19 h à 22 h revient aux *novelas,* feuilletons insipides tournés avec peu de moyens d'après des scénarios ridicules. Tournés en Colombie ou au Mexique, ils développent toujours les mêmes thèmes (l'amour, la lutte, la haine) dans des cadres de vie (résidences de luxe, grosses automobiles et vêtements chic) qui font rêver dans les *casas* perdues au fond des campagnes. C'est bien sûr à ces moments d'audience maximum que surgissent en rafales les pubs pour les produits de grande consommation. Notons par ailleurs que les discothèques font le plein le dimanche soir, jour de relâche des *novelas.*
Pour les inconditionnels du petit écran, la plupart des hôtels ont le câble ou satellite et reçoivent la majorité des chaînes mondiales (dont TV5, lire plus haut « Infos en français sur TV5 »).

Liberté de la presse

Comparée au Mexique ou à la Colombie (pour ne rien dire de Cuba...), la République dominicaine n'est certes pas le pays d'Amérique latine le plus redoutable pour les journalistes. Cette bonne réputation a pourtant été entamée le 16 septembre 2004, avec l'assassinat de Juan Andújar, correspondant du quotidien *Listín Diario* à Azua. L'auteur du crime, Blas Pujols, faisait partie d'une bande de délinquants qui avait prévenu un peu plus tôt qu'elle allait tuer tous les journalistes de la ville ! Le 29 septembre suivant, c'était au tour d'Euri Cabral, directeur de la chaîne de télévision *Canal 23,* d'être victime d'une tentative d'assassinat à Saint-Domingue. Le journaliste, très critique à l'égard de l'ancien président Hipolito Mejía, a immédiatement attribué cet attentat à des membres de l'ancien gouvernement et de la police, accusés de corruption.

MUSIQUE

Merengue, bachata et *salsa* occupent la vie auditive des Dominicains. Pour comprendre, il faut avoir essayé d'acheter une auto sans radio. Le vendeur vous regarde avec des yeux ronds, comme si vous cherchiez un véhicule sans roues ! Le coût d'un équipement audio atteint et souvent même dépasse celui du véhicule. C'est dire l'importance de la musique, diffusée à profusion partout dans le pays. Les voitures-sono permettent aux jeunes de se retrouver entre eux à proximité d'un *colmado* (épicerie-buvette) et d'improviser une discothèque dans la rue ou sur la plage. Ambiance géniale. De tous les rythmes latinos diffusés, le plus populaire est bien entendu le *merengue* qui est d'essence dominicaine et fait vivre plus de 300 orchestres. La vente des CD, piratés pour la plupart, est une industrie florissante.

Le *merengue*

Genre musical spécifiquement dominicain, le *merengue* (prononcer « mérennegué ») est né dans l'île au milieu du XIXe siècle et a peu à peu détrôné la *tumba francesa,* musique de l'époque coloniale qui s'inspirait des menuets de la cour française ! Cette musique rurale au rythme binaire et aux paroles égrillardes a tout de suite choqué la bourgeoisie blanche, comme ce fut le cas pour le tango en Argentine, d'autant plus qu'elle se dansait d'une manière un peu trop suggestive ! Sans conteste d'origine africaine, avec sa rythmique endiablée, le *merengue* se jouait traditionnellement avec un accordéon (importé d'Allemagne à la même époque), une *guira* (étrange instrument métallique qui évoque un peu une râpe à fromage) et un tambour à deux membranes d'une indéniable connotation érotique, l'une devant être en peau de chèvre et l'autre en peau de bouc !
Cela dit, l'actuel *merengue,* surtout à base de cuivres, de guitare et d'accordéon, est un mélange dérivé de la salsa cubaine, apparue à la fin des années 1970 dans les clubs latinos de New York, plus précisément dans le quartier de Little Santo Domingo (au nord de Manhattan), peuplé comme son nom l'indique de nombreux exilés dominicains. Des artistes légendaires comme le chanteur Johnny Ventura lui donnèrent à cette époque ses lettres de noblesse ; Heddy Herrera, Sergio Vargas, Tu Lile et Cuco sont les plus écoutés. Le trompettiste Wilfrido Vargas renouvela le genre en y mêlant des bribes de *zouk* antillais et les nouvelles sonorités d'Afrique comme le *soukous*. En retour, le *merengue* dominicain a considérablement enrichi les musiques des îles caraïbes (surtout Cuba et Porto Rico) et même du nord du Brésil. Notons qu'il existe également une *méringue* haïtienne, qui n'a rien à voir avec un gâteau. Chantée en créole, elle est bien plus nostalgique que son cousin dominicain.

La *bachata*

Apparue dans les quartiers défavorisés de Santo Domingo pendant les années 1960, la *bachata* a conquis la population dominicaine dans les années 1990 au point qu'on en entend partout, jusque dans les villages les plus reculés du pays. Elle a même dépassé les frontières grâce au maître incontesté, Juan Luis Guerra, superstar en Amérique latine, qui a su renouveler le genre avec son disque *Bachata Rosa,* discrètement teinté d'influences américaines et brésiliennes. À l'origine simple chanson accompagnée à la guitare, mais jouée aussi bien aujourd'hui avec des synthés, la *bachata* est en quelque sorte devenue la variété locale, avec parfois des petites tendances rock et techno. Plus ou moins inspirée du *merengue,* elle s'en distingue par des rythmes plus lents et par des mélodies aux accents nettement plus romantiques, ce qui n'empêche pas des paroles souvent olé-olé, dans la bonne vieille tradition macho latino ! Certains textes sont aussi engagés, mais de manière subtile car, pour les musiciens dominicains, l'ironie est le meilleur moyen de faire passer un message. La plupart des refrains, comme ceux de Raulin ou de Luis Vargas, sont très populaires.
Sorte de slow version Caraïbes, la *bachata* se danse de manière langoureuse, mais les pas sont un peu plus compliqués !

PERSONNAGES CÉLÈBRES

– *Caonabo :* grand cacique (chef) et premier résistant à « l'invasion » (que certains ont appelée « l'évangélisation ») du Nouveau Monde, il a été fait prisonnier par Christophe Colomb. Emmené en Espagne, il s'est laissé mourir (ou on l'a aidé) durant le voyage. Ironie de l'histoire, la fameuse *turista* (colique des touristes) est également appelée « la vengeance de Caonabo »...

– *Hatuey :* cacique de la même époque, il fut en 1503 l'un des seuls rescapés du piège où sont tombés de nombreux Taïnos (dont la femme de Caonabo, la légendaire Anacaona). Hatuey s'enfuit et continua la lutte à Cuba, où il fut arrêté et brûlé vif. Triste reconnaissance posthume : une marque de bière cubaine porte désormais son nom.

– *Juan Pablo Duarte :* surnommé le « Père de la Patrie », il a fondé les bases de l'actuelle République dominicaine en compagnie de Sanchez et Mella. D'ailleurs, dans tout le pays, les ponts, les autoroutes et la plupart des artères portent l'un de ces trois noms. Le plus connu, Duarte (né en 1813) proclama l'indépendance nationale le 27 février 1844 et libéra l'actuel pays du joug de son voisin haïtien (pour une fois qu'un pays « noir » colonisait un pays « blanc »). Mais cette libération fut éphémère et le pays passa plus tard sous la domination espagnole. Duarte ne fut président que peu de temps et fut obligé de s'exiler. Il mourut au Venezuela en 1876, laissant son pays tant aimé sous la tutelle de l'Espagne.

– *Alexandre Davy Dumas :* père du génial écrivain qui portait son prénom et grand-père d'Alexandre Dumas fils, ce grand général oublié de l'histoire naquit en 1762 à Saint-Domingue, d'une mère descendante d'esclaves et d'un père aristocrate (Davy de la Pailleterie), dont il ne put porter le nom en raison de la couleur de sa peau. Parti tenter une carrière militaire dans l'Hexagone en pleine période révolutionnaire, il gravit tous les échelons de l'armée et devint l'un des plus jeunes généraux de la République. D'une force physique peu commune et doté d'un rare courage, ce bouillonnant métis était une véritable légende de son vivant. Après la campagne d'Égypte, il fut emprisonné en Italie et se retrouva paralysé suite à un empoisonnement. Napoléon, auquel il avait pourtant permis de gagner plusieurs batailles importantes, l'abandonna à son sort (pour une histoire de femmes, selon certains biographes). Mort jeune, dans la misère, ce personnage, digne d'un roman, fascina considérablement son fils : il ne faut pas chercher ailleurs la passion de l'écrivain pour les grands drames et les complots de l'histoire. Et maintenant, un peu de « sang » dominicain séjourne au Panthéon...

– *Maximo Gómez :* surnommé « le Napoléon des Caraïbes » (on se demande d'ailleurs pourquoi !), ce brillant général natif de Saint-Domingue est peut-être le seul qui n'ait jamais perdu la moindre bataille. Il s'est illustré au XIXe siècle dans de nombreux combats de libération dans toute l'Amérique latine, et plus particulièrement à Cuba où il est considéré comme un héros national.

– *Les sœurs Mirabal :* ces trois jeunes filles fiancées ou mariées à des opposants du dictateur Trujillo furent lâchement éliminées sur son ordre en 1960... Cet assassinat en fit des héroïnes et marqua le début de la fin du despote.

– *Trujillo :* Rafael Leónidas Trujillo y Molina (1891-1961) avait tout pour faire un bon dictateur. Son aïeul fut directeur de la police secrète sous la domination espagnole (1861-1865), puis chef de la police de Cuba. L'hérédité étant ce qu'elle est, il se lança dans la carrière militaire avec un entrain sans égal. Après avoir fait ses premières armes aux États-Unis, il étudia à l'école militaire de Saint-Domingue, de laquelle il sortit lieutenant. Rapidement promu capitaine, commandant puis, en moins de quatre ans, colonel, il fut nommé chef de la police par le président Vasquez, avec qui il se montra un peu ingrat : il lui piqua purement et simplement sa place lors d'un coup d'État en 1930 ! Celle-ci étant bonne, il la garda jusqu'à son assassinat en 1961 par un groupe de patriotes plus ou moins conseillés et armés par la CIA. Sa mégalomanie était telle qu'il rebaptisa la capitale « Ciudad Trujillo », rien de moins ! À sa chute, on s'empressa de rebaptiser la ville Santo Domingo et de supprimer toute trace de son nom sur les bâtiments publics (il y en avait tellement qu'on en trouve encore dans certains secteurs). À part pour quelques nostalgiques, il laisse le souvenir d'un personnage assez terne, sans idéal particulier, surtout intéressé par son enrichissement personnel. Il régna avec une fermeté et une violence ne laissant aucune possibilité à une éventuelle opposition de s'exprimer. Son pouvoir est tel qu'il se présente à des élections contre lui-même et qu'il nomme colonel son fils Rafaël à l'âge de 9 ans, puis général lorsqu'il a 12 ans. Il s'est, entre autres, rendu tristement célèbre en faisant exécuter plusieurs dizaines de milliers d'Haïtiens en huit jours dans la région de Montecristi. Depuis, le *río* Dajabón est d'ailleurs appelé *río* Massacre, en souvenir de cette dramatique épuration ethnique.

– ***Maria Montez :*** originaire de la petite ville dominicaine de Barahona, cette actrice aujourd'hui oubliée fit pourtant une carrière remarquée à Hollywood dans les années 1940, jouant souvent le rôle de la belle étrangère dans des films « exotiques » comme *Les Mille et une Nuits, Ali Baba, Tanger, L'Exilé* (de Max Ophuls) et dans plusieurs films de corsaires. Devenue l'épouse de Jean-Pierre Aumont, elle tourna ensuite en France et en Italie et mourut à Paris en 1951.

– ***Porfirio Rubirosa :*** riche play-boy de l'époque « trujilliste », ce champion de polo trouva l'amour dans les bras de l'actrice française Danielle Darrieux (qu'il épousa) et la mort dans un accident de voiture à Saint-Cloud.

– ***Juan Bosch :*** intellectuel, écrivain, philosophe et homme politique, il fonda le PRD (Parti révolutionnaire dominicain) en 1939. Homme de gauche, il s'opposa au dictateur Trujillo et s'exila pendant une vingtaine d'années. Sa meilleure œuvre reste d'ailleurs les *Contes écrits en exil*. De retour dans son pays, il fut élu président de la République en 1962. Ses idées étant jugées trop à gauche par certaines puissances, il fut évincé au bout de six mois après un coup d'État. Il se représenta sans succès de nombreuses fois, tant sous l'étiquette du PRD que sous celle du PLD (Parti de libération dominicaine), qu'il fonda en 1973. Bien que jamais réélu, il eut la joie de voir son parti gagner les élections de 1996 avec Leonel Fernández Reyna, président jusqu'en l'an 2000 et réélu en mai 2004. Décédé fin 2001, il laisse le souvenir d'un grand écrivain et surtout d'un homme politique intègre...

– ***Peña Gómez :*** président du PRD, il s'est présenté sans succès sous l'étiquette socialiste aux élections de 1996. Ce qui n'est pas plus mal d'ailleurs pour le pays, car atteint d'un cancer, il est mort quelques mois après les élections, et le pays aurait certainement subi une crise dont il n'avait pas vraiment besoin... Sa veuve, Peggy Cabral, continua dans sa lignée et s'est présentée sans succès aux élections de 2002 comme *syndico* (maire) à Saint-Domingue.

– ***Joaquin Balaguer :*** il avait tout pour être proche de Juan Bosch (même âge, même culture littéraire, même carrière d'avocat), mais leurs destins politiques se sont séparés à l'arrivée de Trujillo. La République dominicaine est le pays des paradoxes : Trujillo est unanimement considéré comme un dictateur, mais Balaguer, qui fut tout de même son bras droit pendant des décennies, a été élu puis réélu président de la République à plusieurs reprises jusqu'en 1996. Coriace, il n'a toujours pas rendu son tablier et s'est représenté en 2000 ! Après avoir étudié à la Sorbonne dans les années 1930, il a été ambassadeur, fondateur du PRSC (Parti réformiste social chrétien), puis ministre et finalement président de la République. Considéré comme l'un des grands auteurs dominicains, il a écrit, entre autres, une sorte d'autobiographie : *Mémoires d'un courtisan de l'époque de Trujillo*, devenue un best-seller diversement apprécié. Il est décédé le

14 juillet 2002 (ce qui a d'ailleurs empêché les Français du pays de faire la fête, le deuil national l'interdisant...).

– *Oscar de la Renta :* né en 1932, ce célèbre couturier et styliste a commencé des études à l'école des Beaux-Arts de Saint-Domingue. En quête d'une formation artistique plus grande, il a étudié à l'école de San Fernando à Madrid. Son nom fut lié aux grands de la mode : Balenciaga, Lanvin, Élisabeth Arden, avant de s'imposer sous sa propre marque, synonyme de classicisme et de bon goût. Installée à Neuilly, sa maison a connu un grand développement jusqu'à devenir l'une des plus appréciées de la jet-set. Grand philanthrope, il a fait beaucoup pour la cause des enfants abandonnés et a fondé la *Casa del Niño* à La Romana, qui accueille plus de 700 enfants déshérités.

– *Juan Luis Guerra :* le plus connu des auteurs-compositeurs-interprètes dominicains. Ses disques de *merengue* et surtout de *bachata* se vendent comme des petits pains à Saint-Domingue et à New York, et ses concerts font toujours salle comble. Son style, plus moderne et technique que dans le *merengue* traditionnel, allie les rythmes latins à une certaine douceur tant dans l'orchestration que dans les paroles, souvent poétiques. On en parle dans le chapitre « Musique ».

– *Sammy Sosa :* aîné d'une grande famille qu'il nourrissait en cirant des chaussures à San Pedro de Macoris, ce grand sportif a su se hisser en quelques années au plus haut niveau de la fortune et de la popularité dans son pays. Considéré aujourd'hui comme le plus grand joueur de base-ball, c'est certainement le personnage le plus adulé du pays, surtout chez les jeunes qui rêvent tous de l'Amérique.

PHOTO

Nos lecteurs passionnés de photo vont se régaler. D'abord, pas du tout de parano photographique, très peu d'agressivité en général de la part de la population locale. Il est cependant recommandé, par correction, de toujours demander l'autorisation aux gens, gentiment et avec le sourire. Si le contact est bien établi, les Dominicains adorent se faire tirer le portrait, surtout dans les campagnes, loin de la rumeur touristique. C'est là qu'on mesure ce qu'est vraiment leur gentillesse naturelle.

Pour nos lecteurs fidèles à l'argentique : attention de ne pas oublier vos marques préférées de pellicules car vous les trouverez difficilement sur place. Ainsi les pellicules diapos sont-elles rares en province mais aussi dans la capitale, tout comme le noir et blanc. Ici, c'est la couleur qui triomphe.

Enfin, n'oubliez pas de prévoir un adaptateur, voire un transformateur ou des batteries, pour recharger votre appareil numérique.

POIDS ET MESURES

Quand vous achetez des langoustes aux pêcheurs ou au resto, on les pèse en livre (1 livre = 0,45 kilo), et quand vous faites votre plein d'essence, le compteur est en galon US$ (1 gallon = 3,79 litres) ; pour acheter un tissu on le mesure en yard (1 yard ou 3 pieds = 0,91 mètre), et les longueurs se mesurent en pieds et pouces. Il faut 12 pouces pour faire un pied, 10 pieds pour faire 3 mètres, et la surface de votre court de tennis est d'environ 1 tarea (624 m^2). Pour le reste, pas de problème, ils ignorent les Fahrenheit et l'eau des Caraïbes est à 27 °C toute l'année ; quant à l'unité utilisée sur la route, c'est le kilomètre.

POLITIQUE

La politique dominicaine est réduite à sa plus simple expression : le poids de l'histoire étant assez faible et la vie intellectuelle hors des villes étant plutôt limitée, on ne s'embarrasse pas d'idéologie... Ici, on vote utile. Si le candidat promet un avantage, un emploi à la mairie, on vote pour lui. Comme l'analphabétisme est encore assez important, on ne se casse pas la tête, on prend des couleurs : on vote *blanco, morado* (violet) ou *colorado* (rouge). Mais ne vous trompez pas : contre toute logique, les rouges sont à droite et les blancs à gauche ! Quant au parti précédemment au pouvoir, il avait pris la couleur qui restait dans le nuancier : le violet. Le plus amusant, c'est que le parti de feu Peña Gómez, homme de couleur et socialiste, a galvanisé les masses populaires d'origine africaine ou haïtienne sous la couleur blanche, et que le parti de Joaquin Balaguer, ex-collaborateur de Trujillo que l'on ne peut vraiment taxer de communiste, a pris le rouge. Imaginez un mai 1968 avec des drapeaux blancs et pourquoi pas des fleurs de lys !

Plus prosaïquement, d'un point de vue administratif, les provinces sont dirigées par des gouverneurs, les villes et villages par les *syndicos* qui font office de conseil municipal. Le système judiciaire s'inspire également du code Napoléon, ce qui explique, entre autres, l'intérêt des intellectuels dominicains pour la langue française. De nombreux dirigeants, dont l'ancien président Balaguer, ont étudié à la Sorbonne à Paris. L'enseignement, bien qu'obligatoire, manque sérieusement de moyens et les jeunes ne peuvent étudier qu'à mi-temps, soit le matin, soit l'après-midi, faute d'enseignants et de locaux. C'est pourquoi, quasiment à toute heure, vous aurez l'impression que des gamins sortent de l'école. Une amélioration des conditions scolaires est heureusement en cours.

Même problème pour la santé, de nombreux hôpitaux sont sous-équipés et seuls les plus riches ont des chances d'être bien soignés dans le privé. L'enseignement comme la santé sont en principe gratuits, mais cela reste encore assez théorique et l'analphabétisme est probablement plus important que ne le laissent entendre les statistiques... Pourtant, depuis 1999, les enfants ont droit à des livres gratuits. Il s'agit d'une mesure importante car auparavant, pour les familles pauvres, entre une bouteille de rhum et un livre d'école à 60 pesos, le choix était vite fait... De même, les professeurs sont mieux payés, donc un peu plus motivés, et l'État a construit, avec des subventions japonaises, plusieurs centaines d'écoles dans le pays. Reste que la population, consciente des manques du système, peste régulièrement contre le niveau des enseignants.

En ce qui concerne la justice, beaucoup d'améliorations, mais il y a là encore de sérieux progrès à faire avant d'avoir une vraie démocratie libérale à laquelle aspire l'ensemble du peuple dominicain.

Hipólito Mejía a été élu président de la République dès le 1er tour en mai 2000. Natif du Cibao (plaine centrale), comme la plupart des dirigeants dominicains, il est issu du monde agricole. Ingénieur agronome et agriculteur, déjà ministre de l'Agriculture sous Antonio Guzman, dans les années 1980. Membre de l'Internationale socialiste, le président Mejía prônait une politique sociale plus avancée que celle de son prédécesseur, qui avait préféré privilégier l'économie et les investissements étrangers.

Les élections présidentielles de mai 2004 ne l'ont pourtant pas reconduit à la tête du pays, preuve qu'il n'a pas franchement réussi son mandat. Il faut dire que l'échec de sa politique économique et sociale était indéniable !

Le couperet est tombé. C'est avec une certaine facilité que son adversaire Leonel Fernández, président du PLD (Parti de libération dominicaine) l'a emporté avec 54 % des voix en mai 2004. Personne n'a été surpris de voir réapparaître l'ancien président (élu de 1996 à 2000) sur le devant de la scène politique ! Comme quoi, la couleur politique importe peu pourvu qu'il y ait des résultats ! Avec l'aide du FMI, un peu de bonne volonté et surtout une remise en cause de la fonction publique où la corruption avait, ces dernières années, atteint un niveau démentiel, le pays devrait se sortir de l'ornière dans les années qui suivent.

POPULATION

La population dominicaine est, comme dans la plupart des pays américains, un mélange de races très variées. À l'exception des Indiens, disparus à la fin du XVIe siècle, on trouve des Espagnols, des Africains, des Asiatiques (arrivés à la fin du XIXe siècle pour travailler à la construction des chemins de fer), mais aussi des Français, des Américains et, bien entendu, des Haïtiens. Le Dominicain est tellement impossible à définir qu'une artiste en poterie (Liliana Méra) a eu l'idée de créer des poupées en terre cuite sans yeux, ni bouche, les poupées Limé, dans le but d'illustrer la variété des ethnies locales. Officiellement, il y a 16 % de Blancs, 11 % de Noirs et 73 % de métis. D'ailleurs, la *cedula* (carte d'identité) mentionne la couleur de la peau ! Pourtant, la République dominicaine est l'un des rares pays dans le monde où le racisme est pratiquement inexistant. C'est vrai que le pouvoir est aux mains des Blancs, mais les gens de couleur n'en tiennent pas compte. Lorsqu'il y a un conflit entre un Noir et un Blanc, le litige ne dérape pas sur des faux problèmes de couleur de peau comme dans certaines îles voisines.
L'un des traits dominants du Dominicain, en dehors de sa gentillesse, c'est peut-être son manque d'ambition. Ici, on vit souvent au jour le jour et l'argent durement gagné le matin sera dépensé dans l'après-midi. Jamais rancuniers, les Dominicains oublient les problèmes aussi vite qu'ils se sont créés.

POSTE

On a le choix entre deux types d'envoi. D'abord la poste officielle, qui, moyennant 15 $Do (0,50 US$), expédiera en une vingtaine de jours, dans le meilleur des cas, votre carte postale à bon port. L'autre système, privé celui-là, expédie via Miami vos bons souvenirs ensoleillés en une semaine pour 18 $Do (0,60 US$). Vous trouverez des boîtes spéciales *DCS Express Service* dans les magasins touristiques. Ils vendent le timbre spécial et se chargent de l'envoi. La chambre de commerce dominico-française à Saint-Domingue a un service de courrier pour la France : coût 25 $Do (0,80 US$).

RELIGIONS ET CROYANCES

Depuis la découverte de l'Amérique, le catholicisme a toujours été la religion officielle. Aujourd'hui encore, l'importance de l'archevêque *Jésus Lopez Rodriguez* (un prénom prédestiné) dans la capitale est considérable, tant sur le plan religieux que sur le plan social et politique. Ses prises de position dans de nombreux domaines ne sont pas à négliger par le pouvoir en place. Son nom figurait d'ailleurs sur la liste des postulants à la papauté pour succéder à Jean-Paul II.
Dans les provinces, en revanche, on trouve une multitude de cultes, souvent d'origine protestante (surtout dans la région de Samaná), exercés par de nombreux descendants d'esclaves noirs américains arrivés au XIXe siècle. On trouve également pas mal de rites vaudous d'origine haïtienne dans les régions de culture de canne à sucre. Mais, officiellement, le vaudou n'existe pas en République dominicaine : à croire que les autorités cherchent systématiquement à se démarquer de l'image « barbare » du voisin haïtien. Opé-

rée de longue date par le pouvoir dominicain, la chasse au vaudou, que l'on pourrait traduire par une négation de l'âme africaine, n'est pas sans répercussions sur la mentalité des habitants, de plus en plus acculturés car coupés de leurs racines. En tout cas, elle peut expliquer d'une manière très intéressante (outre les cheminements historiques et politiques) les différences étonnantes entre les deux pays de l'île, notamment le fait que la vie artistique, nourrie par l'imaginaire vaudou, soit bien plus riche en Haïti.

Le point le plus important, dans le domaine religieux, c'est la grande tolérance des Dominicains, qu'ils soient catholiques, évangélistes, protestants ou même juifs. Un bel exemple de cette tolérance est la présence à Nagua, au nord du pays, d'une synagogue qui a été louée à une église pentecôtiste... Dieu soit loué, l'église avec !

SANTÉ

Pas de problèmes sanitaires particuliers à mentionner, malgré une présence légère (mais qui semble s'installer) de paludisme dans l'est du pays. Ceux qui ont quelques doutes peuvent se renseigner avant de partir, notamment via le site internet spécialisé sur la santé en voyage, • www.sante-voyages. com •

Pour éviter les piqûres de moustiques : bien se couvrir les bras et les jambes à la tombée de la nuit, préférer les chambres avec moustiquaires ou air climatisé (qui les affaiblit). Sur les parties découvertes, utiliser lotions ou crèmes répulsives efficaces. De très nombreux produits vendus en grandes surfaces et même en pharmacie sont peu ou pas du tout efficaces. Les spécialistes reconnaissent davantage les produits contenant l'une ou l'autre des substances actives suivantes : DEET à 50 % ou à défaut l'agent 35/35. Dans tous les cas, répéter l'application toutes les 4 h au maximum, dès le coucher du soleil.

Beaucoup d'autres maladies sont transmises par les moustiques (arboviroses), en particulier la dengue. Si votre séjour ne vous amène qu'en bord de mer dans un hôtel-club de bon standing, les risques sont minimes. En revanche, si vous allez randonner à l'intérieur du pays, il convient d'adopter l'ensemble des mesures antivectorielles (moustiquaires imprégnées d'insecticides, répulsifs cutanés – lire ci-dessus – , insecticides d'atmosphère, éventuelle imprégnation des vêtements, etc.) ; et prévoir un système de purification de l'eau. Comme dans la plupart des pays tropicaux, attention en effet à l'eau (pas toujours potable) : achetez des bouteilles d'eau minérale capsulées et évitez la glace. Attention aussi au soleil (qui tape très fort) : prévoyez lunettes, chapeau ou casquette et crème solaire !

D'un point de vue alimentaire, pas grand-chose à craindre si ce n'est que certains poissons coralliens sont toxiques, comme dans beaucoup de pays des Caraïbes (ici ça s'appelle la *ciguatera*) : renseignez-vous et évitez d'en manger dans les restos amateurs ou pendant la période des cyclones (entre septembre et novembre).

Très fréquente, comme dans toutes les Antilles, la *larva migrans* s'attrape en marchant ou en bullant à même le sable des plages également fréquentées par les chiens. Une larve s'infiltre sous la peau et entraîne de fortes démangeaisons pendant plusieurs semaines. Prévention : sandales et serviette de plage.

Le système de Sécurité sociale, inefficace, ne permet pas aux Dominicains de se soigner gratuitement. Dans les hôpitaux, les consultations sont gratuites mais il faut payer les analyses, les radios et les médicaments. Il existe dans toutes les villes une grande quantité de cliniques privées, où l'on obtient des soins corrects, mais les prix sont souvent exorbitants, surtout pour les touristes.

La plupart des produits et matériels utiles aux voyageurs, souvent difficiles à trouver, peuvent être achetés par correspondance, ou en ligne par le biais du :

■ *Catalogue Santé Voyage (Astrium) :* 83-87, av. d'Italie, 75013 Paris. ☎ 01-45-86-41-91. Fax : 01-45-86-40-59. ● www.sante-voyages.com ● (infos santé voyages et commande en ligne sécurisée). Envoi gratuit du catalogue sur simple demande. Livraison Colissimo Suivi : de 48 h à 72 h en France. Expéditions DOM-TOM.

SAVOIR-VIVRE ET COUTUMES

Accueil

Les Dominicains, quel que soit leur niveau social, sont très accueillants. Où que vous vous trouviez, surtout dans les campagnes reculées, il est très facile d'entrer dans l'intimité d'une famille. Dès que vous pénétrez dans une maison, on vous trouve un siège (le meilleur), un verre d'eau, du café ou plus, suivant les moyens. Il est de bon ton, bien sûr, d'éviter de trop critiquer leur politique, leur passé ou leur présent. Sachez quand même que les Dominicains sont en général assez nationalistes et qu'il faut éviter de prendre un Dominicain de race noire pour un Haïtien ! Ils sont fiers et ils ont raison.
Cela dit, les Dominicains sont extrêmement tolérants et n'ont plus aucune divergence politique, religieuse ou autre lorsqu'ils se retrouvent à boire et à danser le dimanche.

Marchandage

Il fait un peu partie des pratiques locales, surtout dans les établissements populaires et dans la rue. Le problème, lorsque l'on arrive, est de connaître le juste prix pour éviter de se faire avoir, mais si un commerçant, chauffeur de taxi ou autre est honnête (il y en a heureusement beaucoup), il pourra se sentir vexé de vous voir négocier. Comme partout, il faut sentir à quel moment on peut discuter et jusqu'où l'on peut aller. Question de feeling et de psychologie...
Quant au pourboire, si le service est tarifé dans les restos (en général un peu plus de 10 %, à ne pas confondre avec les 16 % de taxes), vous n'avez rien à laisser. Mais si le serveur ou la serveuse vous ont régalé d'un grand sourire et que tout est parfait, alors une *propina* (pourboire) semble justifiée même si le service est inclus.

SEXE

Ne nous voilons pas la face : sans être une destination « sexe » comme la Thaïlande, la République dominicaine s'est un peu orientée dans ce sens, penchant facile pour une population pauvre (mais pas miséreuse), poussée par une vraie demande. Le gouvernement actuel a fait heureusement diminuer cette tendance et cherche à revaloriser l'image de marque du pays. Un grand effort est fait surtout dans le domaine de la protection des mineurs. Des portiers exigent des jeunes la présentation de leur *cedula* (carte d'identité) dans tous les lieux chauds. Les stations réputées pour leur prostitution, comme Sosua ou Boca Chica, deviennent un peu plus fréquentables. À Sosua surtout, où l'on a viré toutes les prostituées. Résultat, il n'y a presque plus de touristes ! Il est vrai qu'à une époque il était à peu près impossible de se promener dans les rues (même en couple !) sans être racolé.

Et maintenant ?... Les jeunes Dominicaines sont assez chaleureuses, toujours fauchées et, même si la police touristique a évité la présence trop choquante des filles dans certains endroits, il y en a à peu près dans tous les lieux touristiques, surtout le soir... En fait, la plupart ne se prostituent pas vraiment... elles cherchent un *novio* (fiancé) et il n'est pas rare, surtout chez les résidents étrangers, de voir des liaisons « passagères » déboucher sur des concubinages, voire des mariages.

Attention : bien que le sida ne soit pas plus important ici qu'ailleurs, il existe, et les MST mineures sont quand même assez présentes. Autre raison d'être prudent (comme si la première ne suffisait pas !), les jeunes filles semblent ignorer complètement la contraception. Comme au Brésil, même si le racisme n'existe pas vraiment, ce sont souvent les Blancs qui ont le pouvoir, donc l'argent. En se faisant faire un enfant par un Blanc, une jolie créole lui donne un atout de plus dans la vie. Le touriste qui tombe dans le piège se verra appliquer une loi inique (et unique), la 24.02 (modifiée 14.94), sortie directement des délires du dictateur Trujillo : elle permet à n'importe quelle femme de décider qui est le père de son enfant ! Conclusion, s'il y a eu pas mal d'échanges dans la période cruciale, c'est celui qui reste qui portera le chapeau (alors qu'en le portant avant, il se serait évité pas mal d'ennuis). On connaît même une personne qui a été condamnée à payer une pension alimentaire pour un enfant dont il ne pouvait pas rationnellement être le père... La justice n'est pas du tout au point, bien que ça s'arrange un peu. Méfiance donc...

SITES INTERNET

Quelques sites qui vous permettront de préparer votre voyage :

● *www.routard.com* ● Tout pour préparer votre périple : des fiches pratiques, des cartes, des infos météo et santé, la possibilité de réserver vos prestations en ligne... Sans oublier *Routard mag,* ses carnets de route et infos du monde, mais aussi le précieux forum des routards solidaires !

● *www.amba-dominicaine-paris.com* ● Le site de l'ambassade de République dominicaine en France. Bonne introduction à la culture du pays.

● *www.livio.com* ● Portail exhaustif sur la République dominicaine, avec un nombre de liens incroyable vers des journaux, radios, chaînes de télé, vidéos, photos... Une foule d'infos pratiques.

● *www.dr1.com* ● En anglais. Pratique et fonctionnel. Nombreuses infos sur l'actualité politique et économique du pays.

● *www.dominicana.com.do* ● Le site du ministère du Tourisme. Seule la section consacrée à la culture et l'histoire est en français... Non-hispanisants, vous voilà prévenus !

● *www.webdominicana.com* ● Très complet, agréable et facile à utiliser, grâce à un moteur de recherche interne et à de nombreuses rubriques d'accès.

● *evm.vr-consortium.com* ● Cliquez sur le lien République dominicaine, sélectionnez une ville et rêvez à votre prochain périple devant ces clichés panoramiques.

● *www.paginasamarillas.com.do* ● Le site des pages jaunes dominicaines, avec un lien vers les pages blanches, disponible en espagnol et anglais.

SOCIÉTÉ

Le système social dominicain

Il est basé en grande partie sur la cellule familiale traditionnelle, surtout dans les campagnes. Ainsi, les jeunes qui partent chercher du travail à la ville ou aux États-Unis laissent-ils leurs enfants aux grands-parents. Il faut dire que la plupart des jeunes Dominicaines ont de 2 à 4 enfants entre 13 et 20 ans. Ne pouvant subsister dans les campagnes, elles s'en vont à la ville ou dans les centres touristiques travailler comme serveuses, femmes de chambre, etc. Les quelques pesos souvent durement gagnés sont envoyés à la famille qui nourrira les enfants. Les « Dominican-york » (Dominicains de New York), garçons ou filles, ont des ressources forcément plus grandes, et participent d'une manière assez importante à l'économie familiale.

Le Dominicain a un sens de la famille très développé et le système social de prise en charge par l'État n'existant pas, l'entraide familiale prend le relais. De la naissance à la mort, le Dominicain sera aidé, et aidera les siens. Officiellement, la protection sociale des travailleurs est un peu la même qu'en Europe, mais ça c'est théorique : en fait, la plupart des Dominicains (à part dans les zones franches et les grandes sociétés) se contentent de petits boulots souvent précaires, mal payés, et bien entendu non déclarés.

Mariages et divorces

La République dominicaine s'est rendue célèbre dans le domaine matrimonial lorsque la fille d'Elvis Presley a convolé en justes noces avec Michael Jackson à La Vega (pas dans le Nevada, comme on aurait pu le croire, mais dans le Cibao, au centre du pays). Le mariage et le divorce sont tellement simples à Saint-Domingue que de nombreux étrangers y séjournent quelque temps pour résoudre ces formalités, par ailleurs bien plus économiques ici qu'en Europe. Les démarches administratives sont tellement rapides qu'on a tout juste le temps de faire bouillir une casserole d'eau, d'où l'expression divorce « à la vapeur ». Pour être en règle avec l'administration française, il faut prendre contact avec l'état civil du consulat à Saint-Domingue pour les formalités de publication des bans et de transcription du mariage. En ce qui concerne le divorce prononcé en République dominicaine, sachez qu'il n'a aucune valeur en France. Pour toutes les affaires familiales : mariage, divorce ou adoption, contactez les services consulaires de l'ambassade de France.

SPORTS ET LOISIRS

L'influence des États-Unis se concrétise bien entendu par l'intérêt pour son billet vert, mais aussi par l'engouement des jeunes pour le *base-ball,* comme à Cuba. Il est peu de villages, aussi reculés soient-ils, qui n'aient pas leur *play* (terrain). La réussite sociale et financière de nombreux grands joueurs dominicains installés aux États-Unis fait rêver les jeunes. Sammy Sosa est aux Dominicains ce que Pelé fut aux Brésiliens : un dieu.

Le *basket-ball* est également très prisé. On voit souvent des paniers accrochés dans les rues et des jeunes cherchant à imiter Michael Jordan. La *boxe* dominicaine, surtout chez les poids légers, a produit quelques champions qui vont s'entraîner à Porto Rico en rêvant du Yankee Stadium de New York. Élément nouveau, peut-être dû à la présence importante des Français, la Coupe du Monde de *football* de 1998 a également intéressé les sportifs dominicains, et quelques équipes s'essaient timidement à ce sport. Enfin, le *polo* est également assez prisé de la haute société, fière de son grand champion des années 1950 : Porfirio Rubirosa.

Combats de coqs

La *gallera,* l'arène où se déroulent les combats, est plus ou moins importante suivant la richesse de la région et a sa place dans toutes les agglomérations du pays. Symbole de la société machiste, représentatif de la virilité des hommes, le combat de coqs est un « sport » très populaire à Saint-Domingue. Le combat en soi est inintéressant si l'on ne connaît pas les règles. Extrêmement rapide, il ne s'arrête que lorsque l'un des adversaires s'est écroulé ou refuse le combat en fuyant.

En fait, le grand intérêt réside dans l'atmosphère survoltée, bruyante et colorée qui a cours autour de l'arène. De pauvres ouvriers vont parier leur maigre salaire et les riches y perdre (ou gagner) des fortunes. Leur enthousiasme est communicatif. Les femmes, à condition d'être discrètes, sont acceptées. L'ambiance est chaude après la fermeture de l'arène dans les bars alentour où les gagnants vont arroser leur victoire, et les perdants se consoler...

Excursions

Ce serait dommage de venir en République dominicaine sans participer au moins à une excursion. La grande variété des possibilités offertes permet à chacun de trouver ce qu'il aime : parcs nationaux, nombreuses cascades et descentes de ríos en rafting et canyoning, jeep safari, à Saint-Domingue, sans oublier les excursions *by night* qui ne manquent pas d'intérêt... À pied, à cheval, en bateau, en quad ou en 4x4, et même en bus climatisé, il y en a pour tous les goûts et pour toutes les bourses.

Un conseil : essayez de passer par des agences ayant pignon sur rue et évitez, surtout pour les excursions nautiques, les amateurs qui cherchent à vous emmener sans aucune sécurité ni assurance dans leurs frêles esquifs... De plus, surtout pour les excursions culturelles, il est préférable d'avoir des commentaires sérieux, si possible dans une langue que vous connaissez. Que représente une peinture rupestre du XVIe siècle si l'on n'en a pas l'explication ?

TÉLÉPHONE-TÉLÉCOMMUNICATIONS

Téléphone et portables

– **Portables :** seuls les téléphones « tribandes » sont susceptibles de fonctionner sur place. Pensez à l'adaptateur, voire au transformateur ou aux batteries, pour recharger votre portable. Le courant en République dominicaine est de 110 volts.

– Plusieurs compagnies privées se partagent le marché juteux des télécommunications :

● *Verizon* (ex-*Codetel*) : la compagnie principale et la mieux implantée dans tout le pays. Cette firme permet de téléphoner dans de très bonnes conditions dans le monde entier. Les bureaux sont en général ouverts de 8 h à 22 h, tous les jours. Ils vendent et louent des portables *(cellulare)* et on trouve Internet à la disposition du public dans de nombreux bureaux. Il est également possible d'envoyer un fax.

● *All America :* surtout implantée à Santo Domingo. Propose des appels internationaux un peu moins chers.

● *Tricom :* cette nouvelle compagnie a les dents longues. Elle fait des efforts énormes : publicité, accueil, réseau, et bien entendu des tarifs moins élevés. Qui s'en plaindrait ?

● Dernier venu, *Orange* de France Telecom est particulièrement dynamique ; on trouve des boutiques *Orange* aussi bien dans les grandes villes que dans les villages retirés. Ils ont cherché à prendre les créneaux de portable, particulièrement dans des villes de seconde importance.

– Le *call back :* ce n'est pas vraiment défendu, ce n'est pas vraiment autorisé, mais c'est surtout économique pour appeler en Europe, le coût des communications étant moins élevé qu'avec Verizon, tant en fax qu'en appel. Super, mais le *call back* c'est quoi ? En fait, c'est un système inspiré de celui d'Internet : l'opérateur appelle un numéro aux États-Unis, d'où une machine cherche votre correspondant et vous rappelle (*call back*, en anglais) sur le réseau Verizon, qui évidemment n'apprécie pas tellement mais ne peut pas l'interdire.

Les bureaux de *call back* sont en général assez bien signalés, ce qui tend à prouver que ce n'est pas complètement illégal.
– *République dominicaine* → *France :* 011 + 33 + indicatif région (sans le 0) + n° du correspondant.
– *France* → *République dominicaine :* 00 + 1 + n° du correspondant à 10 chiffres, commençant systématiquement par 809 (1,10 €/mn du lundi au vendredi de 8 h à 19 h, 0,86 € le reste du temps).
(N.B. : il n'y a pas d'indicatif de ville en République dominicaine.)

Connexion Internet

On trouve dans les grandes villes et surtout dans les sites touristiques une multitude de cybercafés. On peut également surfer dans certains Verizon. On donne des adresses de cybercafés dans les grandes villes. Les prix varient suivant les endroits ; en général, cela coûte environ 1 \$Do/mn. Se méfier de certains lieux qui ont tendance à vous facturer un minimum de 20 \$Do (environ 0,70 US\$) même pour 2 mn. Verizon est le moins cher de tous (35 \$Do ou un peu plus d'un dollar l'heure), mais il faut souvent attendre longtemps pour avoir sa place. Les lieux possédant des ordinateurs équipés du haut débit s'ouvrent tous les jours dans les grandes et moyennes villes. Éviter le service Internet des *resorts* (sauf si l'on ne peut pas faire autrement), le prix étant le double (si ce n'est plus) des cybercafés...

TRANSPORTS

– *L'avion :* une dizaine d'aéroports permettent, soit par les lignes régulières d'*Aerodomca,* soit par des avions-taxis, de se déplacer en moins d'une heure dans n'importe quel coin du pays dans des conditions de confort et de sécurité normales.
– *Le bus :* trois compagnies importantes se partagent le territoire : *Terrabus* vers Haïti, *Metro* et surtout *Caribe Tours* vers le centre et le nord du pays. Ces compagnies vous acheminent pour quelques dizaines de \$Do dans des conditions de sécurité et de confort remarquables (cela dit, attention à la clim' poussée à fond : prévoir une petite laine). De nombreux bus plus petits sillonnent le pays avec des horaires moins sérieux que les compagnies citées. On ne peut pas réserver à l'avance. Les adresses des terminaux sont dans les chapitres consacrés à Santo Domingo et aux principales villes.
– *Les guaguas* (prononcer « woua-woua ») *:* ce terme général désigne des minibus, ou tout simplement des camionnettes. Là, pas vraiment de terminal (on les trouve généralement près des parcs centraux) et surtout jamais de refus d'embarquer : même quand c'est plein, on pousse... Aucun confort, et sécurité plus que problématique, mais c'est folklo et vraiment pas cher.
– *Les taxis :* comme partout, se méfier des prix. À l'exception des compagnies connues, dont les chauffeurs mettent le compteur, toujours négocier avant de démarrer. Les véhicules sont souvent en mauvais état et les taxis « occasionnels » n'ont fréquemment aucune assurance...
– *Les conchos :* on en trouve à peu près partout, y compris dans les campagnes reculées. Ces petites motos de 75 ou 105 cm³, pour quelques pesos, vous emmènent rapidement où vous voulez, mais sur des distances quand

même assez courtes. Relativement risqué toutefois (pas de casque, pas d'assurance) et prix à négocier avant, surtout la nuit. On peut même monter à 2 passagers, mais à éviter car cela coûte le double, alors autant en prendre 2...

– *La location de motos :* c'est le moyen le plus rapide et le plus sympa pour découvrir une région. Il peut être intéressant de faire les grands trajets en bus et d'explorer un coin en toute liberté en louant une bécane, à condition d'être parfaitement compétent en ce domaine. Les petits rigolos qui se retrouvent les quatre fers en l'air parce qu'ils ont voulu faire les malins sont légion. Alors, prudence et port du casque fortement conseillé ! Sinon, c'est assez économique à louer (compter une trentaine de dollars US par jour). À éviter quand même en saison des pluies. Il est difficile de trouver un casque correct chez les loueurs. Si vous êtes motard, apportez le vôtre (c'est obligatoire à Saint-Domingue, même si tout le monde n'en porte pas).

– *La location de quads :* ce mode de transport est assez à la mode sur les régions côtières ; malheureusement, son coût de location est sensiblement le même que celui des voitures, et les possibilités sont moindres : autonomie limitée et seulement un passager. Avantage : on a la tête à l'air et on se sent vraiment libre. Inconvénient : on peut rouler n'importe où, même sur les plages, bien que ce soit parfaitement interdit, et nombre d'abrutis de touristes ne se gênent pas, sans aucun égard pour la population et les lois du pays. La présence de *quads* devient d'ailleurs un vrai problème à cause du bruit et des abus, notamment dans la presqu'île de Samaná.

– *La location de voitures :* contrairement à ce que disent certains, ce n'est pas plus dangereux de rouler en République dominicaine qu'ailleurs sous les tropiques. Ce n'est bien entendu pas l'Europe : la signalisation n'est pas respectée et les auto-écoles sont moins nombreuses que les débits d'alcool. Alors... prudence ! Cela dit, le parc automobile étant assez faible, la circulation n'est pas très importante (sauf dans la capitale) et, en faisant très attention, on peut rouler en voiture sans aller au suicide... Mais encore une fois, il faut être bon conducteur et surtout ne pas rouler de nuit, à cause du manque d'éclairage, des piétons inconscients, des animaux errants, des ralentisseurs peu visibles et jamais signalés qui vous forceraient à changer vos amortisseurs, etc. Bref, débutants s'abstenir ! Si vous prévoyez de faire un circuit en voiture, il est préférable de louer un 4x4. À part les axes principaux, les routes sont très mauvaises, truffées de nids-de-poule (certains pourraient contenir des dizaines de poules !) et autres. Et ces routes secondaires se terminent presque toujours en pistes, certaines étant impraticables autrement qu'en véhicule 4x4. À titre indicatif, l'essence vaut une vingtaine de pesos (0,70 US$) le litre.

■ *Auto Escape :* l'agence réserve auprès des loueurs de véhicules de gros volumes d'affaires, ce qui garantit des tarifs très compétitifs. Numéro gratuit : ☎ 0800-920-940 ou 04-90-09-28-28. Fax : 04-90-09-51-87. • www.autoescape.com • 5 % de réduction supplémentaire aux lecteurs du *Guide du routard* sur l'ensemble des destinations. Vous trouverez également les services d'Auto Escape sur • www.routard. com •

■ Et également : *Avis,* ☎ 0820-050-505 ; *Ada,* ☎ 0825-169-169 ; *Budget,* ☎ 0825-003-564 ; *Europcar,* ☎ 0825-352-352.

URGENCES

En cas de gros problème, contactez la *police touristique (Politur)* qui est censée vous protéger : ☎ 1-200-3500.

GÉNÉRALITÉS

Distances entre les principales villes

Distances en km	Sosua	Santo Domingo	Santiago	San Pedro de Macoris	San Francisco	Samaná	Punta Cana	Puerto Plata	Nagua	Montecristi	La Vega	Las Terrenas	La Romana	Jarabacoa	Higüey	Barahona
Barahona	391	200	305	275	280	400	410	365	355	345	275	415	310	245	345	0
Higüey	410	145	290	70	280	385	60	355	320	415	265	386	35	290	0	345
Jarabacoa	143	155	50	215	65	205	365	95	135	165	30	178	265	0	290	245
La Romana	350	110	255	35	245	355	105	320	285	375	225	335	0	265	35	310
Las Terrenas	169	225	179	297	110	40	435	243	48	290	149	0	355	178	386	415
La Vega	124	125	36	195	40	175	335	90	110	145	0	149	225	30	265	275
Montecristi	139	270	115	345	170	305	480	135	240	0	145	290	375	165	415	345
Nagua	122	180	125	245	70	65	390	140	0	240	110	48	285	135	320	355
Puerto Plata	25	215	69	285	110	210	425	0	140	135	90	243	320	95	355	365
Punta Cana	450	205	365	140	345	455	0	425	390	480	335	435	105	365	60	410
Samaná	155	245	190	315	135	0	455	210	65	305	175	40	355	205	385	400
San Francisco	158	135	55	200	0	135	345	110	70	170	40	110	245	65	280	280
San Pedro de Macoris	321	70	225	0	200	315	140	285	245	345	195	297	35	215	70	275
Santiago	94	155	0	225	55	190	365	69	125	115	36	179	255	50	290	305
Santo Domingo	240	0	155	70	135	245	205	215	180	270	125	225	110	155	145	200
Sosua	0	240	94	321	158	155	450	25	122	139	124	169	350	143	410	391

SANTO DOMINGO

**Pour les plans de Santo Domingo (Saint-Domingue),
se reporter au cahier couleur.**

La plus ancienne capitale du Nouveau Monde surprend. On débarque avec plein de clichés dans la tête : douceur tropicale, *merengue,* vieille ville classée Patrimoine mondial de l'humanité par l'Unesco, etc. Ça va être cool, tranquillou, pépère. D'autant plus qu'on a fait Cuba avant, vous pensez bien ! On est premièrement frappé par son étendue. Il faut dire que la ville se révèle plutôt du genre horizontal, densité urbaine, modernité et gratte-ciel semblant au premier abord loin d'être dominants, malgré ses presque trois millions d'habitants. En revanche, ce qui apparaît immédiatement bien moderne, c'est le trafic automobile, les embouteillages, les entrées de ville, le plan de circulation assez incohérent, le bruit...

NE PAS SE FIER AUX APPARENCES...

Pourtant, pourtant, il n'y a pas balade plus délicieuse et romantique que la vieille ville coloniale, rues plus suaves que la *calle de las Damas* ou la *Atarazana,* ainsi que nombre de rues des quartiers résidentiels proches, comme *Gazcue.* Ce premier choc du trafic est d'ailleurs rapidement digéré par la quasi-absence de tensions entre les gens. La bonne humeur et la gaieté des Dominicains ont vite fait de vous envahir et de vous mettre dans le coup. D'autant plus que les signes de misère traditionnels (mendiants, SDF, quartiers délabrés...) dans beaucoup de grandes villes des pays du Sud et dans les pays à fortes disparités de richesse sont relativement peu apparents ici (il y a des coins du Londres post-thatchérien ou des grandes villes américaines autrement plus flippants !).
Autre énorme surprise, l'impression réelle de liberté au quotidien. On a croisé des surprises-parties d'étudiants spontanées dans les rues de la vieille ville ou sur les quais, sonos des bagnoles à fond la caisse, sans l'ombre d'un képi, avec apparemment guère de protestations des gens du voisinage. Heureuse jeunesse dominicaine que les jeunes de nos banlieues, s'ils savaient ça, envieraient sérieusement ! D'ailleurs, ce côté libertaire, on le retrouve aussi dans les trottoirs défoncés, les immenses trous qui manquent de vous engloutir à tout moment, la poésie des fils électriques qui jaillissent, pendent, traînent dans tous les sens... Bref, Saint-Domingue, ville de contrastes démente (euphémisme !), ville où des mots comme *speed* et nonchalant, fiévreux et romantique, brutal et sensuel, sale et sublime, coexistent pacifiquement. Vous l'aviez deviné, Saint-Domingue, on a vraiment aimé !

UN PEU D'HISTOIRE

La première ville du Nouveau Monde

Il y a de quoi être vexé, la ville de Santo Domingo ne fut pas le premier choix d'implantation coloniale. Elle ne fit que succéder à La Isabela, anéantie rapidement par les fièvres et la famine sur la côte nord. Fondée en 1496 sous le nom de *Nueva Isabela,* puis de *Santo Domingo de Guzmán* par Bartolomeo

Colomb, le frère de Christophe (en l'honneur de leur père). Pas de chance, la première ville construite (45 maisons en bois), sur la rive est de la rivière Ozama, fut balayée en 1502 par un ouragan. Reconstruite sur la rive ouest peu après, avec ses premiers édifices en pierre, Saint-Domingue devint alors la capitale des Indes occidentales.

Le premier gouverneur d'Hispaniola, de 1492 à 1499, fut Christophe Colomb. Lui succédèrent ses rivaux et ennemis : Bobadilla et Nicolás de Ovando. Puis ce fut au tour de Diego Colón, fils aîné de Christophe, d'être nommé gouverneur, de 1508 à 1515. Une sorte de revanche de l'histoire. Il fit construire l'alcazar de Colón, édifice qui abrita le pouvoir espagnol pendant des décennies de conquête au Nouveau Monde.

Mais les mines d'or du pays s'étant vite épuisées, celles du Mexique et du Pérou se révélant d'une richesse fabuleuse, la mère patrie se désintéressa vite de l'île Hispaniola. Les conquistadors Hernan Cortés et Francisco Pizarro passèrent par Santo Domingo au début du XVIe siècle, avant de se lancer dans leurs folles aventures vers Mexico et Cuzco. Le père Bartolomé de Las Casas, défenseur des Indiens, et auteur de la *Très Brève Relation de la destruction des Indes*, séjourna au couvent des Dominicains (toujours là dans la vieille ville coloniale) après 1502. En 1514, il s'installa à Cuba, écœuré par les mauvais traitements subis par les Indiens.

Symbole de ce désinvestissement espagnol progressif, la construction du clocher de la cathédrale fut abandonnée en 1540. La ville perdit ainsi beaucoup de son importance stratégique et ne fut plus qu'un port étape sur la route des nouveaux territoires à conquérir. De cette époque, elle conserve cependant tous ses records historiques : premier monastère du Nouveau Monde, premier hôpital, première cathédrale, première Real Audiencia, première Corte Real... la liste est longue.

Les aléas de l'histoire

En 1586, après quelques raids de pirates et divers petits séismes, Saint-Domingue subit ses premières vraies destructions avec le corsaire *Sir Francis Drake*. Beaucoup d'édifices sont anéantis ou durement endommagés et la population doit payer une lourde rançon pour recouvrer la liberté. Curieusement, la ville semble ne pas s'en être remise, puisqu'en trois siècles et demi, sa population augmente de façon insignifiante : 25 000 habitants au début du XVIIe siècle, seulement 71 000 en 1935. Durant tout ce temps, la capitale n'a d'ailleurs pas une histoire différente de celle du pays.

En 1936, le dictateur Trujillo attrape la grosse tête et rebaptise Saint-Domingue... *Ciudad Trujillo*. À sa mort, en 1961, la capitale retrouve bien sûr son nom d'origine. En 1950, malgré cette promotion, la ville n'atteint que 181 000 habitants. Puis, c'est l'explosion urbaine, d'abord lente : 370 000 en 1960, 676 000 en 1970 ; puis brutale : 1 500 000 en 1981 et près de 3 millions d'habitants aujourd'hui !

Arrivée à l'aéroport

✈ *L'aéroport international Las Americas (AILA ; hors plan couleur général par D1)* est à 24 km à l'est de la capitale. ☎ 809-412-5888. Un bureau de change se trouve avant le hall des bagages et un autre après celui-ci. Il est préférable de se rendre à ce dernier pour éviter la queue aux arrivées. Taux de change correct pour un aéroport.

Pour rejoindre le centre-ville

– **Les taxis :** la course coûte autour de 1 200 à 1 500 $Do maximum (40 à 50 US$). Négocier fermement le prix avant. Les taxis n'ont pas de compteur ou alors quand ils en ont, ils ne marchent jamais.

– *Les voitures de location :* les loueurs de voiture se trouvent juste après les bureaux de l'immigration *(Hertz, Europcar, Avis, Nelly...)*. Sauf si vous avez réservé expressément par avance une voiture à l'aéroport, il vaut mieux le faire en ville. Se plonger dans la circulation dominicaine aussi rapidement se révélerait un baptême du feu par trop brutal ! Surtout la nuit tombée, car la plupart des avions d'Europe arrivent en début de soirée.

Adresses utiles

Informations touristiques

◼ *Office de tourisme de la zone coloniale (Oficina de turismo de la zona Colonial ; zoom couleur C-D1) :* calle Isabel-la-Católica, 103. ☎ 809-686-3858. Ouvert de 9 h à 17 h. Situé sous les arcades donnant sur le parc Colón. Pas très riche en documentation mais accueil aimable.
◼ *Secrétariat au tourisme :* en face du Palais national, à l'angle de la 30 de Marzo et Mexico. ☎ 809-221-4660. Fax : 809-221-0710. ● sectur@verizon.net.do ● Ouvert du lundi au vendredi de 8 h à 15 h. On vous y remettra quelques documents divers, guides des *resorts,* des festivités et, s'il en reste, un CD bourré d'infos sur le pays.

Poste, télécommunications

✉ *Poste (zoom couleur D1) :* dans la zone coloniale, sur Isabel-la-Católica, (à côté de l'office de tourisme). Ouvert du lundi au vendredi de 8 h à 17 h et le samedi jusqu'à midi. Pour acheter des timbres.
@ *Verizon (zoom couleur C1, 1) :* El Conde, 202 (en face de l'hôtel *Mercure Comercial*). Ouvert tous les jours de 8 h à 22 h. Postes Internet.
@ *Connexion Internet « Tiago's » (zoom couleur C1, 2) :* El Conde, angle Espaillat (dernière rue à droite en allant vers la porte Conde). ☎ 809-689-6154. Au fond d'une boutique de CD. Ouvert du lundi au samedi de 9 h à 20 h.

Change

◼ *Casas de cambio :* nombreuses dans les ruelles de la ville coloniale, notamment dans la calle Isabel-la-Católica et Hostos, face à l'hôtel *Mercure Comercial*. Elles pratiquent toutes à peu près le même taux. Bien recompter ses sous devant le caissier. Les meilleurs plans se trouvent dans la zone coloniale au 114, Isabel-la-Católica *(zoom couleur D1, 3),* à deux pas de la cathédrale, ☎ 809-328-8344 et à la gare routière de *Caribe Tours,* ☎ 809-688-8107 *(plan couleur général B1)*. Évitez l'aéroport et, surtout, les changeurs dans la rue (ils courent plus vite que vous).
◼ *Western Union (zoom couleur C1, 4) :* sur El Conde, à l'angle de Espaillat. ☎ 809-686-9080. Ouvert du lundi au vendredi de 9 h à 13 h et de 14 h à 17 h ; le samedi, jusqu'à 13 h. Fermé le dimanche. Au fond du grand magasin de meubles et d'électroménager. Pour obtenir de l'argent rapidement.
◼ *Distributeurs d'argent (zoom couleur C1, 5) :* deux distributeurs pratiques sur la calle Conde et dans la plupart des grands hôtels. Un autre distributeur dans la *Casa del Cordon* qui abrite une banque *(Banco Popular)*. Située à l'angle de la calle Isabel-la-Católica et de calle Tejera *(zoom couleur C-D1)*. Ouverte du lundi au vendredi de 8 h 15 à 16 h.

Ambassades

■ *Ambassade de France* (zoom couleur D1, *6*) *:* calle Las Damas, 42, esq. Conde, zone coloniale. ☎ 809-695-4300. Consulat : ☎ 809-695-4330. Fax : 809-695-4331. Permanence : ☎ 809-805-6721. ● www.ambafrance-do.org ● Dans cette magnifique demeure coloniale du XVIᵉ siècle où vécut Cortés, les services de l'ambassade ainsi que les services culturels et consulaires vous accueillent du lundi au vendredi de 8 h 30 à 12 h.
■ *Consulat de Belgique :* av. Abraham-Lincoln, 504. ☎ 809-562-1661 et 809-562-3383.
■ *Ambassade de Haïti :* calle Juan-Sánchez-Ramirez, 33. ☎ 809-686-5778. À l'angle de Maximo-Gómez.
■ *Consulat de Suisse :* av. Jimenez-Moya, 71B. Vista. ☎ 809-534-6944. Fax : 809-532-3781.

■ *Ambassade du Canada :* Cap E.-de-Marchena, 39. ☎ 809-685-1136. Fax : 809-682-2691.
■ *Alliance française* (plan couleur général A3, *7*) *:* calle Horacio-Vícoso, 103, Centro de los Heroes. ☎ 809-533-5982. Fax : 809-535-4849. Ouvert du lundi au vendredi de 8 h à 13 h et de 15 h à 18 h, et le samedi de 9 h à 12 h. Librairie et stand de presse.
■ *Chambre de commerce dominico-française :* calle Arzobispo-Nouel, 202, zone coloniale. ☎ 809686-8065 et 809-682-6553. ● www.ccdfdo.org ● Ouvert du lundi au vendredi de 8 h 30 à 14 h 30. Édite un excellent guide remis régulièrement à jour pour ceux qui veulent rester en République dominicaine, ainsi qu'un périodique économique, *Saint-Domingue Affaires.*

Santé et police

■ *Farmacia San Judas Tadeo* (plan couleur général C2) *:* Independencia, 57. Ouvert 24 h/24. Une vraie grande surface. On y trouve tout : produits de beauté bien sûr, livres, cadeaux divers, gadgets, jouets...
■ *Farmacia Mercier* (zoom couleur C1, *8*) *:* à l'angle de Duarte et de Arzobispo-Nouel. ☎ 809-686-8829. Ouvert du lundi au samedi de 8 h à 21 h et le dimanche jusqu'à 12 h.
■ *Politur* (zoom couleur C1, *9*) *:* à l'angle des calles Conde et José-Reyes. ☎ 809-221-4660. Poste de police touristique ouvert 24 h/24.

Location de voitures

■ *Hertz* (plan couleur général B2) *:* calle Jose-Maria-de-Heredia, angle Independencia, 454. Face à la station *Esso.* ☎ 809-221-5333. Fax : 809-221-8927. Voitures en bon état. Surtout, ils ont d'excellents 4x4, qui se révèlent parfaits pour les routes de la Cordillère centrale et les pistes de la côte nord.
■ *Ada :* 104, calle Isabel-la-Católica, zona colonial. ☎ 809-685-7515. ● www.ada-santodomingo. com ● Accorde une réduction de 10 % à nos lecteurs, sur présentation du *GDR,* pour toute location de voiture.
■ *Nelly Rent a Car* (plan couleur général B2) *:* av. Independencia, 654. ☎ 809-687-7997. Un bon loueur de voitures, régulier et sans arnaque.
■ *Europcar :* calle Gustavo-Meija-Ricard, 82. ☎ 809-565-4455. Véhicules en bon état, service rapide et souriant.

IMPORTANT : quel que soit votre loueur, rendez votre véhicule avec le plein (si le réservoir était plein au départ, bien sûr), sinon vous risquez d'être taxé de 40 % sur votre facture.

Transports

– *Taxis :* très nombreux, c'est à l'évidence le moyen le plus pratique. Pas de compteurs, sinon pour le décor. Toujours se mettre d'accord au préalable sur le prix. Pour une petite course vieille ville-Gazcue, les autochtones paient en moyenne 100-150 \$Do (3,30-5 US\$). Si vous le proposez, ce sera en général accepté. Un conseil, évitez de héler un taxi devant les grands hôtels type *Jaragua* ou *Sheraton* ou place de la cathédrale, ils ont tendance à vous prendre systématiquement pour un *gringo* (touriste). Quelques compagnies : *Taxi Anacaona* (☎ 809-530-4800), *Apollo Taxi* (☎ 809-537-0000 et 537-8888), une des plus fiables, *Taxi Paraiso* (☎ 809-565-9595), etc.
– *Bus locaux ou guaguas :* nombreux aussi et très bon marché, mais ils sont le plus souvent bondés et il est difficile de connaître leur destination. Pas évident de s'y retrouver sauf pour de grandes distances en ligne droite, comme la 27 de Febrero ou la Kennedy. Un conseil, n'embarquez pas sans un max de petite monnaie, et de préférence sans bagages.

Où dormir ?

Dans la vieille ville

Prix moyens

🛏 *Apart-hotel « Ponce »* *(zoom couleur C2, 10) :* Palo Hincado, 204, à deux pas de la puerta del Conde. ☎ 809-686-0865 et 809-224-4923. ● hotel-ponce@hotmail.com ● À partir de 300 \$Do (10 US\$) pour 2, avec ventilo, et 400 \$Do avec clim' (13,30 US\$). C'est l'un des moins chers de la ville avec le minimum de confort et de propreté. Pour les vrais fauchés, car l'atmosphère est franchement glauque et beaucoup de chambres sont sans fenêtre. En dernier recours.
🛏 *Pensión Ginette* *(zoom couleur C1, 11) :* El Conde, 505, près de l'angle d'Espaillat. ☎ 809-623-9740. Compter 400 \$Do (13,30 US\$) pour 2. On ne peut plus central : dans la rue la plus commerçante de la ville coloniale. Petite pension

toute simple mais plutôt bien tenue, même si les sanitaires sont loin d'être formidables (mais peut-on demander à des sanitaires d'être formidables ?). Chambres correctes avec *baños,* mais fenêtres souvent symboliques. Atmosphère tranquille, voire assez feutrée. Pas vraiment l'adresse pour couche-tard et joyeux fêtards. Avantage, on s'y sent un peu comme en famille.
🛏 *La Arcada* *(zoom couleur C1, 13) :* calle Arzobispo-Meriño, 360. ☎ et fax : 809-688-5591. ● brunemiri@hotmail.com ● Compter autour de 1 000 \$Do (33,30 US\$) pour 2. Une fois que vous aurez évité les chambres sans fenêtre, les autres se révèlent plutôt très bien, propres et agréables.

Un peu plus chic

🛏 *Hotel Aïda* *(zoom couleur C1, 22) :* calle Espaillat, à gauche du n° 201. ☎ 809-685-7692. Fax : 809-221-9393. Entre 800 et 900 \$Do (26,70 à 30 US\$), avec ventilo ou clim'. Une petite dizaine de chambres dans un immeuble quelconque mais propre, qui possède l'avantage d'être situé à 30 m de la grande artère commerçante, la calle Conde. Attention, seulement trois chambres ont une fenêtre. Les choisir de préférence, car les autres sont un peu *bluesy*. Les fumeurs ne semblent pas les bienvenus...

🏠 **Casa Marion** *(zoom couleur C1, 44)* **:** calle Espaillat, 255. ☎ 809-844-7140 et 809-221-4129. • ma rionchr@yahoo.fr • Quatre chambres proprettes avec douche, ventilateur, salle de bains à 1 200 $Do (40 US$), café et croissant compris.

Beaucoup plus chic

🏠 **El Beaterio** *(zoom couleur C1, 18)* **:** calle Duarte, 8. ☎ et fax : 809-687-8657. • elbeaterio@netscape. net • Environ 1 650 $Do (55 US$) pour 2, avec petit dej'. Au cœur de la zone coloniale, un vieux couvent du XVIᵉ siècle restauré avec beaucoup de goût. Une vraie adresse de charme, à l'atmosphère reposante et calme, tout en conservant un prix abordable et une ambiance routarde. Salon charmant. Beaucoup de pierre et de brique, le tout élégamment arrangé. Propose une dizaine de chambres confortables et stylées, dans une ambiance chaleureuse. Direction française.

🏠 **Hotel Conde de Penalba** *(zoom couleur C-D1, 15)* **:** calle El Conde, à l'angle de Arzobispo-Meriño, 360. ☎ 809-688-7121. Fax : 809-688-7375. • condepenalba@verizon.net. do • Compter autour de 2 100 $Do (70 US$) pour 2, toute l'année. Ici, une vingtaine de chambres très confortables et vraiment propres (TV, téléphone, clim' et coffre) directement sur la place de la cathédrale. L'édifice a un certain charme. Choisir les chambres le plus dans les étages car la place peut être assez animée en fin de semaine. Au rez-de-chaussée, une grande terrasse genre brasserie (petit dej', sandwichs et plat du jour), c'est l'endroit privilégié pour observer la vie de la zone coloniale. Un lieu de rendez-vous sympa et un excellent rapport qualité-prix.

🏠 **Hotel Palacio** *(zoom couleur C1, 16)* **:** Duarte, 106, à l'angle de Salomé-Urena. ☎ 809-682-4730. Fax : 809-687-5535. • www.hotel-palacio.com • Compter 2 500 $Do

Salon commun avec TV. Dans ce petit établissement central très bien tenu et calme, Marion, une sympathique Française, vous attend en amie et pourra vous renseigner pour la visite du pays. Conseillé de réserver, mais si sa maison est pleine, elle se mettra en quatre pour vous trouver un autre logement dans le quartier.

(83,30 US$) pour 2, sans le petit dej'. Bel édifice colonial proposant de vastes et confortables chambres au mobilier colonial, simple et sombre. Seulement, malgré un beau décor (boiseries acajou, peintures anciennes), s'alignent quelques petits défauts : espaces communs étriqués, service un peu mou. Jacuzzi sur la terrasse. Il y a même un peu de matériel de musculation. Reste une des bonnes adresses de la capitale pour sa propreté, son niveau de confort et son charme certain. Possibilité de garer son véhicule dans la rue devant (surveillée par le gardien de l'hôtel).

🏠 **Hotel Doña Elvira** *(zoom couleur C1, 45)* **:** Padre-Billini, 207, angle 19-de-Marzo. ☎ 809-221-7415. Fax : 809-853-1113. • www.dona-elvira.com • À partir de 2 550 $Do (85 US$) pour 2, petit dej' inclus. Dans une maison de maître du XVIᵉ siècle, rénovée avec goût. Quinze chambres et suites pourvues de tout le confort, clim', TV, téléphone, Internet... Petite piscine. Assez rare dans la zone coloniale. Un bon point de chute pour visiter le quartier.

🏠 **Hodelpa Caribe Colonial** *(zoom couleur D1, 41)* **:** calle Isabel-la-Católica, 159. ☎ 809-688-7799. Fax : 809-685-8128. • www.hodel pa.com • Une cinquantaine de chambres à partir de 2 790 $Do (93 US$) pour 2, selon la taille. Hôtel moderne, assez stylé, dans les tons bleu Klein (voilages, fauteuils et chemisettes des employés...). Chambres impeccables, confortables bien qu'assez petites pour les moins chères. Bon service. Fait aussi resto.

Dommage que le néon extérieur gâche le style de la façade.

📧 *Mercure Comercial (zoom couleur C1, 14) :* à l'angle des calles El Conde et Hostos. ☎ 809-688-5500. Fax : 809-688-5522. ● H2974@ accor-hotels.com ● Compter 2 915 \$Do (97,20 US\$) la chambre pour 2, avec petit dej'. Une centaine de chambres dans cet hôtel au luxe moderne. Comme les *Sofitel Frances* et *Nicolás de Ovando,* il est exploité par le groupe *Accor* et offre, au cœur de la zone coloniale, les services et le confort de l'hôtellerie à la française. Avantage non négligeable en haute saison : vous avez plus de chances d'y trouver une chambre libre, même si vous vous y prenez au dernier moment, que dans les autres hôtels dont la capacité est nettement inférieure. Ses défauts : son côté un peu froid et son manque de charme. Excellent service par ailleurs. Prendre un verre sur la terrasse dans la calle Conde en fin d'après-midi est un grand moment.

📧 *Hostal Nader (zoom couleur C1, 40) :* Luperón, 151, à l'angle de Duarte. ☎ 809-687-6674. Fax : 809-687-7887. ● nicolasnader@verizon. net.do ● Chambres doubles à 2 610 \$Do (87 US\$), petit dej' inclus. Une bien belle bâtisse coloniale du XVIᵉ siècle, austère à l'extérieur, mais charmante à l'intérieur. Patio coloré soutenu par de grosses colonnes ; grandes chambres de style (une dizaine seulement), aménagées avec des meubles de style ancien, lits en bois, canapés pour certaines et glaces déformantes pour l'une d'elles (pour amincir la silhouette ?). Toutes sont de grand confort : TV, AC, téléphone, literie de qualité... Accueil un peu froid cependant et service plutôt mou...

Très, très chic

📧 *Sofitel Frances (zoom couleur C1, 17) :* angle Mercedes et Arzobispo-Meriño. ☎ 809-685-9331. Fax : 809-685-1289. ● h2137-gm@accor.com ● Compter autour de 5 100 \$Do (170 US\$) pour 2, taxes et petit déjeuner-buffet compris. Ancien édifice colonial dont la richesse n'apparaît vraiment qu'à l'intérieur. Joli patio aux couleurs chaudes et cascades de plantes dégoulinant des balcons. Un charme fou. Restauration superbe de l'ensemble, menée avec un grand souci du détail et de la mise en valeur de la pierre. Plusieurs types de chambres, la plupart particulièrement spacieuses et hautes de plafond. Beau patio intérieur sur arcades en brique. Galerie-salon au 1ᵉʳ étage pour la détente et la lecture. Restaurant ayant l'ambition de se faire un nom.

📧 *Sofitel Nicolás de Ovando (zoom couleur D1, 43) :* calle Las Damas (juste en face de l'ambassade de France). ☎ 809-685-9955. Fax : 809-686-6590. ● www.sofitel. com ● La double coûte 7 350 \$Do (245 US\$), petit déjeuner compris. Un des plus beaux hôtels des Caraïbes, et on pèse nos mots. Situé dans la demeure de Nicolás de Ovando, premier gouverneur des Amériques, somptueusement restaurée par le groupe *Accor* (lire plus loin la rubrique « À voir »). Une oasis de charme et de grand luxe. La pierre et les patines ocre-rouge se marient parfaitement avec les bois exotiques, le rotin et le fer forgé. Deux types de chambres : coloniales (nos préférées) ou contemporaines, toutes dotées de magnifiques salles de bains. Délicieux patios avec fontaine glougloutante et végétation exubérante. Piscine avec vue sur le fleuve Ozama, salle de fitness. Superbe buffet au petit déjeuner (le restaurant *La Résidence* est dirigé par un chef français). Accueil charmant (dans la langue de Molière), service ultra-stylé. À défaut d'y dormir, venez au moins y boire un verre (délicieux cocktails à prix tout à fait abordables) ou fumer un cigare au *Cibao Bar.*

Hors de la vieille ville

De bon marché à prix moyens

Les 4 premiers hôtels cités sont dans le même quartier populaire de la Duarte. On trouve à s'y restaurer pour vraiment pas cher (nombreux magasins, marchands ambulants, étals, nombreux restos chinois) ; et c'est à deux pas du terminal des bus privés qui vont dans le nord (Samaná) et l'est (Punta Cana) du pays. Quartier un peu bruyant et quelque peu « craignos » passé minuit.

≜ Hotel Escocia (*zoom couleur C1, 23*) **:** José-Martí (et Mexico). ☎ 809-685-4338. Au nord de la ville coloniale. Pratique des prix dégressifs suivant l'heure d'arrivée. Après 23 h, vous ne paierez que 200 \$Do (environ 6,70 US\$) pour une chambre simple avec ventilo et 260 \$Do (environ 8,70 US\$) avec clim'. Gros immeuble en béton. Près de 130 chambres, au moins une chance d'en trouver une, si tout est plein ailleurs. Cependant, quartier peu séduisant la nuit (euphémisme !). Pas mal de chambres semblent louées également à l'heure (va-et-vient perpétuel, vérifier qu'il n'y a pas de porno au programme de votre TV). Peinture parfois un peu dégradée. On est quand même obligé de se battre pour avoir des draps propres ! Parking en dessous. Pour routards vraiment démunis en fin de parcours, à l'évidence !

≜ Hotel Luna del Norte (*zoom couleur C1, 42*) **:** Benito-Gonzáles. ☎ 809-685-3385 et 809-687-5994. Une vingtaine de chambres à partir de 370 \$Do (12,30 US\$). Confort moyen, clim' ou ventilo, mais rarement complet.

≜ Hotel El Hidalgo 1 et 2 (*zoom couleur C1, 24*) **:** 2 hôtels presque côte à côte sur le parque Enriquillo, à 5 mn de la zone coloniale. ☎ 809-221-3846 et 809-688-0097. Chambres basiques à partir de 495 \$Do (16,50 US\$). Un bon plan si vous êtes en escale dans la capitale.

≜ Petit Apart-hotel (*hors plan couleur général par B1, 21*) **:** Anibal-de-Espinosa, 70, ensanche Luperón. ☎ 809-681-5454. Fax : 809-686-5560. De 400 à 650 \$Do (13,30 à 21,70 US\$). Un peu excentré, ce petit hôtel d'une trentaine de chambres et appartements situé dans le quartier du cimetière nord (2e rue à droite après le cimetière en venant du centre) n'est pas particulièrement recommandé aux piétons, mais il est rarement complet. Les chambres disposent de clim' ou de ventilo, certaines sont avec TV, et les petits apparts sont équipés d'une cuisine.

Un peu plus chic

≜ La Gran Mansión (*plan couleur général C2, 19*) **:** calle Danae, 26. ☎ 809-682-2033 et 809-689-8758. Chambres doubles à 650 \$Do (21,70 US\$). Dans le quartier de Gazcue, pas loin à pied de la vieille ville et à un quart de *cigarro* du *Malecón*. Dans une rue assez calme, une *guesthouse* installée dans une grosse maison particulière toute rose avec un brin de charme. Impeccablement tenue. Une dizaine de chambres ; éviter la n° 8, un peu bruyante. Atmosphère familiale.

≜ Hostal Primaveral (*plan couleur général C1, 20*) **:** calle Dr.-Baez, 1 (Gazcue). ☎ 809-686-5562 et 809-333-6454. Fax : 809-686-2502. Chambres doubles à 900 \$Do (30 US\$). Facile à trouver, c'est la rue en face du Palais national, porte sud. Charmant petit hôtel fréquenté par les visiteurs du Palais. Clientèle plutôt dominicaine, genre portable/cravate. L'accueil est sympa, et l'établissement confortable (clim', TV...) et bien tenu.

Beaucoup plus chic

🛏 *Apart-hotel Esmeralda (plan couleur général B2, 30)* : Elvira-de-Mendoza, 151 (angle Santiago), dans la zone universitaire. ☎ 809-476-7254. Fax : 809-221-5354. ● alexandra.g@verizon.net.do ● Chambres à partir de 1 120 $Do (37,30 US$). Sympa et joliment décoré, un hôtel d'une trentaine de chambres confortables (ventilo, eau chaude) et très propres. Un bon rapport qualité-prix, d'autant que le petit déjeuner est un vrai *breakfast.*

🛏 *Maison Gautreaux (plan couleur général C2, 25)* : Felix-Mariano-Lluberes, 8. ☎ 809-687-4856. Fax : 809-412-7840. ● www.maisongautreaux.net ● La double à 1 350 $Do (45 US$). Dans un quartier résidentiel, à 30 m du *Malecón* et à côté du *V Centenario Intercontinental.* Pas de petit dej'. Dans une grande maison particulière, 15 chambres un poil vieillottes, mais propres. Petit coffre et AC. TV câblée. Internet gratis. Terrasse.

🛏 *Hostal Duque de Wellington (plan couleur général C2, 27)* : av. Independencia, 304. ☎ et fax : 809-682-4525. ● www.hotelduque.com ● Une trentaine de chambres à partir de 1 800 $Do (60 US$). Petit hôtel plaisant, tenu par des Italiens, à 5 mn à pied de la zone coloniale et du *Malecón* (bord de mer), un peu en retrait de la rue. Murs blancs, tissus à fleurs, clim', ventilo, TV, bonne literie...

🛏 *Hotel El Señorial (plan couleur général C2, 29)* : av. Vicini-Burgos (et Independencia). ☎ 809-687-4367. Fax : 809-687-0600. ● senoria@verizon.net.do ● À deux pas du *Malecón* et de la zone coloniale. Chambres à 1 500 $Do (50 US$), petit dej' inclus. Comporte 22 chambres avec salle de bains pas bien grande, mais à la propreté helvétique. TV câblée, petit dej'-buffet. Resto à prix abordables (en terrasse bien sûr) et petite collection d'art

taïno dans une vitrine en prime ! Souvent complet malheureusement.
🛏 *Hotel Papo's (plan couleur général C2, 26)* : av. Vicini-Burgos. ☎ 809-685-3837. Fax : 809-221-1706. Juste à côté de l'hôtel *El Señorial.* Une vingtaine de chambres confortables, avec eau chaude, TV, clim' à 1 550 $Do (51,70 US$). Pas de caractère en soi donc, mais c'est fort bien situé, fonctionnel, calme et très propre. Petit déjeuner continental compris.

🛏 *Plaza Colonial (plan couleur général C1, 28)* : Luisa-Ozema-Pellerano (au coin de Jules-Verne), Gazcue. ☎ 809-687-9111. Fax : 809-686-2877. ● www.plazacolonial.com ● Dans le quartier du Palais national, à deux pas de la zone coloniale. La double à partir de 1 500 $Do (50 US$). C'est un *apart-hotel,* pratique pour les familles ou les bandes de copains. Ensemble de petits immeubles proposant des appartements avec grande chambre, salon et cuisine. Propre, assez spacieux. Quelques suites aussi avec 2 chambres. Location à la journée, à la semaine et au mois. Possibilité de rentrer la voiture le soir dans un parking clos.

🛏 *Hotel Villa Italia (plan couleur général B2, 31)* : av. Independencia, 1107, angle Alma-Mater. ☎ 809-682-3334. Fax : 809-221-7461. ● hotel.villa@verizon.net.do ● Compter 1 300 $Do (40 US$) la double. À deux pas du *Malecón,* à côté du *San Geronimo.* L'un des rares hôtels de charme de la ville moderne. Petite maison coquette d'architecture méditerranéenne (murs blancs, toit de tuiles, patio intérieur), la *Villa Italia* porte bien son nom. Elle propose 25 chambres mignonnes et très bien tenues, avec salle de bains toute neuve, AC et TV. Comble du raffinement, un jacuzzi attend les clients sur la terrasse-solarium du dernier étage.

Très, très chic

🛏 *San Geronimo Hotel & Casino (plan couleur général B2, 32)* :

av. Independencia, 1067. À deux pas du *Malecón.* L'hôtel est toujours en travaux mais, pour les amateurs, le casino fonctionne.

â **Hotel El Napolitano** *(plan couleur général C2, 33) :* av. George-Washington, 101 *(Malecón).* ☎ 809-687-1131. Fax : 809-687-6814. • www.hotelnapolitano.net • Compter 3 000 $Do (100 US$). Un des plus petits des grands hôtels du *Malecón.* Petite touche italienne, ça va de soi. Chambres fonctionnelles, pas très grandes cependant. Tout est blanc, tout est propre. Très grande majorité des chambres avec vue sur le grand large. Piscine. Bon resto pas trop cher au 1er étage. Au rez-de-chaussée, night-club, disco, bars et casino animés.

â **Hispaniola Hotel & Casino** *(plan couleur général A2-3, 34) :* av. Independencia, à l'angle d'Abraham-Lincoln. ☎ 809-221-7111. Fax : 809-535-0876. • www.hotelhispaniola.com • Compter 3 400 $Do (113 US$) petit dej'-buffet inclus. À deux pas du *Malecón,* ce grand bâtiment jaune dissimule un hall luxueux, une belle piscine et un casino chicos. Accueil pro et chambres très bien tenues, à la décoration exotique toute mignonne (tissus fleuris, meubles en rotin). La plupart ont un balcon avec vue sur mer. Nombreux services : location de voitures, laverie, change, etc.

â **Hotel Melia Santo Domingo** *(plan couleur général C2, 35) :* av. George-Washington, 365 *(Malecón).* ☎ 809-221-6666. Fax : 809-687-4274. • www.solmelia.com • Compter 6 630 $Do la double (221 US$). L'ancien *Sheraton* ressemble à tous les grands hôtels internationaux, à savoir qu'il se distingue plus par son prix que par son charme. Chambres tout confort, certaines avec vue sur la mer. Casino à l'entrée.

â **Hotel Santo Domingo** *(plan couleur général A3, 36) :* av. Independencia, à l'angle d'Abraham-Lincoln. ☎ 809-221-1511. Fax : 809-534-5584. • www.hotelsantodomingo.com.do • Un peu moins de 4 800 $Do (160 US$) pour une double. À deux pas du *Malecón.* En face de l'hôtel *Hispaniola* (mêmes proprios). C'est l'un des plus récents complexes à l'américaine de la capitale. Un vrai labyrinthe dans la végétation, avec 3 restaurants, boutiques, banque, piscine, etc. Un grand luxe façon Miami, qui se paie bien sûr !

â **V Centenario Intercontinental** *(plan couleur général C2, 37) :* av. George-Washington, 218 *(Malecón).* ☎ 809-221-0000. Fax : 809-221-2020. • www.interconti.com • Compter 4 000 $Do (133 US$). Cette grande tour à l'architecture désuète des années 1960 sert de repaire aux hommes d'affaires et aux hommes politiques en visite dans la capitale. On y ressent une atmosphère digne des vieux films d'espionnage. Personnel stylé, chambres grand confort et vue sur la mer avec le petit déjeuner.

â **Barcelo Gran Hotel Lina Spa & Casino** *(plan couleur général B1, 38) :* av. Maximo-Gómez, esq. 27-de-Febrero. ☎ 809-563-5000. Fax : 809-686-2801. • www.barcelo.com • Compter 3 800 $Do (126 US$), petit dej' inclus. Longtemps réputé comme l'un des meilleurs grands hôtels de la capitale, en tout cas un de ceux qui marchent le mieux, notamment grâce à son casino particulièrement animé. Clientèle d'affaires plutôt que de tourisme. L'établissement est bien tenu mais le quartier un peu isolé la nuit.

â **Occidental El Embajador** *(plan couleur général A2, 39) :* av. Sarasota, 65. ☎ 809-221-2131. Fax : 809-508-1619. • www.occidental-hoteles.com • Chambres à 6 240 $Do (208 US$), superbe buffet de petit dej' inclus. Un des grands hôtels des *businessmen.* Très excentré. Hall immense, décor cossu, chambres vastes et très confortables. La rénovation a coûté des millions de dollars, mais, dommage, il semblerait que la direction économise aujourd'hui sur le personnel. Et l'accueil s'en ressent. À part ça, très grand et agréable jardin avec piscine et resto extérieur *(Los Porches).* Tout petit casino.

Où manger ?

Dans la vieille ville

Un bon plan hors classification à Saint-Domingue pour les fauchés et les petits budgets : les cafétérias des grandes surfaces *(Pola, Nacional, Asturias...)*, cadre nul, mais bouffe copieuse et excellent rapport qualité-quantité-prix. On ne peut pas tout avoir. Le midi seulement.

Bon marché

|●| *Tu Coche Bar (zoom couleur C1, 55) :* Arzobispo-Nouel, 55. ☎ 809-682-0563. Un petit resto sympa et pas cher. Souvent, dans les restos dominicains, les quantités sont « demasiado », c'est-à-dire trop. Ici, on vous propose un plat du jour pour les petites faims à un prix vraiment cassé : 90 $Do (3 US$). Décor amusant (un vieux fiacre trône au milieu de la salle) et bonnes spécialités locales : *mondongo, carne de rey, pollo...* Un super-plan pour le midi.

|●| *Bariloche Cafetería (zoom couleur C1, 70) :* El Conde, 203, entre Hostos et Duarte. ☎ 809-687-8509. Ouvert du lundi au samedi de 8 h à 20 h ; le dimanche, jusqu'à 16 h. Plats au choix autour de 120 $Do (environ 4 US$). L'entrée fait assez cafétéria et ne donne pas vraiment envie d'entrer. Erreur ! C'est un lieu populaire et sympa, où les plats copieux et bien faits attirent des dizaines d'employés du quartier, ravis de se régaler dans cette cantine aux prix démocratiques. On choisit en vitrine, on passe à la caisse et on retourne se faire servir : jambon à l'os, riz à la viande, poulet et purée de yucca... quelques *empanadas* et *pasteles* pour encadrer le tout et on ressort le ventre plein et le porte-monnaie à peine dégarni, à moins que vous ne vous soyez laissé tenter par la série de jackpots installés à gauche de l'entrée.

|●| *Café-Bar Las Flores (zoom couleur C1, 71) :* calle El Conde, 366. ☎ 809-689-1898. Ouvert du lundi au samedi de 10 h à 22 h et le dimanche jusqu'à 19 h. Le midi, un *plato del día* et plats autour de 150 $Do (5 US$). En plein cœur de la calle El Conde,

une adresse amusante et sympa, qui cherche à reconstituer une sorte de cabane colorée en pleine nature avec de grandes fresques naïves et quelques ventilos qui aèrent le tout. Une nourriture du même acabit : simplicité et régularité. Demander le menu *Comida típica dominicana*. De la couleur dans l'assiette et sur les murs, avec un bout de terrasse dans la rue piétonne pour regarder les gens qui passent.

|●| *Cafetería El Conde (zoom couleur C-D1, 15) :* au rez-de-chaussée de l'hôtel *Conde de Penalba,* à l'angle de la calle El Conde et d'Arzobispo-Meriño. ☎ 809-682-6944. Ouvert tous les jours de 7 h à minuit. Plat du jour *especial del día* à 100 $Do (3,30 US$), servi entre 12 h et 14 h. On aime bien cette terrasse agréable, sur la place centrale de la ville. On regarde passer la vie locale, on grignote un morceau, on prend un verre. Nourriture assez banale mais peut vraiment faire l'affaire pour le midi. On vient pour la qualité de l'emplacement, pour le côté rendez-vous social, pas pour la gentillesse du service, c'est certain.

|●| *Mesón de Luis (zoom couleur C1, 72) :* calle Hostos, 201, face à l'hôtel *Mercure Comercial.* ☎ 809-689-4640. Ouvert tous les jours de 11 h à minuit. Très bien pour le plat du jour à 90 $Do (3 US$), servi de 11 h 30 à 17 h tous les jours. Vraiment pas cher. Cadre agréable. Grande porte de bois, ouverte sur la rue, bar en bois, table avec nappes à carreaux. Encore une adresse populaire et basique, mais l'endroit est agréable. Malheureusement c'est souvent plein, la rançon de la gloire...

De prix moyens à plus chic

I●I *Anacaona Brasserie (zoom couleur D1, 75)* : plaza Colón. ☎ 809-682-8253. Ouvert tous les jours de 10 h à minuit. Carte assez complète : salades copieuses à 350 \$Do (11,70 US\$), spaghettis, filets de mérou coco à 400 \$Do (13,30 US\$), brochettes, pizzas et bonnes viandes grillées. Belle terrasse en face de la cathédrale. Resto-brasserie tenu par un couple sympa, Martine et Jean-Pierre. L'endroit idéal pour se donner rendez-vous, et si vous devez attendre une heure, vous remercierez votre ami(e) en retard car on se trouve bien sur cette terrasse.

I●I *La Crêperie (zoom couleur D1, 76)* : Atarazana, 11. ☎ 809-221-4734. Ouvert midi et soir jusqu'à minuit. Fermé le samedi midi. Formule sympa à 250 \$Do (environ 8,30 US\$), avec *osso bucco,* crêpe au chocolat et boisson. Bar et salle traditionnelle, et surtout une jolie terrasse face à la *casa de Colón,* où un énorme *caoba* (acajou) vous abrite du soleil. Excellent sandwich de six pouces (vraiment gros !), porc sauce moutarde et, bien entendu, de délicieuses crêpes. Une bonne occasion de manger léger et informel.

I●I *Mesón D'Bari (zoom couleur C1, 78)* : au coin d'Hostos et de Salomé-Urena. ☎ 809-687-4091. Ouvert tous les jours de midi à minuit. Plats de 300 à 500 \$Do (10 à 16,70 US\$). Un des rendez-vous intellos de la ville coloniale. Cadre plaisant, murs de brique, long bar de bois brut, cascatelle qui glougloute. Clientèle de politiciens, profs, journalistes, personnel d'ambassade, bref de l'élite *quinqua-sexa* un peu tassée et aux costumes bien coupés. Elle vient plutôt boire un verre au bar, elle, tandis que vous, vous commanderez un des *filetes* de la maison, tendre, savoureux et copieux. Vous saurez l'attendre un peu aussi, car ici c'est la *slow-food* par excellence ! Pas mal de poisson aussi. Ça vous laissera d'ailleurs le temps de détailler les intéressantes toiles exposées. Peu de touristes, atmosphère sympa à consommer aussi. Salle à l'étage, plus tranquille.

Beaucoup plus chic

I●I *Museo del Jamón (zoom couleur D1, 79)* : plaza de España. ☎ 809-688-9644. Ouvert tous les jours jusque tard le soir (2 h ou 3 h). Compter environ 800 \$Do (26,70 US\$) pour un repas. Comme pour toutes les terrasses de la zone coloniale, on ne sait ce qu'on admire le plus, le site, la vie locale ou ce qu'on a dans l'assiette. Sur cette merveilleuse place, on déguste des produits d'importation espagnole comme le chorizo ou le fameux jambon de Serrano (le plafond de la salle à l'intérieur en est plein). Belle carte de *tapas,* resto plutôt conseillé aux amateurs de charcuterie et de viandes. Spectacle de flamenco intéressant le soir (c'est normal, on est sur la place d'Espagne).

I●I *La Briciola (zoom couleur C1, 80)* : Arzobispo-Meriño, 152. ☎ 809-688-5055. Ouvert toute la journée de 12 h à minuit. Compter autour de 1 200 \$Do (40 US\$) par personne, boisson en sus. Probablement le plus élégant établissement de la capitale. Ici, on s'installe sur une terrasse intérieure agréable, et on s'y sent bien. Splendide demeure aristocratique coloniale, à l'harmonieuse alliance de pierre blonde et de brique rouge. On mange dans le patio ou sous les arcades. Salles hautes de plafond. Clientèle assez chico-diplomatico-intello, ça va de soi ; pourtant l'atmosphère ne l'est pas trop. Relax et distingué tout à la fois. Musique classique au piano, à la flûte... Service diligent pour une cuisine italienne de grande réputation et à la qualité régulière. Au hasard de la carte : *crema di zucca* (citrouille), *pasta, risotto, filete al roquefort,* chateaubriand, *osso buco,* poissons divers... Belle carte des vins : de l'*orvieto classico Antinori* au *brunello cecchi*, et une gamme étendue de vins chiliens, espagnols et californiens. Réservation recommandée.

Hors de la vieille ville

Bon marché

⦿I *Hong Kong* (*zoom couleur C1, 50*) : av. Benito-González, 70, à l'angle de Duarte. ☎ 809-687-6112. Au nord de la ville coloniale, dans le quartier commerçant. Ouvert tous les jours de 11 h à 23 h 30. Pour 90 $Do (3 US$), vous n'aurez plus faim. Bon resto chinois, à des prix d'avant la guerre d'Indépendance. Grande salle couleur vert d'eau. Le rêve des petits budgets à bout de souffle. Accueil sympa. Copieuses soupes, *mariscos,* poissons divers et tous les classiques de là-bas. Pour les grosses faims, le *chofan mixto.* Un conseil, si vous êtes deux, commandez des nems et un *chofan.* Et si après ça vous avez encore faim...

⦿I *Cafetería Comedor Marisol* (*hors plan couleur général par B1, 51*) : Maria-Montez, 143. ☎ 809-687-5295. Ouvert 24 h/24. Moins de 150 $Do (5 US$) pour un copieux repas... Dans le quartier de Villa Juana (la « Gómez » pour les intimes), au nord de l'avenue J.-F.-Kennedy. Pour les plus aventureux de nos lecteurs. Quartier populaire en diable (on conseille de s'y rendre en taxi la nuit) où vous sentirez vraiment vibrer l'âme dominicaine. Grande gargote violemment éclairée où l'animation, voire la fièvre, monte à mesure qu'avance la nuit. Beaucoup de monde, bandes de copains, grosses familles dominicaines, femmes de mauvaise vie entre deux clients, petits vieux passant le temps, etc., pour une cuisine très traditionnelle : *mondongo* (tripes), *sancocho di pollo, chicharón de pescado, bistek de higado* (foie), *longaniza* (saucisse de porc), soupes très nourrissantes. Gobelet d'eau purifiée offert. Gros débit, vous vous en doutez, donc produits frais garantis. Attention, pas de malentendu, ce n'est pas de la haute gastronomie, on y va avant tout pour l'ambiance (avec un œil curieux et ethno) et pour les prix imbattables, bien sûr. Ni carte, ni menu, on vous demande ce que vous voulez, et si vous ne parlez pas un mot d'espagnol... bonjour la galère !

⦿I *Todo Pollo* (*plan couleur général A2, 53*) : av. Jimenez-Moya (Churchill), 39, à l'angle de Sarasota. Compter moins de 120 $Do (4 US$). Une adresse toute simple, avec néons tapageurs et chaises en plastique installées sur le trottoir. Mais l'important n'est pas le cadre : on mange ici l'authentique *pica pollo,* plat le plus populaire du pays. C'est bon, copieux et vraiment pas cher pour un quart de poulet avec du riz et des bananes plantain. Ne pas hésiter à tester la sauce *wasakaca,* qui donne un délicieux petit goût aillé au poulet grillé.

⦿I *El Provocón* (*plan couleur général C2, 54*) : Santiago, 253. ☎ 809-688-7445 et 809-530-2828. Ouvert 24 h/24. Compter moins de 150 $Do (5 US$). Dans un quartier résidentiel, en plein air, mais abrité. Vous avez un budget limité et vous aimez le poulet, *this is the place también,* parce qu'ici, ils savent fort bien le griller au charbon de bois et ce n'est pas cher du tout. On mange à sa faim, pour une poignée de pesos. Quart de poulet au goût délicatement fumé, accompagné, si l'on veut, de yucca avec oignons et *casabe* (galette croustillante qui sert de pain). Le midi, pas mal de monde, ambiance étudiante. Le soir, plus morne.

⦿I *Don Pincho* (*plan couleur général A2, 58*) : 27-de-Febrero, 256 (pas loin du supermarché *Nacional*). ☎ 809-567-6454. Sympa, ce grand resto assez populaire et de bonne qualité. Style jeunes branchés, limite fast-food. Spécialités de viandes et surtout de brochettes. Essayez la *Don Pincho* pour 230 $Do (7,70 US$) : assortiment copieux de dinde, porc, bœuf, accompagné de petits légumes très bons. Et si vous êtes fauché, prenez un plat pour deux, le contexte le permet (on peut y prendre un verre simplement) et le serveur ne vous regardera pas de travers.

I●I Sur le *Malecón,* entre les deux obélisques, séries de **petits restos** et guinguettes colorées avec terras-ses. En bord de mer, au même niveau, quelques **stands** de bouffe pas chère également.

I●I Sur Independencia (à la hauteur de Hermanos-Deligne), en face de la sortie des hôtels *Sheraton* et *Jaragua,* quelques restos ouverts 24 h/24. Le mieux est la **cafetería Manolo** (plan couleur général C2, *56*). Cuisine sans génie, mais c'est propre et prix abordables. Attention, ça ferme assez tôt le soir.

De prix moyens à plus chic

I●I *L'Osteria de Charly y Christian* (plan couleur général C2, *61*) : 47, av. George-Washington (*Malecón*). ☎ 809-333-6701 et 809-850-4821. Ouvert tous les jours de midi à 2 h du matin. Plats copieux à partir de 250 $Do (8,30 US$). Cuisine italienne et internationale. Direction italo-belge. Donc bonnes frites et excellents spaghettis. Cadre et accueil sympas. Terrasse sur le *Malecón* pour les amateurs. À part ça, quelques plats plus recherchés qui méritent le détour.

I●I *Pizzeria Virgo 2do* (hors plan couleur général par B1, *52*) : Maria-Montez (et Francisco-Espesa). ☎ 809-687-2558. Compter 250 $Do (8,30 US$) pour un repas copieux. À deux pas du *Marisol.* Au coin de la rue. Très éclairé également, impossible à manquer. Là, c'est familles nombreuses, petite bourgeoisie et commerçants du coin. Le week-end, plein comme un œuf ! Bonne cuisine dans un cadre clean et climatisé.

I●I *El Conuco* (plan couleur général C2, *57*) : Casimiro-de-Moya, 152. ☎ 809-686-0129 et 809-221-3231. À côté de l'église San-Antonio. Ouvert tous les jours à midi (mais ambiance moins intéressante) et jusque très tard le soir. Formule buffet à 220 $Do (7,30 US$) le midi et à 470 $Do (15,70 US$) le soir, avec les spécialités : *mondongo de aqui* (tripes), *chivo expiatorio al oregano* (chevreau), *sancocho cibaeno* (viande et légumes mé-langés), poisson du jour, etc. Sinon, possibilité à partir de 250 $Do (8,30 US$) de choisir seulement 3 plats de la carte. Complexe de restauration sous la forme de plusieurs hautes paillotes, dans une débauche de couleurs et de musique. Une institution, eh oui, c'est quasiment le seul restaurant dans la capitale offrant une authentique cuisine dominicaine. Au premier abord, ça a toute l'apparence du piège à touristes, mais ensuite, on s'aperçoit que la très grande majorité de la clientèle est dominicaine ; immenses et joyeuses familles ravies de se retrouver là. Atmosphère bon enfant. En conclusion, cuisine pas d'une absolue finesse, mais c'est une intéressante intro à la gastronomie locale. Enfin, pour les oreilles sensibles à qui la musique peut paraître vraiment assourdissante, une grande salle (trop) climatisée, à droite en entrant, permet d'y échapper en partie (mais on échappe aussi à l'ambiance !).

I●I *Adrian Tropical* (plan couleur général C2, *65*) : av. George-Washington (*Malecón*), côté mer. ☎ 809-221-1764. Compter environ 500 $Do (16,70 US$) pour un repas. Resto moderne avec salle intérieure et terrasses donnant directement sur la mer. Plats typiquement dominicains comme le *mofongo,* le *chivo,* le *mondongo*... En les arrosant d'une *Presidente,* la bière locale, vous ferez un repas vraiment dominicain dans un cadre très Caraïbe.

Beaucoup plus chic

lⵔl *La Taberna del Pescador* *(hors plan couleur général par A2)* **:** av. Jimenez-Moya (Winston-Churchill). ☎ 809-540-9361. Ouvert du lundi au samedi de midi à minuit. Compter plus de 1 200 $Do (40 US$). Un petit coin du Pays basque français à Saint-Domingue. Ce resto de spécialités de la mer est devenu rapidement le rendez-vous des Dominicains aisés et des Français de la capitale. Spécialité : le service de langoustines, crevettes et calamars au gril avec la sauce blanche du chef. Pour les réfractaires aux fruits de mer, le filet de bœuf sauce champignon et, pour terminer, la coupe de chocolat fondant à la crème anglaise. Bon, c'est effectivement bon, mais la *cuenta* est tout de même salée.

lⵔl *Samuraï* *(plan couleur général A1, 59)* **:** av. Abraham-Lincoln, 902. ☎ 809-562-1621. Ouvert de 12 h à 15 h et de 18 h 30 à minuit. Situé dans une maison particulière, un des meilleurs restos japonais de la capitale, en tout cas le plus ancien. Pour changer un peu des *sancochos.* Tiens, on vous conseille la combinaison *sashimi-sushi* pour 2 à 800 $Do (26,70 US$). Sinon, on retrouve tous les classiques de la gastronomie japonaise : *yakitori, sushi, hibachi, tériyaki, tempura,* etc. Poisson cru vraiment très frais, très bon, mais très cher si vous avez une grosse faim. Spécialité de *mariscos flameado.* À déguster à table ou le long du classique comptoir de bois. Coin coussins pour les purs et durs.

lⵔl *La Llave del Mar* *(zoom couleur C2, 81)* **:** av. George-Washington, 43 *(Malecón),* côté zone coloniale. ☎ 809-682-5961. De 370 à 570 $Do (12,30 à 19 US$) le plat. La « clef de la mer », comme son nom l'indique, est bien entendu fidèle à son appellation. Dans un cadre agréable rappelant le monde de Neptune, on y déguste des spécialités bien tournées : spaghettis aux fruits de mer, cassolette de fruits de mer... Très fréquenté par les Dominicains, c'est un bon resto, peut-être un chouïa bruyant.

lⵔl *Reina de España* *(plan couleur général C2, 63)* **:** Cervantes, 103. ☎ 809-685-2588. Ouvert tous les jours. Compter 1 200 $Do (40 US$) pour un excellent repas. Un des restos les plus chic de Saint-Domingue. Cuisine espagnole, avec un nom pareil, vous l'aviez deviné. Ça ressemble d'ailleurs à une belle demeure méditerranéenne. Accueil et service assez guindés, l'un des rares endroits où l'on ne s'est pas totalement senti à l'aise ! Cuisine de très bonne réputation, ça va de soi. Quelques plats pêchés au gré de la carte : mérou à la basque, *cochenillo asado al estilo candido,* filet chateaubriand, T-bone, *rodaballo* (turbot) *a la romana...*

lⵔl *La Trattoria del Vesuvio* *(plan couleur général B2, 64)* **:** av. George-Washington, 521. ☎ 809-221-1954. Ouvert tous les jours de midi à minuit. Idéalement situé sur le *Malecón* depuis près d'un demi-siècle, le resto italien le plus réputé de la capitale profite un peu trop de sa situation. On y mange une cuisine plutôt correcte mais à 300 $Do (10 US$) le moindre plat, on a vraiment l'impression de payer les frais de la climatisation (poussée à fond) ! Préférer d'ailleurs la terrasse aux salles intérieures. Clientèle chic et m'as-tu-vu, ça va de soi. Juste à côté, la *pizzeria Vesuvio* (nettement moins cher) offre l'habituelle carte des pizzas. Terrasse plus sympa.

Où déguster une petite douceur ?

lⵔl *Casa de Los Dulces* *(zoom couleur C1, 74)* **:** angle Meriño et Emiliano-Tejera. Ouvert de 7 h à 21 h 30 du lundi au samedi et le dimanche jusqu'à 13 h. La « maison des douceurs » porte bien son nom. Ce n'est pas un resto mais une boutique où l'on trouve des dizaines de sortes de *dulces de leche,* cette délicieuse pâte laiteuse aromatisée à différents parfums. À déguster immédiatement ou à rapporter aux amis. Et encore plein de gâteaux variés.

Où boire un verre ?

🍷 *Le Cellier bar à vin (plan couleur général C2, 89) :* juste en face du *Napolitano* sur le *Malecón.* Un vrai bar à vin tenu par une Française qui s'y connaît, Hélène. Et si la dégustation d'un grand cru vous ouvre l'appétit, demandez des tapas. Ambiance « dominicaine de luxe », car c'est un établissement de classe (hôtesses en uniforme, lumières tamisées). À voir... ne serait-ce que pour faire la connaissance d'Hélène.

🍷 *Cafetería Paco (zoom couleur C1, 90) :* puerta del Conde, au début de la rue du même nom. Brasserie idéale pour grignoter un morceau 24 h/24. Plat du jour servi de 12 h à 14 h, mais nourriture pas terrible. C'est avant tout un lieu de rendez-vous dans la journée. Terrasse pour boire une « Presidente » avant d'attaquer le mercado Modelo un peu plus loin. Un classique du circuit de début de soirée.

🍷 *Cinéma Café (plan couleur général B1, 66) :* plaza de la Cultura, derrière le musée d'Histoire et Géographie. ☎ 809-221-7555 et 809-854-3145. Très sympa, ce petit bar à tapas installé dans la Cinémathèque nationale, ouvert tous les jours. Victor, le patron, est espagnol. On peut en profiter pour voir un cinéma un peu plus culturel que dans les salles du *Malecón...*

🍷 *Aljibe Café (zoom couleur C1, 91) :* calle Hostos, non loin de l'angle avec Arzobispo-Nouel. ☎ 809-687-6327. Piano-bar et resto, mais c'est le soir tard que le lieu prend toute sa dimension, avec son adorable bout de patio, sa minuscule piste de danse et sa musique live. On y prend un verre dans la pénombre, on y danse... c'est selon.

🍷 *La Cafetería (zoom couleur C1, 93) :* sur El Conde, à gauche du n° 253, entre Duarte et 19-de-Marzo. Ouvert tous les jours de 7 h à 22 h (17 h le dimanche). Dans ce vénérable établissement de la vieille ville (le plus ancien), long comptoir pour déguster l'un des rares vrais *espresso* de la capitale.

🍷 Sans oublier les terrasses très animées de la *Cafetería El Conde (zoom couleur C-D1, 15)* et de l'*Anacaona Brasserie (zoom couleur D1, 75)* ; lire plus haut dans « Où manger dans la vieille ville ? ». Et bien sûr, le *Sofitel Nicolás de Ovando (zoom couleur D1, 43)* pour boire un délicieux cocktail à prix abordable, dans un extraordinaire palais colonial magnifiquement restauré (voir dans la vieille ville « Où dormir ? Très, très chic »).

Où sortir ?

Contre toute attente, en dehors des grands événements festifs, les nuits de la capitale dominicaine ne sont plus aussi chaudes qu'il y a quelques années. La crise a dû passer par là. Pourtant, avec un peu de chance, on peut tomber sur une bande d'étudiants en goguette faisant la fête, avec la sono à fond la caisse dans la bagnole. Parfois sur le port (en contrebas de la plaza de España) ou dans la vieille ville. Sinon, quelques boîtes et *discotecas.*

♪ *Guacara Taïna (hors plan couleur par A3) :* av. Mirador-del-Sur. ☎ 809-530-2666. Loin du centre. Prendre un taxi (environ 300 \$Do, soit 10 US\$, depuis le quartier colonial) car ce n'est pas évident à trouver et le quartier n'est pas très sûr la nuit. Entrée : 200 \$Do (6,70 US\$) avec une boisson. La plus connue des *discotecas* de la capitale. Pas étonnant, le cadre est complètement délirant : on danse dans de véritables grottes ! Salles immenses, avec 3 pistes de danse et autant de bars. Clientèle et musique en tout genre (tendance nostalgie). Pour tous les goûts, donc. Surtout du monde en fin de semaine. Shows folkloriques (avec des « danses taïnas » !) et concerts de *merengue* certains soirs.

♪ *Jubilee (plan couleur général C2, 95) :* dans l'hôtel *Jaragua*. La disco à la mode. Un lieu spacieux, dégoulinant de luxe américain (pas du meilleur goût) et une clientèle en rapport.

♪ *Disco Tabu (plan couleur général B2, 97) :* av. Independancia, 503. ☎ 809-687-3332. Derrière l'hôtel *Jaragua*. Ouvert à partir de 21 h 30. Surtout conseillé aux célibataires en goguette, un night-club typique de la capitale (qui pullule de ce genre d'endroits) : on y vient en fin de soirée pour boire une bière au son du *merengue*, et surtout reluquer les shows chauds (à partir de minuit).

♪ Juste à côté de la *Disco Tabu*, le célèbre **Lapsus,** pour ceux qui sont restés sur leur faim : les danseuses sont superbes, le spectacle est encore plus *caliente*, mais c'est évidemment bien plus cher.

♪ *Remington Palace (plan couleur général B2, 98) :* av. Independancia, 624. ☎ 809-688-4656. Entrée gratuite. Pas de spectacle, mais que les serveuses sont belles... Au fait, pourquoi y en a-t-il autant ?

♪ *Doll House (plan couleur général B2, 99) :* Malecón, 624. ☎ 809-689-5301. Pas très loin du *San Geronimo*. Entrée : 100 \$Do (3,30 US\$) ; 200 \$Do (6,60 US\$) minimum la conso. Boîte de luxe. Ça se veut classe... Pour les amateurs, le spectacle est très *caliente* surtout passé minuit.

♪ *El Monaco (zoom couleur C2, 100) :* av. George-Washington, 503 ; côté zone coloniale. ☎ 809-687-3332. Cabaret avec spectacle plutôt sympa, pas de droit d'entrée et consommations locales pas trop chères. Attention aux extras.

♪ *El Sarten (plan couleur général C1) :* calle Hostos, 153 (presque en face du *Mercure Comercial*). ☎ 809-686-9621. Bar de nuit très sympa, c'est le rendez-vous des Dominicains moyens. Musique traditionnelle du pays. Techno, connaît pas. À voir et à apprécier discrètement. Dans ce bar dansant, seulement des Dominicains de tous âges et de tous types qui s'éclatent sainement entre eux. Accueil sympa du patron, Johnny, et contact très facile avec les consommateurs si vous parlez un peu l'espagnol bien sûr ; sinon, consommez et regardez... Un bon plan nocturne pour comprendre la *Dominican way of life.*

♪ Tous les grands hôtels possèdent quasiment leur complexe, casino, bars, resto, disco, etc. En principe, pas trop regardant sur la tenue vestimentaire ; éviter cependant la tenue débraillée ou le jean trop crade. Parmi les plus animés pour jouer quelques pesos, celui du **Napolitano,** de l'**Embajador** ou du **San Jeronimo,** mais surtout du **Jaragua,** sur le *Malecón.* Immense salle bruissante à l'atmosphère Las Vegas typique. D'ailleurs, c'est ici qu'on tourna le film *Havana,* avec Robert Redford. Ambiance plutôt bon enfant, orchestre, petite piste de danse. Grand bar avec ambiance musicale style « big band » des années 1940, beaucoup de cuivres et pas de synthé, pour les nostalgiques de Glenn Miller et Count Basie à la sauce créole.

– Et si vous aimez l'ambiance locale pas chic et pas cher, deux quartiers particulièrement chauds pour les amateurs : la calle San-Vincente et le quartier du cimetière dans l'avenida Maximo-Gómez.

Achats

✥ **Mercado Modelo** *(zoom couleur C1) :* av. Mella, 505 (et Altagracia). Ouvert du lundi au samedi de 8 h à 18 h et le dimanche seulement le matin. Créé en 1942, c'est le plus gros marché couvert de l'île. Souve-

ACHATS 89

nirs, artisanat, colifichets tendent aujourd'hui à prendre presque totalement le pas sur l'alimentation. Dommage ! Cependant, tout n'est pas toc, de fabrication cheap ou de mauvais goût. Ici, on peut encore trouver son bonheur. Grosse production haïtienne, ça va de soi. Artisanat de toutes sortes où le meilleur côtoie le pire. Notamment les peintures naïves, dont une blague dit qu'au préalable, on exécute d'abord une longue toile qui est ensuite débitée au mètre ! Nombreuses imitations de poteries taïnas, et puis aussi ces curieuses bouteilles pleines de décoctions de plantes, écorces, herbes ou de poulpe (les *mammas juanas*) aux vertus aphrodisiaques (le Viagra haïtien)... Sinon, vous trouverez moult bijoux (ambre, larimar), tissus, cassettes de *merengue,* cigares (méfiance, beaucoup de faux), galeries de peinture à l'étage, etc. Pour les fruits et les légumes, se promener dans la petite rue derrière.

– *Marché aux puces (zoom couleur D1) :* calle las Damas, à côté du Panthéon, juste en face de l'hôtel *Nicolás de Ovando (zoom couleur D1, 43).* Si vous êtes un dimanche matin dans la capitale (c'est ainsi que l'on appelle Saint-Domingue), ne manquez pas ce petit marché aux puces des tropiques. On y trouve de tout, et surtout beaucoup de petites antiquités des îles, photos, statuettes indiennes vraies ou fausses... Une aubaine pour les chineurs.

☼ *La « Conde » :* la grande rue commerçante et piétonne de la ville coloniale. Pas plus cher que le quartier de la Mella. Grands et petits magasins de toutes sortes. Quelques spécialités :

– *Musicalia (zoom couleur C1) :* à l'angle el Conde, 464 et Espaillat. Ouvert du lundi au samedi de 9 h 30 à 19 h 30. Un gros spécialiste de musique dominicaine, des milliers de CD pas très chers en principe. *Merengue, bachata* et salsa.

– *The Swiss Mine (zoom couleur D1) :* el Conde, 101 (plaza Colón). ☎ 809-221-1897. Ouvert tous les jours de 9 h à 20 h. Très jolie boutique présentant des bijoux en or, argent, larimar, ambre, etc. Tout est de

très bon goût et on trouve des parures à tous les prix. Accueil en français.

– *Caoba (zoom couleur D1) :* el Conde, 109 (plaza Colón). ☎ 809-685-6425. Ouvert de 9 h à 19 h (le dimanche, de 10 h à 13 h). Vente de cigares Caoba (créés en 1990), une marque dominicaine à ne pas confondre avec Cohiba. On vend d'ailleurs ici des Cohiba faits en République dominicaine. Attention, rien à voir avec ceux roulés à Cuba. Réduction de 10 % accordée à nos lecteurs sur toute la gamme. À l'étage, possibilité de voir un rouleur de cigares à l'œuvre.

☼ *Mapas Gaar (zoom couleur C2) :* calle Espaillat, 3e étage, au fond du couloir à droite. ☎ 809-689-4830 et 809-688-8004. Fax : 809-682-5274. Ouvert du lundi au vendredi de 9 h à 18 h. Boutique spécialisée dans les cartes routières, avec un petit rayon de guides de voyages. Seul endroit où vous trouverez des cartes un peu plus détaillées. Rayon intéressant de cartes historiques.

☼ *Artesania Elisa (zoom couleur C1) :* Arzobispo-Nouel, 54. ☎ 809-682-9653. À deux pas de la cathédrale. Ouvert du lundi au samedi de 9 h à 19 h. Jolie présentation de poupées artisanales de toutes tailles, réalisées en résine. Elles sont de style classique, avec de longues robes et chapeaux. Très belles finitions. Remarquez que les poupées sont sans visage, manière de dire que la population ici a tant de visages différents qu'on n'en a privilégié aucun. Travail très fin.

☼ *Alino Antiguedades (zoom couleur C2) :* calle Estrelleta, 4 (angle *Malecón*). ☎ 809-881-1258 et 809-333-6670. Intéressante, cette boutique bric-à-brac et paradis de la « broc' ». Alain, brocanteur donc, a rassemblé à Cuba, en Haïti et en République dominicaine, une quantité incroyable d'objets, gravures, bouquins rappelant tant les différentes dictatures (Duvalier, Trujillo...) que les vedettes (Maria Montes, Marilyn Monroe...). Le paradis des chineurs, l'exotisme en plus. À ne pas manquer, et il y en a pour toutes les bourses...

À voir

Dans la vieille ville

Délimitée par les vestiges de ses anciens remparts, portes et bastions, la ville coloniale a été classée Patrimoine mondial de l'humanité par l'Unesco. Moins spectaculaire, moins étendue que celle de La Havane, incontestablement, la vieille ville de Saint-Domingue n'en possède pas moins sa propre personnalité. Son charme se révèle de façon plus secrète, à petites touches. Avec une légère dose d'émotion quand on découvre les vestiges des premiers bâtiments publics du Nouveau Monde. De banales façades peuvent aussi révéler de somptueux patios, d'élégants escaliers intérieurs, de pittoresques détails architecturaux insoupçonnés. Surtout, la plus ancienne ville des Amériques se consomme amoureusement. Elle ne se découvre pas à la va-vite, mais tout doucement, en l'arpentant benoîtement... En refaisant de nuit les parcours de jour. Vous apprécierez son côté village horizontal paisible, auquel un patient travail de restauration redonne aujourd'hui, malgré de nombreux rajouts modernes ultérieurs particulièrement incongrus (pendant l'époque trujilliste surtout), un visage plein d'une gentille et sereine noblesse.
➤ Départ du parc Colón.

🎥🎥 **Le parc Colón** *(zoom couleur C-D1) :* l'épicentre de la ville coloniale, le coin le plus touristique (un des rares endroits de la ville où atmosphère et sollicitations diverses sont un peu pesantes). Mais de toute façon incontournable (et puis prendre un verre sur la Conde est si agréable !). Au milieu de la place, statue de l'illustre navigateur indiquant, on ne sait pourquoi, le nord.
À l'angle de Conde et d'Arzobispo Meriño, avec sa blanche tour à ouvertures romanes, l'ancien *hôtel de ville (antigua casa consistorial).* Toussaint Louverture et Boyer y reçurent les clés de la ville et de nombreux présidents y prêtèrent serment. Côté nord de la place, élégantes constructions (dont la fabrique de cigares et le musée de l'Ambre). À l'angle de Isabel-la-Católica et de del Conde, les *Beaux-Arts,* abrités dans le palais Borgella de 1823 (ancien siège du gouvernement au début, puis tribunal, de 1942 à 1960, siège du Sénat). En face, la *casa del Abogado.*
Enfin, au sud de la place, la cathédrale. Nouveau, *Politur,* la police touristique, peut-être pour faire comme les Américains ou les Canadiens, a maintenant une police montée. Ils ont fière allure sur leurs beaux destriers. Ils tournent principalement sur cette place... ça amuse les enfants.

🎥🎥 **La cathédrale Santa María la Menor** *(zoom couleur D1) :* ouvert normalement de 9 h à 16 h 30 du lundi au samedi. Édifiée de 1512 à 1540, première cathédrale des Amériques. Large, pas très haute, d'aspect trapu, construite en calcaire corallien, elle résista assez bien aux tremblements de terre et aux ouragans. Élevée en 1546 au rang de « *Catedral Metropolitana y Primada de America* » par le pape Paul III. En 1586, elle servit de quartier général à Sir Francis Drake quand il mit à sac la ville. En 1795, les Espagnols trouvèrent une urne près de l'autel central, qui était supposée contenir les restes de Christophe Colomb (mort en 1506 à Valladolid). Celle-ci fut envoyée à La Havane puis à Séville. Mais le 10 septembre 1877, le père Bellini découvrit près de ce même autel une autre urne, cachée derrière la première, et contenant aussi les restes supposés de Christophe Colomb. La différence entre les deux urnes, c'est que la deuxième portait l'inscription du nom du Grand Amiral, tandis que la première n'en avait pas. Les restes de Christophe Colomb furent ensuite mis ensuite dans une sépulture en marbre de Carrare, édifiée en 1898, tandis que les restes de Diego Colón son fils et de Luis Colón, son petit-fils, premier duc de Veragua, marquis de la Jamaïque et de la Vega, reposaient dans la crypte située sous l'autel. Ceci dura jusqu'en 1992, date à laquelle les restes de Colomb furent enlevés de la cathédrale et transférés dans le Faro a Colón, monument grandiose (et laid) à l'extérieur de la ville.

– *Extérieur* : façade principale de style plateresque très ouvragée, qui tranche avec le reste de l'édifice. En bas à droite, emblèmes des rois et reines de Castille. Belle frise sculptée sous le fronton triangulaire. La cathédrale ne fut jamais achevée, église et colonisateurs investissant déjà en masse dans un Mexique beaucoup plus rentable. Un campanile en brique remplace le clocher non achevé.

– *Intérieur* : voûté d'ogives, avec trois nefs, mais pas de transept. De nombreuses chapelles entourent la nef dont quasiment aucune ne possède de voûte identique. Panneaux d'explications en plusieurs langues (dont le français) dans toutes les chapelles. Abside avec retombées d'ogives sur colonnes torsadées. Superbes retables. Retable central en acajou du XVIIe siècle. Dans la première chapelle de droite, belle dalle funéraire de 1604 et retable de bois sombre.

Sur le côté de la cathédrale, la *plazoleta de los Curas,* paisible avec ses petits palmiers.

🏃🏃 **La calle de las Damas** *(zoom couleur D1)* : cette « rue des Dames » fut la première à être pavée, ce qui permit aux Dominicains d'en faire leur lieu de promenade favori sans se maculer les petits petons. Aligne nombre de séduisantes bâtisses coloniales. Balade des plus romantiques qui soient (surtout la nuit).

🏃 **La fortaleza de Santo Domingo y Ozama** *(zoom couleur D1)* : calle de las Damas. Elle commanda l'entrée du fleuve Ozama et la défense de la ville côté mer pendant longtemps. Accès par le *portal de Carlos III* (1787). Ouvert du lundi au samedi de 9 h à 19 h, le dimanche de 10 h à 15 h 30. Entrée : 20 $Do (moins de 1 US$).

Ce porche monumental débouche sur une grande esplanade gazonnée où s'élève au fond la ***torre del Homenaje,*** première construction militaire des Amériques (18,5 m de haut). Édifiée en 1507 par le gouverneur Nicolás de Ovando, elle n'a jamais été modifiée et possède donc toujours son aspect d'origine avec ses créneaux. Noter l'épaisseur des murs. Visite possible. Don Gonzalez Fernandez de Oviedo, célèbre premier chroniqueur des Amériques, y mourut en 1557 (sa statue s'élève dans le jardin). Il écrivit en 1535 la *Historia general y natural de las Indias.* La tour servit, durant ces cent dernières années, de prison (sous Trujillo, plus particulièrement pour les prisonniers politiques). Grimper jusqu'en haut pour le panorama sur la ville. C'est là qu'on mesure vraiment combien Saint-Domingue est une ville horizontale. Bien sûr, vue sur le fleuve Ozama et deux des trois ponts portant le nom des fondateurs de la République : Duarte, Mella et Sánchez. Nul ne peut échapper au *Faro* (le monument à Colomb) ni, surtout, aux grands moulins construits par Trujillo (décorés façon Buren pour tenter de les faire oublier).

Côté sud, portion significative des remparts et des plates-formes de tir du XVIe siècle construits à même la falaise. Noter la massive poudrière isolée *(polvorin),* avec ses murs de 3 m d'épaisseur sans ouverture, construite en 1750.

🏃 **La casa de Rodrigo de Bastidas** *(zoom couleur D1)* : calle de las Damas. Construit en 1505, ce palais fut la prestigieuse résidence de Rodrigo de Bastidas, maire de la ville, fondateur de Coro (première capitale du Venezuela), découvreur de la Colombie, en 1512. Beau patio avec deux côtés sur arcades. Elle abrite à présent le musée de l'Enfant *(museo del Niño).*

🔧 *L'ambassade de France* (zoom couleur D1, 6) : calle de las Damas, 42. Là aussi, l'une des toutes premières constructions coloniales. Habitée par Hernán Cortés, le célèbre conquistador, qui y prépara son expédition au Mexique. Abrite aujourd'hui l'ambassade, le consulat et les services culturels français.

Sur le même trottoir, en face de l'Institut de géographie, l'*Académie des sciences* présente un élégant intérieur et une belle porte en acajou.

🔧 *Le Panthéon national* (Panteón Nacional ; zoom couleur D1) : calle de las Damas (et Las Mercedes). Ouvert tous les jours de 8 h à 18 h. Entrée gratuite.

Ancienne église jésuite construite à partir de 1714. Quand les pères jésuites furent expulsés en 1767, elle connut diverses affectations : entrepôt de tabac, lieu de réunion, puis théâtre jusqu'en 1918. Transformé en panthéon par Trujillo en 1958, il accueille les héros de la République, sauf Duarte, Mella et Sánchez qui ont leur propre mausolée à la puerta del Conde (Altar de la Patria). Une des sépultures est celle d'Emilio Prud'homme, Dominicain d'origine française, auteur de l'hymne national de la République dominicaine, qui ressemble d'ailleurs à la Marseillaise. L'édifice en lui-même ne présente guère d'intérêt : façade massive, peu élégante, intérieur chargé, à l'image du grand lustre en cuivre, cadeau de Franco à son pote Trujillo. Enfilade de pierres tombales tristes à mourir.

🔧🔧 *La casa de Ovando* (Hôtel Sofitel ; zoom couleur D1, 43) : calle de las Damas. En face du panthéon. Cette belle et grande maison fut construite et habitée par Nicolás de Ovando dès le début du XVIᵉ siècle. Originaire de la province d'Estrémadure (Espagne), Ovando fut gouverneur d'Hispaniola de 1501 à 1508, succédant à Bobadilla (qui périt noyé) et à Christophe Colomb (qu'il détestait). Mort à Séville en 1511, enterré à Brozas (Estrémadure), Ovando refonda la ville de Saint-Domingue. Selon le père Las Casas, il était : « digne de commander bien du monde mais certainement pas les Indiens ». De nombreux massacres eurent lieu sous son règne. Bien plus tard, en 1844, Pedro Santana, le premier président de la République dominicaine, habita dans cette demeure historique. Porte isabello-gothique (ou gothico-isabelline !) intéressante. Le palais abrite aujourd'hui l'hôtel Sofitel Nicolás de Ovando (groupe français *Accor*) qui en a fait le plus bel hôtel de Santo Domingo, si ce n'est du pays. L'austère façade cache en fait un luxueux décor, avec de nombreuses et belles salles organisées autour d'une cour intérieure fleurie.

🔧 *La capilla de los Remedios* (zoom couleur D1) : calle de las Damas (et las Mercedes). Cette mignonne chapelle fut construite en 1541 par la famille Davila. Pas souvent ouverte, uniquement parfois à l'occasion de concerts ou de répétitions. À l'intérieur, nervures de brique sur fond blanc du plus bel effet. Jolie abside avec retombée d'ogives sur culot à mi-hauteur.

🔧 *Le cadran solaire :* à côté de la chapelle. Édifié en 1753, ce *reloj de sol* était disposé de telle façon que les juges de la Real Audiencia puissent voir l'heure de leur fenêtre. Sur la face est, on lisait les heures du matin, sur la face ouest, celles de l'après-midi.

🔧🔧 *Le musée de las Casas Reales* (zoom couleur D1) : Las Damas. ☎ 809-682-4202. Ouvert tous les jours de 9 h à 17 h. Entrée : 30 $Do (1 US$).

Pour comprendre l'épopée de la découverte du Nouveau Monde par Christophe Colomb, la conquête et la fondation d'Hispaniola (ancien nom de l'île de Saint-Domingue), c'est ce remarquable musée qu'il faut visiter. Voici l'un des plus intéressants édifices coloniaux de la ville. Construit en 1520 comme palais des capitaines généraux de la colonie (les représentants de la Couronne d'Espagne), il fut aussi un temps résidence du gouverneur et siège de la Real Audiencia (Cour suprême). Musée depuis 1976, inauguré par le roi Juan Carlos et la reine Sophie (première visite d'un souverain espagnol depuis la colonisation du pays !). Côté calle de las Damas, très belle fenêtre sculptée de style plateresque. Portail décoré des trois blasons de Carlos V, de l'« isla Española » et de la ville.

Salles d'histoire

Bien sûr, la période taïna. Noter ce beau *trigonolito* (symbole de la fécondité), haches de pierre, etc. Fac-similé du testament de Christophe Colomb, instruments de navigation, maquettes de caravelles. Grand panneau des quatre voyages accomplis par Christophe Colomb. Émouvante *mapa mundi* de l'an 1500 (reproduction) où l'on s'aperçoit que l'Europe et l'Afrique sont déjà sacrément bien dessinées. Borne française du temps où la France régnait sur Haïti. Éléments sur la culture de la canne à sucre. Témoignages sur l'esclavage (fers à marquer les esclaves, entraves, etc.).
Pharmacie avec un splendide herbier (tiroirs décorés de paysages), bocaux divers, cornues, bocaux à herbes, pots peints...

Salles d'armes

Au 2e étage. Beaux fusils arabes incrustés d'ivoire ou filigranés, riche collection de casques dont un d'Italie du XVIe siècle et le fameux *montera* des conquistadors. Arbalètes, uniformes de samouraïs et shoguns japonais. Et encore sabres, lances...

Salon des Gouverneurs

Plafond et plancher en bois, grosses consoles, dais du gouverneur, portraits en pied. Puis diverses salles présentent ameublement colonial, belles porcelaines (de Puebla au Mexique, poteries espagnoles, etc.), maquettes, cartes, estampes... Vraiment prévoir du temps pour la visite !

🦎 **La plaza de España ou de la Hispanidad** *(zoom couleur D1)* : immense esplanade à niveaux et larges escaliers où se déroulent les grands événements ou fêtes du pays. On y a vu une foule énorme lors de la tournée de Royal Deluxe en 1992. Dominée par l'affreux palais des télécommunications, verrue trujilliste que l'on tente d'oublier. On surplombe les remparts et l'Ozama. Du fleuve, on y accédait par la *puerta del Mar* (ou *puerta San Diego*), édifiée en 1540. Ce fut longtemps la seule entrée depuis le port et la seule porte ornementée (de style plateresque).
Place bordée côté ville de belles demeures coloniales abritant d'agréables terrasses et cafés. Place vraiment délicieuse la nuit. En fond, le magnifique alcazar de Don Diego Colón.

🦎🦎 **L'alcazar de Colón** *(zoom couleur D1)* : ☎ 809-686-8657. Ouvert tous les jours de 9 h à 17 h (16 h le dimanche). Entrée : 20 \$Do (moins de 1 US\$). Construit en 1510 pour Diego Colón, fils de Christophe Colomb, lorsqu'il succéda à Nicolás de Ovando (le gouverneur de la colonie). Diego Colón fut gouverneur d'Hispaniola de 1508 à 1515. Marié à María de Toledo, il est le père de Luis Colomb, ancêtre de la lignée actuelle des Colón de Carvajal, toujours actifs en Espagne aujourd'hui.
La construction de l'alcazar nécessita 1 500 ouvriers qui travaillèrent, aux seuls burin et marteau, la belle pierre corallienne de la région. De même, l'ensemble de 72 portes et fenêtres ne nécessita aucun clou. Belle prouesse technique, compte tenu du caractère encore primitif de la colonie. L'alcazar

SANTO DOMINGO

est construit au bord d'une petite falaise qui domine la rivière Ozama. À l'époque de Diego Colón, les eaux léchaient le bas de la falaise, car il n'y avait pas cette route nationale, ni les quais. Superbes loggias à arcades. En 1514, Bartolomé Colón, le frère de Christophe Colomb, y trépassa. Pendant 60 ans, l'alcazar fut le siège de la Couronne espagnole aux Amériques. C'est ici que furent planifiées les conquêtes de Cuba et Puerto Rico, de la Floride, du Mexique, du Guatemala, de la Colombie et du Pérou... À la fin du XVIIIe siècle, l'alcazar fut abandonné et tomba en ruine. Triste destin pour un endroit qui fut la clef du pouvoir espagnol.

L'édifice a heureusement été restauré dans les années 1950, et il abrite aujourd'hui un intéressant *Musée colonial* (notamment pour son ameublement). Après avoir passé la belle porte au décor plateresque, impossible de décrire toutes les richesses du musée. Aucune explication, mais tout est suffisamment beau pour être vu comme ça. En voici les points forts : dans l'entrée, joli *Saint Michel terrassant le Diable,* armure de cheval, superbes poutres peintes avec têtes de monstres et bestiaire sculpté. Vieux meubles coloniaux, vaisselle antique. Noter l'énorme table en bois sculpté. Visite de l'immense cuisine. Et toujours les sièges de pierre près des fenêtres pour prendre le frais. Quelques armures. Au 1er étage, on peut voir la chambre reconstituée de Diego Colón, avec son beau lit à baldaquin aux montants torsadés, les secrétaires ciselés, les prédelles de retables. Grande salle avec plafond à solives peintes. Nombreuses tapisseries, peintures, coffres de toutes tailles, ciselés ou rustiques, etc. Salle de musique, quelques stalles, harpes, enluminures, manuscrits, globes terrestres, ordre des Rois catholiques, etc.

🚶 *La calle Atarazana* (zoom couleur C-D1) : elle redescend vers le fleuve. Bordée des anciens bâtiments de la douane du XVIe siècle remarquablement restaurés. Ils abritent aujourd'hui restos, bars de nuit et boutiques de souvenirs. Tout en bas, la *puerta de la Atarazana,* d'où l'on peut emprunter quelques longueurs du chemin de ronde sur la muraille.

🚶 *Le Musée maritime* (museo naval de las Reales Atarazanas ; zoom couleur D1) : ☎ 809-682-5834. Ouvert du lundi au samedi de 9 h à 17 h, le dimanche de 9 h à 13 h. Entrée : 20 $Do (moins de 1 US$).
Là aussi, l'un des plus intéressants édifices coloniaux de la ville. Tout à la fois arsenal de réparation maritime et entrepôt de douane où transitaient les marchandises. Construit sous la direction de Diego Colón à partir de 1514. Élégante construction de brique et colonnes de pierre sur trois nefs. Elle abrite un petit musée consacré à l'archéologie sous-marine. On y voit notamment des objets trouvés dans des épaves de bateaux coulés dans les eaux de la République dominicaine. Le *Conde de Tolosa,* bateau espagnol coulé le 24 août 1724 dans la baie de Samaná (au large de Miches), transportait du mercure dans sa cargaison, à destination du Mexique (pour le traitement de l'argent). On découvre également des documents et des objets de *Nuestra Senora de la Concepcion,* bateau espagnol coulé en octobre 1641, sur les récifs du Banc d'Argent. Collection modeste mais intéressante : exposition des objets, pièces de monnaie, lingots d'argent, bouts de canons, photos d'explorations sous-marines, poignées d'épées, compas, vaisselle, poterie Ming, jarres, instruments de navigation. Malheureusement, le musée manque de moyens financiers.

🚶 *L'église Santa Barbara* (zoom couleur C1) : c'est la limite nord de la ville coloniale, tout au bout d'Isabel-la-Católica. Dans un quartier populaire. Ouvre en principe à 16 h. Construite autour de 1562, saccagée par Drake, endommagée par divers tremblements de terre au XVIIe siècle, elle présente toujours une très belle façade, encadrée de deux tours, du plus pur colonial espagnol, alliance harmonieuse de pierre et de brique. Au fronton, volutes de brique du plus bel effet. Juan Pablo Duarte y fut baptisé. Intérieur plus modeste.

🍴 *La casa del Cordón* (zoom couleur C1) : Isabel-la-Católica (et Tejera). Abrite aujourd'hui la Banco Popular. Construite en 1502, on dit que ce fut la première maison particulière en pierre des Amériques. Le cordon franciscain sur la façade avait été commandé par Francisco de Garay, le premier proprio. Signe « d'humilité », dit-on, après une vie riche en frasques. Aujourd'hui, une banque possédant les lieux, on parle plutôt de « cordon de la bourse ». Diego Colón, fils de Christophe Colomb, et sa femme María de Toledo y habitèrent pendant les travaux de l'alcazar. Beau portail sculpté en anse de panier. Possibilité de jeter un œil à l'intérieur et dans le patio. Élégant hall d'entrée, arches de brique bien rénovées. Jolie cour, double arcade au rez-de-chaussée et galerie au premier.

🍴 *La casa de Duarte* (zoom couleur C1) : Isabel-la-Católica, près de l'angle avec Restauración. ☎ 809-687-1436. Ouvert du lundi au vendredi de 9 h à 17 h ; le samedi, jusqu'à 12 h. Fermé le dimanche. Entrée à prix symbolique : 10 $Do (moins de 0,50 US$). Intéressante visite pour ceux qui veulent en savoir plus sur la vie de Juan Pablo Duarte (fondateur de la République) et lisent l'espagnol. Sa maison natale a été transformée en musée. Dans l'entrée, beau mobilier colonial, portraits, peintures, souvenirs divers. Petites salles de littérature, manuscrits, livres, quelques armes, pierres à affûter les machettes, photos anciennes... Dans le jardin, les bustes de ses deux compagnons, Mella et Sánchez.

🍴 *Le monastère et l'église San Francisco* (zoom couleur C1) : Hostos et Tejera. Ne se visite pas. On peut voir l'extérieur seulement. Parmi les plus émouvantes ruines de la ville. Premier monastère du Nouveau Monde, commencé vers 1508. L'église, quant à elle, date de 1544. Saccagé par Drake (encore lui !), victime des tremblements de terre de 1673 et 1751, le monastère fut abandonné en 1795. Les canons français l'écroulèrent en 1805, mon tout servit de carrière de pierre pendant l'occupation haïtienne en 1831. Le cyclone de 1930 acheva de lui donner son aspect actuel. Malgré ces vicissitudes, il y a de beaux restes. Une atmosphère nostalgico-romantique et flotte, les mânes du cacique Enriquillo (qui y étudia), d'Alonso de Ojeda (découvreur du Venezuela) et de Bartolomé Colomb (frère de Christophe) qui y furent enterrés semblent toujours s'y promener... Noter le grossier appareillage de pierre pour les murs et celui, plus raffiné, des fenêtres et voûtes en brique.
Retour au centre, si l'on veut, par la seule rue (Hostos) vraiment en pente de la vieille ville. Bordée de simples mais coquettes demeures populaires en surplomb.

🍴 *La casa de las Monedas* (zoom couleur C1) : Arzobispo-Meriño, 358 (entre Las Mercedes et Tejera). Une « maison des Monnaies » qui vous est déjà familière, puisque c'est celle figurant sur les billets de 100 pesos. Date de 1536. Beau portail plateresque au-dessus d'un petit escalier. Portraits sculptés dans des médaillons. Cette vénérable bâtisse servit d'annexe à la première *casa de las Monedas* d'Amérique.

🍴 *La casa de las Academias* (zoom couleur C1) : Las Mercedes, 204. Belle cour intérieure sur arcades de pierre ou de brique. Possibilité de jeter un œil en demandant gentiment. Noter la porte d'entrée ornée d'une jolie ferronnerie.
Dans le coin, ne pas manquer d'admirer l'élégante architecture en calcaire de corail de l'*hostal Nicolas Nader* (angle Duarte et Luperón ; *zoom couleur C1*).

🍴 *San Nicolá de Bari* (zoom couleur C1) : Hostos (et Luperón). Ouvert tout le temps. Gratuit. Ruines nobles et significatives du premier hôpital des Amériques et d'une église. Construits à partir de 1503, à l'initiative de Nicolás de

Ovando, vice-roi de la colonie. Dans la partie inférieure, on vénéra longtemps le culte de Nuestra Señora de la Altagracia. Quelques arcades encore debout, des chapiteaux ciselés, des bouts de colonnes... Un mélange intéressant de brique et de pierre.

🕯 *L'église Nuestra Señora de las Mercedes* (zoom couleur C1) : Las Mercedes et José-Reyes. Attention : n'ouvre que de 16 h à 18 h et le dimanche matin pour la messe. Édifiée de 1527 à 1555. Bien sûr, elle n'échappa pas à Drake ni aux séismes et ouragans divers qui affectèrent les autres églises de la ville. À chaque fois rebâtie ou restaurée, elle présente aujourd'hui, sur le flanc nord, un beau porche ouvragé, surmonté d'un haut-relief. Jolie abside avec coupole de brique, réalisée comme un panier tressé. Voûte en liernes (ce sont des nervures) de brique ou pierre alternées du plus bel effet. Style global : transition entre roman et gothique. À droite, sacristie avec voûte de brique en berceau (appareillage assez primitif). Autel aux colonnes torses orné de plaques d'argent. Atmosphère paisible et fraîche à souhait.

🕯 *L'église San Lazaro* (zoom couleur C1) : Santomé (et Juan-Isidro-Pérez). Construite en 1554. On y adjoignit par la suite un hôpital pour les lépreux. Campanile d'angle en brique et terrasse à balustre. Derrière la grille, porche élégant. À l'intérieur, arcades de brique s'appuyant sur des colonnes de pierre.
L'ensemble butte sur l'ancien tracé des remparts. À 50 m, vers José-Reyes, vestiges du *fort de San Lazaro* de forme pentagonale (XVIIe siècle). Un des rares présentant encore une double rampe et un aspect aussi bien conservé. À côté, reste de muraille courant le long des HLM. À l'angle de José-Reyes et Juan-Isidro-Pérez, *bastion San Miguel* du XVIIe siècle. En face, église du même nom du XVIIIe siècle.

🕯 *Le musée Le Monde de l'Ambre* (zoom couleur C1) : Arzobispo-Meriño, 452, angle Restauración. Ouvert de 9 h à 19 h. Gratuit.
Vous saurez tout sur cette résine végétale qui s'est pétrifiée il y a 15 ou 20 millions d'années et enferma en son sein de nombreux insectes. Cette résine fut mise à la mode grâce au film *Jurassic Park.* Présentation par familles des bébêtes : moustiques, libellules, mantes religieuses, criquets, termites, guêpes, abeilles, papillons, etc. Suivant la nature du terrain et son âge, l'ambre prend des nuances de jaune très différentes, du plus clair au plus foncé. Le plus gros morceau extrait pesait 13 kg. Également quelques morceaux de larimar (pierre semi-précieuse aux tons bleu, gris et vert, produites exclusivement en République dominicaine).

🕯🕴 *La casa del Tostado – Musée de la Famille dominicaine du XIXe siècle* (zoom couleur D1) : Padre-Billini (et Arzobispo-Meriño). ☎ 809-689-5057. Ouvert de 9 h à 16 h. Fermé le dimanche.
C'est d'abord une fort belle demeure, la *casa del Tostado* (du nom de son premier proprio, adjoint du gouverneur et gros producteur de canne à sucre). L'une des plus anciennes de la ville aussi (1505). Le fils Tostado, poète et écrivain, fut tué par un boulet de canon au moment de l'invasion de Sir Francis Drake en 1586. Unique dans les Caraïbes, cette superbe fenêtre géminée de style gothico-Renaissance. Fut un temps siège de l'archevêché, puis demeure de riches familles. Aujourd'hui, un intéressant petit musée du XIXe siècle.
Au rez-de-chaussée, beaux meubles en acajou, salle de musique avec un vieux Pleyel et un lustre de Murano. Salon de lecture, élégant secrétaire en chêne, cuisine avec « potagers » et objets domestiques traditionnels. Joli jardin et véranda à arcades. Au 1er étage, bel escalier à vis, salons divers, beau Murano encore, chambre à coucher avec pittoresque lit sculpté, « salle des fiancés », etc.

✦✦✦ L'église de l'ancien couvent des Dominicains (*Convento de los Dominicos ; zoom couleur C1-2*) **:** angle Padre-Billini et Hostos. Ouvert du lundi au samedi, de 17 h 30 à 18 h 30. Le dimanche de 8 h à 19 h 30. L'entrée se trouve sur la petite place.

On a un faible pour cette belle église chargée d'histoire. Édifiée en 1511. C'est ici que le frère Antón de Montesinos fit retentir son fameux sermon de l'Avent, dénonçant l'extermination des Taïnos. Le frère Bartolomé de Las Casas, « apôtre des Indiens persécutés », y vécut après 1511. Le couvent abrita en 1538 la première université d'Amérique, autorisée par une bulle papale de Paul III. En 1746, l'église fut reconstruite. Large façade baroque, avec motifs décoratifs en brique intégrant des éléments gothico-isabellins (la petite rosace). Campanile baroque également. Pendant l'occupation haïtienne, l'église servit de caserne.

À l'intérieur, insolite décor de la chapelle du Saint-Sacrement (*capilla del Santisimo Sacramento*) : métaphores profanes comme mode de présentation. Les planètes Jupiter, Mars, Saturne et Mercure symbolisent les quatre évangélistes. Au centre, le Soleil évoque le Christ, les signes du zodiaque, les douze apôtres et les étoiles, saints et martyrs... On ne connaît pas d'autre exemple aux Amériques !

À côté, à la fin du XIXᵉ siècle, Eugenio María de Hostos créa la première école laïque de la République dominicaine : la *Escuela Nacional* (pour la formation des instituteurs). Côté rue, belle façade baroque de la *capilla de la Tercera Orden,* avec pilastres de brique et petit clocheton.

En face, adorable place paisible et arborée (parque Duarte). En son centre, statue honorant le « Père de la Patrie » : Juan Pablo Duarte.

✦ L'église Regina Angelorum y Convento (*zoom couleur C2*) **:** Padre-Billini (et Parmento-Troncoso). Construite en 1560. Petit campanile à trois baies sur le côté. Sur la façade, niche avec coquille Saint-Jacques, buste, décor Renaissance et, semble-t-il, signes du zodiaque de part et d'autre. Deux grandes poétesses, Leonor de Ovando et Elvira de Mendoza, lièrent leur nom au couvent. Dans l'église repose le père Billini (1837-1890), grande figure sociale du XIXᵉ siècle. Il fonda le collège Saint-Louis-de-Gonzague, créa la première caisse de secours (*casa de beneficiencia*), le premier orphelinat en 1869 et découvrit, le 10 septembre 1877, dans la cathédrale, les restes de Christophe Colomb. À l'intérieur, vaste nef, coupole en brique, voûte en liernes et superbe retable baroque.

En face, au 6, calle José-Reyes, la pittoresque façade du *musée de la Porcelaine.* Ouvert du mardi au vendredi, de 9 h à 17 h. Entrée : 20 \$Do (moins de 1 US\$). Belle demeure de style mauresque, avec balcon ouvragé, colonnettes, ouvertures en fer à cheval.

✦ La puerta de la Misericordia (*zoom couleur C2*) **:** Palo-Hincado (et Arzobispo-Portes). Appelée aussi *puerta Grande,* ce fut la première porte de ville (1543). C'est de là que, le 27 février 1844, démarra le mouvement pour la libération du pays du joug haïtien, initié par Mella, Sánchez et Duarte (et leur société secrète, la Trinitaria). Quelques vestiges des anciens remparts également.

✦✦ L'église Nuestra Señora del Carmen (*zoom couleur C1-2*) **:** Arzobispo-Nouel (et Sánchez). Ouverte après 16 h. Construite en 1615, agrandie en 1729. Façade baroque assez sobre. Portail entouré de pilastres en brique très ornementés. Au-dessus, une niche avec la Vierge del Carmen. L'église servit de lieu de rendez-vous aux membres de la Trinitaria (qui fut fondée en 1838 dans la maison en face). À côté se trouve aussi la *capilla de San Andres,* ancienne chapelle de l'hôpital. Date de 1562, mais la façade est du XVIIIᵉ siècle. Ne pas rater le magnifique retable baroque en bois sculpté du XVIIᵉ à l'intérieur.

SANTO DOMINGO

🦐 *La puerta del Conde* (zoom couleur C1) : tout au bout de la « Conde », la seule rue piétonne de la ville, s'élève cette porte du XVIᵉ siècle. C'est là qu'est le km 0 de la République dominicaine. Derrière, petit parc de l'Indépendance où s'élève le mausolée en marbre blanc des « Pères de la Patrie » *(Altar de la Patria),* ouvert de 8 h à 18 h. À l'intérieur, statues imposantes de Francisco del Rosario Sánchez, l'intello (à gauche), et de Ramón Matias Mella, le militaire (à droite). Au milieu, le chef, Juan Pablo Duarte. Ils reposent tous trois dans la crypte. Autour, vestiges de la muraille, d'un fort et de l'ancien fossé.

🦐 *Le monument à Fray Antonio de Montesinos* (zoom couleur C2) : paseo Presidente-Billini (en bas d'Hostos). Immense statue du grand défenseur des Indiens taïnos, offerte par le gouvernement mexicain. De là-haut, belle vue sur la ville.

Dans la ville nouvelle

🦐🦐 *Le quartier commerçant* (zoom couleur C1) : circonscrit par les avenues Mella, Mexico et Duarte. Au nord de la ville coloniale. C'est un quartier très populaire, d'une incroyable animation la journée. Boutiques clinquantes, grands magasins, supermarchés se pressant les uns contre les autres, dans un joyeux désordre d'enseignes immenses bouffant parfois la moitié de la rue. Trafic d'enfer, concerts de klaxon, musiques tonitruantes s'échappant des boutiques... À part une visite rapide au *mercado Modelo* (voir la rubrique « Achats »), peu de touristes se baladent dans le quartier. On n'est pourtant vraiment pas loin des fards et du rimmel de la vieille ville. Là, c'est un Saint-Domingue brut de forme, à parcourir si l'on veut connaître la ville à fond, avant d'aller traîner ses guêtres plus loin, dans le quartier de la Gómez !

🦐 *Le quartier de Gazcue* (plan couleur général B2) : à l'ouest de la ville coloniale, bordé au sud par le *Malecón,* c'est un quartier d'affaires et résidentiel assez vivant la journée aussi. Quartier des grands hôtels, des restos chic, des sièges sociaux d'entreprise et des partis politiques. L'avenida Independencia en est l'une des artères principales. Totalement accessible à pied depuis la ville coloniale. Agréable de s'y balader à l'ombre des nombreux grands arbres. Ruelles tranquilles bordées de belles villas, cependant, attention à ne pas disparaître dans les trous béants parsemant parfois les trottoirs.

🦐🦐 *El Malecón* (plan couleur général B-C2) : comme beaucoup de grandes villes des Caraïbes, Saint-Domingue possède son avenue de bord de mer bordée de palmiers et nommée ici George-Washington, mais jamais appelée ainsi. Pour tous, c'est le *Malecón,* lieu de promenade vespérale et nocturne préféré des Dominicains. Il s'étire sur plus de 15 km, mais la partie la plus intéressante et fréquentée s'étend de la vieille ville à Maximo-Gómez. C'est sur le *Malecón* qu'il faut vivre les grandes fêtes dominicaines : le Jour de l'an, le carnaval et le festival du Merengue la deuxième quinzaine de juillet. Atmosphère indescriptible ! À la limite de la ville coloniale, en bas de la calle Palo-Hincado, s'élève un monument bizarre, l'*obelisco hembra* (l'obélisque « femelle », mais ça évoque plutôt un diapason), élevé par Trujillo en 1947 et censé célébrer le remboursement de la dette envers les États-Unis. Plus loin, c'est un obélisque tout coloré (le « mâle » ?), construit par le *generalissimo* en 1937, pour fêter le changement de nom de la ville en Ciudad Trujillo. Ce symbole trop évident de la dictature fut détourné grâce aux fresques peintes dessus, en hommage aux trois sœurs Mirabal, opposantes et victimes du régime trujilliste.

🦐 *Le Palais national* (plan couleur général C1) : Doctor-Delgado (et María-Castillo). Construction de prestige de Trujillo, inaugurée en 1947. Ce n'est pas là qu'habite le président, mais c'est le siège du pouvoir exécutif. Œuvre de l'architecte italien Guido D'Alessandro. Style néoclassique, visiblement inspiré du Panthéon d'Athènes, avec une coupole de 34 m de haut et de 36 m de diamètre. Si vous êtes ambassadeur ou ministre, vous admirerez le luxueux décor intérieur. Tout n'est qu'albâtre et marbre de Samaná, vieil acajou centenaire, dans un puissant style baroco-Renaissance. En particulier, le célèbre salon des Cariatides, grand comme la moitié d'un terrain de foot, dit-on, et à l'ameublement d'un luxe inouï ! En principe, possibilité de visiter.

🕺 **La plaza de la Cultura** (plan couleur général B1-2) : ☎ 809-686-6688. Ensemble de musées et de lieux culturels situé dans le quartier de Miraflorés, au nord de l'avenida Bolívar. Encore tout à fait accessible, à pied, de la vieille ville. Ouvert du mardi au dimanche de 10 h 30 à 17 h 30. Au milieu de jardins et de beaux arbres, vous découvrirez côte à côte les musées de l'Homme dominicain, d'Art moderne, d'Histoire et de Géographie, d'Histoire naturelle, le Théâtre national et la Bibliothèque nationale... La preuve qu'on n'est pas forcé de bronzer idiot et fatigué.

🕺🕺 **Le musée de l'Homme dominicain** (museo del Hombre dominicano ; plan couleur général B1) : Pedro-Henriquez-Urena (et Felix-María-del-Monte). ☎ 809-687-3623. Ouvert de 10 h à 17 h. Fermé le lundi. Entrée : 20 \$Do (0,70 US\$).
Comparable au musée de l'Homme de Paris, en plus désordonné et poussiéreux. Une visite livrant de très intéressants aspects de la culture dominicaine, malgré les pannes de courant plongeant parfois le musée dans les ténèbres et la muséographie vraiment vieillotte. S'attendre aussi à quelques salles fermées. On n'est pas forcé d'être ébaubi par les différentes papamobiles des visites de Jean-Paul II (en 1979, 1984 et 1992). En revanche, une quinzaine de monolithes retiennent vivement l'attention.
On peut monter ensuite directement au dernier étage par l'escalier (eh oui, l'ascenseur n'a guère de chance de fonctionner). Riches arts et traditions populaires : masques, costumes de fête et de carnaval (notamment ceux, superbes, du carnaval de La Vega). Reconstitution d'une case traditionnelle. *Santos de palo,* saints taillés dans un morceau d'arbre, vénérés à certaines occasions, promenés en procession. Presse à canne à sucre. Section sur l'esclavage. Inutile de rappeler ici les horreurs de leurs conditions de transport et d'existence. Les documents sur les *bloodhounds,* chiens dressés à bouffer les esclaves en fuite, sont impressionnants.
Histoire sociale, habitations, modes de transport, la pêche, etc. Barque taillée dans un fromager. Vestiges de la période indo-hispanique, la conquête... Au 3e étage, fresques évoquant la vie des Indiens. Section préhistorique : « nucléos », pierres taillées, pierres polies, mortiers, haches, armes, tombes, céramiques, pétroglyphes, etc. Objets de l'Orénoque et de l'Amazonie. Statuettes, colliers, bijoux, amulettes, objets domestiques taïnos. Belle présentation de trigonolithes (symboles de la fécondité). Vases anthropomorphes, insolite effigie *en estado de gravidez,* ceinture et plastron de *bathey* en pierre.

🕺 **Le musée d'Art moderne** (plan couleur général B1) : ☎ 809-685-2154. Ouvert de 10 h à 18 h. Fermé le lundi. Entrée : 20 \$Do (0,70 US\$).
Dans un bâtiment à l'architecture résolument contemporaine, grosse structure bétonnée, ça va de soi, un intéressant panorama de toutes les tendances de l'art dominicain (peinture, sculpture, etc.). Expos temporaires. Vous vous y promènerez dans une quiétude totale, à part quelques scolaires de temps à autre...

🕺 **Le musée national d'Histoire et de Géographie** (plan couleur général B1) : ☎ 809-686-6668. Ouvert de 9 h 30 à 16 h 30. Fermé le lundi. Entrée dérisoire : 5 \$Do (moins de 0,20 US\$). Salles d'histoire plutôt denses, mais assez peu didactiques (voire désordonnées). Nécessaire de lire l'espagnol. Intéressera avant tout les amateurs de détails insolites, de photos originales, de faits oubliés, d'anecdotes historiques... à saisir au vol dans le fouillis de la présentation. Salles organisées par périodes chronologiques, sans garantie qu'elles soient d'ailleurs toutes ouvertes (période indienne, 1822-1861, 1861-1916, 1916-1961). Quelques dioramas sur la vie des Indiens, objets de la culture taïna, mortiers, haches, *liticas*, etc. Au 1er étage, Oldsmobile 56, une des voitures utilisées par Antonio de la Maza et ses camarades pour liquider Trujillo.

Quand même intéressant de se remémorer l'histoire et la qualité des rapports avec le grand frère américain. Rappels utiles des différentes interventions US, comme le débarquement de 1916. Photos toujours instructives, voire saisissantes, documents, souvenirs divers. Narration des massacres de Haïtiens en 1937. N'échappera à personne cette photo officielle de Trujillo quasi subliminale : en fond, la devise « Dieu, Patrie, Liberté ». Sa tête cache le mot Dieu, tout un programme ! Bon matos pour ceux effectuant une thèse sur le dictateur : discours, pensées, proclamations, livres, médailles, diplômes, etc. Au passage, l'évocation d'une chaise électrique utilisée pour torturer rappelle opportunément la tendresse du régime trujilliste. Section consacrée à l'attentat de 1961.

Dans la salle consacrée à la période 1861-1916, présentation très complète de la guerre d'Indépendance. Documents, estampes, cartes détaillées... Histoire du chemin de fer La Vega-Sánchez et Santiago-Puerto Plata (lignes aujourd'hui disparues). Date importante, 1886, élection d'Ulisses Heureaux, le premier président noir.

Dans le jardin, quelques témoins des premiers temps de l'économie dominicaine : antique loco, alambic, presse à canne à sucre et une vieille locomotive de la ligne La Vega-Sánchez.

🐿 *Le musée national d'Histoire naturelle* (plan couleur général B2) : ☎ 809-689-0106. Fermé pour travaux de rénovation, devrait rouvrir fin 2005. Nouvelle présentation de la flore et de la faune de l'île, les cycles de l'eau, géologie, astronomie, dioramas, etc.

🐿 *El palacio de Bellas Artes* (plan couleur général B2) : av. Maximo-Gómez (et Pedro-Henriquez-Urena). ☎ 809-687-2494. Ouvert de 9 h à 12 h et de 15 h à 18 h. Construit en 1956 sous Trujillo, dans un style néo-classique monumental et pompeux, bien sûr. Abrite le théâtre, le ballet classique, l'école nationale de danse, l'école d'art dramatique, le ballet folklorique national, l'orchestre symphonique...

🐿🐿 *El museo Taïno* (fundación Garcia Arevalo ; plan couleur général A1) : av. San-Martín, 279 (ap. postal 723). ☎ 809-540-7777 (ext. 235 Sra-Betani-Reyes). Fax : 809-541-0201. Ouvert du lundi au vendredi de 9 h à 12 h et de 14 h à 17 h. Fermé les samedi et dimanche. À l'embranchement avec Kennedy.

C'est un musée privé, sponsorisé par *Pepsi* (et situé dans l'usine). Remarquables collections, mais on ne visite que sur rendez-vous. Fax ou téléphone obligatoires. Groupez-vous pour donner plus de crédibilité à votre demande. Impossible d'en décrire toutes les richesses. Voici cependant quelques belles pièces : arcs, flèches, parures de plumes, etc. Au milieu de la salle, dans une petite vitrine, un vase avec une jolie scène amoureuse. Pierre taillée, pierre polie, puis on voit au fil des siècles l'art s'affiner. Beaux *trigonolitos*. De la période indo-hispanique, crâne avec déformation, ornements en coquillages, « pectorales », colliers en escargots de mer. Poteries, amulettes anthropomorphes, ornithomorphes, phalliques, etc. *Cucharas* et sièges de chef *(duhos)* en bois (très rares !). Belle idole en bois également. Typiques de la culture taïna, ces longues cuillères pour se faire vomir et les *aspiradores nasales* pour sniffer les plantes hallucinogènes, « bouées en pierre » (ceintures de *bathey*) utilisées dans la pratique du sport *bathey*. Belle sélection de pilons et mortiers.

¶ *Le musée Bellapart (Immeuble Honda ; plan couleur général A1) :* av. Kennedy. ☎ 809-541-7721. Ouvert du lundi au vendredi de 9 h à 18 h, le samedi de 8 h à 12 h. Au dernier étage du concessionnaire Honda, vous traversez le hall entre les voitures rutilantes, et l'ascenseur vous mène directement au musée. Entrée gratuite.
Exposition très intéressante de grands peintres dominicains des XIXᵉ et XXᵉ siècles. On sent l'inspiration des grands maîtres européens et flamands, Dalí, Picasso, Van Gogh, Gauguin... On se fait souvent une idée de la peinture caraïbe au travers des toiles qu'on voit dans la rue. Eh bien, si vous êtes amateur, faites un petit saut ici, ça en vaut vraiment la peine, et on vous remettra même une petite plaquette en français.

➤ *DANS LES ENVIRONS DE SANTO DOMINGO*

¶¶ *El Faro a Colón (mausolée de Christophe Colomb ; plan couleur général D1) :* ☎ 809-595-1218. À l'est de la ville, compter 15 mn en voiture depuis la ville coloniale. Ouvert de 10 h à 17 h. Fermé le lundi. Entrée payante.

Histoire du monument

L'idée d'honorer Christophe Colomb ne date pas d'aujourd'hui. Déjà en 1852, un projet énorme vit le jour, qui sollicitait la participation des pays ayant eu, à un degré divers, à voir avec la découverte de l'Amérique. La Isabela, sur la côte nord (où débarqua Colomb), fut d'ailleurs proposé comme lieu. Idée abandonnée, puis reprise en 1880, autour du quatrième centenaire du débarquement, par le général Luperón. On sollicita l'Europe et les États-Unis pour participer à un projet d'envergure, mais finalement ça capota et on se contenta en 1898 d'un tombeau en marbre de Carrare dans la cathédrale, pour abriter les restes de Colomb redécouverts peu avant.
L'idée ne fut cependant point totalement abandonnée, puisque en 1927, l'union Panamericana relança un projet avec un concours ouvert à tout le monde. Au total, 1 926 architectes de 44 pays y répondirent et les jurés, en 1931, désignèrent l'œuvre d'un Anglais, J.-L. Gleave (une croix horizontale immense symbolisant la christianisation de l'Amérique). Les travaux commencèrent en 1948, mais furent arrêtés peu après, pour recommencer en 1987 sous la direction de Balaguer.
C'est l'emplacement de la première ville en bois (balayée par un cyclone) en 1496 qui fut donc choisi pour le projet définitif. On conserva l'idée de Gleave de croix horizontale, mais version ultra-bétonnée. Enfin, l'inauguration eut lieu en présence du pape, en 1992, pour le 500ᵉ anniversaire de la découverte de l'Amérique (sur fond de profond mécontentement populaire par rapport à la mégalo balaguérienne et la religiosité dégoulinante de l'inauguration !).

Polémique sur les restes de Christophe Colomb

Ironie de l'histoire : Christophe Colomb a deux mausolées en son nom. Autrement dit, il est « enterré » ou pour être plus précis, ses restes sont conservés dans deux endroits différents : le Faro a Colón et la cathédrale de Séville en Espagne. Où est la vérité ? On ne sait toujours pas avec certitude où sont les restes du découvreur de l'Amérique. À Santo Domingo, à Séville, à Valladolid ? Ailleurs ? Personne ne peut fournir la preuve certaine que les restes de Christophe Colomb sont plutôt ici que là. Ce casse-tête n'est toujours pas résolu malgré des années de recherche alimentées par une vive polémique. Selon la thèse des historiens dominicains, c'est sûr : les restes de Colomb sont en République dominicaine. Colomb lui-même avait écrit dans son testament qu'il voulait que, après sa mort (à Valladolid en 1506), ses restes soient transportés à Hispaniola. On sait qu'ils furent apportés à Santo Domingo par sa belle-fille María de Toledo, qui traversa l'Atlantique avec deux urnes funéraires. Celle-ci transporta en même temps les restes de son époux Diego Colón, mort en 1526. La thèse des Espagnols nie cette thèse dominicaine.

Les historiens espagnols prétendent, au contraire, que les restes de Colomb sont conservés depuis 1795 dans le mausolée de la cathédrale de Séville et nulle part ailleurs. Mais comment le prouver ? La polémique est telle que les scientifiques ont procédé en juin 2003 à un test ADN sur les ossements conservés à Séville de deux membres de la lignée Colomb, Christophe le père et Hernando un autre fils, tous deux dans des urnes distinctes de la cathédrale de Séville. Le but est de comparer l'ADN du père et celui de son fils. Selon les lois génétiques, si l'ADN du fils est identique à celui du père, il n'y a aucun doute sur la filiation. Mais voilà : les résultats sont toujours gardés au secret. Bizarre ! De plus, deux frères ont nécessairement le même ADN ! C'est l'argument que les Dominicains opposent aux Espagnols. Les historiens dominicains affirment en effet qu'en 1795, les Espagnols ont effectivement emporté une urne funéraire dans la cathédrale de Santo Domingo. Mais celle-ci ne portait aucune inscription. Ils oublièrent d'en prendre une deuxième cachée derrière la première et qui portait l'inscription du nom de Christophe Colomb. Résultat de cette méprise : les Espagnols auraient pu rapatrier à Séville les ossements de Diego Colón, le fils, et non ceux du père. Dans cette hypothèse, à Séville, seraient conservés les deux urnes des deux enfants de Christophe Colomb, nés de deux unions différentes : Diego et Hernando. Mais pas celle du père ! L'enquête continue. Et l'énigme est loin d'être résolue.

La visite du Faro

El Faro apparaît donc comme un bloc de 230 m de long et 70 m de haut. Architecture modèle de légèreté aérienne, qui ferait presque passer Abadie, l'auteur du Sacré-Cœur, pour un hardi avant-gardiste. L'édifice abrite à la croisée des deux branches de la croix, le « saint des saints », c'est-à-dire un gros coffre métallique noir renfermant les restes supposés de Christophe Colomb. Entouré de colonnes de marbre, gardé par des soldats en uniforme blanc (la marine dominicaine) à longueur d'année, voici les restes humains les mieux gardés du monde (avec peut-être ceux des grands chefs communistes comme Mao, Lénine et Hô Chi Minh). Même ceux du Christ à Jérusalem ne sont pas aussi bien gardés !

À l'intérieur, le monument consiste en une enfilade de salles, chacune étant aménagée comme un petit musée. On avait offert aux gouvernements des pays ayant participé au financement du monstre des emplacements pour qu'ils puissent exposer leur contribution à cette commémoration. Résultat très inégal, certaines sections se révélant particulièrement pauvres, voire bâclées (non, on ne vous dira pas quels pays, on n'est pas des délateurs !). Pourtant, on commence par une intéressante section historique. On y trouve des fac-similés (reproductions des originaux) de l'acte de mariage et du testament d'Isabelle la Catholique, une carte de 1580, déjà bien précise pour l'époque, une bulle de 1493 du pape Alexandre VI, base du droit international pour les découvertes. Un magnifique calendrier maya illustré et dépliant, de 6,82 m de long, véritable bande dessinée du temps qui passe. Belles estampes de Palenque, réalisées au XVIIIᵉ siècle à la demande du roi d'Espagne. De Christophe Colomb, aucun texte original, car les documents originaux sont conservés à Séville (Archivos de Indias, bibliothèque Columbine) et à Simancas (Archives nationales espagnoles près de Valladolid). Notez le livre des Prophéties annoté de sa main, et son testament, épais registre de 250 pages (Colomb est mort disgracié mais riche). Voir aussi la reproduction de la célèbre carte illustrée de Juan de la Cosa.

Puis viennent les contributions des pays proprement dites : Japon et Chine (Colomb pensait qu'Hispaniola et Cuba n'étaient que des morceaux de la Chine et du Japon). Mais aussi Italie, France, Portugal, Taiwan, Israël (on en est quasi certain : Colomb était d'origine juive), États-Unis... Certaines salles offrent peu de concepts, peu d'idées dans la présentation. Une mention cependant à certains pays d'Amérique latine et des Caraïbes qui firent un réel effort, notamment Cuba, qui offrit une belle pirogue et autres objets ; la Colombie, des bijoux et figures zoomorphes. Bel exemple des cultures précolombiennes (nuisca, chimu...).

À voir encore dans les environs

🚶 **Le Jardin botanique national** *(hors plan couleur général par A2)* : av. República-Columbia. ☎ 809-385-0860. Situé au nord de Jimenez-Moya (Winston-Churchill). Ouvert tous les jours de 8 h à 18 h. Entrée : 20 $Do (0,70 US$). Un des plus grands jardins botaniques des Caraïbes. D'ailleurs, opportunément, un petit train (20 $Do de plus !) promène les visiteurs pendant 30-40 mn, avec arrêt dans un délicieux jardin japonais. À pied et pour peu que le cagnard soit rude, la balade est vraiment longue. Il vaut mieux au préalable sélectionner ses centres d'intérêt (arboretum, réserve forestière, jardin japonais, plantes aquatiques, jardin d'orchidées, etc.).

🚶 **Le Parc zoologique national :** ☎ 809-562-3149. Ouvert de 9 h à 17 h. Fermé le lundi. Entrée : 30 $Do (1 US$). Pas très loin du jardin botanique, mais pas facile à trouver. Prenez un taxi, à moins que vous ne possédiez un GPS... Aucune indication. Bon, mais ça vaut le coup, petite promenade d'une heure à faire à moitié à pied, à moitié en petit train, perroquets au plumage éclatant, tigres, lions, crocodiles, singes, serpents vous environnant. Toute la faune africaine et sud-américaine vous y est présentée.

🚶 **L'Aquarium national** *(hors plan couleur général par D2)* : av. España. À 2 km vers l'est. ☎ 809-766-1709. Ouvert de 9 h à 17 h 30. Entrée : 60 $Do (2 US$). Bien situé en bord de mer, ça va de soi, et d'une conception plaisante. Un seul regret : la rareté des textes de présentation des poissons, absents ou alors trop succincts (bien que l'on accepte, évidemment, l'idée qu'ils ne soient qu'en espagnol !). Sinon, pittoresque « tunnel de poissons » en plexiglas pour les observer. Sympathiques poissons-cigares de l'Orénoque et autres espèces de l'Amazonie. Requins, murènes, poissons d'eau douce, bassins à tortues, etc. Boutique et cafétéria.

🚶 **Los Tres Ojos** *(hors plan couleur général par D1)* : av. de Las Americas. En direction de l'aéroport, dans le parque del Este. Ouvert de 8 h 30 à 17 h 30. Fermé le lundi. Ces « trois yeux » sont trois lacs souterrains de couleur et de profondeur différentes, qu'on découvre au fond d'une grotte à ciel ouvert. L'un d'eux, aux eaux soufrées, présente de beaux reflets jaune-vert. Balade sympa pour les amoureux d'atmosphères humides et de végétation exubérante. Un bon plan si vous avez une heure à perdre avant de prendre votre avion.

QUITTER SANTO DOMINGO

En bus

Terminal Metro *(plan couleur général A2, 1)* **:** à l'angle de Jimenez-Moya (Winston-Churchill) et F.-Prats-Ramirez (anciennement Hatuey). ☎ 809-566-7126 à 29. Hyper-clean et organisé. Bus très confortables.

➤ **Pour Santiago :** 1 bus toutes les heures de 6 h à 19 h.
➤ **Pour Puerto Plata :** 7 bus de 7 h à 19 h.
➤ **Pour San Francisco :** 5 bus de 7 h à 18 h.
➤ **Pour Nagua :** 4 bus de 7 h à 15 h 30.
➤ **Pour La Vega :** 3 bus de 7 h à 16 h.
➤ **Pour Samaná-Sánchez :** 2 bus quotidiens, théoriquement à 7 h et 14 h 30.
➤ **Pour Moca :** 3 bus de 7 h à 16 h.

Terminal Caribe Tours *(plan couleur général B1, 2)* **:** 27-de-Febrero et Leopoldo-Navarro. ☎ 809-221-4422. À peu près le même réseau que *Metro*. Surtout vers Barahona, Dajabón (Haïti, côte Nord), Puerto Plata, Santiago. 6 départs quotidiens pour Sánchez-Samaná, etc.

Terminal du parc Enriquillo *(zoom couleur C1)* **:** plein de petites compagnies autour du parc Enriquillo. Moins chères que les deux grandes, mais conditions de voyage plus sommaires. À éviter si on a des valises car il faut parfois payer une place en plus ! En voici quelques-unes :

■ **Transporte Samaná :** calle Enriquillo, à l'angle de Caracas. ☎ 809-335-5618. Pour Samaná, de 6 h à 15 h 30, 1 bus toutes les 45 mn. Environ 6 bus partent également jusqu'à Las Terrenas.
– À l'angle de Duarte et Enriquillo, bus pour l'est (Punta Cana et Higüey). S'arrête en principe à l'aéroport de Punta Cana.
■ **Cᵉ La Romana :** pour le sud-ouest (San Cristóbal, Nizao...).
■ **Asomiro :** Caracas et Baroquillo. Un « express » toutes les 30 mn pour La Romana.
➤ Transport vers Boca-Chica (très important si vous voulez rejoindre l'aéroport de Las Americas pour pas cher) – angle José-Marti et Caracas. Les bus ne vont pas à l'aéroport (protectionnisme des syndicats de taxi...) mais si vous prenez celui-ci, il passe devant la bretelle d'autoroute qui y mène pour 100 $Do (3,30 US$). De là, des *conchos* peuvent, pour 50 $Do (1,70 US$), vous y emmener avec votre baluchon (gros bagages, s'abstenir). Si vous êtes seul, vous économisez au moins 1 000 $Do (33,30 US$) par rapport au taxi. Dommage que cela ne soit pas valable dans l'autre sens.

Important : au risque de se répéter, nous vous conseillons, si vous êtes chargé en bagages, de voyager seulement sur les grandes compagnies. Les grands bus, Mercedes ou Volvo, ont des soutes à cet effet. Dans les petits bus (30 places marquées et peut-être 50 les jours de pointe...), vous risquez d'avoir votre sac à dos sur les genoux et pour Las Terrenas, par exemple, il faut compter environ 5 h (avec une halte de 20 mn... quand même !).

En avion

Les vols intérieurs sont plutôt bon marché. Ainsi, le trajet Saint-Domingue – Las Terrenas (soit la plus grande distance dans l'île) coûte environ 60 US$ l'aller.

– ATTENTION : *taxe de sortie* de 20 US$ par personne à payer à l'aéroport. Prévoir des dollars US ou des euros. Parfois, les douaniers n'acceptent que ces devises et refusent le paiement de la taxe en pesos.

✈ *Aéroport international Las Americas :* à 24 km du centre-ville. ☎ 809-549-0881 et 809-549-0889. Compter environ 1 300 $Do en taxi (43,30 US$).

✈ *Aéroport national Herrera :* à l'ouest de la ville. ☎ 809-567-3900. Vols intérieurs pour Puerto Plata, Santiago, Barahona, Punta Cana, La Romana, Samaná et Las Terrenas (El Portillo).

■ *Air France :* av. Maximo-Gómez (plaza El Faro, 15). ☎ 809-686-8432 ou 809-686-8081. Fax : 809-689-1352. Ouvert du lundi au vendredi de 9 h à 17 h et le samedi de 9 h à 12 h. À l'aéroport Las Americas : ☎ 809-549-0309. Fax : 809-549-0700.

■ *Aerodomca :* vols quotidiens pour El Portillo (Las Terrenas), Samaná, Punta Cana et Puerto Plata.

SANTO DOMINGO

À L'EST DE SANTO DOMINGO

Beaucoup plus développée sur le plan touristique que la région Ouest, la côte caraïbe, qui s'étend de la capitale jusqu'au sud de la baie de Samaná, est la plus réputée du pays. Normal, c'est la plus propice aux vacances : on y trouve des dizaines de plages, des îles paradisiaques, de grands restos, un complexe pour milliardaires, ainsi que la majorité des attractions touristiques du pays, le tout étant desservi par 3 aéroports internationaux. Mais il reste aussi de charmants villages de pêcheurs, comme Bayahibe ou Boca de Yuma.

BOCA CHICA

Située à seulement 31 km de Santo Domingo et à une dizaine de kilomètres de l'aéroport international de Las Americas (AILA), Boca Chica fut longtemps l'une des stations balnéaires les plus cotées du pays. Elle a connu une perte de vitesse au profit de Punta Cana, victime semble-t-il de sa réputation douteuse. Les mauvaises langues la comparaient à certaines plages de Thaïlande. Pour être clairs, disons que le tourisme sexuel a beaucoup terni l'image de cette petite station de vacances... et continue à la ternir. Cela dit, les autorités semblent avoir fait quelques efforts pour endiguer le mal et les jeunes Dominicaines en quête de dollars se cantonnent généralement à quelques lieux nocturnes de la bruyante rue principale. Parfois la pression peut être vraiment gonflante !

L'atout majeur de cette petite ville reste sa plage immense, protégée par une barrière de corail et considérée par certains comme la plus grande piscine naturelle du monde. Une station animée qui attire les familles et les amateurs de sports nautiques et, pour vous, une bonne étape à 15 mn de l'aéroport. Santo Domingo n'ayant pas de plage, Boca Chica est le lieu de prédilection des habitants de la capitale qui affluent le week-end et les jours fériés. À éviter surtout pendant la Semaine sainte si vous n'aimez pas la foule...

Adresses et infos utiles

✉ **Poste :** calle Duarte. Maison bleue face au centre *Televimenca*.

■ **Téléphone international :** centro de Llamadas, calle Duarte, juste à côté du *Zanzibar*. Et aussi *Western Union,* calle Duarte, 55. À un bloc du *parque central.* Ouvert tous les jours de 8 h à 20 h. Fait aussi service de fax et de change.

@ **Internet Cafés :** calle Duarte, 26, presque en face de *Pequeña Suiza,* et calle Duarte, 58, à côté du *Zanzibar.* Ce dernier, situé dans une petite galerie marchande, est ouvert de 8 h à 21 h.

■ **Banco Popular :** calle Duarte, à un bloc du parc central, à côté du supermarché *Manolo.* Distributeur à l'extérieur.

– Attention, les distributeurs de la ville sont souvent vides en fin de semaine. Si vous vous retrouvez en manque de liquide, essayez le change du *Coral Hamaca Beach Hotel.*

Où dormir ?

De prix moyens à un peu plus chic

Villa Marianna : calle Juan-Bautista-Vicini, 11. ☎ 809-523-4679. En plein centre, près de la place centrale ; à 2 mn à pied de la plage. Petit hôtel familial, propre et net, avec des murs blancs entourant une petite piscine intérieure. Accueil jovial d'une famille dominicaine qui fait très attention à la tenue et à la réputation de sa maison. Les 27 chambres donnent soit sur la piscine (plus cher) ou sur l'arrière (plus calme). Elles ont douche-w.-c., ventilateur ou AC.

Hotel Casa Coco : calle Dominguez, 8. ☎ 809-523-4409. Très joli, ce petit ensemble à 5 mn de la plage est tenu par un couple accueillant, Isabelle et Thierry. Huit chambres doubles avec salle de bains et 2 plus vastes pouvant accueillir une famille jusqu'à 4 personnes. Le tout autour de la piscine, des bougainvilliers et plantes tropicales. Ils servent le meilleur petit dej' de Boca Chica. Bar. Au resto, on mange une très bonne cuisine française... Très convivial pour passer de bonnes vacances au calme, et les patrons offrent l'apéro aux lecteurs du *Guide du routard*.

Villa Sans Soucy (chez Robert et Lyna) : calle Juan-Bautista-Vicini, 8. ☎ 809-523-4461. • lynna83@hotmail.com • À 1 km au nord de la plage, sur la gauche de la rue Bautista-Vicini, juste avant le carrefour avec la calle Proyecto 3. Bien indiqué et très visible. Ce petit hôtel est tenu par une aimable québécoise qui tient ses chambres d'une manière scrupuleuse. Disposées autour d'un patio intérieur (petite piscine) calme, elles sont équipées de douche-w.-c. et (pour certaines) d'AC. Bon resto. Une bonne adresse, qui a le mérite d'être à l'écart de l'agitation, et pas si loin que ça de la plage.

Cenearfe : calle 20 de Diciembre, 18. ☎ 809-523-6597. • www.clik.it/cenearfe • À côté du *Hamaca Coral by Hilton Hotel.* Tout petit hôtel d'une douzaine de chambres, certaines avec ventilo et salle de bains commune, d'autres avec sanitaires privés et clim'. Discret mais pas bien tenu. Piscine de poche dans un minuscule patio. Pas de petit déjeuner.

Beaucoup plus chic

Mesón Isabela : calle Duarte, 3. ☎ 809-523-4224. Fax : 809-523-4634. • www.mesonisabela.com • Dans la partie nord de la rue principale, derrière le *Hamaca Coral by Hilton Hotel* et en face du *Neptuno's Club Restaurant.* Une de nos meilleures adresses. Une bonne petite pension charmante comme tout, située sur une butte verdoyante, en retrait de la route. Elle est tenue par un couple québéco-dominicain très sympathique. Petit jardin au calme, avec piscine. Ici, 6 appartements peuvent accueillir 5 personnes. Très propres, avec cuisine équipée (il y a même des bières au frigo), AC, sofa et salle de bains. Également 5 chambres sans clim' (mais avec ventilo) avec cuisine et salon, dans un autre bâtiment, moins chères. Super petits déjeuners à la carte. Accès privé à la mer. Cocktail de bienvenue offert aux lecteurs du *Guide du routard*.

Hotel Europa : calle Dominguez, angle Duarte. ☎ 809-523-5721. Fax : 809-536-4500. • www.hoteleuropa.com.do • En plein centre de Boca Chica et à 30 m de la plage, cet hôtel très bien tenu offre un excellent rapport qualité-prix, avec le petit dej' inclus. Quelques chambres un peu plus chères avec vue sur la mer. Idéal pour les célibataires, car à deux pas des boîtes et bars...

Très, très chic

🏠 *Calypso Beach Hotel :* calle Caracol, à l'angle de 20-de-Diciembre. ☎ 809-523-4666. Fax : 809-523-4829. À 100 m de la plage, une quarantaine de chambres spacieuses et propres, avec AC, ventilo, TV, coffre, petit bar et balcon. Petite piscine dans une cour. Sur place : resto, bar, billard et laverie. Entretien des chambres à revoir.

Les *resorts*

Les prix que nous indiquons ne sont pas ceux présentés par les agences mais ceux proposés aux clients de passage.

🏠 |●| *Don Juan Beach Resort :* sur la plage. ☎ 809-523-4511. Fax : 809-523-6422. Accès par la calle Nuñez. À partir de 5 220 $Do (174 US$) par personne, en formule tout compris. Grand *resort* à la dominicaine (voir « *Resorts,* mode d'emploi » au début du chapitre « La côte des Cocotiers »), avec plus de 220 suites et chambres, réparties dans des bâtiments sans charme de 3 ou 4 étages (sans ascenseur). Trois types d'habitations : standard, avec balcon, ou suite avec vue sur la mer. Toutes avec AC, bains, coffre, téléphone et TV satellite. Comporte 5 bars et 2 restos. Deux piscines dont une avec jacuzzi. Conviendra surtout aux sportifs. Nombreuses activités proposées : plongée, voile, planche, pêche en haute mer, tennis, cheval, vélo, excursions, discothèque, etc. Golf à proximité. Club enfants (3 à 12 ans). Bon, c'est très bien tout ça, mais l'accueil gagnerait à être plus sympa.

🏠 |●| *Hamaca Coral by Hilton Hotel & Casino :* calle 20-de-Diciembre. ☎ 809-523-4611. Fax : 809-523-6767. ● www.coralbyhilton.com ● À partir de 5 220 $Do (174 US$) par personne pour la chambre double. Le meilleur hôtel de la ville, dans un cadre luxueux. Ici aussi, formule tout compris. Plus de 635 chambres tout confort, joliment décorées, dans des bâtiments de 2 étages avec vue sur jardin ou dans un bâtiment ocre de 6 étages face à la mer (plus cher). Toutes avec AC, balcon, coffre, minibar, téléphone, TV. Rien ne manque (ou presque) : petite plage privée, 3 grandes piscines avec bassin pour enfants et jacuzzi, casino (le seul de Boca Chica), boutiques, massages, discothèque, club enfants et plusieurs restos (caribéen, italien, mexicain), 7 bars. Très bien tenu. Personnel assez efficace et clientèle chic... Côté activités : gym, volley, tennis, voile, planche, ski nautique, jet-ski, plongée. Mais certaines sont payantes ou limitées à 1 h par jour (bien se renseigner). Offre spéciale pour les jeunes mariés !

🏠 |●| *Hotel Dominican Bay :* calle Juan-Bautista-Vicini, angle 20-de-Diciembre. ☎ 809-412-2001. Fax : 809-523-6310. ● www.catalog.hotetur.com ● Chambres à partir de 2 600 $Do (86,70 US$) pour 2, tout compris. Grand *resort* de plus de 400 chambres confortables et spacieuses, face à la mer, avec téléphone, TV satellite, coffre, clim'. Cuisine abondante et variée, 4 restos, 4 bars, 2 piscines, club enfants et discothèque. Nombreuses activités incluses dans le forfait, mais sports nautiques motorisés en sus. Il semblerait malheureusement que la gestion de l'hôtel batte de l'aile et que les plaintes de clients s'accumulent. À suivre...

Où manger ?

La station offre peu de choix, la majorité des touristes étant en pension complète à leur hôtel. Les restaurants sont regroupés dans la calle Duarte.

À l'exception des 5 adresses que nous vous recommandons, peu se distinguent du lot pour la qualité de leur cuisine : on choisit en fait en fonction du cadre. Éviter tout de même le centre de la rue, enfumé et bruyant.

|●| **Restaurant Chez Marius :** calle Duarte, 28. ☎ 809-523-6869. Poisson du jour et langouste sortie toute fraîche du vivier. Pour un bon repas, compter 1 000 $Do (33,30 US$) et, après le café, demandez la spécialité du patron offerte aux lecteurs du *Guide du routard* : la farigoulette... avant d'aller faire la sieste. C'est comme à Marseille et « avé l'assent » s'il vous plaît. Jolie fresque de « la bonne mère » et terrasse directement sur la plage.

|●| **La Langosta :** calle Abraham-Nuñez, 19 (à côté du pont de l'hôtel *Dominican Bay*). ☎ 809-523-4815. Jolie terrasse surplombant la plage. Direction italo-québécoise, accueil agréable et surtout très bons poissons frais à prix correct, formule intéressante à 995 $Do (33,20 US$) comprenant cocktail, soupe de poisson ou salade, langouste grillée, verre de vin, banane ou ananas flambé, café, rhum...

|●| **Pequeña Suiza :** calle Duarte, 56. ☎ 809-523-4619. Plats de 200 à 400 $Do (6,70 à 13,30 US$). Petit resto tenu par un Suisse, comme son nom ne le laisse deviner. Salle à manger étroite, située à l'arrière, au calme, dans un cadre assez agréable. À la carte, 7 fondues différentes : au fromage, au poisson, à la viande, à la suisse, à la chinoise... Pas donné, mais les fondues sont généreuses. Excellent café servi au bar donnant sur la rue. Possède également 6 chambres.

|●| **Neptuno's Club Restaurant :** un peu après le *Coral Hamaca Beach Hotel*. ☎ 809-523-4703. Plats autour de 500 $Do (16,70 US$). C'est peut-être la meilleure cuisine de Boca Chica et le cadre est superbe : succession de terrasses en bois face à la mer sous de grands toits de palmes. Réplique presque grandeur nature de la caravelle *Santa María* au bout du ponton, idéale pour prendre un verre. La carte affiche des prix assez élevés pour le pays, mais c'est justifié. Excellentes salades de fruits de mer d'une grande fraîcheur (poulpe, lambi, etc.), succulent curry Madagascar (aux crevettes), beaux poissons... On pourrait tout citer. Belle carte des vins également (certains à des prix raisonnables).

|●| **Pam Pam Billard :** directement sur la plage, à côté du *Don Juan Beach Resort*. ☎ 809-917-0757. Petit resto-bar de style tropical. Vous êtes servi directement sur la plage. Accueil sympa de Yannick et bonne cuisine : poisson, crevettes, langouste... On peut même y jouer au billard. Une bonne adresse pour déjeuner en tenue de bain, et s'il fait trop chaud, allez faire quelques brasses dans le lagon à deux pas de votre table.

Où boire un verre ? Où sortir ?

Bars, cafés et petites *discotecas* s'alignent dans la calle Duarte. Au milieu de la rue, les adresses sont plutôt glauques, avec leur lot de filles cherchant l'aventure, de couples mal assortis, de revendeurs louches et de touristes style « tatoué évadé d'Alcatraz » un peu trop portés sur la boisson. Autant être prévenu : les *chicas* sont comme les moustiques : elles fondent sur les routards esseulés dès la tombée de la nuit ! Le nom Boca Chica n'est-il pas prédestiné ? Sa traduction littérale signifie « Bouche Fille », à moins que ce ne soit « beaucoup filles », quoique ça soit de moins en moins vrai, la plupart des établissements de la rue principale ayant fermé fin 2004, et la durée de vie des nouveaux est plus qu'aléatoire. Sinon, cherchez toujours dans la Duarte, il y aura sans doute de nouvelles « boîtes » ouvertes quand vous passerez.

♪ **Burbujas :** calle Duarte, 15. ☎ 809-523-6813. L'entrée est à 50 ou 100 $Do (1,70 ou 3,30 US$), une boisson comprise. Petite disco diffusant une musique locale et internationale. En fin de semaine, la densité au m² est impressionnante, c'est vraiment étouffant.

🍸 **Pequeña Suiza :** calle Duarte, 56. Voir « Où manger ? ». Bar minuscule sur la rue. Un endroit stratégique, au cœur de l'animation.

À voir. À faire

⌖ **La plage de Boca Chica :** grande et large, elle permet de se trouver une petite place à soi. Les plus beaux coins sont situés face aux grands hôtels (sable nettoyé régulièrement) mais c'est évidemment là que s'entassent les touristes. Nombreux revendeurs partout ailleurs. Certains peuvent être très insistants. On signale aux parents que l'eau n'est pas profonde à Boca Chica : on y a presque toujours pied. Mais attention aux bateaux ou autres jet-skis !

⌖ **Plongée sous-marine :** l'un des intérêts de Boca Chica, c'est le nombre de récifs coralliens (donc de poissons) à observer dans la baie, ne serait-ce qu'autour de l'île située face à la plage principale. N'oubliez pas d'apporter masque et tuba.

■ **Don Juan Beach Resort :** voir « Où dormir ? ». Accessible seulement par la plage si vous n'êtes pas client de l'hôtel. On peut y louer du matériel ou réserver des excursions au club de plongée.

■ **Orca Divers :** à côté du *Don Juan Beach Resort.* ☎ 809-866-7555. ● www.orca-divers.de ● Vincent vous guidera dans le monde du silence : plongées pour débutants ou initiés, et même un *glass bottom boat* (bateau à fond de verre) si vous voulez imiter Cousteau sans vous mouiller. Environ 350 $Do (11,70 US$) pour 2 h. Une idée originale, vos plongées peuvent être filmées en vidéo pour 1 800 $Do (60 US$). Si vous vous recommandez du *Guide du routard,* André vous accordera des conditions intéressantes (- 10 % en général).

– **Windsurf :** location de planches sur la plage, à côté du précédent.

JUAN DOLIO

Une petite station balnéaire populaire, plus agréable que Boca Chica, mais moins fréquentée que Punta Cana. On y trouve plusieurs petites plages et des récifs coralliens qui attirent les amateurs de plongée.

Adresse utile

La topologie du village est très simple : la rue principale (calle Interior), parallèle à la grande route, longe la plage. On y trouve tous les commerces.

■ **Plaza Turística Juan Dolio :** en face de l'hôtel *Metro,* dans la rue principale. On y trouve un peu de tout : cybercafé, distributeur de billets, change, pharmacie, centre médical, poste...

Où dormir ?

Prix moyens

🛏 *Hotel Fior di Loto :* calle Central, 517. ☎ 809-526-1146. Fax : 809-526-3332. ● hfdiloto@verizon.net.do ● Facile à trouver, c'est un immeuble plutôt kitsch, à gauche en venant de Boca Chica, dans la rue principale. Une vingtaine de chambres, à partir de 300 $Do (10 US$), assez confortables, décoration à l'italienne et bar-resto de type indien, italien et pourquoi pas dominicain, souvent animé le soir. Excellent accueil, surtout si vous parlez l'italien ou l'espagnol. La patronne s'occupe d'aide humanitaire en Inde. Cours gratuit de yoga, acupuncture, langues, arts martiaux, psychologie intégrale... on ne s'ennuie pas. Gymnase de plein air, jacuzzi et Internet. Et tout ça à 50 m de la plage.

🛏 *Romeo y Julieta :* à 500 m sur votre gauche en venant de Santo Domingo. ☎ et fax : ☎ 809-526-2505. Chambres confortables (clim', eau chaude, frigo, coffre gratuit) à partir de 750 $Do (25 US$). Petit hôtel propre, tranquille et très convivial. À deux pas de la plage (chaises longues fournies) et proche du centre.

De beaucoup plus chic à très, très chic

🛏 |●| *Coop Marena Beach Resort :* à l'entrée du village. ☎ 809-526-2121. Fax : 809-526-1213. ● coopmarena@verizon.net.do ● Forfait à partir de 1 740 $Do (58 US$) par personne (sur la base de 2) tout compris. *Resort* moderne sans grand charme mais bien tenu, avec plus de 200 chambres, 3 restos, 2 bars, 3 piscines et une petite plage privée. Chambres confortables (celles sur jardin sont les plus spacieuses). Sur place : change, location de motos et voitures, boutiques, discothèque, etc. Nombreuses activités sportives : tennis, volley, vélo, équitation et plongée.

🛏 |●| *Barcelo Colonia Tropical :* sur la rue principale, à 5 mn de la plage. ☎ 809-526-1660. ● www.barcelo.com ● À partir de 1 990 $Do (66,30 US$) tout compris. Tout petit *resort* (40 chambres), mais pratique la même formule que les « grands ». Beaucoup plus calme que ses voisins, peu d'animation, plutôt destiné à une clientèle désirant se reposer...

🛏 |●| *Talanquera Beach Resort :* dans le village, après les précédents. ☎ 809-526-1510. Fax : 809-526-2408. ● www.barcelo.com ● Compter 3 380 $Do (112,70 US$) pour un couple. Plus de 400 chambres et 11 villas réparties dans différents bâtiments dans un parc de 12 ha. Toutes avec balcon, clim', téléphone, TV et coffre-fort. Plage privée sous les cocotiers (de l'autre côté de la rue), 3 piscines, restos (dont *L'Écrevisse*, voir « Où manger ? »). Pour les sportifs : club de plongée, volley, vélo, windsurf, kayak. L'hôtel possède aussi un *country-club,* à environ 5 km, avec équitation, minigolf, tir à l'arc, tennis et ping-pong. Mini-club (4 à 12 ans) proposant des promenades à cheval. Petite réduction pour les jeunes mariés.

🛏 |●| *Costa Caribe Coral by Hilton Hotel & Casino :* sur la plage principale. ☎ 809-526-2244. Fax : 809-526-3141. ● www.coralhotels.com ● À partir de 3 600 $Do (120 US$) par personne en formule tout compris (sur la base de 2). Immense *resort* de luxe aux bâtiments rose et vert. Trois piscines dont une belle avec mur-fontaine. Plage très propre. Plusieurs restos, casino et discothèque. Personnel pro et clientèle assez âgée (en grande partie américaine). Au programme : tennis, gym, vélo, cheval, kayak, voile, water-polo, golf à proximité. Également un mini-club avec piscine pour enfants.

🛏 Il y a une demi-douzaine de

grands ***resorts*** côte à côte à la fin de Juan Dolio : *Capella*, *Decameron*, *Metro*, *Sol*, *Melia*. Ils offrent à peu près tous les mêmes prestations.

Où manger ?

|●| *El Concon :* av. Boulevard (après le *Melia*). ☎ 809-526-2652. Plats de 200 à 400 $Do (6,70 à 13,30 US$). Bon petit resto italo-dominicain. Sous une paillote typiquement « Caraïbe », on déguste de préférence un poisson farci au crabe, la spécialité de la maison, mais on peut aussi jeter son dévolu sur des crevettes ou même une pizza.

|●| *El Meson :* dans la rue principale, face à l'hôtel *Metro*. ☎ 809-526-2666. Compter 300 $Do (10 US$). Bon resto offrant toutes les spécialités ibériques : *gaspacho*, *cazuelada de mariscos* et bien sûr l'indétrônable paella. Salle en terrasse.

|●| *Le Pampam :* dans la rue principale, face à l'hôtel *Playa Real*. ☎ 809-869-0310. Pour 1 140 $Do (38 US$), prix net, Pascal propose tous les soirs une formule intéressante pour les amateurs : cocktail, langouste fraîche, banane flambée, vin rouge ou blanc en bouteille, café et le digestif de l'île. Attention, la langouste est facturée au poids hors formule. Sinon, plat du jour aux alentours de 100 $Do (3,30 US$).

|●| *L'Écrevisse :* rue principale, en allant vers l'est. C'est le resto gastronomique du *Talanquera Beach Resort*. Ouvert seulement le soir de 18 h 30 à 22 h. Compter 800 $Do (26,70 US$). On y accède par un petit pont de bois posé sur des bassins. Salle climatisée au cadre luxueux, un brin prétentieux. On vous l'indique surtout pour sa carte alléchante, proposant des plats italiens, essentiellement à base de produits de la mer, réputés pour leur créativité, tendance « nouvelle cuisine des Caraïbes ». Pas donné, bien sûr. Idée intéressante, les résidents ayant choisi la formule *todo incluido* de ce *resort* paient un supplément forfaitaire de 630 $Do (environ 21 US$) incluant le vin.

Où manger dans les environs ?

Avant d'arriver à Juan Dolio en venant de Boca Chica :

|●| *Deli Swiss :* à Guayacanes, charmant petit village de pêcheurs à 2 km de Juan Dolio. ☎ 809-526-1226. Fermé les lundi et mardi. Compter environ 600 $Do (20 US$), sans la boisson. Tenue par Walter, cette belle maison en bord de mer – transformée en resto de luxe – se veut la meilleure table de la région, surtout en ce qui concerne les produits de la mer : langoustes, crevettes, poissons. Vous serez soufflé par la carte des vins, peut-être l'une des plus complètes des Caraïbes. Le propriétaire, œnologue passionné, a une grande pièce climatisée pleine de caisses de vin, surtout français. Il propose quand même des petits crus chiliens ou espagnols. La carte des vins comporte plus de 500 références. Établissement fréquenté par la bourgeoisie dominicaine, bien sûr...

|●| *La Villa Française :* dans l'unique rue du village de Guayacanes. ☎ 809-526-1106. Un bon établissement tenu, comme son nom l'indique, par des Français. Comme les touristes sont rares à Guayacanes, et bien ils vont les chercher dans les *resorts* avoisinants. Formule journée plage à 540 $Do (18 US$) comprenant le transport depuis votre hôtel le matin et un déjeuner complet à base de fruits de mer. Retour prévu vers 16 h. Formule plus luxueuse à 1 368 $Do (45,60 US$) comprenant apéro, fruits de mer, langouste (1,5 livre), dessert, café, digestif, et une demi-bouteille de vin.

SAN PEDRO DE MACORIS

100 000 hab.

Située à l'embouchure du río Higuano, cette ville portuaire est la plus importante de l'est du pays. Bruyante, très animée et sans curiosité particulière, elle n'attire pas vraiment les touristes. En cherchant un peu, on s'aperçoit pourtant qu'elle ne manque pas de charme, grâce à ses nombreuses maisons anciennes, son grand parc central et les rives du fleuve chargées de nostalgie. La ville ne fut fondée qu'à la fin du XIXᵉ siècle, par des exilés cubains qui se lancèrent dans l'industrie sucrière. Pour les Dominicains, c'est surtout la capitale du base-ball : la ville a donné de nombreux champions dont Samy Sosa, et possède l'un des plus fameux stades du pays. À part ça, San Pedro mérite surtout une visite pendant ses fêtes et son carnaval, réputés pour leurs danses originales apportées par les émigrants des îles anglaises.

Adresses utiles

■ *Banco Popular :* à deux pas de la place principale, à côté de la Station *Esso,* distributeur de billets.
■ *Distributeur Visa :* centre *Tricom,* av. Independencia, à plusieurs blocs du centre.
🚌 *Stations des guaguas :* on en trouve 3 différentes dans l'avenue Centrale. *Expresso Cobacha* (face au stade de base-ball) se rend à Santo Domingo, *Sitrapico* se rend à Sabana de la Mar et la *Cᵉ Sichoem* à La Romana.

Où dormir ?

🛏 *Hotel Royal :* calle Ramón-Castillo, 32. ☎ 809-529-7105. Autour de 600 $Do (environ 20 US$). Un peu excentré, entre l'avenue Centrale (celle des *guaguas*) et Independencia. Une vingtaine d'*apartamentos* répartis autour d'une cour intérieure, au calme. Chambres spacieuses, avec clim', bains, frigo et TV câblée. Personnel un brin nonchalant.
🛏 *Hotel Howard Johnson Macorix :* calle Gaston-F.-Deligne *(Malecón).* ☎ 809-529-2100. Fax : 809-529-9239. ● www.hojo.com ● Compter 1 900 $Do (environ 63,30 US$) la chambre double. Le meilleur hôtel de la ville, entièrement rénové. Hall luxueux, un peu plus petit que la place de la Concorde, jardin et grande piscine, bon resto.

La plupart des 170 chambres, tout confort, ont un balcon avec vue sur la mer.
🛏 |●| *Santana Beach Resort :* playa Santana. ☎ 809-412-1010. ● www.playasantana.com ● Vingt kilomètres après San Pedro en allant vers La Romana. On retrouve l'éternelle formule « tout inclus » autour de 2 250 $Do (75 US$) par personne sur la base de 2. Magnifique, cet ensemble en bord de mer, sa grande piscine avec îlots, végétation tropicale et petits ponts. Quatre restos et on ne compte plus les bars (de piscine, de plage, de nuit), ainsi qu'un casino... À l'arrivée, petite place avec ses jolies boutiques créoles et une petite église mignonne comme tout.

Où manger ?

|●| *Robby Mar :* calle Francisco-Dominguez-Charro, 35. ☎ 809-529-4926. Au bord du fleuve, à l'entrée de la ville (pas très loin du quartier de la

cathédrale). Quand on vient de Santo Domingo, fléché juste après le pont, sur la droite. Ouvert tous les jours 9 h à 23 h. Compter environ 600 $Do (autour de 20 US$) pour un repas fin et copieux. Une très bonne adresse, discrète mais réputée, cachée au milieu des bicoques de pêcheurs. Salle à manger agréable avec ses couleurs marines et sa vue sur la rivière qui coule derrière la haie. S'il fait beau, on mange dans le petit jardin. À la carte (qui comporte 250 plats), toutes sortes de produits de la mer mais aussi des clubs-sandwichs. Bonne petite soupe offerte en amuse-bouche et poisson goûteux. Cartes bancaires acceptées. Service efficace, que demander de plus à San Pedro de Macoris ?

À voir

🦐 *La cathédrale San Pedro :* dans le vieux centre, côté fleuve. Difficile de ne pas voir son haut clocher carré qui veille sur la ville. Dommage, de près on s'aperçoit que les gargouilles sont en plâtre. Normal, ce bel édifice aux airs gothiques ne date que du début du XXe siècle. Il n'en offre pas moins un havre de paix au milieu des bruits de moto. À l'intérieur, belle nef voûtée et vitraux aux chatoyantes couleurs. Fermée pour travaux lors de notre passage. Doit rouvrir *mañana,* comme on dit ici...

🦐🦐 *La vieille ville :* autour de la cathédrale, des bâtiments municipaux à l'allure néocoloniale ajoutent au charme du quartier. Les amateurs de vieilles maisons en trouveront surtout le long du port, comme ce beau centre culturel de 1913. Leur architecture rappelle un peu celle de La Havane. Normal, quand on sait que la plupart ont été construites par des colons cubains (qui avaient fui les guerres d'Indépendance de leur île).

🦐 *El Malecón :* dans le prolongement du port. Paradoxalement plus calme que le reste de la ville (ce n'est pas le cas dans toutes les villes du pays). On s'y promène agréablement, en contemplant les récifs. Quel dommage que ce soit si mal entretenu...

🦐🦐 *Cueva de las Maravillas :* à 16 km de San Pedro en allant vers Punta Cana. ☎ 809-390-8183. ● www.cuevadelasmaravillas.com ● Ouvert de 9 h à 18 h ; fermé le lundi. Entrée : 200 $Do (6,70 US$). Une des plus belles grottes que nous ayons vues. Décor, ambiance, éclairage, tout est parfait. Une véritable plongée dans le ventre de la terre et au cœur de l'histoire taïno, ces pauvres indiens décimés au XVIe siècle. Compter une heure pour la visite. Guides malheureusement non-francophones, mais particulièrement dévoués. Une excursion à ne pas manquer, d'autant que le prix est particulièrement raisonnable.

LA ROMANA

À 130 km à l'est de Santo Domingo, La Romana est une étape sur la route des plages de l'est de l'île, à proximité de Bayahibe et de quelques curiosités touristiques du pays (Altos de Chavón, Casa de Campo, l'île Saona). Elle se présente comme une petite ville commerciale (avec quelques industries) mais le centre ancien, quadrillé d'une manière coloniale, donne l'image paisible d'un gros village caraïbe. Il fait bon se promener à pied aux abords du *parque central.* La ville doit son nom à une grande balance romaine qui servait au XVIe siècle à peser les marchandises transitant par ce port, important à l'époque. De cette glorieuse époque, il ne reste plus qu'une zone franche.

Adresses utiles

■ **Taxis :** sur le *parque central.*
■ **Verizon :** également sur la place, à droite de l'église. On y trouve un distributeur de billets.
■ **Banco Popular :** calle Santa-Rosa, à deux blocs de Padre Abreu.
@ **Internet Café :** *parque central,* calle Eugenio-Miranda (à côté de la *panadería Trigo de Oro*).

Où dormir ?

De bon marché à prix moyens

🛏 **Hôtel & Punto :** un peu avant l'entrée de la ville, légèrement en retrait sur votre gauche (en venant de San Pedro). ☎ 809-550-9000. Hôtel entièrement rénové. Chambres à partir d'environ 400 \$Do (13,30 US\$) avec clim' et TV câblée. C'est un établissement d'une quarantaine de chambres très correct. Petit restaurant local, bar, billard...
🛏 **Adamanay :** à l'entrée de la ville, sur la droite de la route (en venant de San Pedro). ☎ 809-556-6202. Hôtel aux chambres simples, avec salle de bains et TV à partir de 525 \$Do (17,50 US\$) avec ventilo, ou 680 \$Do (environ 22,70 US\$) avec clim'. Bar et restaurant un peu tristounets...
🛏 **Hôtel Frano :** av. Padre-Abreu, 9. ☎ 809-550-4744. Sur la gauche de la route en arrivant de Juan Dolio.

Compter 800 \$Do (autour de 26,70 US\$). Simple et suffisant. Chambres propres, avec salle de bains, clim' et TV. Quartier un peu bruyant.
🛏 **Olimpo :** av. Padre-Abreu, à l'angle de Pedro-A.-Lluberes. ☎ 809-550-7646. Fax : 809-550-7647. Pas loin du *Frano,* sur le même trottoir. Établissement coquet et bien tenu, proposant des chambres tout confort à partir de 900 \$Do (30 US\$). Belle entrée et accueil charmant. Le meilleur rapport qualité-prix de La Romana. Hélas, souvent complet. Resto au rez-de-chaussée.
🛏 **Hôtel River View :** calle Restauración, 17. ☎ 809-556-1181. ● hotel riverview@hotmail.com ● À partir de 800 \$Do (autour de 26,70 US\$). Une vingtaine de chambres, avec clim', TV câblée, eau chaude.

Où manger ?

|●| **Panadería Trigo de Oro :** calle Eugenio-Miranda, 9. ☎ 809-550-5650. À 30 m du *parque central,* dans une rue parallèle à Duarte, côté église. Ouvert tous les jours jusqu'à 21 h, et le dimanche jusqu'à 13 h. Belle carte de sandwichs de 40 à 120 \$Do (1,30 à 4 US\$), *picadera* de 150 à 200 \$Do (5 à 6,70 US\$). Un lieu agréable, tenu par deux Français, François et Jean-Claude. Des grilles ouvragées, des tables de bistrot couvertes d'azulejos dans un pe-

tit jardin, voilà un endroit pour déguster d'appétissantes pâtisseries. Le plus étonnant, c'est la boulangerie, proposant pêle-mêle croissants, baguettes et bouteilles de vin. Le salon de thé-pâtisserie idéal pour un rendez-vous à La Romana.
|●| **Pizzeria Al Río :** calle Restauración, 43. ☎ 809-550-9109. Ouvert de 11 h à minuit. Fermé le mardi. Plats à partir de 70 \$Do (2,30 US\$). Près de la caserne des pompiers. Ça ressemble à une grande hutte bali-

naise, surplombant la rivière. Cadre agréable et aéré, jolie vue, accueil jovial et, bien sûr, plus de vingt sortes de pizzas. Le patron est francophone. Excellent rapport qualité-prix.

I●I Restaurante Don Q'Jote : calle Diego-Avila, 44. ☎ 809-556-2827. Sur le *parque central*. Ouvert tous les jours jusqu'à 22 h. Compter 240 à 630 \$Do (8 à 21 US\$), selon les plats. Resto bourgeois et guindé, bien plus classique que les précédents, mais considéré par les autochtones comme le meilleur de la ville. AC. Un peu cher pour ce que c'est. Accepte les cartes de paiement.

Où boire un verre ? Où danser ?

🍷 Le Soleil Bleu – Wine Bar : plaza de los Bomberos (place des Pompiers). Facile à trouver. Tenu par un couple belgo-dominicain, un endroit sympa pour boire un coup ou manger un sandwich ou un petit plat, et ce n'est pas cher... Essayez les *empanadas* (friands) à 30 \$Do (1 US\$).

🎵 Discothèques : les locaux recommandent la *Ricamo Disco,* calle Duarte, qui s'anime après minuit (en fin de semaine) et plus *caliente,* le *Studio 2000,* calle Santa-Rosa.

CASA DE CAMPO
···

L'endroit le plus étonnant du pays, pour ne pas dire le plus fou... En fait, ici, on n'est même plus vraiment en République dominicaine, mais dans une espèce d'État dans l'État, hors des lois qui régissent habituellement le commun des mortels. Construit par un consortium de Cubains de Miami, Casa de Campo est tout simplement un paradis pour milliardaires, un rendez-vous très prisé de la jet-set, bref une étape de grand luxe entre les Bahamas et Acapulco, Palm Beach et l'île Moustique. Parmi les résidents les plus assidus, citons entre autres : Julio Iglesias, Bill Clinton, Michael Jackson, le PDG de MacLaren, le big boss de Texaco, quelques têtes couronnées, des stars du cinéma, des champions sportifs... et bien d'autres people qui préfèrent garder l'anonymat.

Cette « casa de campo » (qui signifie maison de campagne) cache en fait un domaine de plusieurs milliers d'hectares donnant sur la mer des Caraïbes, avec ses avenues, ses étangs, ses jardins, ses forêts, sa marina, sa minuscule plage (Minitas), son gigantesque complexe hôtelier et sa « zone réservée » avec, cachées dans la végétation, des centaines de résidences de luxe sous haute protection. Le domaine possède tout naturellement sa propre police, sa caserne de pompiers et, bien sûr, son aéroport international, desservi quotidiennement de Miami par la compagnie *American Airlines* et de partout par des jets privés. On se déplace dans le domaine à bord de charmantes petites voitures de golf qui rappellent celles du feuilleton *Le Prisonnier* ! Pour aller plus vite, un service de navettes en minibus est également mis à la disposition des clients.

Côté distraction, rien n'a été oublié pour que les résidents gardent la forme (et évitent de s'ennuyer) : club de tennis (13 courts), *fitness-center* (gym, massage, squash, etc.), centre de tir (ball-trap, tir au pigeon, chasse simulée) et carrément deux terrains de golf de 18 trous, dont un réputé parmi les meilleurs du monde, *The Teeth of the Dog,* où ont lieu fréquemment des tournois internationaux. Pour les amateurs de cheval : un club équestre, un ranch, une aire de rodéo et un terrain de polo (c'est plus chic). Sans oublier les 14 piscines, mais ça, c'est presque banal.

La grande astuce des promoteurs, c'est d'avoir ouvert les installations du domaine au public... à condition de payer à chaque fois, bien sûr, et de rési-

der dans la partie hôtelière, constituée de 300 *casitas* (bungalows), de 150 villas de luxe (avec piscine privée ou jacuzzi) et de 9 restaurants. On peut ainsi mener une vie de milliardaire pour quelques centaines de dollars ! Compter environ 800 US$ par jour, pour une villa super-équipée pour deux couples (exceptionnellement, on ne vous donne pas le prix en pesos, ils ne semblent connaître ici que les « billets verts »). Si ça vous dit...
– **Renseignements et réservations :** directement sur place. ☎ 809-523-8698. Fax : 809-523-8394. ● www.casadcampo.com ● Bon à savoir : c'est environ 30 % moins cher hors saison (d'avril à décembre).

ALTOS DE CHAVÓN

Situé sur le domaine de Casa de Campo, ce « village historique » en constitue la caution culturelle. Perché sur une falaise dominant le río Chavón, Altos de Chavón est en fait un village d'opérette, construit de 1976 à 1982 pour un milliardaire américain qui rêvait de posséder une petite ville romantique de style italien du XVIe siècle et de l'offrir à sa fille bien-aimée le jour de ses 18 ans ! C'est ce que l'homme fit et que la fille apprécia. Le résultat est franchement étonnant, il faut l'avouer, l'illusion ayant été entretenue par une armée de décorateurs et d'artisans venus d'Italie. Les rues pavées, les maisons de pierre, les arcades, les toits de tuile, les réverbères, les grilles en fer forgé, tout a été construit selon les canons de l'esthétique méditerranéenne. On n'a pas non plus oublié la charmante petite église sicilienne, où sont célébrés d'authentiques mariages ! On est même allé jusqu'à reproduire à l'identique un amphithéâtre romain ! Tout cet ensemble a remarquablement bien vieilli et il est très bien entretenu, ce qui n'est pas toujours le cas dans le pays.
Aujourd'hui géré par une fondation privée, Altos est devenu, outre un musée à ciel ouvert consacré aux touristes, un village artisanal (ateliers de céramique, fabrique de meubles, boutiques, etc.), mais aussi une résidence internationale d'artistes et d'étudiants en art, invités pendant plusieurs mois pour y travailler librement. Si ça vous tente, vous pouvez toujours poser votre candidature, mais la concurrence est rude...

Comment y aller ?

➤ **De La Romana :** environ 12 km. Prendre la route nationale en direction de Higüey, passer l'intersection avec la route de Casa de Campo (à 2 km de La Romana) et continuer environ sur 6 km. Vous trouverez sur la droite un panneau indiquant une route secondaire bitumée qui mène (6 km encore) à Altos de Chavón, le terminus.

Où manger ?

On a l'embarras du choix, à condition d'avoir les moyens : on trouve plusieurs restos dans le village, qui proposent tous un cadre élégant et une cuisine très correcte, ce qui est rare dans les lieux hautement touristiques. Mais ici on est dans un endroit chic, ne l'oubliez pas.
Bien entendu, tous ces établissements de classe pratiquent allègrement les 10 % pour le service + 16 % de taxe + le pourboire. Pensez-y en fin de séjour avant de commander, si vous avez oublié votre carte de paiement...
Pratique, tous ces restos ont le même numéro de téléphone : ☎ 809-523-3333.

Et si vous êtes fauché, eh bien, il vous reste un petit **supermarché** où vous pourrez acheter de quoi improviser « discrètement » un petit pique-nique soit au bord de la fontaine de Trevi juste en face, soit, si le soleil ne frappe pas trop fort, sur les gradins de l'amphithéâtre.

Autre formule économique : le **boulanger,** tout de suite à gauche sur la place. Pour quelques dollars, vous y dégusterez d'excellents sandwichs, gâteaux, *picadera* (amuse-gueule) de toute sorte, ou même simplement un thé, un café ou un chocolat accompagné d'un croissant.

|●| **Café del Sol :** au centre du village. Probablement le moins cher puisqu'on peut se contenter d'une pizza à partir de 200 $Do (6,70 US$ environ) ou d'une glace.

|●| **La Piazetta :** propose d'authentiques spécialités italiennes et les vins adéquats. Plats entre 300 et 1 000 $Do (10 à 33,30 US$). Pâtes, risotto, osso buco, et bien d'autres saveurs latinos.

|●| **Giacosa :** cuisine italienne. Repas entre 300 et 1 000 $Do (10 à 33,30 US$). Cadre intérieur assez cossu. Du balcon, jolie vue plongeante sur la vallée.

Où danser ?

♪ **Genesis :** à l'entrée du village, à droite en arrivant. Ouvert les jeudi, vendredi et samedi de 22 h à 4 h. Classique et chic. Disco, salsa et tubes actuels. On y croise parfois une star de Casa de Campo, venue en voisine écouter du rock. Compter quand même 250 $Do pour boire un coup.

À voir. À faire

– **La visite du village** se fait à pied et elle est gratuite. Des guides indépendants vous proposent leurs services dès le parking (attention c'est assez cher).

L'amphithéâtre : juste après la fontaine, sur la droite en venant de l'entrée du village. Ce vaste théâtre de plein air d'inspiration romaine peut accueillir jusqu'à 5 000 personnes. Inauguré en 1982 par Frank Sinatra, il a vu se produire depuis (entre autres) : Carlos Santana, Julio Iglesias, Placido Domingo, le groupe America, Miami Sound Machine, de nombreux musiciens cubains en exil et évidemment dominicains. Si vous avez l'occasion d'y voir un concert ou un opéra lors de votre passage, ne la ratez surtout pas : cadre somptueux le soir, avec les collines et la jungle en toile de fond, la nuit tropicale enveloppant la scène...

Le río Chavón : juste après le théâtre, superbe panorama sur la vallée et le río Chavón, en contrebas du village. C'est sans doute le paysage le plus photographié du pays. S'il a des airs de déjà-vu, c'est aussi parce que des scènes d'*Apocalypse Now* (celle, mythique, de la charge des hélicos, paraît-il) et de *Rambo 2* y furent tournées ! On peut descendre jusqu'au fleuve : 318 marches y conduisent.

➤ Des bateaux proposent des **excursions** sur le río Chavón. Les tours démarrent à partir de 8 h et durent environ 1 h 30. Ils permettent de voir des villages de pêcheurs et des grottes autrefois habitées par les Indiens taïnos. Très touristique, bien sûr. Si possible, préférez les petits bateaux (12 personnes) aux gros (150 personnes !).

Le Musée archéologique : dans le village. Ouvert en principe de 9 h à 20 h. Entrée gratuite. On y a exposé le résultat des fouilles effectuées dans la région. Intéressant surtout pour ses témoignages sur l'art et l'artisanat des Indiens taïnos.

🦌 *Les galeries d'art :* elles présentent irrégulièrement des œuvres d'artistes dominicains contemporains. La plupart s'inspirent surtout de la peinture « naïve » haïtienne, célèbre sur les marchés américains et européens et qu'admiraient tant André Breton et André Malraux. Mais vu les prix généralement pratiqués ici, le naïf, ce n'est pas le peintre mais l'acheteur ! Cela dit, il arrive de trouver des toiles de peintres dominicains vraiment intéressants, qui ont bien assimilé tant la peinture créole qu'espagnole.

🦌 *L'église San Estanislao :* on peut y admirer une jolie statue en bois représentant saint Stanislas, patron de la Pologne. Touché par la présence de cette statue, Jean-Paul II avait, paraît-il, offert à la paroisse une urne contenant les cendres du saint. N'hésitez pas à monter au clocher, c'est le point culminant de la région et la vue y est sublime.

BAYAHIBE

À 30 mn en voiture de La Romana. Au fond d'une échancrure protégée de la côte, le village même de Bayahibe, naguère habité par des pêcheurs, vit aujourd'hui du tourisme. Il consiste en quelques chemins de terre, vite parcourus à pied, bordés par des baraques en bois et des petits bâtiments en béton peint, où se trouvent des hôtels bon marché, des buvettes, des restaurants à prix doux. La plage est dans le village, bordée de palmiers et de cocotiers. De nombreux bateaux de plaisance et vedettes mouillent dans la baie aux eaux turquoise. C'est d'ici que partent les excursions en bateau pour l'île de Saona ou celle de Catalina. L'autre Bayahibe, réservé au tourisme de masse, se trouve à l'extérieur, le long de la côte, et se résume à quelques beaux hôtels-clubs (des *resorts* tout inclus).

Adresses utiles

■ *Change :* Banca y casa de cambio Sanchez, au rez-de-chaussée de l'hôtel Llaves del Mar, calle Juan-Brito. ☎ 809-833-0201. Ouvert tous les jours de 8 h à 21 h et le dimanche jusqu'à 20 h. Dollars, euros et chèques de voyage.

📧 *Internet :* Bayahibe Telecom, situé dans une petite baraque juste à droite du parking principal, près de la boutique à cigares (facile à trouver). Ouvert de 8 h 30 à 19 h, tous les jours sauf le dimanche. Internet, courriel et téléphone.

🚌 *Parada des guaguas :* vers La Romana à côté de l'hôtel Bayahibe. Départ toutes les 20 mn environ...

Où dormir ?

Les routards auront l'embarras du choix : on a vite l'impression que tous les habitants du village proposent des chambres. Le plus amusant, c'est qu'ils ont tous le même nom, à croire qu'il n'y a que deux familles dans le village !

De bon marché à prix moyens

🏠 *Cabañas Maura :* à gauche de la rue principale, derrière Scubafun. ☎ 809-883-0053. L'un des moins chers : chambres simples à 350 $Do

(11,70 US$). On aime bien sa façade de toutes les couleurs. Sommaire, mais la patronne est gentille.

🛏 *Cabañas Tamarindo :* dans la rue principale. Une dizaine de chambres simples à 600 $Do (autour de 20 US$) avec douche et ventilo.

D'un peu plus chic à beaucoup plus chic

🛏 *Casa Daniel :* ☎ 809-833-0010. ● www.casa-daniel.de ● Chambres autour de 750 $Do (25 US$), copieux petit dej' inclus. À 500 m environ du centre du village. En suivant le chemin de terre qui part à gauche et longe la plage au sud, on arrive à une maison isolée, entourée d'un jardin planté d'arbres. Un petit bâtiment couvert de tôles ondulées, au pied de la maison principale, abrite 3 chambres simples et propres (2 lits et petit ventilo). Intérieur sombre car petites ouvertures. Les toilettes (douche et w.-c.) sont à l'extérieur (eau froide). Daniel, un Suisse allemand qui parle le français, accueille les amateurs de promenade en mer ou de plongée.

🛏 *Villa Iguana :* calle 8. ☎ 809-833-0203. Chambres avec ventilo à 870 $Do (29 US$), compter 300 $Do (10 US$) de plus pour avoir l'air conditionné. Petit ensemble moderne d'une dizaine de chambres. Tenu par des Allemands, c'est frais et clean. Malheureusement un peu éloigné de la plage, mais bon, pas trop quand même.

🛏 *Hotel Bayahibe :* au bout de la rue principale, à 20 m du petit port. ☎ 809-833-0159. ● hotelbayahibe@hotmail.com ● Une vingtaine de chambres à 750 $Do (ventilateur) et 1 000 $Do (AC) (25 à 33,30 US$), correctes, spacieuses et claires,

avec salle de bains, TV, frigo. Préférer les chambres à l'étage car plus claires.

🛏 *Trip Town :* des deux côtés de la rue principale. ☎ 809-833-0082. Face aux *Cabañas Francisca* et à côté de l'hôtel *Bayahibe*. Compter 500 $Do (16,70 US$) avec ventilo et 700 $Do (23,30 US$) avec clim'. Autour d'une petite cour intérieure, des bungalows rose et blanc, abritant une quinzaine de chambres mignonnes avec douche-w.-c., AC et TV. Patronne souriante.

🛏 *Hotel Llave del Mar :* à l'entrée du village, sur la droite. ☎ 809-833-0081. À partir de 800 $Do (26,70 US$) la chambre avec clim', frigo et TV. Petit établissement, sans grand charme, mais honnête. Près du parking des bus, donc bruyant.

🛏 *El Eden :* 10, av. la Laguna, juste à côté du *Club Viva Dominicus Wyndham*. ☎ 809-688-1856. Fax : 809-688-2485. ● www.santodomingovillage.com ● Chambres confortables à partir de 1 950 $Do (65 US$). Bel ensemble de 50 chambres et 20 appartements et villas à tous les prix. Plutôt destiné à un séjour qu'à une seule nuit. On trouve un peu de tout dans ce petit établissement italien bien sympathique : pizzeria, glacier, bar-karaoké, et même des machines à sous.

Très, très chic

🛏 ◐◑ *Club Viva Dominicus Wyndham :* à l'écart du village, en allant vers l'est. ☎ 809-686-5658. Fax : 809-221-6805. ● www.vivaresorts.com ● Séjours à partir de 3 300 $Do (110 US$) par personne, en formule tout compris, selon la saison. Immense *resort* de plus de 500 chambres. Les « standard » sont simples, assez bien décorées, refaites ré-

cemment ; les bungalows, plus confortables et plus chers, ont une architecture sympa avec murs de pierre corallienne et toit de chaume. Intéressant pour sa plage de rêve, ici aussi, et ses nombreuses activités : tennis, piscines, sports nautiques, tir à l'arc, etc. Club enfants (de 4 à 12 ans). En outre, le *Dominicus* n'est pas trop isolé et on peut s'échapper jusqu'au petit village de Bayahibe, à 30 mn à pied par la plage.

⚓ |●| *Amhsa Casa del Mar :* isolé dans la nature, en bordure de plage, à l'ouest du village. ☎ 809-221-8880. Fax : 809-540-3117. ● www. amhsamarina.com ● Chambres à partir de 4 500 $Do (150 US$) par personne (sur la base de 2) en formule tout compris. Grand complexe hôtelier, à l'architecture plutôt réussie, qui comporte près de 600 chambres réparties dans des bâtiments de 2 étages aux toits bleus. Parmi les atouts qui font rêver : l'immense piscine double avec jacuzzi et la grande plage sous les cocotiers, très bien entretenue. Chambres spacieuses, très confortables et joliment décorées, chacune avec balcon donnant sur jardin, TV satellite, minibar, téléphone. Service impeccable. Sur place, plusieurs bars, 4 restaurants (dont un chinois, un italien et un *steak house*) et une discothèque où ont lieu des concerts. Parmi les activités sportives : tennis, équitation, plongée, etc. Clientèle plus sélecte que dans les autres *resorts* du même genre (comme à Boca Chica ou Punta Cana), mais pas forcément plus âgée.

Où manger ?

|●| *La Punta :* à la pointe, comme son nom l'indique, à savoir entre le port de pêche et la plage des catamarans. ☎ 809-833-0080 et 809-224-5043. Ferme à 21 h. À partir de 200 $Do (6,70 US$) le plat. Une grande terrasse qui attire du monde et une carte proposant lambis, calamars, poisson et langouste. Bonne cuisine. Accueil jovial d'une famille dominicaine.

|●| *Playa de Luna :* juste à coté de *La Punta.* ☎ 809-426-4645. Compter environ 300 $Do (10 US$) pour un bon plat. Une jolie jolie guinguette en bord de plage pour déguster des spécialités françaises à prix plutôt doux et amoureusement préparées par Pierre-Alain. Cassoulet, confit de canard, rognons de bœuf, si vous voulez changer des produits de la mer, c'est le moment. Le propriétaire organise également des parties de pêche au gros avec son bateau.

|●| *Barco Grill & Café :* ☎ 809-689-8689. Plats à partir de 250 $Do (8,30 US$). Du parking du village face à la plage, prendre à gauche le chemin de terre en bord de mer. C'est 250 m environ plus loin, sur la droite. Maison en bois bleue avec des piliers jaunes et blancs, une petite terrasse agréable et aérée. Bon accueil. Service variable mais cuisine correcte pour le prix : soupes, poissons, *mariscos,* pâtes.

|●| *Big Sur :* ☎ 809-248-2462. Arrivé à la plage, prendre le chemin à droite, et le suivre sur 300 m environ en longeant la plage. Ouvert de 12 h jusqu'au départ du dernier client dans la nuit. Fermé le lundi. Un peu en retrait de la plage, installé sous une grande paillote, c'est le resto branché de Bayahibe. Un endroit agréable, tenu par Alina qui propose langouste, poisson, spaghettis, et même hamburgers et sandwichs. Bonne musique (et grand choix de CD). Fiesta tous les vendredis à partir de 23 h.

À faire

🤿 *Plongée :* 2 clubs de plongée dans le village.

■ *Casa Daniel* (voir « Où dormir ? ») *:* au bout du chemin à gauche du port (fléché). ☎ 809-833-0010. Daniel est un chaleureux Suisse allemand qui a l'honnêteté de reconnaître que le pays n'est pas un paradis pour la plongée, comparé à d'autres îles des Caraïbes. Ce passionné propose néanmoins des tours en bateau sur Catalina et

Saona pour observer les récifs. À partir de 1 440 $Do (48 US$) la plongée.

■ *Scuba Fun* : école PADI – magasin à l'entrée du village. ☎ 809-833-0003. ● www.scubafun.info ● Organise toutes sortes d'excursions et des premières leçons de plongée à partir de 2 070 $Do (69 US$). Forfait de 2 plongées à prix intéressant : 1 950 $Do (65 US$).

➢ *Speed Boat Adventures* : sur la plage, 100 m à gauche après l'hôtel *Bayahibe*, près de *Casa Daniel*. ☎ 809-833-0150. Sympa, cette sortie en bateau hors-bord. Excursion vers les plus beaux sites de la région, l'île de Saona et la forêt de mangroves (palétuviers). Deux sorties par jour en saison, 3 360 $Do (112 US$) le bateau (2 personnes). Durée : 3 h 30.

Achats

✾ *Bayahibe Fine Cigars* : à l'écart du village, en allant vers l'est (à côté de l'hôtel *Viva Dominicus Wyndham*). ☎ 809-889-4927. On assiste à la fabrication des cigares, et Gaétan ou Jean-Michel vous livreront tous les petits secrets. Belle boutique où l'on trouve tous les accessoires du vrai fumeur : boîtes, humidificateurs, briquets et, bien sûr, coupe-cigares...

LE PARC NATIONAL DEL ESTE ET L'ÎLE SAONA

Situé entre Bayahibe et Boca de Yuma, le parc national de l'Est couvre un peu plus de 400 km². C'est l'une des plus riches réserves du pays, avec plus de 110 espèces d'oiseaux, dont 11 endémiques, parmi lesquelles la colombe couronnée. La majorité de la faune du parc étant côtière, on trouve aussi des dauphins et des lamantins, ces « vaches de mer » que les premiers explorateurs prirent pour des sirènes ! (Nous pardonnerez-vous de démystifier ainsi l'un des plus beaux fantasmes de votre enfance ?) Côté flore, le parc se distingue par ses forêts de palétuviers et son épais maquis quasiment inviolé.

Le parc englobe l'île Saona, la plus grande du pays, d'une superficie de 130 km². Une île de rêve, bordée de cocotiers et de sable blanc et entourée d'eaux translucides, émeraude ou turquoise selon la profondeur. Hmm ! Miam ! Quel régal ! Bien que protégée, l'île est loin d'être déserte : on a recensé un millier d'habitants sur ce petit paradis, qui vivent exclusivement de la pêche et comptent le taux de mortalité le plus bas de la République dominicaine ! On comprend pourquoi : ils n'ont vraiment pas l'air stressé.

Pour visiter les villages de l'île, rien n'est organisé : essayez de trouver des pêcheurs prêts à vous emmener, mais sachez qu'il faut affronter des vagues assez violentes ; les barques à moteur se transforment vite en tape-cul ! Cela dit, si vous n'avez pas facilement le mal de mer, ça vaut le coup : les villages sont mignons comme tout, avec leurs rues de sable, leurs cases multicolores et leurs superbes barques de pêche. Comme partout dans le pays, on y trouve même des cafés où les jeunes se réunissent pour écouter de la musique et boire de la bière. Le paradis, on vous dit...

En revanche, pour ceux qui s'intéressent surtout aux plages de rêve de l'île, plus faciles d'accès, de nombreuses excursions sont organisées au départ de Bayahibe. On a l'embarras du choix, dans des genres complètement différents... Dans tous les cas, attention au soleil qui tape très très fort, aussi bien pendant les promenades en bateau que sur l'île. Chapeau et crème indispensables.

BOCA DE YUMA

À l'est de Bayahibe, de l'autre côté de la péninsule. Une route toute neuve traverse un paysage sauvage jusqu'à ce village perché sur une falaise au-dessus d'une superbe baie. Situé à l'embouchure du río Yuma, Boca (la « bouche ») est également un village de pêcheurs, mais dans un site très différent de celui de Bayahibe. Les maisons affichent leurs couleurs éclatantes, les barques tanguent dans le petit port, la vie s'écoule, paisible. Situé à l'écart de la route qui mène à Punta Cana, le village est du coup très peu fréquenté par les touristes. Profitez-en !

Où dormir ? Où manger ?

Boca de Yuma, c'est le pied pour être tranquille, mais pour manger ou dormir, alors là, c'est pas facile... On vous a tout de même dégoté une bonne petite adresse...

🛏 🍴 *Le Pirata :* arrivé dans le village, tournez à droite (impossible de tourner à gauche de toute façon !), et à environ 500 m, vous trouverez l'hôtel. Une dizaine de chambres à 1 200 $Do (40 US$). Petite piscine, bar, boutique, resto, le tout tenu par un Italien. Certainement l'endroit le plus confortable du coin.

🍴 Deux autres restos dans le village : *Brisas del Mar* et *La Playita.* Cuisine dominicaine classique avec poisson, lambi, poulet...

À voir. À faire

🎣 Vous trouverez le charmant *port de pêche* sur la gauche de la rue principale, en contrebas du village, derrière le resto *Brisas del Mar.*

🏖 *La plage (playita) :* à l'écart du village, de l'autre côté d'une petite anse. Les pêcheurs vous y emmènent en *yola* depuis le port. Bien négocier, car certains ont tendance à annoncer des tarifs fantaisistes. Ne leur en veuillez pas, ils n'ont pas l'habitude des touristes.

🎣🎣 *Les grottes (cuevas) :* on en trouve plusieurs autour du village, cachées dans les falaises. On y a retrouvé des dessins vieux de plusieurs millénaires, laissés par les Amérindiens. Des jeunes du village vous proposeront de vous y conduire.

➤ *DANS LES ENVIRONS DE BOCA DE YUMA*

🎣🎣 *La maison de Ponce de León :* à San Rafael de Yuma, village situé à 12 km de Boca de Yuma, en direction d'Higüey. On accède à la maison par une piste carrossable (à gauche en venant d'Higüey, juste avant le mur du cimetière). La maison se trouve à environ 2 km plus loin, en pleine campagne, sur le côté droit du chemin. Elle n'est pas indiquée mais on la reconnaît sans problème, perdue dans la campagne. Visites tous les jours de 7 h à 17 h 30. Entrée : 20 $Do (0,70 US$). Il faut demander au gardien de vous ouvrir la porte. Il donne aux visiteurs quelques explications en espagnol.

Cette massive demeure en pierre de taille, aux façades percées de meurtrières et au très beau portail sculpté, fut construite en 1505 pour le conquistador espagnol Juan Ponce de León, protégé des autorités de Saint-Domingue. Il s'était installé ici pour pacifier la région et combattre les Indiens.

Après avoir conquis la ville d'Higüey au nom de la couronne d'Espagne et l'est de l'île, Ponce de León s'embarqua en 1508 pour aller coloniser l'île de Porto Rico (alors appelée Borinquén), dont il devint gouverneur. En 1512, il partit explorer la Floride, à la recherche de la mythique « fontaine de Jouvence » dont parlait une légende taïna. Il ne la trouva jamais, à son grand désarroi. À défaut d'immortalité, il rapporta une méchante blessure lors d'un combat contre les Amérindiens et mourut en 1521 à La Havane. Il est enterré dans la cathédrale de San Juan à Porto Rico. Belle revanche de l'histoire quand on sait que Ponce de León et ses semblables étaient en fait des aventuriers assoiffés d'or et sans scrupules, et qu'ils furent responsables, en l'espace de quelques dizaines d'années, de la disparition de la totalité des Indiens des îles Caraïbes (les Caraïbes étant justement une ethnie indienne, rappelons-le)... Le livre du père Bartolomé de Las Casas, *Très brève relation de la destruction des Indes,* dénonce bien ce génocide commis par les conquistadors.

Longtemps à l'abandon, la maison a été reconstruite à l'identique et transformée en musée sur deux étages. On peut voir quelques beaux meubles d'époque, un buste de Ponce de León, et quelques objets anciens. La chambre à coucher du conquistador a été reconstituée ainsi que son bureau.

HIGÜEY

Grande ville de l'est de l'île, carrefour routier de la côte des Cocotiers et capitale de la province de l'Altagracia, Higüey est surtout considérée comme la « Terre sainte d'Amérique » par les habitants du pays. Entendez par là : le Lourdes dominicain.

UN PEU D'HISTOIRE : LE LOURDES DE LA RÉPUBLIQUE DOMINICAINE

On y vénère en effet *Nuestra Señora de la Altagracia* (à savoir la Vierge, pour faire court), patronne officielle de la République dominicaine. Selon la légende, elle serait apparue ici-même aux soldats de Christophe Colomb lors d'une bataille contre les Indiens. Depuis, elle a accompli tellement de miracles qu'il fut décidé de lui consacrer une imposante cathédrale, construite dans les années 1950, inaugurée en 1971 et aussitôt promue au rang de basilique par le pape. Malgré son architecture pour le moins... moderne, la basilique est devenue le symbole de la ville et l'une des plus importantes attractions touristiques du pays. Vous la verrez souvent sous forme d'autocollant sur le pare-brise des taxis ou le pare-chocs des camions !

Chaque année, vers le 21 janvier, des dizaines de milliers de pèlerins venus de tout le pays envahissent la ville, alors interdite à la circulation. Le spectacle de la rue a quelque chose d'étonnant. L'ambiance rappelle plutôt celle d'une kermesse, avec musique à tue-tête et grand marché populaire. Les « marchands du temple » et les jeunes venus faire la fête y côtoient toute une population digne de la cour des miracles : mendiants, infirmes, femmes et enfants abandonnés, dévots fiévreux, etc. Le plus fou, ce sont les dizaines de stands sponsorisés par des marques de bière... Bref, une vision du catholicisme bien plus joyeuse que chez nous.

Adresses utiles

■ *Banco Popular :* au coin de l'avenue située juste en face de l'entrée de la basilique. Une autre banque, avec distributeur de billets, plus bas dans la même avenue, sur le *parque central.*
■ *Change :* pas moins de 4 cambistes dans l'avenida da Libertad (rue du marché), en direction de Punta Cana.

■ *Verizon :* comme tout le reste, en face de la basilique.
☞ *Station principale des guaguas :* dans la rue située en face de la basilique.
☞ *Guaguas pour la playa Macao :* dans la rue du marché (à la sortie de la ville, vers Bavaro), avec la compagnie *Parada Sitrabapu.*

Où dormir ?

Prix moyens

⌂ *Hotel El Nilo :* en face de la basilique. ☎ 809-554-5742. Chambres correctes à 350 \$Do (11,70 US\$) avec ventilo et 500 \$Do (16,70 US\$) avec clim', eau chaude et TV. En dépannage seulement car, malgré l'accueil souriant, l'hôtel est coincé entre un boulevard bruyant et une rue animée (moins sonore).
⌂ *Luna de Miel :* quelques kilomètres avant d'arriver à Higüey. Compter 600 \$Do (20 US\$) la nuit. Si tout

est complet en ville, ce qui arrive fréquemment en période de fêtes religieuses, ces *cabañas* pourront vous dépanner.
⌂ Pour les fauchés, deux autres petits *hôtels* dans la calle Hermanos-Trejos (la rue principale), à deux blocs du carrefour situé juste après l'entrée de la ville. Tristes et bruyants, mais ce sont les moins chers dans le coin.

Un peu plus chic

⌂ *Hotel Brisas del Este :* calle Beller, 31, esq. Mella. ☎ 809-554-4405. Chambres doubles à 700 \$Do (23,30 US\$) avec AC. Petit hôtel de bon rapport qualité-prix, situé dans une rue calme donnant sur le grand boulevard en face de la basilique. Chambres simples, propres et calmes. Celles au 2ᵉ étage sont plus claires. On peut se garer dans la rue

sans crainte. Notre préféré dans cette catégorie.
⌂ *Don Carlos :* Juan Ponce de León, esq. Sanchez. ☎ 809-554-2344. Fax : 809-554-4219. Chambres assez confortables à 1 000 \$Do (33,30 US\$) par personne, avec clim', TV, téléphone... Resto. Hôtel sans grand charme mais correct pour une nuit.

Où manger ?

Bon marché

– *Échoppes et buvettes de la calle Altagracia :* cette rue est la plus animée de la ville, le soir en particulier, les week-ends et fêtes. Longue rue étroite séparée par un terre-plein planté d'arbres, alignant de nombreux kiosques et des terrasses en plein air. On y boit, on y mange sur le pouce (sandwichs, *bocadillos*) en écoutant la musique qui sort de partout. Sur le côté de la rue, quelques restos.

|●| *Victorina :* à 20 m de l'hôtel *Naranjo*. Grand fast-food spécialisé dans le poulet. Grande terrasse. | Pratique pour ceux qui dorment à l'hôtel à côté.

Prix moyens

|●| *Don Silvio Grill :* calle Altagracia (voir plus haut), angle avec calle Duarte. ☎ 809-544-4309. Ouvert tous les jours jusqu'à 0 h 30. Environ 250 $Do (8,30 US$) le repas. En venant de la basilique, premier carrefour à droite dans la calle Altagracia. Grande hutte sur pilotis en bois où se retrouvent les familles autour de plats locaux, copieux et à prix sages. |●| *Mesón de Cervantes :* calle Arzobispo-Nouel, 79. ☎ 809-554- 2506. Ouvert jusqu'à minuit tous les jours. Plats à partir de 150 $Do (5 US$). Restaurant conseillé pour le soir en raison de son décor intérieur hispanisant assez élégant mais sombre, ce qui donne finalement une certaine intimité. Bonne cuisine préparée comme il se doit : *sopas, camarones, pastas,* paella. Certains soirs, un pianiste anime la salle comme dans un piano-bar.

Où sortir ?

♪ *La Coco :* juste à côté de l'hôtel *Naranjo*. La meilleure discothèque locale de la ville. Chic et jeune.
♪ *Plaza (ou rancho) Merengue :* à 5 km environ du centre, sur la route de La Romana. C'est un dancing populaire, très apprécié de la jeunesse locale en fin de semaine. Grande cour pour se garer. Dans le même style : la *Cumbre* et *Isamar*.

À voir

🌂🌂 *La basilica de Nuestra Señora de la Altagracia :* entrée par l'avenida Laguna-Llana. Vous ne pouvez pas la rater : son étonnante arche de béton gris s'élève à plus de 80 m de haut au cœur de la ville. L'esthétique générale du bâtiment rappelle plus l'architecture Le Corbusier que les splendeurs de l'Espagne baroque. Les architectes, français, ont dessiné quelque chose d'incontestablement original. La façade principale affiche des mosaïques orange et rouge, noyées dans l'océan de gris du reste du bâtiment. Cela dit, ils ont une bonne excuse : il fallait construire un bâtiment capable de résister aux cyclones.
L'intérieur (tenue correcte exigée) est réputé pour ses vitraux modernes, fabriqués à Chartres et composés d'étranges taches de couleur (on apprécie ou non).

🌂 *El parque central :* au bout de l'avenue qui part de la basilique. On peut y admirer une petite église toute blanche du XVIe siècle, bien plus charmante, on s'en doute, que la basilique. C'est l'un des rares souvenirs de la vieille ville, fondée à la fin du XVe siècle par des conquistadors espagnols. Difficile d'imaginer aujourd'hui que ce fut l'un des premiers lieux de peuplement d'Amérique...

➤ *DANS LES ENVIRONS D'HIGÜEY*

Où dormir ? Où manger ?

🏠 |●| *El Guateque :* ☎ 809-552-6344. Sur la route menant à la côte des Cocotiers, 10 km avant Punta Cana. Environ 800 $Do (26,70 US$) la chambre double. Loin des plages mais pas cher du tout pour la région. Motel *(cabañas)* agréable avec bar, billard, resto et piscine (toboggan). Chambres récentes, bien tenues, avec douche et TV, clim' ou ventilo (moins cher). Clientèle de Dominicains. Ambiance sympa.

À voir

🎥 *La maison de Ponce de León :* à 24 km au sud d'Higüey. On en parle plus haut (voir « Dans les environs de Boca de Yuma »).

🎥 *Le village de La Otra Banda :* à une dizaine de kilomètres au nord-est d'Higüey, sur la route de Punta Cana. On traverse un paysage agricole avant de parvenir à ce grand village paysan typiquement antillais, célèbre pour le charme de ses maisons de bois. Vu la palette de couleurs, c'est le marchand de peinture du coin qui doit être content !

LA CÔTE DES COCOTIERS

« Costa de Cocos »... 50 km de sable blanc sous les cocotiers. Un nom qui fait rêver les vacanciers, mais aussi les promoteurs immobiliers. Résultat, depuis l'installation d'un *Club Med* en 1980 et l'ouverture de l'aéroport de Punta Cana, des dizaines d'ensembles touristiques, la plupart très luxueux, ont été construits ces dernières années. Et les projets d'hôtels (style *resort* américain) continuent d'affluer, certains complètement mégalos. Cela dit, comme à Bali, les constructions ne dépassent pas la hauteur des cocotiers. Quelques secteurs du littoral restent épargnés par le tourisme de masse et les routards en quête d'authenticité arriveront à trouver leur bonheur plus au nord, notamment du côté de Miches et de Sabana de la Mar.
– Petite précision : on a l'habitude de donner le nom de Punta Cana à toute la côte des Cocotiers mais, pour mieux s'y retrouver, nous avons préféré classer les *resorts* par plages (Punta Cana en étant une parmi d'autres), en allant du sud au nord.

QUAND Y ALLER ?

Comme dans le reste du pays, la grande saison touristique, c'est la période de Noël à Pâques. Le taux de remplissage des hôtels est important, les prix sont plus élevés, et la pression touristique est plus forte. Si vous y allez à une autre période de l'année, sachez que la pluviométrie (demandez à votre grenouille) dans cette partie de l'île est de 50 % inférieure à la moyenne du pays. Évitez les deux mois critiques, c'est-à-dire septembre-octobre, car c'est la période des ouragans, qui arrivent en général de Porto Rico tout proche.

RESORTS, MODE D'EMPLOI

La particularité des grands hôtels dominicains, plus spécialement à Punta Cana et à Bavaro Beach, c'est de pratiquer la formule « tout inclus », *all inclusive, todo incluido* en espagnol.
Lancée avec succès par le *Club Med,* la formule a été reprise par tous les groupes hôteliers américains et espagnols implantés dans l'île. La concurrence aidant, les prix sont devenus vraiment très alléchants, au point de faire de Saint-Domingue l'une des destinations les plus à la mode des Caraïbes, devant Cuba !

La formule « tout inclus »

Au départ, votre agence de voyages vous proposera ce genre de formule, et vous aurez du mal à résister... Vous payez un forfait pour la semaine (ou plus) et vous avez droit aux nuits d'hôtel, bien sûr, mais aussi aux repas à volonté, aux boissons à volonté (sauf certains alcools d'importation) et à presque toutes les activités sportives proposées par l'hôtel (excepté généralement les sports motorisés, la plongée en mer et la pêche au gros). Un petit bracelet (rouge, vert, bleu ou jaune, selon l'hôtel) riveté à votre poignet vous sert de passe-partout. C'est économique, c'est pratique, pour certains c'est magique mais on peut vite avoir l'impression de faire partie d'un troupeau. Évidemment, tout dépend de l'hôtel. Certains (les plus vieux) sont vraiment des « usines à touristes », sans charme et sans originalité, d'autres (les plus

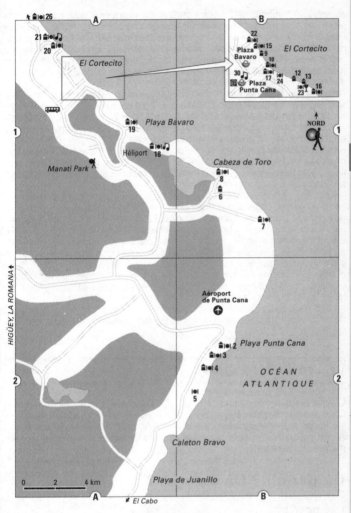

LA CÔTE DES COCOTIERS

🛏 |●| ☂ Où dormir ?
Où manger ?
Où boire un verre ?

2 Los Corales de Punta Cana
3 Club Med
4 Punta Cana Resort and Club
5 La Yola
6 Hotel Naragua
7 Catalonia Bavaro Beach, Golf & Casino Resort

8 Natura Park
9 La Posada de Piedra
10 Cayacoa Bavaro et Villas Bavaro
12 Alisios Bavaro Beach Hotel et Tropical Bavaro
13 Cortecito Inn
15 Fiesta Bavaro Resort
16 Ocean Bavaro Spa & Beach Resort (ou H10)
17 Carabella Bavaro
18 Complexe Barcelo Bavaro
19 Melia Tropical

20 Iberostar
21 Riu Hotels Punta Cana
22 Paradisus Punta Cana
23 Huracán Café
24 Captain Cook et Le Surcouf
26 Secrets Excellence Punta Cana

🎵 Où danser ?

18 Disco Bavaro
21 Le Pacha
30 Rincón de la Salsa

récents) sont conçus selon des « critères écologiques », genre paradis tropical. Les plus réussis sont bien sûr les plus chers. Ils sont néanmoins tous conçus sur le même modèle : immenses bâtiments, plusieurs restos et bars, nombreux services (change, location de voitures), grande(s) piscine(s), grand jardin, plage au fond, parfois un casino, un golf ou une discothèque en plus. Mais d'un hôtel à l'autre, l'agencement, la déco, la qualité de la cuisine et l'accueil font toute la différence.

Nous les avons pratiquement tous visités pour vous aider à faire votre choix, sachant que les catalogues d'agences et les brochures des offices de tourisme sont parfois trompeurs. Cela dit, vous nous connaissez, au *Guide du routard* on préfère quand même les petits hôtels de charme. Mais vu qu'il n'y en a pas trop ici, on a essayé de rester objectifs...

– *Les prix de ces hôtels :* ceux que nous indiquons dans le guide sont ceux proposés sur place aux individuels. Ils n'ont donc rien à voir avec ceux pratiqués par les agences, qui obtiennent des conditions spéciales (souvent très avantageuses, surtout hors saison).

– Attention, parfois le « tout inclus » est assez limité, avec des tas de restrictions, du genre tennis gratuit une heure par jour (ou payant le soir), ou plongée gratuite uniquement dans la piscine. La plupart du temps, les boissons offertes ne sont que des boissons « nationales » (c'est-à-dire rhum et bière uniquement) et les restos chic de certains hôtels sont avec supplément. Bref, ne pas hésiter à étudier les détails des catalogues à la loupe. Renseignez-vous également sur la dominante linguistique du *resort,* certains 90 % de clients allemands et l'animation, l'information, les excursions se faisant dans la langue de Goethe, on peut ne pas apprécier... Cela dit, pour éviter les plaintes, les agences sont de plus en plus précises à ce sujet.

– Nous n'indiquons plus, comme par le passé, les agences commercialisant tel ou tel *resort,* la sélection d'hôtels changeant constamment dans les catalogues.

PLAYA PUNTA CANA

C'est la plage la plus au sud de la côte des Cocotiers (avec la playa Juanillo). C'est aussi la plus connue, au point d'avoir donné son nom à toute la région, y compris aux autres plages dont Uvero Alto, situé à près de 50 km de là ! À part ça, pas de village. On y trouve juste un aéroport international, une marina et des *resorts*...

Où dormir ? Où manger ?

LES RESORTS

De beaucoup plus chic à très, très chic

🏠 🍴 *Club Med (plan B2, 3) :* sur la plage, à 6 km de l'aéroport. ☎ 809-686-5500. Fax : 809-959-5287. ● www.clubmed.com ● Compter 3 390 \$Do (113 US\$) tout inclus par personne (sur la base de 2 par chambre). Historiquement, le premier *resort* de la côte ; heureusement il a été entièrement rénové. On y retrouve tous les services et la grande gamme d'activités qui ont fait le succès du *Club :* centre de planche à voile, club enfants parfaitement organisé, théâtre pour les soirées, nombreuses animations, excursions pour tous les goûts (en jeep, à cheval, à moto, pêche au gros, plongée...), etc. Sur place, 2 restos dont un sur la plage, une banque, un bar à cigares, etc. Personnel serviable et souriant. Différence principale avec ses voisins et concurrents, c'est que les autres *resorts* comprennent dans leur prix la gratuité totale des boissons hors repas. Ce qui n'est pas le cas ici. Depuis peu, le *Club Med* a mis en vente des bracelets compensant cette « lacune ».

🏠 |○| *Punta Cana Resort and Club* (plan B2, 4) : après le *Club Med.* ☎ 809-959-2262. Fax : 809-959-8745. ● www.puntacana.com ● À partir de 2 850 $Do (95 US$) par personne, tout compris (sur la base de 2 par chambre) selon la période. Pratique également la formule demi-pension uniquement pour 2 250 $Do (75 US$) par personne. L'endroit s'enorgueillit d'avoir hébergé Julio Iglesias et Bill Clinton, entre autres personnalités. Ici, plus de 400 chambres réparties en villas et petits bâtiments dans un jardin de 40 ha. On a

été séduits par la belle entrée en pierre de taille. Chambres tout confort, avec balcon. Huit restaurants et deux bars. Bon point : on peut manger au resto de la marina, *La Yola* (voir plus bas), qui propose du poisson frais du jour ! Activités : voile, planche, kayak, volley, tennis, polo aquatique et surtout golf. Équitation et plongée payantes. Pianobar.

🏠 |○| *Los Corales de Punta Cana* (plan B2, 2) : juste avant le *Club Med.* Luxueux *resort.* On vous en parle juste pour l'anecdote, les propriétaires étant Oscar de la Renta et un certain Julio Iglesias (décidément partout dans ce pays !). En fait, c'est un *resort* très particulier qui, bien qu'aussi grand que les précédents, n'abrite que 3 locataires. Un peu mieux gardé que la réserve d'or des États-Unis à Fort Knox, vous aurez peu de chance d'y pénétrer.

Quelques kilomètres après le *Club Med,* vous trouverez dans la marina de Punta Cana un excellent resto italien :

|○| *La Yola* (plan B2, 5) : ☎ 809-959-2262 (ext. 8002). Ferme à 23 h. Repas de 1 000 à 1 500 $Do environ (de 33,30 à 50 US$). Une bonne table située dans l'hôtel *Punta Cana.* Sympa de déguster, dans le cadre luxueux de la marina, au sein d'un

décor qui a été dessiné et conçu par Oscar de la Renta, de bonnes spécialités italiennes bien sûr, mais surtout les produits de la mer, poissons, lambis, crevettes, langoustes. Attention : réservation impérative un jour à l'avance.

➤ *DANS LES ENVIRONS DE PLAYA PUNTA CANA*

⌂ Après la marina commence la piste (10 km) qui mène à la si jolie *plage de Juanillo.* Malheureusement, les promoteurs, investisseurs et autres entrepreneurs ont pris possession des lieux et construisent marina, golfs, *resorts,* hôtels, etc.

CABEZA DE TORO

Plage peu connue, située juste après le cap Engaño, entre les plages de Punta Cana et de Bavaro, même si les catalogues d'agences lui donnent le nom de Punta Cana pour simplifier. On aime bien son cadre assez sauvage, avec sa piste de sable qui permet de belles promenades en solitaire le long de la côte. On y trouve d'ailleurs un parc naturel classé, avec lagunes, mangrove et cocotiers. Le coin est encore peu développé sur le plan touristique, mais ici aussi des hôtels commencent à pousser (pas trop gros, heureusement).

Où dormir ? Où manger ?

Prix moyens

⌂ *Hotel Naragua* (plan B1, 6) : un peu avant les *resorts* en se dirigeant vers Cabeza de Toro. ☎ 809-688-4060. Chambres très confortables (avec clim', TV, etc.) à 1 000 $Do (33,30 US$) pour 2 sans petit dej'. L'un des seuls hôtels traditionnels de la région et pas trop cher, car c'est tout beau, tout neuf, mais la plage est à 5 mn à pied.

LES RESORTS

Très, très chic

⌂ |●| *Catalonia Bavaro Beach, Golf & Casino Resort* (plan B1, 7) : ☎ 809-412-0000. ● www.catalonia bavaro.com ● À partir de 9 000 $Do (300 US$) la chambre pour 2 personnes, selon la période, en formule tout compris *(ultra incluido)*. On accède par une grande allée de palmiers à ce très bel hôtel. Hall gigantesque décoré de bassins et de statues d'inspiration amérindienne (mexico-taïna) et 700 chambres dans une trentaine de bâtiments sur 3 étages, disséminés dans un grand jardin. Chambres spacieuses et bien décorées avec clim', téléphone, TV satellite, frigo, coffre de sécurité. Salle de bains avec baignoire et douche séparée. Balcon privé avec hamac (pour une nuit à la belle étoile). Tout au fond des jardins, une immense piscine et la plage, très large à cet endroit. Plusieurs restos (japonais, français, mexicain, italien), discothèque, salle de jeux, théâtre et centre commercial sur place. Il y a même des crêpes bretonnes. Inclus dans le prix : tennis, volley, vélo, billard, ping-pong, initiation plongée (en piscine), gym, sauna, jacuzzi, tir à l'arc, cours de danse. Et aussi : catamaran, kayak, plongée, windsurf. Mini club avec piscine pour enfants (4 à 12 ans).

⌂ |●| *Natura Park* (plan B1, 8) : à gauche de la route menant à la plage. ☎ 809-221-2626. Fax : 809-221-6060. ● www.blau-hotels.com ● Autour de 6 500 $Do (217 US$) la chambre pour 2 personnes en formule tout compris. Un bien beau *resort* « écolo », dont la grande originalité est d'avoir essayé de recréer un cadre naturel (d'où le nom de l'hôtel). Il se distingue des autres par une élégante architecture employant uniquement des matériaux locaux : beaucoup de bois (poutres en cocotier) mais aussi de la terre cuite, de la pierre et des feuilles de palme. On trouve également dans les jardins une profusion de bassins et d'étangs peuplés d'ibis, de flamants roses, de tortues et de poissons. Des passerelles et des petits ponts en bois permettent de circuler dans ce labyrinthe aquatique. L'effet est assez réussi, il faut l'avouer. Tout cela n'empêche pas le confort : chambres agréables, avec AC, TV satellite, minibar, coffre-fort et sèche-cheveux. Côté installations, notons la grande plage (hélas bondée), le club de plongée, les courts de tennis et une piscine magnifique, avec son bar, ses jets hydromasseurs et sa petite grotte cachée derrière un rideau d'eau ! Également un centre de remise en forme, une salle de lecture, un club enfants, des vélos, etc.

PLAYA BAVARO ET EL CORTECITO

La plage de Bavaro semble avoir détrôné celle de Punta Cana. Il faut dire qu'elle est vraiment très belle avec son sable blanc et son eau aux teintes paradisiaques. Les promoteurs immobiliers n'y sont pas allés de main morte : en quelques années, une dizaine de complexes hôteliers gigantesques sont sortis de terre (ou plutôt du sable)...

Paradoxalement, c'est à Bavaro – ou plus précisément dans le petit village d'El Cortecito (coincé entre deux grands ensembles de *resorts*) – que l'on trouve le plus d'adresses pour routards, entendez des hôtels pas trop chers (et à taille humaine), et de sympathiques restos de plage...

➢ Si vous arrivez directement, Bavaro se trouve à 20 mn en voiture de l'aéroport de Punta Cana (les grands hôtels proposent tous le transfert). Sinon, pour y aller depuis Higüey, *guaguas* fréquents avec la compagnie *Sitrabapu*.

Adresses utiles

■ *Téléphone international :* un *Verizon* et un *Tricom* dans la rue principale d'El Cortecito.

@ *Internet café* (zoom) : Tropi-Call, plaza Punta Cana, à 1 km de la plage en quittant le centre. ☎ 809-688-4512. ● www.bavaroinfo.com ● On y trouve un peu de tout dans ce domaine : téléphone à prix réduit, service postal, fax, Internet, réparation de cellulaires et... bière allemande. Bon accueil et conseils du patron. La *Posada de Piedra* possède quelques ordinateurs branchés sur le Net. La plupart des *resorts* ont également un service Internet, mais alors là, bonjour le prix, plus du double de ceux que nous vous indiquons, et pas négociable !

■ *Change :* Casa de cambio Jose-Abreu, plaza Bavaro (juste en face de la plaza Punta Cana). ☎ 809-221-1184. Au village, dans la rue d'El Cortecito, juste à droite du resto *Surcouf*, Casa de cambio Dios es Amor (quel beau nom pour un guichet de change !). Ouvert de 7 h à 19 h tous les jours. Change les euros, les dollars US et les chèques de voyage.

■ *Western Union :* au *Plaza Bavaro*. Même bureau que le Centre téléphonique centro de Llamadas Vimenca. Ouvert de 8 h à 17 h, tous les jours dimanche inclus. La compagnie Western Union répond aux besoins urgents d'argent. Ça marche sur le mode du transfert d'argent : vous contactez un proche qui dépose des sous au bureau le plus proche de Western Union, et vous récupérez votre argent quelques heures après à Punta Cana.

■ *Distributeur automatique de billets :* dans la rue principale d'El Cortecito, à la Banco Popular, près du restaurant *El Flamboyan* et dans tous les *resorts*.

■ *Police nationale :* au carrefour, sur la route d'Higüey. ☎ 809-223-0030.

■ *Pharmacie :* à El Cortecito, au fond de la rue principale, sur la droite.

🚌 *Transports publics :* terminal Sitrabapu sur la route qui mène aux *Riu Hotels Punta Cana* (à hauteur du centre commercial *Plaza Punta Cana*). ☎ 809-552-0771. La compagnie *Expreso ejecutivo* dessert Higüey et Santo Domingo 2 fois par jour.

■ *Taxis :* station au *Plaza Punta Cana*. ☎ 809-221-2741. Fax : 809-552-0617 (compagnie *Siutratural*). Service 24 h/24.

✈ *Aéroport international de Punta Cana :* ☎ 809-686-2312 et 809-959-2376.

■ *Vols en hélicoptère :* Helido SA, juste avant le *Manati Park*. ☎ 809-688-0744. Fax : 809-710-1988. Une manière de voir d'en haut ce qui se passe sur les plages. Tour de 10 mn : 1 950 $Do (65 US$) par personne.

■ *Consul de France honoraire :* Hubert Touret, villa Fratina, 3, Punto Amarillo, Bavaro. ☎ 809-552-1089. En cas d'urgence.

Où dormir ?

Plein d'adresses sympas, mais pas d'hébergement vraiment bon marché à Bavaro : ici, on vous fait payer la beauté de la plage. Les fauchés dormiront dans les environs, où les prix diminuent en proportion de l'éloignement de la mer...

Beaucoup plus chic

⌂ *La Posada de Piedra* (zoom, *9*) : sur la plage d'El Cortecito (entrée au début de la rue principale). ☎ et fax : 809-221-0754. ● laposadadepied ra@hotmail.com ● Compter 1 200 $Do (40 US$) la chambre double. Sympathique pension dans une maison bourgeoise dominicaine dotée d'une originale façade de pierre (d'où son nom). Propose 5 chambres avec ventilo et sanitaires. Confort limité, mais l'accès direct à la mer, ça n'a pas de prix... La patronne, Guadalupe, est charmante et le jardin donne directement sur la plage. Anachroniques dans ce cadre tropical, mais souvent utiles, quelques postes Internet. Compte tenu du peu de chambres et de la situation, mieux vaut réserver.

⌂ *Cayacoa Bavaro* (zoom, *10*) : carretera Melia, à côté du centre commercial *Plaza Bavaro*. ☎ 809-552-0622. Fax : 809-552-0631. Chambres à environ 1 350 $Do (45 US$). Petit hôtel assez mignon. Un peu éloigné de la plage. Chambres bien climatisées, avec petit balcon, TV, téléphone. Piscine haricot dans une petite cour située à l'arrière. Au pied de l'hôtel, un resto do-

minicain et un resto international.

⌂ *Alisios Bavaro Beach Hotel* et *Tropical Bavaro* (zoom, *12*) : à deux pas de la plage et du village. ☎ 809-552-1015. Fax : 809-552-1575. ● www.tropicalclubs.com ● Compter 2 880 $Do (96 US$) pour 2 personnes avec petit dej'. Nouveau complexe de mini-*resorts* qui ont fusionné ensemble. Une centaine de chambres et d'appartements très confortables : clim', TV, frigo... Quelques chambres donnent directement sur la plage. Trois restaurants, trois bars, piscine... Un *resort* à taille humaine à proximité du village. Bon compromis.

⌂ *Cortecito Inn* (zoom, *13*) : rue principale d'El Cortecito, en face de la *Posada de Piedra*. ☎ 809-552-0639. Fax : 809-552-0641. ● rest. cortecito@verizon.net.do ● Une soixantaine de chambres doubles à 1 950 $Do (65 US$) pour 2 avec petit dej'. Petit hôtel à taille humaine avec des bâtiments colorés entourant une cour intérieure plantée de cocotiers et équipée d'une piscine. Resto typique *El Flamboyan*. Accueil sympa.

LES RESORTS

Beaucoup plus chic

⌂ ၊ၔ၊ *Villas Bavaro* (zoom, *10*) : au début de la plage de Bavaro. ☎ 809-221-8555. Fax : 809-221-8556. Compter 2 460 $Do (82 US$) par personne en formule tout compris. On aime bien son bar sur pilotis au milieu de la piscine, mais le reste n'a pas grand charme et l'accueil est très moyen. Parmi les activités : tennis, plongée, ping-pong, cours de *merengue*, basket, jet-ski, windsurf.

Très animé le soir. Clientèle assez jeune, à majorité allemande.

⌂ ၊ၔ၊ *Carabella Bavaro* (zoom, *17*) : dans le village d'El Cortecito. ☎ 809-221-2728. ● h.carabela@ verizon.net.do ● Compter 2 850 $Do (environ 95 US$) par personne en formule tout compris. Bâtiments roses de 4 étages dans un grand jardin fleuri. Les atouts : la plage et les 2 piscines, dont une avec paillotebar. L'ensemble de 400 chambres n'a évidemment pas le luxe des voisins mais c'est l'un des *resorts* les moins chers. Intéressant surtout pour les amateurs de sports aquatiques : club de plongée, école de voile, ski nautique, kayak, pêche, planche à voile et excursions en mer. Tennis et volley. Discothèque et cours de danse. Location de voitures sur place.

Très, très chic

🏠 |●| *Complexe Barcelo Bavaro* *(plan A1, 18) :* le premier en arrivant à Bavaro. ☎ 809-686-5797. Fax : 809-686-5680. ● www.barcelo.com ● Les prix varient selon l'établissement de 2 700 à 3 390 $Do (90 à 113 US$) en formule tout compris. Fondé en 1931, le groupe espagnol Barcelo basé aux îles Baléares est devenu en 3 générations un empire dans le domaine du tourisme. En 1985, il fut le premier hôtelier espagnol à s'implanter à Punta Cana. Gigantesque complexe « à l'échelle américaine », il comprend 5 hôtels reliés entre eux par un petit train sur pneu plutôt rigolo : *Bavaro Golf, Bavaro Garden, Bavaro Casino, Bavaro Beach* et *Bavaro Palace* (le plus cher). Trois d'entre eux donnent sur la plage de cocotiers longue de 3 km, les autres étant construits autour d'un golf et d'un casino, comme leurs noms l'indiquent. Leur cadre n'est pas pour autant négligeable, le golf étant magnifiquement paysagé, avec rivière, étangs, flore tropicale et oiseaux en liberté (flamants, hérons, canards...). Bon, on ne va pas vous énumérer tous les services et toutes les activités du complexe, sinon ça prendrait 3 pages ! En bref : 12 restos et 20 bars, une piscine par hôtel, un théâtre, 2 discothèques, des dizaines de boutiques, un club pour enfants, un centre nautique, un terrain de foot (!), un de base-ball et même une chapelle ! Le problème, c'est que si l'on veut profiter de tout ça, on passe son temps à aller d'un hôtel à l'autre, et on se perd facilement dans ce labyrinthe... En outre, pour tout compliquer, on n'a pas vraiment droit à tout, selon l'hôtel dans lequel on se trouve, et on peut se faire refuser l'accès à trois restos avant de pouvoir dîner ! À part ça, c'est globalement bien tenu (même s'il y a parfois des petits hic vu l'énormité du travail), l'accueil est quelquefois très moyen (pour les mêmes raisons). On peut y passer d'excellents moments, malheureusement sans avoir l'impression d'être en République dominicaine. Bref, une belle usine à touristes, en version luxe.

🏠 |●| *Fiesta Bavaro Resort (zoom, 15) :* en face du centre commercial *Plaza Punta Cana.* ☎ 809-221-8149 ou 809-552-0803. Fax : 809-221-8150. ● www.fiesta-hotels.com ● Compter 3 900 $Do (autour de 130 US$) par personne en formule tout compris (sur la base de 2 par chambre). Assez bel hôtel, appartenant à un groupe hôtelier espagnol, avec sa grande réception au toit de bois, qui comprend plus de 600 chambres réparties en 75 petits bâtiments disséminés dans de beaux jardins, 2 grandes piscines, 5 restos, 5 bars et une discothèque. Nombreux services (laverie, commerces, poste, location de vélos, etc.). Parmi les sports gratuits : tennis, windsurf, catamaran, kayak. Mini-club (3 à 12 ans).

🏠 |●| *Ocean Bavaro Spa & Beach Resort* (appelé aussi *H10* ; *zoom, 16) :* dans le village d'El Cortecito, à côté du *Carabella Bavaro.* ☎ 809-221-0714. Fax : 809-221-0814. ● www.oceanhotels.net ● Environ 4 375 $Do (146 US$) par personne en formule tout compris (sur la base de 2 par chambre) et environ 5 695 $Do (190 US$) pour une personne seule. Appartient à un groupe hôtelier catalan de Barcelone. Cet hôtel-club convivial rappelle un autre « club »... Une belle plage, 3 piscines, 3 restos (mexicain, brésilien, etc.), 3 bars, salle de spectacles, salle de jeux, discothèque (avec *merengue* et salsa) et boutiques.

Chambres simples mais confortables, dans des bâtiments jaunes de 3 étages. Nombreux sports proposés : tennis, aérobic, volley, basket, tir à l'arc, équitation, water-polo, pétanque, fléchettes et même des cours d'espagnol (si, si, c'est du sport !). Club enfants de 9 h à 18 h. Plus de Français que dans les autres *resorts*.

🏠 |●| *Melia Tropical* (plan A1, *19*) : au début de la plage de Cortecito, entre les hôtels *Los Corales* et *Villas Bavaro*. ☎ 809-686-7499. Fax : 809-686-7699. ● www.solmelia. com ● Compter environ 4 980 $Do (166 US$) par personne en formule tout compris (sur la base de 2 par chambre). Belle entrée, agrémentée de bassins où s'ébattent des flamants roses (des vrais, vivants). Grandes chambres très bien décorées, réparties dans une vingtaine de gros bungalows avec balcon. Mini-club (4 à 11 ans). Le *Melia Tropical* est en fait jumeau du *Melia Caribe*. À eux deux, ils disposent de plus de 1 000 chambres. L'ensemble offre aussi 9 restos, 3 piscines et la plage bien sûr. Possibilité de faire du golf à côté, au *Cocotal and Country Club* (2 parcours, un de 18 trous et un de 9).

🏠 |●| *Iberostar* (plan A1, *20*) : quelques kilomètres après El Cortecito en se dirigeant vers le nord (Macao-Miches). ☎ 809-221-6500. Fax : 809-221-6186. ● www.iberostar. com ● Ici, 3 hôtels seulement (ça fait tout drôle) : le *Punta Cana*, le *Dominicana* et le *Bavaro Resort*. Les prix sont autour de 4 350 $Do (145 US$) par personne en formule tout compris (sur la base de 2 par chambre). On a préféré le *Bavaro*, pour son accueil suisse, ses 2 piscines et son hall luxueux. Le *Dominicana* est franchement laid avec ses couleurs criardes. Sports nautiques, tennis, tir à l'arc.

🏠 |●| *Riu Hotels Punta Cana* (plan A1, *21*) : juste après l'*Iberostar Punta Cana*, sur la plage de Punta Arena Gorda. ☎ 809-221-7171. ● www.riu.com ● Compter environ 3 125 $Do (104 US$) par personne (sur la base de 2 par chambre) en formule tout inclus, selon la période. Cette grande chaîne hôtelière a carrément reconstitué un village, avec une grande rue commerçante pompeusement nommée « Caribbean Street » (avec bureau d'infos, service médical, billard, discothèque, magasins de disques, de fringues, etc. !) menant aux 4 hôtels du complexe : *Riu Palace Macao, Riu Taino, Riu Naiboa* et *Riu Melao*. Bien sûr, le *Palace* est le mieux, avec sa belle piscine en forme de croix (avec jets d'eau), sa grande plage sous les cocotiers et ses bâtiments classieux de style colonial, aux suites royalement décorées. Le moins cher des quatre, le *Taino*, n'a qu'une petite piscine et un petit jardin, bref, c'est nettement moins bien. En revanche, on y pratique de nombreux sports : tennis, gymnastique, volley, plongée, etc. On y trouve aussi un casino. Essentiellement une clientèle d'Allemands.

Très, très, très chic

🏠 |●| *Paradisus Punta Cana* (zoom, *22*) : le plus à gauche de la plage de Bavaro, juste à côté du *Melia Bavaro* (c'est d'ailleurs la même compagnie espagnole). ☎ 809-687-9923. Fax : 809-687-0752. ● www. solmelia.com ● Compter 7 000 $Do (233 US$) par jour et par personne (sur la base de 2 par chambre), selon la période, en vraiment tout compris. *Resort* de très grand luxe dans un superbe parc tropical paradisiaque. Plus de 500 chambres réparties dans 35 bungalows de 2 étages. Formule « tout compris » plus intéressante que dans la plupart des *resorts* (avec le champagne et les cigarettes !). Chambres spacieuses (45 m²), sous forme de suite avec coin-salon et balcon. Sept restos (italien, chinois, espagnol, mexicain, japonais, brésilien, buffet), un casino, une piscine superbe en forme de lagune (avec îlots), un mini-club (4 à 12 ans) et des activités à la pelle toutes comprises dans le prix : plongée, équitation, tennis, vélo, ping-pong, billard, aérobic, water-polo, tir à l'arc, excursions, jacuzzi, catamaran, planche à voile, basket, sauna, cours de *merengue,* etc. Réduction sur le prix en mars-avril. Offre spéciale lune de miel. Bref, c'est pour l'instant le meilleur hôtel de Punta Cana.

Où manger ? Où boire un verre ?

|●| *Captain Cook (zoom, 24) :* rue centrale d'El Cortecito, donnant sur la plage également. ☎ 809-552-0645. Compter environ 1 800 $Do (60 US$) pour un repas. Très réputé pour ses produits de la mer : magnifiques plateaux de langoustes et crevettes, poisson grillé, calamars à la romaine, soupe de fruits de mer, paella, etc. Formule originale, on achète son poisson ou ses fruits de mer au poids ou à la pièce, ils sont rapidement préparés (gril en plein air) et servis avec l'accompagnement, le dessert, et même le café. C'est un peu la formule des *seafood-markets* de Thaïlande. Convivial mais bondé : les touristes des *resorts* voisins y viennent souvent en groupes par la mer, le resto possède ses propres bateaux. Musique le soir, et pas de groupes, c'est plus sympa. Salle plus tranquille au 1er étage. Très touristique et addition un peu salée si l'on prend des bébêtes un peu trop grosses.

|●| *Le Surcouf (zoom, 24) :* rue principale d'El Cortecito, à côté du *Captain Cook.* ☎ 809-552-1491. C'est une sorte de resto-bar francophone balnéaire et accueillant, qui donne sur la plage. Cuisine fraîche et bien faite. Menu *langosta* à partir de 1 050 $Do (35 US$) : une salade, une langouste grillée, des crêpes, un dessert, un verre de vin chilien. Si vous êtes à pied, le restaurant peut aller vous prendre en voiture et vous ramener à votre hôtel gratuitement...

|●| ♈ *Huracán Café (zoom, 23) :* sur la plage d'El Cortecito, à côté de l'hôtel *Alisio Bavaro.* ☎ 809-221-6643. Ouvert tous les jours de 11 h jusqu'au départ du dernier noctambule. Le lieu le plus branché de Bavaro. Un *music bar and beach restaurant* à des années-lumière des *resorts* voisins : des transats et des hamacs au soleil, une excellente musique (hip-hop, ambient, jungle...), de beaux jeunes gens à côté desquels on se sent tout ratatiné et de bien bêêeelles jeunes filles comme dans les magazines. Direction italienne dynamique. Table correcte avec une carte assez variée : crevettes, langouste, viande... *Fiestas* en fin de semaine (se renseigner).

Où danser ? Où sortir ?

♪ *Rincón de la Salsa (zoom, 30) :* au centre commercial *Plaza Punta Cana,* au-dessus du resto *Bueno D'Comer.* Ouvert de 9 h à 17 h. Ambiance typique et populaire. Très *caliente* : salsa, *bachata, merengue...*

♪ *Le Pacha :* dans le complexe *Riu Hotels (plan A1, 21).* À partir de 21 h 30. La boîte la plus fréquentée. Plein de belles Allemandes. Souvent des concerts de *merengue.*

♪ *Disco Bavaro :* dans le complexe *Barcelo (plan A1, 18),* entre les hôtels *Bavaro Casino* et *Bavaro Beach.* Fréquenté uniquement par des touristes. Classique et chic.

♪ Un peu plus loin, après la station-service : *La Punta,* ambiance plus que chaude jusque tard dans la nuit.

– Le *casino de l'hôtel Paradisus* (avec roulette et black-jack) est ouvert de 20 h à 3 h. On peut y apprendre le poker caribéen. Bon plan : la maison offre le champagne et le taxi (uniquement sur Bavaro) à ses clients ! Le *casino du Barcelo Bavaro* n'est pas trop mal non plus (nombreuses machines à sous).

Boissons et cigarettes offertes aux joueurs. Sinon, également un *casino Palace* dans le complexe *Riu*

Hotels (à partir de 16 h pour les *slot-machines*).

À voir. À faire

🍴 *Manati Park (plan A1) :* quand on vient de Bavaro, passer l'entrée du complexe *Barcelo*, et à environ 2 km à l'embranchement, tourner à droite et faire encore 1 km. ☎ 809-552-6100 et 809-221-9444. ● www.manatipark. com ● Navette régulière gratuite depuis tous les grands hôtels de la côte. Ouvert tous les jours de 9 h à 17 h 30. Entrée : 750 \$Do (25 US\$) ; 450 \$Do (15 US\$) pour les moins de 12 ans.

À voir, entre autres, le jardin botanique, les flamants roses, les iguanes, le bassin des crocodiles, le bassin des tortues, l'île aux aras, l'aquarium (raies, etc.). Shows de dauphins et de lions de mer, de perroquets, spectacle équestre (horaires affichés à l'entrée). Ceux qui auront pris la précaution de réserver peuvent également nager avec les dauphins, mais c'est très cher : environ 2 100 \$Do (70 US\$), entrée du parc comprise. Les enfants peuvent être filmés (moyennant finances évidemment) et, bien entendu, ils repartent avec la vidéo.

Également un village taïno reconstitué, avec de faux Indiens qui tentent de reproduire les us et coutumes des premiers occupants de l'île, genre artisanat bidon et tir à l'arc en pagne comme pour de vrai. C'est d'autant plus ridicule quand on sait que lesdits Taïnos ont été décimés par les conquistadors ! Possibilité de se restaurer, style McDo – les enfants adorent – , ou petit resto de grillades à côté des flamants.

🍴 *Delphin Island :* nouvelle activité nautique gérée par le *Manati Park* (coordonnées ci-dessus). Cette fois-ci, on nage avec les dauphins, mais dans la mer, un enclos grillagé empêchant les bébêtes de se sauver. Après une courte promenade en bateau, on monte sur le ponton, et hop, à l'eau ! Dommage, vous ne pourrez pas prendre de photos... Et oui, les organisateurs sont malins, ce sont eux qui ont l'exclusivité des photos, comme ça, ils pourront vous les vendre ensuite ! Et combien ça coûte, tout ça ? Au départ de Plaza Bavaro ou directement de votre hôtel, comptez 450 \$Do (15 US\$) pour une simple promenade en bateau au cours de laquelle vous verrez les dauphins. Si vous voulez vraiment nager avec eux, il faudra rallonger la sauce (compter 2 100 \$Do, soit 70 US\$).

– *Safari moto :* ☎ 809-223-8980. Zeneida et Michael, une Suissesse et un Allemand, organisent des excursions d'une journée en moto-cross 125 cc. Environ 130 km dans les paysages sauvages de la région. Prix : 2 790 \$Do (93 US\$) pour le pilote et 2 190 \$Do (73 US\$) pour le passager. Info et réservation chez *Iberostar* et *RIU* (voir la rubrique « *Resorts,* mode d'emploi » au début de ce chapitre).

Achats

🛍 *Plaza Punta Cana (zoom) :* ce grand centre commercial regorge d'échoppes de souvenirs (bijoux, peintures, sculptures indiennes, cassettes, cybercafé, cigares, etc.).

🛍 *Plaza Bavaro (zoom) :* juste en face du précédent, mêmes commerces.

🛍 *Cigares Romana :* El Cortecito, n° 56. ☎ 809-552-1108. Dans la rue principale du village, entre le restaurant *Captain Cook* et l'entrée de l'hôtel *Carabela,* sur la droite de la rue, en allant vers cet hôtel. Enfin un commerçant qui met un numéro à sa boutique ! Numéro 56. Bon, allez-y, et vous découvrirez un entrepreneur français, dynamique et sympathique (Benoît Sauvage), qui travaille en famille. Souriant, jovial, il dirige à la fois une agence réceptive de tourisme et une petite fabrique de cigares qui porte sa marque personnelle. Un bel exemple de créativité. On peut tester sur place et voir les cigariers au travail. On y trouve aussi des boîtes à cigares faites en beau bois exotique.

⊛ *Cigares Don Lucas* (plan A1) : sur la route Higüey-Bavaro entre la station *Shell* (de l'embranchement de l'aéroport) et la route du Manati Park. ☎ 809-552-1212 et 809-844-3952. ● www.cigar-donlucas.com ● Si vous êtes amateur de cigares, plus besoin d'aller à Santiago (plus de 8 h de route) pour visiter une manufacture. Lucas, un Belge francophone, fabrique d'excellents cigares de toutes les tailles et présentés dans de très jolies boîtes. Intéressante salle d'exposition où vous verrez quelques photos de fumeurs célèbres : Hemingway, Churchill, bien entendu Fidel et, surprise, le général de Gaulle dégustant un gros cigare... Chaque visiteur venant de la part du *Guide du routard* se verra offrir un cigare et vous pourrez si vous le désirez en rapporter chez vous à des prix de gros. La fabrique se visite tous les jours sauf le dimanche et le samedi matin, de 9 h à 17 h. À ne pas manquer.

DE PLAYA BAVARO À SABANA DE LA MAR

🍗 Après avoir écumé cette côte hyper-touristique, les « routards » pourront, en allant vers l'ouest, se rendre à *Miches* et *Sabana de la Mar* (voir plus loin). Là, c'est tout le contraire, encore peu d'établissements de luxe, on va vers la vraie République dominicaine. Une seule exception à cette règle, un nouveau et magnifique *resort* :

🏨 ◖●◗ *Secrets Excellence Punta Cana* (hors plan par A1, 26) : playa Uvero Alto. ☎ 809-685-9880. ● www.secretsresorts.com ● Le dernier *resort* au nord-ouest. Se méfier car bien que s'appelant Punta Cana, il est à l'opposé (2 h de route) du cap du même nom. Compter environ 5 280 $Do (176 US$) par personne en formule tout compris (toujours sur la base de 2 par chambre). À une demi-heure en voiture des derniers *resorts* de Bavaro Beach et pas loin de la laguna de Nisibon, on est surpris par l'architecture de ce *resort*. De loin, il ressemble aux tours de Carcassonne et à la Casa de Colón de Saint-Domingue. Bien sûr, tout est faux (un peu comme à Altos de Chavón), mais c'est vraiment bien réalisé. Immense hall de réception avec un îlot, des flamants roses, des tortues et un luxe d'autant plus insolite qu'il n'y a rien d'autre à 30 km à la ronde. C'est beau, c'est luxueux et, bien entendu, tout compris (plage, piscines, 6 bars, 6 restos, animation, spa, etc.). C'est un des seuls *resorts* proposant un service en chambre.

EL SEIBO

Sur la route de Sabana de la Mar, à une cinquantaine de kilomètres d'Higüey. Après la côte, le paysage change du tout au tout pour se faire montagneux. On traverse quelques jolis villages colorés, des champs de canne à sucre, puis de belles forêts après avoir franchi le río Chavón.
El Seibo se présente comme une charmante petite ville typiquement dominicaine, avec son parc central fleuri, sa belle église blanche au toit de tuiles et ses éclatantes boutiques de bois peintes de toutes les couleurs.

Où dormir ?

🏠 *Hotel Genesis :* calle Rose-María-Beras, 24. ☎ 809-552-3024. Pas évident à trouver : il n'est pas indiqué. Avant de sortir de la ville (vers Hato Mayor), prendre une rue à gauche, puis encore à gauche. Chambres à 500 \$Do (16,70 US\$). Bâtiment de 2 étages caché derrière une maison particulière (ils ne font vraiment rien pour qu'on les trouve !), qui comporte une vingtaine de chambres assez propres, avec salle de bains, TV et ventilo.

🏠 *Hotel San Miguel :* calle Gaston-Deligne, 29. ☎ 809-552-3684. Dans une rue à gauche en face de la station de *guaguas* en se dirigeant vers Higüey. Chambres à environ 300 \$Do (10 US\$) avec ventilo et 500 \$Do (16,70 US\$) avec clim'. Petit hôtel d'une quinzaine de chambres bien tenues, au confort « local ». Ne manquez pas, si vous passez par là, de visiter l'herboristerie de la propriétaire, située juste à côté. C'est incroyable de voir le nombre de médicaments qu'elle arrive à fabriquer avec des herbes, des plantes, des racines...

QUITTER EL SEIBO

➤ *Bus pour Santo Domingo et San Pedro de Macoris :* station à la sortie de la ville, à côté des pompiers.
➤ *Bus pour Hato Mayor :* à l'entrée de la ville, après le pont.
➤ *Bus pour Higüey :* station de *guaguas* sur le *parque central*.

MICHES

À une cinquantaine de kilomètres au nord d'El Seibo. Coupée du monde depuis le passage du cyclone George en 1998, cette charmante bourgade de pêcheurs est désormais accessible de Sabana, par une piste assez bonne. Miches possède une atmosphère particulière comme on les aime, un port mignon comme tout à l'embouchure d'un fleuve et une grande plage déserte... Bref, Miches est le remède idéal après une overdose de Punta Cana.

Où dormir ? Où manger ?

🏠 |●| *Punta El Rey :* ☎ 809-645-0736 ou 809-248-5888. ● www.puntaelrey.com ● Accès : à 18 km avant Miches, en arrivant de Punta Cana par la côte, prenez sur votre droite une piste d'une dizaine de km qui vous y mènera. Un conseil, téléphonez d'abord à Léo pour qu'il vous explique la route (c'est un Suisse et il parle le français). Chambres doubles à 2 250 \$Do (75 US\$), petit dej' et dîner inclus. Situé au cœur du parc national de la Costa Esmeralda, dans un site préservé. Ce « beach-club » familial propose 5 bungalows très propres (vive la Suisse !), au confort très correct (douche-w.-c.), situés sous les arbres, près de la plage. Fait aussi restaurant : plats dominicains et européens. Bon accueil.

🏠 |●| *Hôtel Comedor Orfelina :* calle Duarte, 71. ☎ 809-553-5233. À partir de 400 \$Do (13,30 US\$) la chambre pour 2 avec ventilo et 800 \$Do (26,70 US\$) avec clim' et

TV. Pension de famille très sympa d'une quinzaine de chambres, propres, avec bains. Dommage que la disco située juste à côté soit aussi bruyante surtout en fin de semaine, mais ça, c'est comme dans tous les villages du pays, on finit par s'y faire... Petit restaurant typiquement local, bon et pas cher.

🏠 I●I *Hôtel Bahia del Este :* San-Antonio, 50. ☎ 809-553-5834. Ici, 18 chambres à 350 $Do (11,70 US$) avec ventilo et TV, et à 500 $Do (16,70 US$) avec clim' et TV. L'hôtel est bien tenu et possède même un petit resto. Pas cher et typiquement dominicain.

🏠 I●I *Hôtel La Loma :* vous ne pouvez pas le rater, c'est sur la gauche en quittant Miches vers Sabana de la Mar. ☎ 809-553-5562. Fax : 809-553-5564. Chambres très confortables à 1 400 $Do (46,70 US$). Bel ensemble situé en haut d'une *loma* (colline). Dirigé par des Suisses, il offre 8 belles chambres avec clim', TV et superbe terrasse avec vue sur la mer, discothèque en bas ouverte sporadiquement (mais c'est bien isolé, pas de crainte à avoir), piscine, bar et très bon resto qui sert des spécialités locales : crevettes, poisson, *ceviche,* etc. C'est le meilleur plan de Miches.

SABANA DE LA MAR

À 78 km au nord de San Pedro de Macoris et 69 km d'El Seibo (via Hato Mayor), accès par une route de montagne offrant de magnifiques panoramas. Coincé entre la cordillère orientale et la grande baie de Samaná, Sabana est un petit bout du monde dominicain, peu fréquenté par les touristes, vivant au rythme des pêches et des soirées passées à écouter de la bière en buvant des *bachatas* (ou l'inverse). C'est aussi la porte d'entrée du passionnant parc national de Los Haïtises, pour ceux qui ne s'y rendent pas de la péninsule de Samaná. Depuis plusieurs années, on vous parlait d'un hypothétique bac qui devait relier Sabana de la Mar à Samaná. Le chenal était fait, le ferry était à quai et on nous disait irrémédiablement « C'est pour *mañana...* ». Dommage qu'ils ne soient pas parvenus à régler les problèmes techniques ou administratifs, car ce fameux bac aurait permis aux touristes de la région Est (soit plus de la moitié de la capacité hôtelière du pays) de rejoindre la péninsule de Samaná et la côte nord sans avoir à passer par Saint-Domingue, ce qui économise un jour de route.
Ironie de l'histoire, le beau ferry tout pimpant a fini par couler la veille de l'ouragan Jeanne, en septembre 2004... Autant dire qu'il n'est même plus question de *mañana...*

Adresses utiles

■ *Bureau du parc :* grand bâtiment rose au coin du *parque central,* tout près du port. ☎ 809-556-7333. Ouvert du lundi au vendredi de 8 h à 17 h. Informations sur le parc national de Los Haïtises et petit musée qui présente la faune et les grottes. Possibilité de visiter le parc en embarquant du Cano Hondo, mais il n'y a aucun guide francophone.

■ *Téléphone international :* Turitel, calle Diego-de-Lira, à côté de la police. *Verizon,* calle Duarte.
■ *Sabana Tour :* calle Duarte, 43. ☎ 809-556-7835. Nouvelle agence cautionnée par la direction des parcs et tenue par de jeunes Dominicains, Rafael et Antonio. Ils sont de bon conseil pour visiter le parc des Haïtises ou voir les baleines.

Où dormir ? Où manger ?

Vraiment pas grand-chose dans la ville. En fait, les meilleures adresses sont dans les environs.

🛏 ◉ *El Tres :* à 3 km de Sabana, sur la route d'Hato Mayor. ☎ 809-556-7575. Comporte une dizaine de chambres à 500 $Do (16,70 US$). Une excellente adresse, tenue par un Madrilène (José) marié à une Dominicaine très gentille (Marta). Atmosphère de pension de famille campagnarde. Chambres toutes simples mais très propres, avec douche, w.-c. et gros ventilo. Bien sûr, il y a des insectes (on est à la campagne). L'adresse vaut autant pour son calme et son authenticité que pour son resto : excellente cuisine préparée sur demande, copieuse et pas chère du tout. Marta sert, entre autres, de succulentes langoustes fraîches, grillées juste comme il faut. Ils organisent également des excursions à cheval et au parc des Haïtises.

🛏 ◉ *El Paraiso Caño Hondo :* ☎ 809-248-5995 et 809-873-7221. ● www.paraisocanohondo.com ● Pas facile à trouver ; à la sortie de Sabana de la Mar, à environ 1 km du *muelle,* prendre le chemin à droite (indications pour le parc national et l'hôtel). Une vingtaine de chambres à partir de 1 380 $Do (environ 46 US$). Petit resto au bord de l'eau.

Compter 350 $Do (autour de 11,70 US$) pour un repas correct. Génial, ce petit hôtel perdu à la lisière du parc des Haïtises. Des piscines naturelles installées sur le cours du río Caño Hondo s'offrent à vous. Chambres très confortables, mais style écolo (pas de TV), et on ne vend pas de cigarettes, c'est le retour à la nature. Possibilité d'excursions au parc des Haïtises. Tony, le patron, connaît le parc comme sa poche et peut vous en parler la nuit entière. Petit établissement très convivial. Petit musée consacré au parc des Haïtises, fossiles, vestiges du chemin de fer, poteries taïnos...

◉ *Restaurant Fon Von :* dans la rue principale, sur la gauche en arrivant. ☎ 809-556-7332. Bon petit resto moitié dominicain, moitié asiatique ; c'est très copieux et vraiment pas cher.

◉ *Parador del Mar :* calle Sánchez, 2 (petite place juste avant l'embarcadère). ☎ 809-556-7835. Compter environ 300 $Do (10 US$) pour un bon repas. Une bonne petite adresse pour déguster les produits de la mer toute proche. Spécialités de lambis, poissons, crevettes et langoustes.

➤ DANS LES ENVIRONS DE SABANA DE LA MAR

➤ *Excursions dans le parc national de Los Haïtises :* le bureau officiel du parc situé à Sabana (voir « Adresses utiles ») organise des visites sur demande. Compter environ 3 000 $Do (100 US$) pour le bateau, 800 $Do (26,70 US$) pour le guide dominicain et 100 $Do (3,30 US$) pour l'entrée. Demander Rafael, le guide officiel. Sinon, sur le port de Sabana, de jeunes pêcheurs proposent des excursions de 3 h, pour environ 2 500 $Do (83,30 US$). C'est un peu moins cher que les visites officielles, mais c'est plus risqué (vérifiez bien l'état du bateau) et vous en apprendrez moins qu'avec un guide compétent.

Pour ceux qui se rendent ensuite à Samaná (notamment à Las Terrenas), autant savoir qu'on y trouve des agences spécialisées dont les guides (certains sont français) connaissent le parc comme leur poche.

On peut également réserver une excursion depuis certaines stations de la côte, par exemple à Juan Dolio, mais c'est plus cher et on se retrouve avec des groupes. Certains *resorts* proposent également des visites organisées du parc. De Sabana, on peut se rendre directement au parc par la route. Dans tous les cas, il faut ensuite une embarcation pour accéder aux zones les plus intéressantes. Les détails de l'excursion sont donnés dans le chapitre « Sánchez et le parc de Los Haïtises ».

QUITTER SABANA DE LA MAR

> **Pour Samaná :** 3 à 5 bateaux par jour, de 9 h à 16 h (en principe). Renseignements au port *(muelle)*. La traversée dure 1 h et coûte 100 $Do (3,30 US$). Les motos – maxi 125 cc – paient de 200 à 300 $Do (6,70 à 10 US$) ; c'est un peu à la tête du client. Notre conseil : mettez-vous à côté d'un Dominicain qui passe sa moto et, quand il aura payé, vous serez en position de force pour négocier.

À L'OUEST DE SANTO DOMINGO

Très peu développée sur le plan touristique, la région qui s'étend à l'ouest de la capitale jusqu'à la frontière haïtienne offre un autre visage de la République dominicaine, avec des paysages sauvages, une succession de villages de pêcheurs, une population vivotant tant bien que mal et une atmosphère plus authentique que sur la côte est. C'est ici que les routards curieux s'aventureront, avec la certitude de sortir des sentiers battus... D'autant plus qu'on trouve dans la région des plages vraiment désertes et de beaux parcs naturels quasiment inviolés, où crocos, flamants roses et hérons sont chez eux ! Si vous choisissez cette destination, et vous avez bien raison, ne vous attendez pas à y trouver des installations touristiques comme à Punta Cana ou Las Terrenas. Plus vous vous approcherez de la frontière haïtienne, et moins vous verrez de touristes, c'est un peu le bout du monde, mais ça vaut la peine. Paysages et villages sont vraiment très beaux. Si vous avez décidé de visiter le lac Enriquillo, avant d'entreprendre cette longue route, renseignez-vous par téléphone à La Descubierta (voir plus loin) pour savoir si les gardes des parcs qui organisent le tour sont opérationnels ou non. En 2004, ils sont restés plus de 3 mois sans moteur hors-bord, et les excursions ont dû être annulées.

SAN CRISTÓBAL   200 000 hab.

À environ 25 km de Santo Domingo. Autant le dire tout de suite, l'intérêt de cette ville bruyante et sans charme est purement historique. Fondée au XVIᵉ siècle, la ville doit probablement son nom au saint patron de Christophe Colomb. Colonisée par des chercheurs d'or, San Cristóbal a vite prospéré, au point que la première Constitution du pays fut signée ici, en 1844. Autre fierté de la ville (il n'y a pourtant pas de quoi) : c'est le lieu de naissance de Rafael Trujillo (1892-1961). Une fois au pouvoir, le célèbre dictateur éleva sa ville au rang de « ville d'honneur » (normal) et y fit construire deux luxueuses propriétés, une seule ne suffisant sans doute pas. En attendant d'être transformées en musées, elles sont aujourd'hui à l'abandon, preuves flagrantes de la vanité du pouvoir.

Où dormir dans les environs ?

🏠 **Villas Coraly :** sur la Costa de Najayo. ☎ 809-862-4917 ou 809-904-4802. À 10 km de San Cristóbal, entre Najayo et Palenque, prenez un chemin sur votre gauche (c'est indiqué) et vous tomberez sur cet ado- rable ensemble de petites villas accrochées sur la falaise, avec une vue imprenable. Compter 2 500 $Do (83,30 US$) pour 4 personnes. Christian, le proprio, loue également des *quads* et des jet-skis.

À voir

Seuls les admirateurs du généralissime Trujillo seront intéressés par une visite de la ville, ou alors les pervers (dans notre genre) qui se demandent ce que les dictateurs aiment s'offrir avec les deniers de l'État...

🕯 *L'église San Cristóbal :* sur le *parque central.* Ouvert seulement de 18 h à 19 h, en dehors des services religieux. Construite au XIXᵉ siècle, elle ne présente pas beaucoup de charme à l'extérieur, mais l'intérieur est assez réussi. Principale curiosité : le tombeau du général Trujillo sans Trujillo !

🕯 *El castillo del Cerro :* ce « palais » de béton aux airs de bunker fut érigé sur une colline qui domine la ville. Trujillo fit construire cette imposante villa dans les années 1930 mais, déçu par le résultat, il n'y résida presque pas. On ne visite pas l'intérieur, la maison étant fermée depuis plusieurs années pour travaux.

🕯 *La casa de Caoba :* à environ 2 km de la gare des *guaguas,* par une route défoncée qui monte à travers la forêt. Également construite sur les hauteurs de la ville, cette « maison d'acajou » servait de maison de campagne au dictateur. Il faut être vraiment motivé car c'est dur à trouver (rien ne l'indique) et surtout il n'y a plus grand-chose à voir, à part le panorama sur la région. En rénovation depuis plusieurs années (mais les travaux traînent), cette maison moderne de 2 étages s'est fait dérober les précieuses boiseries d'acajou qui lui donnèrent son nom. Pour l'anecdote, on remarque la « salle de bal » entourée de bancs, les moulures de la salle à manger (sur le béton, ça fait bizarre) et l'obsession qu'avait le propriétaire des lieux d'installer des w.-c. dans chaque pièce !

BANI

Au carrefour des routes du Centre et de l'Ouest, Bani se présente comme une bourgade prospère et plutôt mignonne, avec son joli *parque central,* ses vieilles maisons et ses petites rues pimpantes. Une étape pas désagréable pour ceux qui voudraient boire un verre avant de continuer vers les plages de Las Salinas (au sud-ouest), Barahona (à l'ouest) ou Jarabacoa (au nord).

Où dormir ?

🛏 *Hotel Alba :* à un bloc du *parque central.* ☎ 809-380-0083. Environ 500 \$Do (16,70 US\$) la chambre double avec ventilo et 700 \$Do (23,30 US\$) avec clim', sans le petit dej'. Petit hôtel propre et bien ventilé qui comporte 18 chambres riquiqui mais avec l'essentiel.
🛏 *Hotel Caribani :* calle Sánchez,

12, Oeste. ☎ 809-522-3871. ● sa brysenet@hotmail.com ● Autour de 800 \$Do (26,70 US\$) pour 2, sans le petit dej'. Mieux que le précédent mais plus cher. Au total, 28 chambres rose bonbon, confortables, avec clim', TV et salle de bains. Un peu bruyant toutefois. Bon accueil.

Où manger ?

– Plusieurs **cafés** et quelques petits **restos** dans le centre.

|●| *Pollo Rey :* dans la rue principale, à un bloc de la station *Shell.* Un fast-food à la dominicaine comme on en trouve dans tout le pays. Poulet frit ou grillé pas cher du tout.
|●| *Mi Estancia :* calle Guerrero, en face de l'hôtel *Alba.* Ouvert tous les jours. Grande salle et plats classiques, pizzas à 250 $Do (8,30 US$), filet de bœuf à 300 $Do (10 US$). Accueil sympa.

À voir

🍴 *Museo Maximo-Gómez :* calle Maximo-Gómez (bien sûr). Dans un petit jardin bien entretenu, une statue et une plaque rappellent que le libérateur de Cuba est né ici (en 1836). Pas grand-chose à voir, à part quelques souvenirs historiques rassemblés dans une minuscule maison. Se faire ouvrir par le gardien s'il est là, sinon demander aux voisins, ils sauront le trouver rapidement.

LAS SALINAS

Situé à la pointe d'une petite péninsule entourée de plages, ce village de pêcheurs est fréquenté chaque week-end par les familles bourgeoises de la capitale. La petite route qui y mène traverse les seules dunes de sable du pays. Ne pas s'attendre pour autant à un petit paradis, la plage est minuscule et le sable gris... L'endroit est néanmoins agréable et les environs réservent quelques coins sauvages et de belles plages désertes (notamment la playa Ocoa) à ceux qui ont du temps... et un 4x4 ou une moto.

Où dormir ? Où manger ?

🏠 |●| *Hotel Salinas :* bâtiment ocre sur la droite de la route avant d'arriver au village. ☎ 809-310-8141. ● www.hotelsalinas.com ● Compter 2 200 $Do (73,30 US$) par personne en pension complète. Le problème est de savoir si l'on veut rester 24 h dans le coin. Un établissement surtout fréquenté par des Dominicains le week-end. Chambres confortables, la plupart avec vue sur la mer. Le resto de l'hôtel vaut le coup, décoration originale d'objets de marine ou d'aviation militaire datant des années 1940. Grande terrasse couverte surplombant la marina, ambiance familiale bon enfant. Plats réussis et copieux autour de 250 $Do (8,30 US$), surtout à base de poisson et fruits de mer.

AZUA

À 45 km de Bani. Fondée en 1504 par Diego Velázquez, qui colonisa ensuite Cuba, Azua a connu les honneurs d'un autre conquistador célèbre, Hernán Cortés, qui y vécut avant de partir à la conquête du Mexique. La ville prospéra grâce à son port et donna son nom à toute la province. Mais un tremblement de terre obligea les habitants à déménager vers l'intérieur des terres. Il ne reste plus que des ruines de cette glorieuse époque, visibles dans le *viejo pueblo,* mais ce n'est pas facile à trouver et d'un intérêt limité (quelques pans de murs). Comble de malheur, des incendies ravagèrent la nouvelle ville d'Azua durant les guerres d'invasion haïtiennes au cours du XIXe siècle.

Aujourd'hui, Azua semble avoir complètement oublié son passé tumultueux. C'est une ville commerçante animée et bruyante, traversée par la carretera Sánchez qui mène de la capitale à la frontière haïtienne. Le centre est heureusement parsemé de quelques îlots de charme. La rue Colón, des deux côtés du *parque central,* aligne quelques très jolies maisons créoles aux couleurs éclatantes. D'autres, plus modernes, ornent leurs façades de cascades de fleurs.

Adresses utiles

Station des guaguas : sur le *parque central.*
■ **Banco Popular :** calle Duarte, à un bloc du *parque central.* Distributeur de billets à l'extérieur.
■ **Verizon :** juste derrière la banque.

Où dormir ?

Peu d'hôtels. Les moins chers, dans le centre, ne sont vraiment pas engageants.

▲ **Hotel San Ramón :** calle Duarte. ☎ 809-521-3529. À l'entrée de la ville (en venant de Bani). Environ 200 $Do (6,70 US$) la chambre avec ventilo et 500 $Do (16,70 US$) avec la clim'. Petit motel à l'américaine d'une vingtaine de chambres, tristes mais propres. Pas d'eau chaude. Ne sert pas de petit déjeuner.

Où manger ?

À défaut d'offrir de bons hôtels, Azua possède au moins de bons restaurants. Ça tombe bien, la ville constitue plus une étape de mi-journée qu'une halte de nuit.

|●| **Cira :** calle Duarte. À l'entrée de la ville en venant de Bani, sur la gauche, après l'hôtel *San Ramón.* De 100 à 200 $Do (3,30 à 6,70 US$) le plat. La meilleure adresse et la plus populaire, preuve que les habitants ont bon goût. On mange sous une sorte de préau bien ventilé, typique de la région Ouest. La musique est à fond (encore une tradition locale). Cuisine typique, elle aussi : lambi, *chivo* (chèvre) et délicieuses tripes *(mondongo).* De plus, c'est copieusement servi (avec plusieurs garnitures) et pas cher du tout. Service efficace et rapide (ça, c'est moins typique).
|●| **Dilone :** calle Duarte. À 80 m du *Cira,* sur le même trottoir. Langouste très correcte à 250 $Do (8,30 US$), l'une des moins chères du pays. Même genre que le précédent, mais cadre moins sympa. Également très fréquenté.
|●| **Restaurante Francia :** à l'entrée de la ville, un peu avant l'hôtel *San Ramón,* sur la droite en venant de Bani. Repérable à sa façade rose, une autre adresse populaire de la ville. Plats copieux à partir de 110 $Do (3,70 US$). Ne vous fiez pas à son nom, il n'a rien de français. Notre suggestion : le *chivo* (chèvre) en sauce.
|●| **El Gran Segovia :** toujours dans la calle Duarte, sur la gauche après les précédents. Le spécialiste du poulet pas cher.

À L'OUEST DE SANTO DOMINGO

BARAHONA

80 000 hab.

Ville typique de la province dominicaine, animée, bariolée, bruyante, chaleureuse et enfumée. Comme à Santo Domingo, on y a construit un *Malecón* (front de mer), hélas sans grand charme. On lui préférera le *parque central*, mignon comme tout avec ses couleurs vertes. Capitale de la province du même nom, Barahona a également donné son nom à toute la péninsule du Sud-Ouest. Le gouvernement a tenté de désenclaver la région avec la construction d'un aéroport international mais les touristes ne sont pas encore au rendez-vous, malgré la succession de plages désertes qui bordent la côte jusqu'à la frontière haïtienne. Il faut dire qu'elles ne sont pas aussi bien entretenues que sur la côte est, faute de grands hôtels (et donc de capitaux étrangers). De plus, le *Barcelo Bahoruco Beach resort,* seul grand hôtel-*resort* de la région, est fermé. Cette petite ville reste néanmoins une étape incontournable pour les routards.

Adresses utiles

■ *Verizon :* *parque central.* Ouvert de 8 h à 22 h. Accepte les cartes de paiement. Point Internet.

■ *Banco Popular :* *parque central.* Distributeur de billets acceptant les cartes *Visa* et *Eurocard MasterCard.*

▭ *Station des guaguas :* sur le *parque central.* Une quinzaine de minibus par jour pour Jimani. Près du marché, calle Duvergé, partent les *guaguas* vers Pedernales.

■ *Caribe Tours :* calle J.-F. Peña-Gomez, angle Apolinar. ☎ 809-524-4952. Vente de billets de bus pour Azua et Santo Domingo. Quatre bus par jour.

■ *Médecins :* angle Colón et Duvergé (la 5e rue sur la droite en venant du *Malecón*). ☎ 809-524-2784. Une maison blanche abrite plusieurs cabinets de médecins spécialisés.

@ *Cibernetcafé :* calle J.-F.-Peña-Gomez. ☎ 809-524-3147. Ouvert tous les jours de 8 h 30 à 22 h (15 h le dimanche). C'est le dernier poste Internet avant la frontière haïtienne.

■ *Western Union :* calle Uruguay, angle Padre-Bilini. ☎ 809-524-3500. Ouvert de 8 h à 18 h 45. Si on a besoin de se faire envoyer de l'argent.

■ *Eco-Tour Barahona :* les contacter par téléphone au ☎ 809-395-1542 et 809-243-1190. ● www.eco tour-repdom.com ● Marianne et Olivier proposent des excursions intéressantes dans cette belle région si mal connue. La bahia de la Aguilas, la laguna de Oviedo et surtout le lac Enriquillo n'ont aucun secret pour eux.

Où dormir ?

Bon marché : de 200 à 400 $Do (6,70 à 13,30 US$)

🛏 *Hotel Martin :* calle Nuestra-Sradel-Rosario, 18. ☎ 809-524-4520 et 809-524-4611. Une dizaine de chambres assez confortables avec ventilo et salle de bains.

– On n'a pas trouvé d'autre hôtel digne de ce nom dans cette catégorie. Si l'*Hotel Martin* est complet, essayez sans garantie du côté du marché, il y a quelques petits « hôtels » plutôt limite... dont le *D'Cachet,* Caonabo, 19.

De prix moyens à un peu plus chic : de 400 à 900 $Do (13,30 à 30 US$)

🛏 **Gran Hotel Barahona :** calle Jaime-Mota, 5. ☎ 809-524-2415. Dans la rue qui va du *parque central* au *Malecón*, en face de l'église. Chambres plutôt mignonnes et très bien tenues, avec clim', TV et salle de bains. Un certain effort dans la déco. Pas de petit dej'. Indéniablement le mieux dans cette catégorie.

🛏 **Hôtel La Gloria :** calle Salomé-Urena, 35. ☎ 809-524-1924. Un des rares hôtels de la région incluant le petit dej' dans son prix. Excellent rapport qualité-prix et accueil convivial typiquement dominicain.

🛏 **Hôtel Las Magnolias :** calle Anacaona, 13. ☎ 809-524-2244. Hôtel très central et mignon comme tout avec sa façade toute bleue. Quinze chambres assez spacieuses et propres, toutes avec salle de bains, clim', téléphone et TV câblée. Pas de petit déjeuner.

🛏 **Hôtel Caribe :** av. Enriquillo *(Malecón)*. ☎ 809-524-4111. Fax : 809-524-4115. Petit déjeuner inclus du lundi au vendredi. Curieusement, le petit dej' est en supplément le week-end ! Petit hôtel tranquille et bien tenu. Chambres mignonnes, avec salle de bains, AC et TV. Resto très correct. Une bonne adresse, et si

vous cherchez un guide sympa et compétent, Julio vous attend en permanence au pied de l'hôtel.

🛏 **Hôtel Gran Marquèz :** carretera Paraiso, 3. ☎ 809-524-6736. Fax : 809-524-1771. Bel établissement situé à deux pas du *Malecón*. Ils pratiquent des prix un peu curieux, mais bon... petit déjeuner inclus, en semaine seulement ; le week-end c'est en plus. Une trentaine de chambres confortables, avec clim', TV...

🛏 **Guarocuya Hôtel & Casino :** sur le *Malecón*, en face du *Caribe*. ☎ 809-233-0748. Fax : 809-524-1272. Une trentaine de chambres spacieuses et climatisées avec balcon. Hôtel bien tenu, à la décoration désuète ultra-kitsch (angelots et fausses fleurs partout). L'avantage, par rapport aux autres, c'est qu'il donne directement sur une petite plage, hélas pas très bien entretenue. Intéressant, le casino est certainement l'endroit le plus animé de la région : machines à sous et roulette comme à la capitale. Ce petit « casino de campagne » est fréquenté, bien entendu, par la société dominicaine. Pour les routards passionnés par le jeu, c'est l'étape du Sud-Ouest.

Beaucoup plus chic

🛏 **Hotel Costa Larimar :** av. Enriquillo, 6 *(Malecón)*. ☎ 809-524-5111. Fax : 809-524-7063. Le seul hôtel « tout compris » en service dans la région et un des rares *resorts* de l'île proposant des chambres en nuitée seule. Tout compris,

compter 2 800 $Do (93,30 US$) pour une personne et 4 000 $Do (133,30 US$) pour 2. En nuitée simple, 1 000 $Do (33,30 US$) pour une personne et 1 848 $Do (61,60 US$) pour 2.

Où manger ?

🍴 **Brisas del Caribe :** carretera Batey Central. ☎ 809-524-2794. Un peu excentré, sur la gauche du *Malecón*, après la zone militaire. Plats autour de 100 $Do (3,30 US$). Une grande paillote au cadre agréable. La meilleure table de la ville, comme

le prouve le nombre d'hommes d'affaires. Ce n'est pas plus cher qu'ailleurs pour autant. Grand choix à la carte : poisson, fruits de mer mais aussi quelques plats chinois et italiens.

🍴 **El Patio de Suarez :** calle Jaime-

Mota, 2, angle *Malecón*. Carte dominicaine classique, mais éviter le vin vendu au prix du champagne... Service à table ou au bar, bonne musique locale, pour une fois pas trop forte...

|●| *Los Robles :* Nuestra-Señora-del-Rosario, angle *Malecón*. Un complexe typique réunissant pizzeria, restos, guinguettes, disco, bar de nuit... L'endroit le plus vivant de la « noche ».

Où sortir le soir ?

Barahona n'est pas le Saint-Tropez régional, pour vraiment vivre la nuit, mieux vaut rester sur Santo Domingo.

♪ *Costa Sur :* face au *Marina Riviera*. On y danse au son des musiques dominicaines. La seule boîte de nuit de la ville fréquentable par tous. Pour les inconditionnels de la nuit, essayez le *Mega Plus,* presque en face du *Gran Marquèz* (voir « Où dormir ? »).

♪ Deux autres *night-clubs* sur le *parque central*. L'un n'est pas très bien fréquenté et plutôt triste, l'autre est souvent fermé.

À voir

Pas grand-chose de particulier à voir dans la ville elle-même, mais une atmosphère, des couleurs, une animation qui finissent par charmer.

🍴 *Le parque central :* oasis du centre-ville, avec ses vieux arbres, son curieux kiosque et ses bancs. Une halte appréciable, surtout si l'on vient de débarquer de la *guagua*. Prenez le temps de flâner dans les rues avoisinantes et d'admirer les cases en bois à l'architecture créole, une façade au bleu intense, une petite échoppe pittoresque, les publicités peintes directement sur les murs, les fresques naïves des magasins... Le marché public est à deux blocs, entre les rues Uruguay et Jaime-Mota.

🍴 *La maison des bomberos :* calle Jaime-Mota. Les *bomberos,* ce sont les pompiers, et ici, leur maison vaut le coup d'œil, avec ses couleurs flamboyantes (rouge et bleu), ses camions beaux... comme des camions et sa carte de la région peinte dans le garage. N'hésitez pas à entrer (ils sont généralement ravis de faire admirer leur lieu de travail). À l'intérieur, émouvant petit musée des Pompiers : photos du début du XXe siècle, antique pompe à eau, hache et casques rutilants et le premier extincteur du pays, datant de 1947...

🍴 *Le marché :* facile à trouver. Prendre la 2e rue sur la droite en venant de la mer, dans la calle principale. Un marché bien typique, à voir sans faute. On est en Rép' dom', mais on sent la présence d'Haïti toute proche, les échoppes folkloriques, les décorations colorées, les bruits, les odeurs... rien ne manque.

🍴 *La locomotive :* à ne pas manquer. Suivre le *Malecón* vers l'est dans la direction du bateau-centrale électrique (impressionnant la nuit), et à 1 km du centre, vous verrez sur votre gauche une grosse locomotive à vapeur vieille de plus d'un demi-siècle. Énorme avec son tender, ses 4 cheminées et son pare-buffles, elle est en assez bon état sur ses rails, et on se demande comment elle a pu arriver là. Pour les connaisseurs, c'est une Baldwin fabriquée aux États-Unis à Philadelphie.

Prêts actuels liste pour Bellefleur, Mic
    Thu Jul 03 15:17:27 GMT 2008

CODE-BARRES: 32777041974382
TITRE: République dominicaine, Saint-Dom
RETOUR / STATUT: 2008 AOÛ 14

CODE-BARRES: 32777042171806
TITRE: Lylatov [enregistrement sonore] /
RETOUR / STATUT: 2008 AOÛ 14

QUITTER BARAHONA

➤ **Pour Jimani :** une quinzaine de *guaguas* par jour. Départ du *parque central*.

➤ **Pour Pedernales :** près du marché. En principe, départ toutes les 30 mn (en fait, on part quand c'est plein...). Attention, la route compte pas mal de nids-de-poule.

➤ **Pour Azua, Bani et Santo Domingo :** 4 bus par jour. Réserver son billet chez *Caribe Tours* (voir « Adresses utiles » plus haut).

LA ROUTE DE BARAHONA À PEDERNALES

➤ Ceux qui aiment les routes côtières se régaleront : ce parcours offre des panoramas parmi les plus beaux de l'île. À partir de Barahona, on emprunte environ 135 km de route en corniche, avec les plages d'un côté et les montagnes de l'autre, avant d'arriver à Pedernales. Route malheureusement en mauvais état. Des villages de pêcheurs encore intacts ponctuent le paysage, et la vie s'y écoule tranquillement, au rythme des vagues et du soleil. Côté plages, on a l'embarras du choix et le moins qu'on puisse dire est qu'elles ne sont pas bondées. Il faut signaler qu'à part le Cabo Rojo, le sable est plutôt gris, quand ce ne sont pas des plages de galets. En cherchant bien, on trouve même quelques criques propices au naturisme. Avant d'arriver à la pointe de la péninsule, le paysage change ensuite du tout au tout, et la route longe le très sauvage parc national Jaragua. Les installations touristiques de la région sont encore rares et souvent sommaires. On vous conseille de séjourner à Barahona ou à Bahoruco, les distances n'étant pas très grandes. Évidemment, une voiture de location est préférable aux *guaguas* pour visiter cette partie de l'île. Un 4x4 peut même s'avérer utile si vous voulez partir à la découverte des plus belles plages, explorer les superbes parcs naturels ou contourner le lac Enriquillo par la piste de Pedernales-Jimani.

BAHORUCO

Notre endroit préféré sur la côte ouest. Gros village de pêcheurs installé le long d'une plage dans l'un des plus beaux sites de la région, superbe au coucher du soleil. Ce qui tombe bien, c'est qu'on y trouve aussi d'excellentes adresses, notamment un hôtel de charme royalement installé sur les hauteurs du village. Tout contribue à en faire une étape idéale.

Où dormir ? Où manger ?

🛏 I●I **Hotel Casablanca :** 10 km après Barahona (en se dirigeant vers Haïti), petit chemin sur la gauche. ☎ et fax : 809-471-1230. ● susannaknapp@yahoo.de ● Ici, 6 chambres très confortables à 800 $Do (26,70 US$), petit déjeuner en plus. Table d'hôtes le soir à 140 $Do (4,70 US$). Un établissement tenu par une Suissesse, Suzanna, qui a transporté l'ambiance du film dont l'hôtel porte le nom. Poster d'Humphrey Bogart grandeur nature... Mis à part cela, le calme, une bonne table, un accueil chaleureux et des prix raisonnables. Sur demande, Suzanna organise des soirées très conviviales où tout le monde participe, c'est un peu comme un dîner entre copains.

🛏 I●I **Hotel Pontevedra :** El Arroyo, 12 km après Barahona, un peu avant

Bahoruco. ☎ 809-341-8462. Fax : 809-341-4698. Compter 1 800 $Do (60 US$) pour 2, dîner avec 2 boissons et petit dej' inclus. Ensemble récent en bord de mer, 16 chambres tout confort (clim', TV, salle de bains), certaines avec kitchenette. C'est vaste, très propre et le tout donne une bonne impression. Piscine, bar, resto... Direction espagnole.

▥ |●| *Casa Bonita :* sur les hauteurs de Bahoruco. ☎ 809-445-8610. ● casabonita@hotmail.com ● Pas de panneau : prendre le chemin de droite avant d'arriver au village. Compter 1 600 $Do (53,30 US$) par personne pour une belle chambre avec vue sur la mer, dîner et petit dej' inclus. Une *casa* construite par une Allemande pleine de goût et reprise par un Dominicain d'origine italienne. Un jardin tropical entoure une grande paillote abritant des coinssalon et la salle à manger décorés dans un style presque balinais. Une piscine et son toboggan se confondent avec le bleu du ciel et de la mer au loin. On dort dans des bungalows aux toits de palmes construits à flanc de colline. L'hôtel ayant peu de chambres, on sympathise vite avec les autres pensionnaires. Pour ne rien gâcher, le personnel s'avère à la fois discret et serviable.

La chasse au trésor...

L'endroit est aussi réputé pour son *larimar*, une pierre bleue semi-précieuse unique au monde (un genre de turquoise), qui provient de la sierra Bahoruco. Si vous voulez rapporter une pierre en souvenir pour votre petit(e) ami(e), c'est dans le village de Bahoruco que vous aurez les prix les plus intéressants, bien plus que dans les grandes villes.

Les habitants continuent d'en chercher sous forme de galets sur la plage pour les revendre aux touristes ou aux bijouteries de la capitale, où ils sont très appréciés pour leurs couleurs turquoise. D'autres travaillent dans la mine de larimar située à une heure de route du village, en pleine montagne. Ils en extraient de gros blocs aux magnifiques dégradés bleu et blanc. Les plus hardis d'entre vous peuvent essayer de se faire conduire à la mine en moto ou en 4x4. Sinon, vous trouverez juste en face de l'hôtel *Pontevedra* une petite boutique-atelier « Larimar ». Dans son échoppe, Antonio, un Espagnol accueillant, vous proposera ses fabrications artisanales, bien entendu à base de larimar.

EL BALNEARIO SAN RAFAEL

Peu après le village de La Ciénaga. On a un magnifique point de vue sur cette grande plage environ 1 km avant d'y arriver. L'endroit est surtout populaire dans la région pour sa vaste piscine naturelle aux eaux émeraude, alimentée par des cascades descendant de la montagne. Sur le petit chemin qui y descend, de nombreux stands improvisés proposent boissons fraîches et langoustes à un prix défiant toute concurrence. Quant à la plage ellemême, autant savoir que les galets y remplacent le sable.

PARAISO

Grande plage réputée dans la région, hélas peu entretenue. Le village qui la borde a plus retenu notre attention, avec son étonnante succession de bâtiments modernes multicolores, du style HLM des tropiques ! Atmosphère bon enfant pleine de vie.

Où dormir ? Où manger ?

🛏️ 🍴 *Hotel Paraiso :* sur le *Malecón.* ☎ 809-243-1080. Comprend 16 chambres à 350 $Do (11,70 US$) la double, sans le petit déjeuner. L'entrée de ce petit établissement modeste ne paie vraiment pas de mine, mais les chambres sont spacieuses et plutôt agréables. Dommage, la seule qui donne sur la mer est aussi la plus petite. L'architecte n'avait pas le sens du commerce ! Propreté correcte et confort suffisant (salle de bains, clim', TV). Petit resto en terrasse (sur cour).

LOS PATOS

Encore une grande plage de galets, bordée d'une belle piscine naturelle aux eaux translucides. Autant vous prévenir, la plage est hélas très sale ; elle sert de dépotoir aux habitants du village ! Mais on a paradoxalement trouvé l'atmosphère des lieux vraiment sympa : explosion de couleurs, enfants rieurs, fresques naïves sur les murs... À des années-lumière du tourisme de masse, les habitants (très pauvres) de ce *pueblo* authentique vivent encore au rythme de la pêche, des lessives, des baignades et des jeux. Bref, on ne vient pas ici pour profiter de la plage mais pour partager ces instants de vie pleins de chaleur et de simplicité.

🍴 Au bord du *río,* quelques petits *comedors* et bars sympathiques dont un tenu par Danieli, un Italien chaleureux qui saura vous parler en français des merveilles de la région. On vous recommande les spaghettis à la langouste.

ENRIQUILLO

Petit village mignon comme tout, bâti à flanc de colline. En contrebas, une longue plage sauvage de galets, jonchée de cocotiers échoués.

Où dormir ?

🛏️ *Hôtel Juan Jose :* dans la rue principale. ☎ 809-524-8323. Chambres à partir de 200 $Do (6,70 US$) ou 300 $Do (10 US$) avec bains privés. Minuscule pension familiale avec une belle vue depuis le balcon. Chambres à l'étage, vraiment basiques, avec juste un lit et un ventilo. Pas de petit déjeuner.

LE PARC NATIONAL JARAGUA

Il occupe toute la partie sud de la péninsule de Barahona, englobant une partie des côtes et plusieurs îles désertes. Cette vaste réserve naturelle (1 500 km^2) est réputée pour sa grande variété d'oiseaux : il paraît même que plus de la moitié des bêtes à plumes du pays vit ici ! On y trouve également plusieurs espèces de tortues marines et des iguanes. À part ça, on y a découvert des gravures et des dessins taïnos (dans des cavernes). Le nom de Jaragua est d'ailleurs un hommage au grand chef indien Xaragua. Le parc dispose aussi d'une superbe plage déserte, la *playa Larga.*
Le problème (pour les visiteurs, pas pour les animaux), c'est que le parc est très difficile d'accès, sauf pour ceux qui disposent d'un 4x4 (mais ça, les

animaux n'aiment pas trop). Sinon, précisons tout de même que, mis à part un petit bureau, il n'y a aucune structure d'accueil et évidemment ni hébergement ni restos. Bref, c'est encore l'aventure.

LA LAGUNA OVIEDO

Très belle lagune aux eaux translucides s'étendant à perte de vue. Elle fait partie du parc national Jaragua, au même titre que la *laguna Salada* (difficile d'accès) et l'*isla Beata*. L'endroit est surtout intéressant pour sa réserve d'oiseaux migrateurs, flamants roses, etc. Sur les îles de la *laguna* (appelées *cayos*), possibilité d'observer des iguanes. Pour s'y rendre, nécessité de louer un bateau (environ 1 800 \$Do (60 US\$), pour maximum 12 personnes) et les services d'un guide. On vous conseille Blanco, très connu dans la région. Compter 500 \$Do (16,70 US\$). Durée : environ 3 h. Se renseigner auprès des gardiens du parc. Petit bureau au bord de la route, un peu après Los Cocos, ouvert tous les jours. C'est ici que l'on règle le droit d'entrée au parc : 50 \$Do (1,70 US\$). Le chemin menant à la lagune se trouve 400 m plus loin, sur la gauche.
On trouve un minuscule village de pêcheurs au bord de la lagune, avec les habituelles barques en bois multicolores (dont on ne se lasse pas). Sur la gauche, un chemin de sable longe l'eau, mais vous n'apercevrez pas grand-chose, à moins de marcher très longtemps. On vous conseille plutôt le bateau si vous voulez voir la faune locale. Dans tous les cas, prévoir de l'eau et un chapeau, le climat est sévère !
➤ Après avoir repris la route vers Pedernales, on traverse quelques villages à l'ambiance africaine, comme **Tres Charcos,** avec ses porteurs de poisson, le linge qui sèche au soleil, les cases aux toits de tôle... À l'entrée, à gauche, vous trouverez un petit musée taïno présentant quelques poteries et fossiles de la région. Puis c'est le désert complet, un paysage de plus en plus aride, hanté par les cactus. La route monte le long des derniers contreforts de la sierra de Bahoruco, dans un décor de savane puis de maquis touffu, avec parfois de très beaux points de vue sur le parc Jaragua. On aperçoit enfin la pointe rose du cabo Rojo, qui se découpe au loin sur fond de mer d'un bleu intense.

EL CABO ROJO

12 km avant Pedernales, sur la gauche, une route en très bon état mène à ce bout du monde encore inconnu des touristes. Après être passée devant un petit aéroport, la route longe une mer de rêve, aux eaux turquoise, bordée d'une fine bande de sable blanc ombragée par les cocotiers. C'est aussi le paradis des amateurs de coquillages : la mer a déposé ici des milliers de lambis, de coraux et d'étoiles de mer. Dommage, une usine de bauxite construite de l'autre côté de la baie gâche un peu le paysage. Plus loin, on peut admirer des pélicans perchés sur leurs piquets en attendant qu'un poisson daigne passer...
À propos de repas, apportez votre pique-nique pour pouvoir profiter quelques heures de ce havre de paix car il n'y a ni village ni gargote où se ravitailler et le pélican, c'est vraiment pas terrible (peu de viande et beaucoup de plumes). Au bout de la route, on ne trouve qu'une zone interdite. En revanche, sur la gauche de la route, un chemin carrossable mène à *Cueva del Cabo*, à 5 km. Ce minuscule *pueblo* de pêcheurs a la particularité d'être un hameau troglodytique, blotti dans une petite crique surmontée de falaises. Sur la gauche toujours, une piste conduit en une heure de marche (environ) ou 30 mn en 4x4 à la **plage de Las Aguilas.** On parle de projets quelque peu mégalos de 3 000 à 4 000 chambres... Pourquoi pas ? Ceux qui possèdent

un véhicule tout-terrain peuvent poursuivre jusqu'à la **playa Larga.** Des gardes-parcs vous demanderont 50 \$Do (1,70 US\$) par personne au village de Cueva del Cabo, car vous entrez dans un parc national.

PEDERNALES

Ville frontalière, mais le poste-frontière est fermé pour les touristes. Pour passer en Haïti, il faut aller plus au nord, à Jimani (voir plus haut). Pedernales est une grande bourgade nonchalante, sans attrait particulier mais à l'atmosphère plutôt agréable. Côté hôtellerie, c'est un peu la bérézina, preuve que les touristes ne passent pas souvent par ici.

Où dormir ? Où manger ?

🛏 **Residencia Fundacipe :** à un bloc du port. ☎ 809-524-0298. Compter 500 \$Do (16,70 US\$) la chambre double. Grand bâtiment moderne, un peu à l'abandon, qui comporte 13 chambres spacieuses et confortables (clim').

🛏 **Hotel Carolina :** à côté de Verizon. ☎ 809-524-0181. Compter 300 \$Do (10 US\$) la chambre double. Dans une petite maison neuve, 4 chambres sans grand confort

(ventilo).

🍽 **Comedor Mary Federal :** calle Segunda, 10. Compter 200 \$Do (6,70 US\$) le repas complet. Cuisine bonne et copieuse. Propose surtout du poisson. On y mange sous un grand préau aux murs décorés d'affiches polissonnes et d'une carte des Amériques peinte de façon naïve. Très exotique. La bière est bien fraîche et le personnel charmant. Que demander de plus ?

À voir

🗡 **La frontière :** à 1 km de la ville. Une rivière (souvent à sec) marque la limite entre la République dominicaine et Haïti. Curieusement, peu de barrières et de gardiens. On passe sans problème juste pour dire qu'on va boire une bière en Haïti. Une borne indique que la capitale Santo Domingo se trouve à exactement 310 km. Ici, pas de marché comme à Jimani ou à Dajabón (au nord). En fait, l'endroit ne présente aucun intérêt et les habitants du coin vous diront qu'il est assez dangereux pour des touristes de passer à pied. Fouilles fréquentes, sur la route du retour, par l'armée dominicaine qui veille au grain.

À faire, ou à ne pas faire !

Si vous avez un bon 4x4 ou une bonne moto, et une bonne expérience du tout-terrain, tentez la piste frontalière qui va de Pedernales à Jimani. Deux recommandations particulièrement importantes : partez au lever du jour, en aucun cas l'après-midi et surtout ne prenez pas la piste seul, surtout si vous êtes en moto. À part ça, si votre destination est le lac Enriquillo, vous économiserez quelque 400 km... Et vous vivrez une bien belle aventure. Comptez un minimum de 6 h, si vous ne vous perdez pas, pour effectuer une centaine de kilomètres... Par moments vous vous promènerez à plus de 2 200 m d'altitude, et vous ne saurez jamais si vous êtes en République dominicaine ou en Haïti. Pourtant, on en rencontre du monde dans ces montagnes, des gens qui parlent l'espagnol, le français ou le créole...

LA ROUTE DE JIMANI À AZUA

JIMANI

À 20 km à l'ouest de La Descubierta, cette ville-frontière se présente comme un gros bourg curieusement propre et sage (pour une ville-frontière). Ceux qui s'attendent à trouver des bars louches, des boîtes mal famées et des trafiquants en tout genre seront déçus. Un esprit tordu aurait presque l'impression que Jimani cherche à faire figure de dernier poste avancé de la « civilisation » dominicaine avant le *no man's land* haïtien... Bref, contre toute attente, voici un endroit calme et plaisant, à la population paisible et accueillante. Pas non plus un lieu de villégiature où l'on aurait envie de s'attarder (rien à voir ni à faire ici même), mais une étape reposante avant de s'aventurer en terre haïtienne...

Où dormir ?

🛏 *Hotel Jimani :* deux blocs avant le *parque central*. ☎ 809-248-3139. Environ 350 $Do (11,70 US$) la chambre double, petit déjeuner inclus. Ancien hôtel de l'armée. Simple mais propre. Piscine dans un petit jardin (hélas, tous deux mal entretenus). Chambres avec salle de bains, AC et ventilo. Pas toujours d'eau ; il faut prévenir la gérante avant de prendre une douche. Personnel très sympa. Fait aussi resto.

Carte limitée (poulet, riz, *tostones*), mais c'est copieux, pas mauvais et bon marché (150 $Do, soit 5 US$, le plat).

🛏 *Hotel J.V. :* parque central. ☎ 809-248-3185. À partir de 300 $Do (10 US$) avec ventilo ou 400 $Do (13,30 US$) avec clim' (conseillée de juin à septembre). Petit hôtel de 7 chambres avec salle de bains et TV, assez bien tenu.

Où manger ?

🍴 *Comedor El Caiman :* à l'écart du *parque central,* en allant vers la frontière. Autour de 120 $Do (4 US$) le repas. Petit resto prolétaire sous une paillote. Peu de choix (menu unique, du genre crudités-viande-spaghettis), mais c'est copieux.

🍴 *Resto Cubain :* juste avant la frontière, à la station d'essence. Ouvert seulement le midi. Un petit resto en libre service, sans prétention, qui pourra calmer votre faim pour pas cher. Service rapide, intéressant si vous êtes pressé.

Où sortir ?

🎵 *Kristal :* à côté du *parque central*. La discothèque la plus populaire. Entrée gratuite. Clientèle familiale (certains viennent même avec les enfants !), déco provinciale et me-

rengue. Le week-end, rassemblement devant l'entrée de tous les motos-*conchos* et jeunes minettes de la ville.

À voir. À faire dans les environs

– *La frontière haïtienne :* à 3 km à l'ouest de Jimani, au lieu-dit « Mal Paso ». Ceux qui ne se rendent pas en Haïti peuvent quand même prendre le temps d'y faire un petit tour, ne serait-ce que pour « comparer » l'atmosphère des deux pays, incroyablement différente. En principe, aucun problème pour passer la frontière si l'on est à pied. Si vous voulez jeter un œil au marché de l'autre côté de la frontière juste pour dire « j'y suis allé », vous ne paierez rien, et vous pourrez rapporter du rhum haïtien... En voiture ou à moto, c'est théoriquement interdit ; vous devez demander une autorisation à la capitale et avoir les papiers au nom du conducteur. On trouve des motos-*conchos* de l'autre côté des barrières, prêts à vous emmener où vous voulez en échange de dollars (Port-au-Prince est à 65 km).

Aussitôt passé la frontière, on est saisi par la pauvreté ambiante. Un petit marché haïtien s'y tient en permanence. On y trouve surtout des produits « occidentaux » détaxés, sans grand intérêt. Le problème, c'est qu'on peut vite se sentir harcelé par les vendeurs et les quémandeurs, au point d'avoir envie de retourner aussitôt côté dominicain.

QUITTER JIMANI

➢ *Pour Santo Domingo :* 2 bus express par jour, à 7 h (arrivée à 12 h) et 15 h (arrivée à 20 h 30). Le bus est climatisé.

LA DESCUBIERTA

Paisible petit village aux maisons de bois, peu fréquenté par les touristes malgré sa proximité avec le lac Enriquillo. C'est d'ici que s'organisent les excursions pour l'île Cabritos. Une étape agréable où les routards passent au moins une nuit avant d'aller observer les crocodiles et les iguanes. Si vous décidez d'y séjourner pendant la Semaine sainte, pensez à réserver bien à l'avance. Si vous êtes intéressé par la visite du lac Enriquillo, venez impérativement la veille, car l'excursion se fait tôt le matin. Si vous trouvez d'autres routards dans le village, vous partagerez la location du bateau et... l'aventure.

Comment y aller ?

➢ *Depuis Santo Domingo :* bus express (avec AC) de la calle Juan-B.-Vicini, à l'angle de 27-de-Febrero (près de Huacalito). Deux départs par jour, à 7 h 15 et 14 h 30 (en principe). Environ 5 h de trajet. Vous pouvez également tenter le coup avec les bus qui vont en Haïti, ils y passent. Départ devant l'ambassade d'Haïti (calle Sanchez-Ramirez, angle Maximo-Gómez).

Où dormir ?

🛏 *Hostal del Lago :* calle Mella, 2. ☎ 809-374-1603. Fax : 809-696-0327. Dans la rue perpendiculaire à la rue principale (à droite quand on vient d'Azua). À partir de 300 $Do (10 US$) la nuit. Une maison particulière pourvue d'un certain charme. Six chambres, chacune avec douche plus une chambre avec 2 grands lits pour les familles. Confort sommaire, mais c'est bien tenu et vraiment pas cher. En outre, ils pourront vous informer sur la visite du lac Enriquillo.

≜ *Hotel Iguana :* calle Padre-Billini, 3. ☎ 809-301-4815. À l'entrée du village, sur la gauche. Compter de 300 à 500 $Do (10 à 16,70 US$). Une *casa de familia* toute simple, tenue par l'accueillante Marcela. Neuf chambres sommaires mais propres, dont 2 avec douche commune. Celles avec salle de bains sont deux fois plus chères. Eau froide uniquement,

ventilo. Marcela se fera une joie de vous préparer vos repas : menu complet pour environ 120 $Do (4 US$) avec *cabrito, pollo* ou viande de bœuf, accompagnés de riz et de fruits.

≜ *El Pequeño Hotel :* calle Padre-Billini, 26. ☎ 809-762-6329. Ici, une douzaine de chambres propres avec douche et ventilo pour 300 à 400 $Do (10 à 13,30 US$). Petit déjeuner copieux à 120 $Do (4 US$). Petit hôtel (comme son nom l'indique) dominicain très bien tenu. Accueil sympa.

Où manger ?

|●| *Brahaman's :* calle Gaston-Deligne, 1. ☎ 809-374-1605. À l'entrée du village, sur la gauche du parc. Dans la rue parallèle à la rue principale. Repas très correct pour moins de 150 $Do (5 US$). Le lieu de rencontre du village. C'est ici que l'on vient descendre une grande *Presidente* pour tuer le temps. Grande terrasse et, dans le jardin, la piscine naturelle du village, appelée

Las Barias. Si vous n'avez pas de maillot de bain, ce n'est pas grave, l'eau a la couleur du Gange, remarquez, c'est normal avec un nom pareil. Cuisine dominicaine très correcte : chèvre ou poulet frit, accompagnés de patates douces ou pommes frites. Renseignements sur les excursions au lac. Même direction que l'*Hostal del Lago* qui est à deux pas.

LE LAC ENRIQUILLO

Long d'environ 35 km, le superbe *lago Enriquillo* est le plus grand lac salé des Caraïbes (les Dominicains disent même du monde, mais c'est un peu exagéré). D'autres particularités en ont fait la grande curiosité naturelle de l'ouest du pays (même si les touristes y sont rares) : il se situe à 30 m (ou 45 m, selon les sources) au-dessous du niveau de la mer et sa concentration en sel y est trois fois supérieure ! Ce qui n'empêche pas les bestioles de s'y reproduire, bien au contraire...

Car l'autre intérêt du lac, c'est sa faune. On y trouve des dizaines d'espèces d'oiseaux : flamants roses (de septembre à mars), hérons, aigrettes, rossignols, etc. Surtout, le lac abrite la plus grande réserve mondiale (paraît-il) de crocodiles américains, les fameux *Crocodilus americanus acatus,* en voie de disparition, dont la taille peut atteindre 2 m. Les bébêtes les plus étonnantes à observer ici sont cependant les iguanes et, plus particulièrement, l'iguane rhinocéros (très rare), que vous reconnaîtrez tout de suite à son front cornu. La flore n'est pas en reste, avec une centaine d'espèces répertoriées, notamment une grande variété de cactus et d'arbustes des régions arides et désertiques (il pleut très peu ici). Une végétation et un climat tellement inhospitaliers que les Taïnos ne trouvèrent pas de meilleur refuge dans le pays pour échapper aux poursuites des conquistadors : les Espagnols comparaient l'endroit à l'enfer ! En souvenir de cette époque épique, on a naturellement donné au lac le nom du grand chef indien Enriquillo.

Infos pratiques

– L'entrée du parc se trouve à 3 km à l'est de La Descubierta, sur la droite de la route. Droit d'entrée de 50 $Do (1,70 US$) par personne à payer au « bureau » du parc, qui fait aussi *tienda* (boissons et biscuits).
➤ Les promenades en bateau n'ont lieu que le matin, à partir de 7 h 30, et durent environ 2 h. Compter environ 900 $Do (30 US$) pour l'embarcation qui peut contenir jusqu'à 10 personnes, d'où l'intérêt de se grouper. C'est relativement facile. Même si les touristes de passage à La Descubierta sont plutôt rares, les points de chute ne sont pas nombreux non plus et tout le monde se retrouve au même endroit, surtout pour dîner, la plupart du temps au *Brahaman's*. C'est bien le diable si avec un peu de chance vous ne trouvez pas 2 ou 3 personnes sympas pour partager votre esquif. La visite du lac Enriquillo se fait tôt le matin, mais comme on ne se couche jamais tard dans ce village, pas de problème. Prévoir un chapeau et de l'eau car le soleil tape dur.
– Un tuyau, si vous êtes fauché ou pressé, ou s'il est trop tard, payez les 10 $Do (0,30 US$) et promenez-vous dans le petit parc où se trouve le débarcadère, c'est plein d'iguanes pas farouches du tout, et la piscine Azufrada est géniale (voir plus loin).

À voir

🎥🎥 *L'isla Cabritos* : à 20 mn en bateau. Longue d'environ 12 km et large de 2,5 km, c'est la plus grande des trois îles du lac. Vu la spécificité de son écosystème et l'intérêt de sa faune, elle constitue un parc national à elle seule, ce qui n'est pas le cas du reste du lac. Tout droit sorti d'une histoire de pirates, l'univers de l'île est complètement désolé : sol sablonneux, forêts de cactus géants, épineux, arbustes ratatinés... On l'appelle « l'île des chèvres », ce qui est assez paradoxal : toutes sortes d'animaux y vivent, à l'exception des chèvres (serait-ce un coup des crocos ?).
En revanche, les iguanes y pullulent. Attention à ne pas marcher dessus ! Pas aussi impressionnants que les varans de Komodo mais tout aussi amusants que les iguanes terrestres des Galápagos (quels frimeurs, ces gens du *Routard* !), les iguanes de l'île Cabritos sont très intéressants à étudier. Outre les étonnants iguanes rhinocéros, dont les plus gros, d'environ 1 m, atteignent la cinquantaine d'années, on trouve ici des iguanes ricords, qui se distinguent par leur peau dorée et leurs yeux rouges. Tous deux vivent dans des terriers (les gros trous que l'on voit partout) et raffolent des fruits des cactus.
À part ça, demandez à l'un des gardiens du parc de vous montrer un scorpion jaune : ils en gardent généralement un sous la main, pour épater les touristes.

🎥🎥 *La piscina Azufrada* : au bord du lac, à gauche de la plage où se trouve l'embarcadère. Une grande et belle piscine naturelle à l'eau sulfureuse. Le pied, c'est de s'y rafraîchir après avoir transpiré à grosses gouttes sur « l'île des chèvres ». En plus, c'est excellent pour la santé. Entrée payante (on est dans le parc national de l'isla Cabritos) : 10 $Do (0,30 US$).

🎥🎥 *Las Caritas* : à quelques centaines de mètres de l'entrée du parc, c'est indiqué par des panneaux. Ce site archéologique est l'un des rares témoignages de l'art taïno dans la région. On remarque une petite grotte dans la falaise qui surplombe la route. Autour, de nombreux dessins rupestres représentant des bonshommes aux traits naïfs, des têtes rigolotes et des symboles obscurs... ça vaut bien 10 mn d'effort, et la vue sur le lac Enriquillo à elle seule justifie l'escalade.

➢ En descendant vers Azua-Santo Domingo on trouve une très bonne route, peut-être un peu monotone. On traverse les villages animés de **Tamayo** et **Galvan** (où les fauchés pourront dormir à l'hôtel *Cristina*). Puis les champs de canne à sucre laissent la place à des palmeraies, sur fond de chaîne de montagnes : la sierra de Neiba.

🍴 **Neiba :** le plus gros bourg de la région. Les *guaguas* pour Barahona se prennent sur le *parque central*. Peu après le village de Villa Jaragua, on aperçoit les rives du lac Enriquillo, sur la gauche, rayonnant à la tombée de la nuit derrière son rideau de cocotiers.

🍴 **Las Marías :** un peu après Galvan. Village célèbre pour sa grande piscine naturelle couleur émeraude. Vous la trouverez en contrebas de la route, sur la gauche. Très populaire le week-end.

LA ROUTE DE JIMANI À BARAHONA

Cette route d'environ 120 km longe la rive sud du lac Enriquillo, ce qui évite de revenir sur ses pas. Elle permet également d'explorer une région encore sauvage, parsemée de quelques villages perdus.
➢ Quelques kilomètres après Jimani, très beau panorama de montagnes sur la **sierra de Bahoruco,** le parc national du même nom et la **Loma del Torro** flirtant avec les 2 367 m. Au fond du paysage, sur la droite, les montagnes haïtiennes, dont le pic **La Selle** (2 674 m) et à ses pieds des villages aux noms aussi évocateurs que poétiques : Savane Zombi, Fond Parisien, Grand Gosier, Forêt des Pins, Banane...
Mais ne nous égarons pas et revenons à nos moutons dominicains : environ 20 km après le village du citron (El Limón), on peut faire une pause à **La Zurza** (à gauche de la route, juste après Las Baitoas), jolie piscine naturelle dont les eaux vertes attirent les baigneurs des environs. On longe le lac Enriquillo sur quelques kilomètres avant d'arriver à Duvergé.

🍴 **Duvergé :** petite ville à mi-chemin de Jimani et Barahona. C'est la porte d'accès au parc national de la sierra de Bahoruco, accessible hélas uniquement en 4x4. On trouve une station de *guaguas* sur le *parque central,* comme d'habitude. À la sortie de Duvergé, l'immense statue en bronze représente le grand chef taïno Enriquillo, armé de sa lance.

🍴🍴 **Cabral :** jolie petite bourgade aux maisons multicolores typiquement caribéennes. Cabral possède deux attractions touristiques qui justifient d'y faire étape au moins une demi-journée (pas plus, faute d'hôtels) : la réserve d'oiseaux de la lagune del Rincón et l'énigmatique pôle magnétique...

🍴 **Le pôle magnétique** (polo magnetico) **:** à 10 km au sud de Cabral. Ne cherchez surtout pas à le rejoindre au départ de Paraiso sur la côte, la piste est un enfer contrairement à ce que disent certains, et vous avez 9 chances sur 10 d'y laisser votre véhicule. La route est bien fléchée depuis Cabral, un grand panneau vous accueille au sommet d'une colline : « Bienvenue à l'énigme du pôle magnétique ». Alors on fait l'expérience, comme tout le monde : on s'arrête sur le terre-plein goudronné prévu à cet effet, on met la voiture au point mort et on attend qu'elle recule toute seule. On a essayé, ça marche ! Des aréopages de scientifiques plus ou moins farfelus se sont évidemment penchés sur le mystère des lieux, dont l'enquêteur du *Guide du routard.* Eh bien, une boussole ne bronche pas, donc pas de magnétisme anormal. Sur un niveau de maçon posé à plat sur le sol, la bulle indique une pente contraire à ce que l'on voit. En fait, au risque de démystifier le phénomène, il s'agit simplement d'une illusion d'optique due au paysage environnant et à l'autre partie de la route. Mais ça vaut quand même le coup d'y aller, surtout qu'il y a peu de chance que vous ayez avec vous une boussole et un niveau. Donc, faites comme tout le monde, croyez-y... À part ça, beau panorama sur la lagune del Rincón depuis le « pôle ».

٭٭ *La laguna del Rincón :* très belle réserve naturelle située à 1 km au nord de Cabral, sur la route de Peñón. À l'entrée se trouve le bureau du parc, ouvert tous les jours de 8 h à 18 h. ☎ 809-243-4171. Quelques gravures épinglées au mur donnent un aperçu de la riche faune à plumes visible sur la lagune : spatules, poules d'eau, flamants, hérons, plusieurs variétés de canards, oiseaux migrateurs, etc.

Derrière le bureau, un sentier mène aux postes d'observation aménagés au bord de l'eau. Accès payant : 50 $Do (1,70 US$). Ceux qui ont du temps et sont passionnés d'ornithologie peuvent s'offrir une excursion en barque d'une heure ou deux. Prévoir 600 $Do (20 US$) pour l'embarcation et un pourboire pour le guide.

LE CENTRE DU PAYS

À l'ouest d'une ligne Santo Domingo-Santiago, jusqu'à la frontière haïtienne, s'étend la région la plus sauvage du pays, la moins touristique aussi, ça va de soi ! C'est la *cordillera Central,* région montagneuse essentiellement et qui possède l'un des sommets les plus élevés des Caraïbes : le *pico Duarte* (3 087 m). Par moments, on ne se croit plus aux Caraïbes. Adieu plages de sable blanc ourlées de cocotiers, oubliés clichés et cartes postales d'un exotisme facile ! Bonjour paysages alpestres, précipices insensés, agriculture primitive de montagne. Aux paysans rentrant avec leurs bœufs placides manquent le béret et la veste de velours élimée. Combien d'entre eux ont-ils vraiment vu la mer ? C'est le paradis des écotouristes *(ecoturismo !)* et des sportifs.

Deux parcs nationaux : le *parque national José del Carmen Ramírez* et celui d'*Armando Bermúdez.* De merveilleux torrents pour le rafting et le canyoning, de superbes treks et randonnées pour les amoureux de nature intacte et sauvage. Attention, emporter une petite laine : à 2 000 m, s'il pleut, si le ciel nous fait un gros blues, le thermomètre peut flirter la journée en hiver avec les 15 °C et la nuit, il descend encore...

Deux villes incontournables : *Constanza,* brute de forme, voire fruste, petite ville aux aubes laiteuses, et *Jarabacoa,* station climatique préférée de la bourgeoisie dominicaine.

Comment y aller ?

➤ **En venant du sud-est :** le plus rapide est de prendre la voie express Santo Domingo-Santiago. En voiture, en bus, sans problème, bonnes routes secondaires. Pour Constanza, après Bonao, route à gauche direction El Río. Pour Jarabacoa, route pour El Río également, puis bonne piste de terre battue (sauf en cas de fortes pluies). Sinon, goudron tout du long par La Vega, puis barre à gauche.

➤ **En arrivant du sud** (région de Barahona) **ou de Santo Domingo :** prendre à *El Cruce de Ocoa* la grande bifurcation pour San José. Fortement déconseillé aux véhicules non 4x4 (par temps de pluie le 4x4 est carrément indispensable), et en fin de journée bien sûr. Faire le plein de la voiture et de l'estomac. Ça tombe bien, immense self pour les routiers. Du choix dans les plats, correct, consistant, pas cher.

SAN JOSÉ DE OCOA

Agréable petite ville totalement en dehors des circuits traditionnels. Très propre, pimpante même, avec des petites maisons bien entretenues et des habitants ouverts et sympas. Cultures maraîchères assurant à l'évidence un certain bien-être et la prospérité de la ville. Si vous y séjournez quelque temps, vous entendrez parler du père Quinn, prêtre d'origine canadienne, curé depuis plus de trente ans et qui a beaucoup fait pour le développement économique de la ville. Son église, dans la rue principale, affiche en façade quelques professions de foi assez intéressantes.

Où dormir ?

⌂ *Casa de huéspedes San Francisco :* Andres-Pimentel, 37. ☎ 809-558-2741. Huit chambres de 350 à 500 $Do (11,60 à 16,70 US$), avec AC, salle de bains, eau chaude.

Central, dans une rue tranquille. Genre pension de famille proprette. Bon accueil de Pascual et Martha qui offrent le café gratis.

SUR LA ROUTE DE SAN JOSÉ DE OCOA À CONSTANZA

➤ Si vous voulez aller vers le nord, Constanza, Jarabacoa (pico Duarte), sans passer par Santo Domingo, il est possible de prendre la *piste de San José de Ocoa à Constanza.* C'est quand même une petite expédition fortement déconseillée aux véhicules normaux ; un 4x4 est préférable et même indispensable en cas de pluie (renseignez-vous s'il a plu les jours précédents).

Pour parcourir cette magnifique piste, il faut partir tôt le matin avec un véhicule en bon état ; une roue de secours intacte ainsi qu'un cric, un plein d'essence et une carte routière, avant de se lancer dans cette aventure de 90 km et 4 h au moins. Avant de partir, renseignez-vous auprès de 4 ou 5 personnes, de préférence camionneurs, militaires, etc. Si tous vous disent que c'est possible, tentez le coup, mais si la moitié vous regarde comme un extraterrestre, laissez tomber et allez voir par Santo Domingo. En revanche, si vous réussissez, croyez-nous, vous vous serez vraiment éclaté...

ATTACHEZ VOS CEINTURES !

Puis, c'est la grimpette vers Constanza. Peu de villages. Plutôt des hameaux de quelques maisons qui s'étirent, souvent en équilibre sur d'abruptes pentes, coincés entre vallée et bord de route, à la merci du moindre glissement de terrain. Pauvreté âpre, chaque parcelle est cultivée en terrasses, le plus haut possible. Le plus souvent, une paire de bœufs sous le même joug gratte le sol d'une charrue primitive, comme suspendue, prête à basculer... Alpes dominicaines livrant alors des perspectives de grande ampleur. Puis les vallées se resserrent, plus sauvages, de moins en moins peuplées, particulièrement poignantes sous la pluie et la grisaille.

Et puis tout à coup, plus de vie, plus d'habitat. On aborde un austère plateau, fauve et sombre. Alternance de toundras rousses quasi sibériennes et de forêts de conifères et de fougères, c'est une réserve nationale *(reserva cientifica).* Ça évoque furieusement l'Aubrac aussi, et on guette le buron. On le trouve presque sous la forme de la *pyramide fendue de Valle Nuevo,* symbolisant le cœur géographique du pays.

À plus de 2 000 m d'altitude, la petite laine enfilée depuis quelque temps ne suffit plus, on rêve d'une parka ! On est alors bien souvent dans les nuages et au loin, l'*Alto Bandera,* à 2 843 m, se devine à peine. La réserve abrite près de 300 plantes différentes, une soixantaine d'espèces d'oiseaux et des pins, sapins et cyprès qu'on ne retrouve pas ailleurs. Deux des quatre importants *ríos* du pays y ont leur source (le Nizao et le Yuma).

Rouler à plat quelques kilomètres permet de souffler un peu. Mais une descente à nouveau vous attend. Le chemin est un peu meilleur (si vous avez la chance de passer peu de temps après que les niveleuses ont raboté la route) mais il faut encore franchir quelques ornières impressionnantes. Et puis, à une quinzaine de kilomètres de l'arrivée, peu après la sortie du parc naturel, la seule interrogation de l'itinéraire : une fourchette et pas de pancarte ! Il semble aller de soi de descendre à gauche, vers une vallée bien tentante. Eh bien, non, il faut prendre à droite, un chemin qui n'inspire pas vraiment confiance. Puis un gros village au fond de la vallée vous rassure définitivement. Premières vraies cultures sur de grandes parcelles et quelques serres. Hardi, petit ! Constanza n'est guère loin...

Bref, une très belle balade qui ravira les amateurs de sensations fortes et passionnés du tout-terrain, mais à déconseiller aux autres...

CONSTANZA

Ville de montagne s'étalant dans une large vallée. Sans caractère ni charme particuliers. Laborieuse, active, grosse productrice de cultures maraîchères et fruitières. À 1 000 m d'altitude poussent allègrement fraises et framboises (on en vend au bord de la route), pommes et poires, mais aussi choux et carottes. Petits matins frisquets en hiver. Il arrive même parfois que le thermomètre flirte avec le zéro. Ville-étape, pas grand-chose à voir et à faire, mais une atmosphère mi-campagnarde mi-citadine, témoignage d'une certaine réalité du pays. C'est ici qu'on voit que Saint-Domingue possède une agriculture variée et riche.

Adresses utiles

■ *Banques avec distributeurs :* *Banco Mercantil,* à l'angle de Luperón et de Sánchez (sur la gauche de la chaussée dans le sens des voitures). *Banco Nacional de Credito,* sur la calle Luperón, à l'angle de la calle Miguel-A.-Abreu.

■ *Verizon :* calle Luperón, à côté de la station *Isla.*

⊚ *Servicomp :* calle Miguel-A.-Abreu (face à l'église). Le seul centre Internet de la région.

Où dormir ?

Prix moyens

⌂ *Hotel Colina del Valle :* calle Gaston-F.-Deligne, perpendiculaire à la calle Luperón (à son début), que vous veniez de San José de Ocoa ou de Jarabacoa (rond-point de la station *Isla*). ☎ 809-253-9155. Chambres doubles à 500 $Do (16,70 US$). Établissement neuf, propre et assez confortable (eau chaude, TV), mais ni ventilo, ni clim', la patronne sourit quand on lui pose la question... Croyez-nous ou pas, mais à Constanza en hiver, c'est la banquise (enfin tropicale). Accueil sympa et prix corrects. Parking gardé. Restaurant proposant une carte variée.

Un peu plus chic

⌂ *Hotel Mi Casa :* calle Luperón (près de l'angle de calle Sánchez). ☎ 809-539-2764. Dans le centre, un immeuble tout vert. Chambres doubles à 725 $Do (un peu moins de 25 US$), aux murs blancs et meubles de bois clair. Certaines manquent un peu de fenêtres (en voir plusieurs). Hôtel familial, très bien tenu. Excellent accueil. Bonne cuisine. Ne pas manquer le *mondongo* ou le *chivo guisado.* Bien aussi pour le petit dej' (85 $Do, soit 2,80 US$). Notre meilleure adresse.

🏠 **Mi Cabañas Resort :** à l'entrée de la ville, à environ 2 km du centre, à gauche (en venant de San José). ☎ 809-539-2930 et 809-563-5048. ● www.micabana.bizland.com ● Autour de 800 $Do (26,70 US$) pour 2 en semaine et 1 100 $Do (36,70 US$) le week-end. Petit déjeuner-buffet inclus dans le prix. Surtout une adresse fréquentée en fin de semaine. Appellation de *resort* un peu prétentieuse... Une douzaine de bungalows à 1 étage, très propres et de bon confort. À l'étage, les chambres ont un balcon avec vue sur la montagne. Restaurant. Piscine.

Où manger ?

|●| **Los Niveles :** juste en face de la mairie, sur la calle Matilde-Viñas, à l'angle de Sánchez. ☎ 809-539-2495. Ouvert tous les jours le midi, et le soir seulement du mercredi au dimanche. Bon restaurant au 1er étage, très bien signalé. Plats à partir de 250 $Do (8,30 US$). Grande salle un peu sinistre, qui s'anime le week-end. Belle carte de cuisine locale. La spécialité de la maison : le *conejo* (le lapin). Joli choix de viande (Ángus) vendue au poids. Le filet mignon cuit à point est excellent et bien servi, accompagné de pommes sautées.

|●| **Lorenzo's Restaurant Pizze-** ria : calle Luperón, 83 (la rue principale). ☎ 809-539-2008. Ouvert tous les jours de 9 h à 1 h du matin. De 100 $Do (3,30 US$) les spaghettis à 275 $Do (9,20 US$) la spécialité de la *casa*, la *guinea al vino* (pintade). La salle est quelconque, ventilée et télévisée aux 4 coins. Fresque naïve et reposante. Clientèle locale un brin chicos qui semble aussi ravie que nous du repas. Carte longue comme le bras, allant de l'Italie (pizzas, surtout servies le soir) à la Chine *(chop suey)*. Bonne viande accompagnée de frites à prix correct. Salle non-fumeurs, ce qui est rare.

DE CONSTANZA À JARABACOA

➤ Route goudronnée jusqu'à El Río (environ 20 km). Elle traverse un bout de temps la grande plaine fertile de Constanza, puis grimpe à nouveau dans une espèce de Piémont très verdoyant qui fait irrésistiblement penser à la Suisse. Terres d'élevage, pas mal de bovins. À El Río, nouvelle route en terre battue en très mauvais état pour Jarabacoa (sur environ 28 km). Là encore, un 4x4 est indispensable. Attention, en cas de forte pluie, ça patine. Route parfois en moraine, livrant sur chaque côté d'amples paysages.

Gentils villages traversés, la pauvreté y est beaucoup moins évidente que dans la haute montagne. Bourgades moins isolées, terres plus riches et l'on y perçoit des municipalités dynamiques. Un des villages à mi-parcours a goudronné sa rue principale. Au passage, quelques écoles et un collège, aux cours de récré joyeuses et bruyantes.

JARABACOA
70 000 hab.

Célèbre station climatique à 500 m d'altitude, lieu de prédilection des riches Dominicains qui y possèdent souvent une maison de campagne. Les environs du centre sont truffés de jolies et bourgeoises demeures : maisons style chalet suisse, d'autres modernes avec des airs de résidences californiennes. Paysages de doux reliefs, de montagnes paisibles, fraîcheur quasiment toute l'année. Belles chutes d'eau. Point de départ de tas d'activités sporti-ves, des plus cool aux plus excitantes. En particulier, le rafting, la randonnée équestre et le parapente. Climat propice aux serments d'amour et aux grands départs dans l'existence, puisque sous Trujillo, c'était une populaire destination de voyages de noces. À Jarabacoa, la population circule beau-coup à cheval, de petites montures nerveuses et résistantes.

Adresses utiles

◻ *Oficina Información Turística* (plan A2) : face à l'église, parque Duarte. ☎ 809-574-7287. Au 1er éta-ge du petit centre commercial, bu-reau n° 209. Ouvert du lundi au ven-dredi de 8 h à 15 h.

✉ *Poste* (plan A1) : sur la route de La Vega, au nord du centre. Ouvert du lundi au vendredi de 8 h à 12 h et de 14 h à 16 h, ainsi que le samedi matin.

◼ *Banco Nacional Credito* (plan A2, *1*) : sur Duarte, au niveau du parque Duarte. Distributeur (BTH).

◼ *Banco Popular* (plan A1, *2*) : av. Independencia, à côté du cimetière. Ouvert du lundi au vendredi de 8 h 15 à 16 h 30 et le samedi jusqu'à 13 h. Distributeur accessible 24 h/24.

◼ *Western Union* (plan A1, *3*) : à l'intérieur du *Verizon*. Ouvert du lundi au vendredi de 8 h à 12 h et de 14 h à 18 h, ainsi que le samedi matin.

◼ *Verizon* (plan A1, *3*) : dans le cen-tre, avenida Independencia, 1. En-trée au rez-de-chaussée de la ban-que *Baninter*. Panneau peu visible. Ouvert tous les jours de 8 h à 22 h.

◎ *Connexion Internet « RC »* (plan A2, *8*) : en face de l'église (sous le bureau du tourisme). Ouvert de 9 h à 23 h tous les jours.

🚌 *Terminal de bus Caribe Tours* (plan A1) : av. Independencia, la rue principale. ☎ 809-574-4796. À deux pas de *Politur*. Liaisons pour Santo Domingo 4 fois par jour. Éga-lement 4 fois par jour pour La Vega. Pour Santiago et les villes situées plus au nord, changement de bus à La Vega.

◼ *Station des guaguas pour La Vega* (plan A1, *4*) : dans le cen-tre, en face du cimetière. Départs très fréquents pour La Vega (environ toutes les heures).

◼ *Station des guaguas pour Constanza* (plan B2, *5*) : départs ré-guliers toute la journée.

◼ *Policia de Turisma* (Politur ; plan A1, *6*) : calle José-Duran. ☎ 809-574-7555. Ouvert 24 h/24. En cas de problème.

◼ *Super Farmacia* (plan A1, *7*) : av. Independencia. Ouvert du lundi au samedi de 8 h à 13 h et de 14 h à 20 h, ainsi que le dimanche matin.

Où dormir ?

De bon marché à prix moyens

🛏 *Hotel Hogar* (plan A1, *15*) : calle Mella, 34. ☎ 809-574-2739. À l'éta-ge d'une maison toute jaune et dans un petit bâtiment rose à côté. Huit chambres avec douche et un petit bout de jardin. Les plus grandes peuvent convenir pour 4 personnes (600 $Do, soit 20 US$). Genre pen-sion de famille. Très propre et simple à la fois. À deux pas du centre et pourtant très au calme.

Un peu plus chic

🛏 *Hotel Holly Day* (plan B2, *11*) : route de Constanza. ☎ 809-574-2778. De 750 à 1 000 $Do (25 à 33,30 US$) la double. Petit édifice

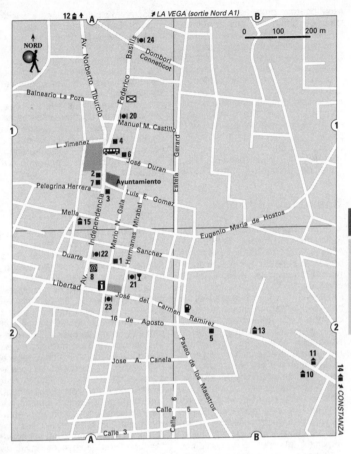

JARABACOA

- ■ **Adresses utiles**

  - ℹ Oficina Información Turística
  - ✉ Poste
  - 🚌 Terminal de bus Caribe Tours
  - **1** Banco Nacional Credito
  - **2** Banco Popular
  - **3** Verizon et Western Union
  - **4** Station des *guaguas* pour La Vega
  - **5** Station des *guaguas* pour Constanza
  - **6** Policia de Turismo (Politur)
  - **7** Super Farmacia
  - @ **8** Connexion Internet « RC »

- 🛏 **Où dormir ?**

  - **10** Hotel California
  - **11** Hotel Holly Day
  - **12** Hotel Gran Jimenoa
  - **13** Pinar Dorado
  - **14** Rancho Baiguate
  - **15** Hotel Hogar

- ❶❷ **Où manger ?**
  Où boire un verre ?

  - **20** Rancho Restaurante
  - **21** Del Parque Galeria
  - **22** Restaurant La Herradura
  - **23** Delicafé
  - **24** D'Parillada Restaurant

sans charme proposant une ving-taine de chambres assez petites, très simples, mais relativement pro-pres (avec salle de bains et ventilo). Certaines sont quasiment sans fenê-tre (en voir plusieurs). Deux peuvent accueillir 4 personnes. À l'évidence, trop faible différence de prix pour un moins bon rapport qualité-prix que son voisin *(Le California)*, mais meilleure garantie d'y trouver de la place. Possibilité de garer son véhi-cule dans la cour.

🛏 *Hotel California (plan B2, 10) :* route de Constanza. ☎ 809-574-6255. ● www.california.net ● Sur la route de Constanza à 1 km du cen-tre, sur la droite. La double autour de 750 à 1 000 U$Do (25 à 33,30 US$). Petit hôtel de plain-pied proposant une dizaine de chambres confor-tables (sanitaires complets, ventilo) et spacieuses. Malgré son extérieur peu engageant, possèderait pres-que un poil de charme avec ses ar-cades, son patio et sa piscine. Un étage était en construction lors de notre passage. Petite restauration. Direction hollandaise, patronne do-minicaine.

Beaucoup plus chic

🛏 *Pinar Dorado (plan B2, 13) :* route de Constanza. ☎ 809-574-4098 et 809-574-2820. ● pinardora do@verizon.net.do ● À 500 m sur la gauche après la station-service *Shell*. De 1 500 à plus de 2 000 $Do (50 à plus de 66 US$) la double. Ce bel hôtel offre une quarantaine de chambres très confortables (TV câ-blée, grands lits doubles, salle de bains, clim', téléphone). L'édifice n'a rien de véritablement charmant mais l'environnement est verdoyant. Pis-cine, resto en V renversé et une ges-tion à la hauteur de ses ambitions. Confort, hygiène et service irrépro-chable. Une des meilleures étapes de la région qui propose trois formu-les : chambre avec petit dej', demi-pension et pension complète. Comme le *Rancho Baiguate* (même direction), c'est l'un des points de départ des excursions.

🛏 *Rancho Baiguate (hors plan par B2, 14) :* route de Constanza. ☎ 809-574-6890. ● www.ranchobai guate.com ● À la hauteur de l'hôtel *Holly Day*, tourner à gauche (en ve-nant de la ville) et faire 1,5 km. Bien indiqué. Pension complète entre 1 500 et 2 100 $Do (50 à 70 US$). Complexe touristique composé de bungalows en bois (chambres spa-cieuses mais un peu froides), dans un parc bordé par une rivière. Excel-lente literie, salle de bains, mais ouf, pas de TV ni d'AC. C'est que le *Rancho* est avant tout spécialisé dans les sports de nature (voir plus loin la rubrique « Randonnée et acti-vités sportives »). Bar, resto et su-perbe piscine de l'autre côté de la rivière, un peu à l'écart des bunga-lows, entourée de beaucoup de ver-dure. Point de chute des agences, penser à réserver. Ils ont mis en place un « parcours jungle », en fait un ensemble de câbles dressés en hauteur, de passerelles qui permet-tent, accroché à un harnais, de se prendre pour Indiana Jones l'espace d'un instant. Payant et à faire sous le contrôle d'un guide de l'hôtel. Mur d'escalade et tyrolienne également. Une étape pour routards sportifs, car il serait dommage d'y passer seule-ment une nuit sans profiter des ins-tallations et sans pratiquer les activi-tés sportives auxquelles invite la région.

🛏 *Hotel Gran Jimenoa (hors plan par A1, 12) :* accessible par un che-min de 2 km partant sur la droite lors-que l'on prend la route du *balneario de la Confluencia*. ☎ 809-574-6304. ● www.granjimenoa.com ● Ce bel hôtel moderne propose une tren-taine de chambres très agréables dans deux petits édifices dont un en bord de rivière. Belle piscine et ma-gnifique vue sur le *río Jimenoa*. Du semi-luxe de bon aloi. D'étroites passerelles traversent la rivière. Le bon plan pour se reposer confortab-lement loin des plages. Bar et res-taurant, terrasse avec vue imprena-ble sur le torrent.

Où manger ? Où boire un verre ?

Bon marché

|●| **Delicafé** (plan A2, **23**) : calle José-del-Carmen-Ramirez, esq. a Mario-N.-Gala, sur le côté de l'église. Ouvert tous les jours de 10 h à 23 h. Cette cafétéria moderne, avec terrasse sur la rue, propose des sandwichs à partir de 60 $Do (2 US$) et des salades très appétissantes à 120 $Do (4 US$).

|●| 🍸 **Del Parque Galeria** (plan A2, **21**) : Duarte, à l'angle de Mirabal. ☎ 809-574-6749. Sur la place de l'église (parque Duarte). Ouvert tous les jours de 9 h 30 à 23 h (minuit le week-end). Compter moins de 300 $Do (10 U$). L'adresse où les familles aiment à se retrouver avec la marmaille. Grande terrasse couverte. Le soir, lieu de rencontre des jeunes un peu friqués et propres sur eux. Atmosphère décontractée. Certains viennent seulement pour une cerveza entre copains. Petite piste de danse où l'on esquisse quelques pas de merengue à l'apéro ou entre deux plats. Cuisine correcte et pizzas pantagruéliques, à la pâte fine et croustillante (un conseil : la special est vraiment pour 2). Sinon, carte traditionnelle : choix d'une dizaine de filetes, carne a la parrilla, conejo, chivo, lambis, pulpo, etc. Pour changer un peu, essayez donc un copieux et parfumé chofan.

|●| **Restaurant La Herradura** (plan A2, **22**) : calle Independencia, esq. a Duarte. ☎ 809-574-4632. Ouvert tous les jours de 9 h à minuit. Le décor, évoquant les ambiances western, est adapté aux spécialités de viandes de la maison. Le filet de bœuf grillé vaut 300 $Do (10 US$). Les viandes importées sont plus chères.

Prix moyens

|●| **Rancho Restaurante** (plan A1, **20**) : av. Independencia (rue principale). ☎ 809-574-4557. Ouvert tous les jours, toute la journée, jusqu'à minuit. Compter de 300 à 600 $Do (10 à 20 US$). Une des meilleures adresses du coin. Vaste et aéré. Décor de bois, chaises tressées, belles peintures. Accueil et service efficaces. Excellente cuisine servie copieusement. Pas mal de choix : sandwichs, carpaccio de tomates, sopa de ajo a la española, crêpes, pâtes, camarones, churrasco a la parrilla, etc. Une mention au filete, particulièrement tendre. Un des rares endroits où on peut l'avoir bleu, ou vraiment à sa convenance. Et puis la spécialité, la pechuga de pollo farcie à la banane. Les pensionnaires du Rancho Baiguate peuvent prendre un repas ici, c'est même proprio.

|●| **D'Parillada Restaurant** (plan A1, **24**) : à la sortie du centre, sur la route de La Vega. ☎ 809-574-6898. Ouvert tous les jours de midi à minuit. Environ de 300 à 600 $Do (10 à 20 US$). Fermé le lundi. Joli et coquet jardinet sur le devant et croquignolette terrasse. Viandes de qualité, grillées pour la plupart, mais aussi des pâtes et des crêpes.

À voir. À faire dans les environs

🎿 **El salto de Baiguate** : à quelques kilomètres de la ville. Depuis la station Shell (au centre du bourg), prendre la direction de Constanza et faire 1,5 km, puis tourner à droite (panneau). Faire ensuite environ 1 km. Au T, prendre à gauche et parcourir encore 2 km. C'est au bout. Petit parking pour ceux qui sont en voiture. Malheureusement la famille qui habite à côté a pris l'habitude de demander une somme délirante pour soi-disant surveiller les véhicules. Si le tarif vous semble abusif, négociez. Balade familiale ou pépère classique entre papyrus, ciguapas et orangers. Petit chemin cimenté menant en une dizaine de minutes à cette belle cascade de 20 m de haut, au fond du vallon, nichée dans un cirque rocheux. Si le débit est puissant, c'est plutôt sympathique. Joli paysage tranquille. Possibilité d'y faire trempette. Attention, en cas de pluies récentes, les eaux peuvent être par trop limoneuses. Bon, c'est pas le Niagara quand même.

🍴 *El salto de Jimenoa :* suivre la route de La Vega sur 3,7 km (depuis l'office de tourisme). Prendre la bifurcation sur la droite au panneau *Escuela Nacional Forestal* (virage en épingle à cheveux) et faire 6 km. C'est ensuite fléché. Accessible de 8 h à 18 h tous les jours. La dernière portion est une piste très moyenne. Ne pas venir avec une vision romantique et bucolique de cette cascade. À l'entrée, un petit poste militaire. Ensuite, succession de passerelles mobiles et bringuebalantes soutenues par des poteaux de béton, avant d'arriver en moins de 10 mn à cette énorme chute produisant un lourd nuage d'eau. Là aussi, possibilité de se baigner.

🍴 *El balneario de la Confluencia :* pour s'y rendre, du centre de Jarabacoa, prendre la rue du cimetière, puis tout droit. La route s'achève sur un vaste parking bordant la « Confluencia », la rencontre des eaux du Jimenoa et du Yaque del Norte. Destination de week-end très populaire des Dominicains. En semaine très peu de monde. Le bouillonnant Yaque télescope donc le tumultueux Jimenoa et l'on assiste à un curieux mini-phénomène : l'un, d'origine caillouteuse, présente une couleur gris-vert, l'autre, plus limoneux, une teinte marron. La fusion ne s'opérant pas instantanément au point de confluence, les deux rivières vont cohabiter sur quelques dizaines de mètres, comme un vieux ruban de machine à écrire. Pour nos lecteurs les plus globe-trotters, ça leur rappellera la célèbre « O encontro das aguas » de Manaus (Brésil) où le río Negro, aux eaux noires, refuse de se mélanger avec le Solimoes aux eaux jaunes. Bon, rien de spectaculaire, curieux, sans plus ! En revanche, y aller un samedi soir vous laissera des souvenirs mémorables. Rendez-vous des jeunes et étudiants de la capitale qui viennent prendre le frais, faire la fête, boire et danser. Certains plantent même la tente sous les arbres. Atmosphère bon enfant et assez *caliente*. Et ça dure jusque tard dans la nuit. Le dimanche, on vient plutôt en famille pour écouter du *merengue,* se baigner et faire un petit tour à cheval.

🍴🍷 Pour boire une *Presidente* et manger une cuisine simplissime, genre *pollo* grillé, au son du meren- gue, essayez **El Malecón,** à côté du parking.

Randonnée et activités sportives

➤ *El pico Duarte :* le grand must pour les trekkeurs. Attention, ce n'est pas une balade de santé. Le Duarte (3 087 m) exige une bonne condition physique et un équipement adéquat : duvet (possibilité de location sur place), vêtements chauds et de pluie, bonnes chaussures, provisions, petite pharmacie, etc. Guide obligatoire. Départ de **La Ciénaga,** à une trentaine de kilomètres de Jarabacoa, où vous pourrez dormir la veille dans un petit hôtel, à gauche à l'entrée du village. Chambres correctes, prix négociable. C'est à La Ciénaga qu'on trouve les guides officiels du parc.
Pour l'ascension, vous devez partir assez tôt le matin après achat du permis (en théorie, 150 $Do, soit 5 US$) à l'entrée du parc. À pied ou à dos de mule, compter 2 jours et 1 nuit (46 km aller et retour). Certains peuvent le faire plus cool (3 jours et 2 nuits). Paysages superbes, changeant sans cesse au fur et à mesure de la montée. Possibilité de louer des mules (en général, une mule

pour 3 personnes) pour vous transporter ainsi que votre tente et vos effets personnels. Grosso modo, compter quand même un minimum de 4 500 $Do (150 US$) par personne (entrée, guide, location de mule, nourriture et boisson).

Deux manières d'effectuer cette randonnée : la plus économique est de vous rendre le matin à La Ciénaga et de négocier sur place à l'entrée du parc national. Ne pas oublier de prévoir le ravitaillement pour 2 jours pour vous et votre guide. Il y a un grand supermarché dans la rue principale de Jarabacoa. Sinon, autre possibilité : si vous ne parlez pas un mot d'espagnol, adressez-vous au *Rancho Baiguate* (voir ci-après), ils s'occupent de tout mais c'est évidemment bien plus cher (9 000 $Do ou 300 US$).

Balade qui vaut vraiment le coup surtout en été où la fraîcheur des montagnes est un vrai plaisir. En juin, par très beau temps, on peut admirer au nord l'océan Atlantique et au sud la mer des Caraïbes... À pied, pour les randonneurs entraînés, ou à dos de mule, compter 9 h pour la montée et 8 h pour la descente. En général, le départ se fait vers 7 h du matin de La Ciénaga. Puis, montée vers *La Compartición*, une sorte de refuge où l'on passe la nuit (certains campent dehors). On est alors à 2 500 m d'altitude. Le lendemain matin, départ vers 4 h pour ceux qui veulent voir le soleil se lever. Montée en 4 h environ jusqu'au *pico*. On reste quelques instants là-haut (Dieu que ça caille !), puis on redescend vers *La Compartición*. On récupère ses affaires et on continue la descente vers La Ciénaga. Ceux qui font la balade en 3 jours dorment 2 nuits à La Ciénaga (une fois la veille de l'ascension finale et une nuit au retour).

■ *Rancho Baiguate – The Adventure Centre :* à Jarabacoa (voir plus haut la rubrique « Où dormir ? »). ☎ 809-574-6890. ● www.ranchobaiguate.com ● Le gros organisateur du coin. Pro et assez cher. Pour le trek au pico Duarte, il propose trois formules plus ou moins longues. Toutes les infos sur leur site internet. Évidemment les prix sont très variables selon la formule choisie. Tarifs disponibles par mail sur demande. Matériel fourni (duvet, couverts, etc.), mules pour le transport, guide du parc, etc.
Organise aussi rafting, canyoning sur la rivière Jimenoa, randonnées à cheval. La plupart des activités sont à la demi-journée et coûtent autour de 50 US$ par personne. Également randonnées pédestres, VTT *(mountain-biking)*, etc. Ces dernières sont moins chères. Guides dominicains et européens.

➢ *Rafting et canyoning :* les eaux impétueuses du Yaque del Norte attirent de plus en plus d'amateurs d'émotions fortes. Descente des rapides dans de gros canots pneumatiques pouvant transporter une dizaine de personnes (gilets et casques fournis). Avec équipement complet et bon professionnel, bien sûr. De vigoureuses cascades enchantent également les adeptes de canyoning (art de descendre les chutes d'eau en rappel). Là encore, c'est le *Rancho Baiguate* qui s'en occupe.

➢ *Parapente :* Fly Vacher, *Escuela de parapente,* juste en arrivant au *Rancho de Baiguate.* ☎ 809-882-1201. ● www.simonvacher.com ● Les montagnes environnantes ne pouvaient qu'attirer les fils d'Icare. Parmi eux, un Français, Simon Vacher, pilote confirmé depuis plus de 15 ans, a créé son école de parapente. Le baptême en tandem, avec un dénivelé de 700 m (sensibles au vertige s'abstenir !), vous coûtera 1 800 $Do (60 US$). La pratique du parapente étant tributaire du temps, il est nécessaire de réserver la veille. Si vous êtes mordu, Simon et ses collègues dominicains assurent aussi une formation en 10 jours avec 20 vols. Enfin, pour les pilotes chevronnés, Simon organise un tour de la République dominicaine avec décolage de 17 sites différents. L'école vend également du matériel.

LE CIBAO

C'est la grande plaine centrale, dans l'axe Santo Domingo-Santiago. Terres d'une très grande fertilité, produisant quasiment tout le tabac du pays, du café, la canne pour fabriquer le rhum, les bananes et autres cultures. On y trouve également d'immenses élevages de bovins et de riches productions minières... En outre, dans le Cibao, les habitants développent une identité bien différente de celle de la capitale et du reste du pays. On y parle un espagnol beaucoup plus pur, assez proche du castillan.

UN PEU D'HISTOIRE

« Au-delà, il y a quelques-unes des plaines les plus belles du monde, assez semblables aux terres de Castille, mais qu'elles surpassent encore », écrivait Christophe Colomb le 9 décembre 1492. Le Cibao fut pour le Grand Amiral le premier vrai contact avec les terres intérieures d'Hispaniola. Selon le père Bartolomé de Las Casas, considéré comme « l'apôtre des Indiens », et qui vécut à La Vega, « d'entendre Cibao réjouissait toujours le cœur de l'Amiral, car il pensait être à Cipango [nom donné au Japon à l'époque de la Renaissance], l'île qui était marquée sur sa carte... ». Toujours selon Las Casas, le mot Cibao viendrait de *Ciba,* un mot indien qui signifie « lieu couvert de pierres » ou « terre de pierres ». Dans *Histoire des Indes,* il décrit le Cibao comme une sorte de paradis terrestre. Dès 1493, Colomb envoya ses hommes pour explorer l'intérieur du pays afin d'y trouver de l'or. Partis de La Isabela (sur la côte nord-ouest), les Espagnols découvrirent de l'or dans les rivières mais beaucoup moins qu'ils n'espéraient. Cette fièvre de l'or poussa les découvreurs à devenir des conquérants puis des exploiteurs. Les Indiens devaient, coûte que coûte, verser leurs tributs en or. Quand le précieux métal se mit à manquer, les ennuis commencèrent pour eux. Des incidents se multiplièrent, qui basculèrent très vite dans la violence.

LA VEGA

Grande ville moderne et industrielle sur la route de Santiago, où rien ne vous retiendra vraiment. Au passage, on jettera néanmoins un coup d'œil sur la cathédrale contemporaine, et, si l'on est particulièrement intéressé par l'histoire d'Hispaniola, sur les ruines de *Vega Vieja* (monastère San Francisco et fort de la Conception).

UN PEU D'HISTOIRE

La Vega est l'une des plus anciennes villes du pays, du moins ce que l'on appelle La Vega Vieja, la vieille ville de La Vega, située à quelques kilomètres à l'extérieur de la ville moderne d'aujourd'hui. Lors de son deuxième voyage, Christophe Colomb y fit construire un fort pour protéger les mines d'or du Cibao. Une ville s'y développa très vite, qui devint au début de la colonisation la plus importante de l'île. Le fils de Colomb, Don Diego, venait y fuir la chaleur de Santo Domingo. Son monastère franciscain y eut un locataire célèbre : le père Bartolomé de Las Casas. Auteur de la monumentale *Histoire des Indes* et défenseur ardent des Indiens, certains le considèrent comme l'inventeur des Droits de l'homme.

La Vega est aussi le site de la bataille décisive, le 24 mars 1495, entre les conquistadors espagnols et les Indiens taïnos, où le cacique Guarionex fut battu. Beaucoup de « premières » pour La Vega : en 1512, siège de l'archevêché dépendant de Séville ; décret du roi d'Espagne autorisant la création d'une maison close ; première *casa de la moneda* d'Amérique ; plantation des premiers champs de canne à sucre... En 1562, la ville est détruite par un tremblement de terre. Elle est reconstruite plus au sud, sur les rives du *río* Camu.

Au XIXe siècle, sa prospérité économique se révèle telle qu'on construit, en grande partie pour le trafic de marchandises, une ligne de chemin de fer de La Vega au port de Sánchez, dans la presqu'île de Samaná.

Où manger ?

I●I *Restaurant Induveca* : Pedro Riviera, 1. ☎ 809-573-3777. Sur la droite de la route nationale en entrant dans La Vega, juste avant la station *Texaco*. À environ 1 km du centreville. Plats autour de 200 $Do (6,70 US$). Repas autour de 400 $Do (13,30 US$). Un des restos les plus connus des habitants de La Vega. Grande salle style salle des fêtes et banquets où se retrouvent les employés, les cadres et les familles. Carte variée. Cuisine classique à prix sages. Spécialité : *filete induveca*.

À voir

🎭🎭 *La cathédrale de la Conception de La Vega* : dans le centre, à l'angle de la calle Restauración et de Padre-Adolfo, sur le parque Duarte. Édifiée en 1992, elle possède une architecture vraiment intéressante. Style hybridoromano tout en formes rondes qui surprend. Il s'agit de modules de béton posés les uns sur les autres, sortes de demi-buses, façon legos sans couleurs. Clocher en écorché, avec escalier apparent et façade tout en rondeur, formant au sommet d'imposants créneaux semblant défendre l'édifice contre d'improbables attaques. Mérite vraiment le coup d'œil si l'on est intéressé par l'architecture moderne.

Fête

– *Le carnaval de La Vega* : c'est le plus pittoresque et le plus fou du pays. Festival des masques tout à la fois les plus monstrueux et les plus beaux, explosion des couleurs les plus crues, les plus expressives. Les groupes, sponsorisés par les grandes firmes dominicaines, participent à des concours de costumes, de masques et de danses. Ouïes sensibles, attention, sans doute n'aurez-vous jamais infligé autant de décibels à vos oreilles que lorsque vous parcourrez l'avenue José-Horacio-Rodriguez où se déroule le défilé. Des milliers de personnes se retrouvent chaque dimanche de février pour une fête extraordinaire (et surtout le 27 du mois, jour de la fête nationale). Le défilé commence entre 16 h et 17 h, et la fête endiablée se poursuit jusque fort tard dans la nuit.

➤ *DANS LES ENVIRONS DE LA VEGA*

Trois petits sites à voir dans le coin, tous sur la route de Moca. Allez, on y va !

🎭🎭 *Santo Cerro* : pour accéder à ce village, sortir de La Vega direction Moca. Juste à la sortie, prendre à droite la route 21 qui mène vers Moca (rien ne l'indique vraiment). Quand vous l'aurez dénichée, faire environ 5 km, puis prendre à gauche (panneau pour Santo Cerro). Le village est 1,5 km plus loin. Dans la montée, on remarque déjà le côté hyper-religieux du village. Tous les 200 m se dressent des sculptures religieuses (chemin de croix) sur le bord de la route.

Santo Cerro est un des hauts lieux religieux du pays (et pas seulement parce que c'est perché sur une colline). La vue étendue sur la plaine du Cibao mérite que l'on y monte. C'est là que se déroula l'ultime bataille perdue des Taïnos, le 16 mars 1495. La légende raconte que Christophe Colomb avait planté en haut de la colline une grande croix de bois offerte par la reine Isabel (de fait, la première du Nouveau Monde). Au plus fort de la bataille, les Taïnos auraient tenté de la brûler. La Vierge serait alors apparue aux Espagnols, leur donnant un vigoureux coup de moral, ce qui permit d'arracher la victoire. Depuis, un grand pèlerinage a lieu chaque année, au mois de mars.
– Juste avant la place de l'église, sur la gauche, des cages aux oiseaux faites de grilles métalliques entourent un arbre que les locaux désignent « El Arbol del Nispero ». Cet arbre daterait du XVe siècle ; Christophe Colomb aurait coupé une de ses branches pour fabriquer une croix.
– L'église paroissiale de 1884, toute blanche, est dédiée à Nuestra Señora de las Mercedes. À l'intérieur, dans une chapelle à droite (quand on regarde le chœur), le sol est percé d'un trou couvert par une grille entourée de bois. C'est le « Santo Hoyo de la Cruz ». Selon la tradition, Christophe Colomb aurait planté là une croix après une bataille contre les Indiens en mars 1495.

🐾 *Les ruines du monastère San Francisco :* dans le village de La Vega Vieja. En redescendant de Santo Cerro, reprendre la route de Moca, faire exactement 1,4 km et prendre le chemin caillouteux sur la gauche. Parcourir environ 300 m et, après avoir traversé un bout de village, au T, prendre à gauche. Environ 200 m plus loin, vous apercevrez sur votre gauche les ruines du premier monastère des Amériques. Le site, fermé au public, est en cours de fouilles archéologiques. Mais on peut quand même jeter un coup d'œil sur l'ensemble depuis la grille d'entrée. Réduit quasiment aux fondations, avec quelques bouts de murs relevés, mais on distingue bien son plan. Site peu spectaculaire, mais le coin apparaît quand même assez « inspiré » et évocateur. Environnement paisible à souhait. Le père Bartolomé de Las Casas (1484-1566), le célèbre défenseur des Indiens, et auteur de la *Très Brève Relation de la destruction des Indes,* y séjourna de 1508 à 1512. Il y célébra sa première messe chantée en 1510 et devint ainsi le « premier officiant » du Nouveau Monde. Il était à la fois clerc (prêtre) et colon, car il possédait un domaine agricole *(repartimiento)* d'Indiens dans le Cibao.
Sur le terrain, de la grille, on voit encore le dessin de l'église et le cloître avec son puits central, le réfectoire... Dans la sacristie, il reste un minuscule cadran solaire, peut-être le premier du Nouveau Monde ? Autour, le cimetière primitif. Sous des tôles, des restes d'Indiens (en position fœtale car ils croyaient à la réincarnation) ou de colons et de moines (enterrés pour leur part droit comme des bâtons de chaises). Macabre, mais intéressant.

🐾 *Le fort de la Conception et le « musée » :* en sortant du chemin du monastère de San Francisco, reprendre la route de Moca, faire environ 600 m et emprunter la petite route qui part sur la gauche. Un panneau des parcs nationaux indique le site (juste en face de la petite épicerie au panneau « Super Col Rosa »). Visite du site de 8 h à 16 h. Droit d'entrée : 50 $Do (1,70 US$).
Cet endroit a tellement marqué Christophe Colomb dans sa vie de découvreur qu'il en parlait encore la veille de sa mort (le 20 mai 1506) dans le codicille à son testament qu'il avait dicté à un notaire le 19 mai 1506. Il demandait à son fils Diego Colón de construire une chapelle à la gloire de la Sainte-Trinité : « s'il est possible de l'édifier dans l'île d'Hispaniola, que Dieu

m'a donnée miraculeusement, je voudrais que ce fût au lieu où je l'ai déjà invoquée, qui est dans La Vega, qu'on appelle la Conception ».

Aujourd'hui on peut voir les ruines significatives du premier fort construit en 1495 sur ordre du Grand Amiral afin de répondre aux attaques du cacique indien Guarionex, souverain de La Vega Real. D'après Las Casas, cette forteresse était en pisé avec des créneaux. En 1498, les Indiens l'attaquèrent à nouveau. En 1503, le fort fut reconnu par la Couronne d'Espagne mais, en 1562, il fut frappé par un tremblement de terre qui marqua son déclin stratégique.

À côté des ruines, un bâtiment abrite un très modeste *Musée historique* présentant divers vestiges et objets découverts lors des fouilles archéologiques : monnaies, poteries, débris de porcelaine et de céramique, clés, couverts, fers à cheval, quelques armes de la guerre de Restauration, mortiers et un pilon en bois daté de 1501.

COTUI

À mi-chemin entre la capitale et la péninsule de Samaná, Cotui est souvent une étape pour ceux qui ne désirent pas traverser le pays en une seule fois. Un peu oubliée maintenant, la ville de Cotui fut pourtant l'un des plus grands centres d'intérêt du pays au début du XVe siècle. En effet, c'est là que se trouvait la fameuse mine d'or dont les conquistadors étaient si friands. La mine de Cotui fut pendant longtemps la plus grande mine d'or à ciel ouvert du monde, et elle fut exploitée jusqu'à ces dernières années mais le métal précieux semblant se raréfier, elle est désormais fermée.

Ne vous attendez pas à trouver quoi que ce soit datant du XVe siècle, il n'en reste rien. Une bonne adresse cependant pour séjourner dans un cadre verdoyant, entouré de lacs et de *ríos*.

Où dormir ? Où manger ?

🏠 |●| *El Rancho del Lago :* à 4 km du centre de Cotui, à côté de la Presa (barrage). ☎ et fax : 809-696-0045. Facile à trouver. Huit chambres très confortables à 600 $Do (20 US$), avec ventilo, clim', frigo, terrasse. Jolie piscine. Comme nous sommes (un peu) en montagne, on peut manger (dans le très bon resto français) d'excellents *blackbass* (genre de truite) autour de 200 $Do (6,70 US$) par personne. Une bonne escale à mi-chemin de la capitale et des plages du Nord.

SANTIAGO
700 000 hab.

Avec une vie commerciale intense et une zone franche particulièrement active et prospère, *Santiago de los Caballeros* (son vrai nom), deuxième ville du pays, est la capitale économique, le cœur battant du Cibao et de toute la région nord. Quelques chiffres éloquents : elle concentre plus de 90 % des usines et environ 65 % du PIB de la région ! Capitale du cigare et du rhum également. Deux grosses universités lui garantissent aussi une riche vie intellectuelle et des nuits chaudes et animées. Pourtant, elle ne possède pas, a priori, un charme évident et les traces de son passé colonial ne sont guère nombreuses.

UNE VILLE ACTIVE ET COMMERÇANTE

La ville vaut le détour pour la personnalité bien marquée de son vieux centre, fiévreux la journée (mais mort le soir) et les sympathiques quartiers populaires qui le jouxtent. En prime, un insolite petit musée ethnographique. Santiago est également réputé pour son *carnaval.* Même si la tradition s'est perdue, qui opposait les deux quartiers de la ville pour dérouler le défilé le plus dynamique, avec des masques de papier mâché extraordinaires, le carnaval n'en reste pas moins un des plus populaires et colorés de l'île, chaque dimanche de février. Vous nous avez compris, ne supprimez pas cette étape (même si elle doit être courte) de votre parcours.

P.S. : curieusement, c'est dans cette ville que nous avons noté le niveau sonore le plus élevé en ce qui concerne la diffusion de musique dans la rue. Les bagnoles (parfois pourries jusqu'à l'os) sont équipées de sonos démentielles qui doivent coûter plusieurs mois de salaire à leur proprio et qui, lors de leur passage, déclenchent les alarmes des autres véhicules, par simple vibration. Il faut voir (et entendre !) ces sonos ambulantes, installées souvent dans les coffres et maintenant équipées de vidéos, notamment le soir au pied du monument aux héros de la Restauration. Leurs proprios sont fiers, et cela semble beaucoup plaire aux jeunes Dominicaines... Étonnant.

UN PEU D'HISTOIRE

Ville fondée par Christophe Colomb en 1494. Son frère Bartolomé Colón vint quelques années plus tard y faire un tour, puis trente *caballeros* (chevaliers) débarquèrent de *La Isabela* pour assurer son développement (d'où *Santiago de los Caballeros*). La ville fut totalement détruite, comme La Vega, en 1562 par un tremblement de terre et rebâtie quelques kilomètres plus loin, sur les bords du Yaque. Le 30 mars 1844 s'y déroula l'ultime bataille qui consacra la fin de la domination haïtienne et amena l'indépendance du pays. Elle joua également un rôle important dans la guerre de Restauration entre 1863 et 1865. Ce rôle de leader intellectuel et politique de la république peut expliquer que la majorité des présidents qui la gouvernèrent soient de Santiago.

Adresses utiles

🏢 *Office de tourisme* (plan D2) : installé dans l'*ayuntamiento* (mairie), au fond d'un long couloir, à l'angle de l'avenue Estrella-Sadhala et de la calle Duarte. ☎ 809-582-5885. Ouvert seulement de 8 h à 14 h les jours ouvrables. En fait, c'est le Secrétariat général au tourisme. Brochures sur le Cibao et la côte nord, en espagnol, anglais et allemand, mais pas en français.

✉ *Poste* (plan B3) : calle del Sol (à l'angle de San-Luis). Ouvert du lundi au vendredi de 8 h à 17 h, ainsi que le samedi matin (de 8 h à 12 h). Attention, devant la poste, toujours des changeurs au noir. Évitez-les, arnaques assurées.

■ *Alliance française* (hors plan par D4, 1) : Estrella-Sadhala, 70 (à côté de l'université). ☎ 809-582-4998 et 809-582-9434. ● alliance. stgord@verizon.net.do ● Assez excentré donc, au sud de la ville. Bibliothèque de bouquins français, activités culturelles diverses, soirées ciné...

■ *Consul de France :* M. José Hernandez, calle Puerte-Rico, 3. ☎ 809-582-0260 et 809-582-2893. C'est le consul honoraire de France. Ne le déranger qu'en cas de problème sérieux.

■ *Verizon* (plan D2, 2) : av. J.-P.-Duarte, à l'angle nord-est de Estrella-Sadhala. Ouvert tous les jours de 8 h à 22 h.

@ *Centro de Internet* (plan B3, **5**) : calle del Sol, 77, presque à l'angle avec Mella (à côté de la *Banco de Reservas*). Ouvert du lundi au samedi de 8 h à 23 h et le dimanche de 8 h à 18 h. Une trentaine d'ordinateurs. Possibilité de téléphoner et de faxer également.

■ **Banques et change :** nombreuses banques dans le centre, sur la calle del Sol près de l'angle de la calle Mella. Elles sont toutes équipées de distributeurs accessibles 24 h/24. Par exemple, *Banco de Reservas (plan B3, **3**),* ouvert du lundi au vendredi de 8 h à 17 h et le samedi jusqu'à 13 h. *Banco Popular (plan B3, **4**),* ouvert du lundi au vendredi de 8 h 15 à 16 h et le samedi de 9 h à 13 h. Son distributeur est ac-

cessible 24 h/24. Le centre Internet (voir ci-dessous) fait aussi le change. Taux intéressant. Toutes ces banques changent l'euro. Autre change : *Niurka Cambio,* juste en face de la poste (change l'euro).

■ *Farmacia Normal* (plan B3, **6**) : calle del Sol, 83, entre Duarte et San-Luis. ☎ 809-582-1157. Ouvert du lundi au samedi de 8 h à 19 h. Fermé le dimanche. C'est au fond du magasin. Façade couleur sable et colonnettes. Joli édifice du début du XXe siècle.

■ *Farmacia Nueva* (plan B3, **7**) : calle del Sol, 96, entre España et la calle 30-de-Marzo. ☎ 809-583-7129. Ouvert du lundi au vendredi de 8 h à 18 h et jusqu'à 17 h le samedi.

Conduire dans la ville

– Lecteurs automobilistes, sachez que le plan de circulation de Santiago est assez compliqué en raison du nombre de rues à sens unique. Rechercher une adresse dans Santiago n'est pas toujours aisé. Plusieurs rues portent le même nom, comme la Duarte et, pour simplifier le tout, on trouve dans le quartier de la cathédrale de magnifiques plaques en faïence portant l'ancien nom des rues... Le vrai nom, lui, est accroché à de fins poteaux à l'angle des rues.
– De toute manière, tout le centre se parcourt à pied, donc, garez la voiture si vous en avez une.

LE CENTRE DU PAYS

■ **Adresses utiles**

🛈 Office de tourisme
✉ Poste
1 Alliance française
2 Verizon
3 Banco de Reservas
4 Banco Popular
@ 5 Centro de Internet
6 Farmacia Normal
7 Farmacia Nueva
🚌 8 Caribe Tours
🚌 10 Terminal Metro

⚐ **Où dormir ?**

20 Hostal del Cibao
21 Hotel La Gran Manzana
22 Colonial de Luxe et Colonial
23 Hotel Dorado
24 Hodelpa Centro Plaza
25 Hotel Aloha Sol
26 Hodelpa Gran Almirante
27 Hotel Camp David Ranch
28 Hotel Monte Rey
29 Hotel Ambar

🍽 **Où manger ?**

24 Alto Vista (Hodelpa Centro Plaza)
27 Hotel Camp David Ranch
31 D'Payamps
32 Puerta del Sol
33 Panadería Sarnelli
34 Nano's Bar et Grill
36 Paparazzo
43 El Tablón

🍸 🎵 **Où boire un verre ? Où danser ?**

36 Tribeca
40 Montezuma
41 Francifol
42 Pop's Café
45 Baha Club

✸ **À voir**

50 Fabrique de cigares Leon-Jimenes et centro Leon
51 Mercado Modelo
52 Musée folklorique Thómas-Morel
53 El Museo masónico

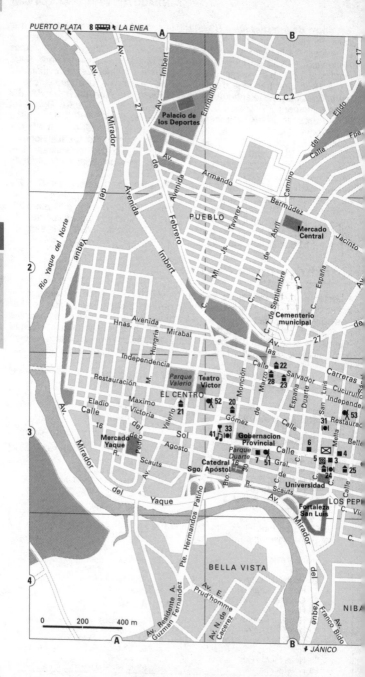

PUERTO PLATA 8 🚌 ↖ LA ENEA

Palacio de los Deportes

PUEBLO

Mercado Central

Cementerio municipal

Parque Valerio

Teatro Victor

EL CENTRO

Mercado Yaque

Catedral Sgo. Apóstol

Gobernacion Provincial

Parque Duarte

Universidad

Fortaleza San Luis

LOS PEP

BELLA VISTA

NIBA

Río Yaque del Norte

0   200   400 m

↓ JÁNICO

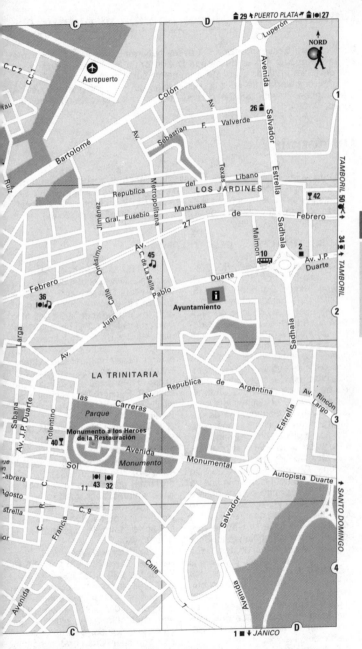

SANTIAGO

Comment se déplacer en ville et autour ?

Le centre de Santiago est en fait assez petit, mais la ville en elle-même est très étendue. Autour du parque Duarte et de la calle du même nom, on trouve des *públicos* avec une lettre peinte sur la porte avant (A, O, N...). Ce sont des sortes de taxis à routes fixes qui peuvent prendre jusqu'à 6 personnes. Ils vous laissent où vous le désirez sur la route qu'ils doivent suivre.

Où dormir ?

Santiago, ville commerçante et industrielle avant tout, propose surtout des hôtels étoilés de bonne qualité et peu d'établissements à prix moyens. Les budgets serrés trouveront dans le centre les traditionnels et rustiques petits hôtels populaires (et, comme toujours, souvent à fonctions multiples).

De bon marché à prix moyens

🛏 *Hostal del Cibao* (plan B3, **20**) : calle Benito-Monción, 40, angle calle Maximo-Gómez. ☎ 809-581-7775. • hostal_del_cibao@hotmail.com • On entre par une boutique de photocopies. Au premier étage. Chambres doubles à 450 $Do environ (15 US$). Le meilleur rapport qualité-prix-propreté à Santiago dans cette catégorie. Petites chambres propres et plutôt claires avec douche et w.-c. privatifs. Atmosphère familiale et calme, le tout à 5 mn à pied du centre. Rien de génial mais, on le répète, dans cette gamme de prix on n'a pas mieux.

🛏 *Hotel La Gran Manzana* (plan A3, **21**) : Maximo-Gómez, 87. Pas de téléphone. Compter environ 200 $Do (6,70 US$) la double, pour la nuit de 20 h à 8 h, pour une journée entière c'est 350 $Do (11,70 US$). Pas loin du centre, dans un quartier vivant et populaire. De taille et d'allure modestes, relativement bien tenu. Pour routards désargentés, un des mieux du coin. Chambres avec *baños*, à la propreté acceptable, parmi les moins chères de la ville. Bien sûr, demander à en voir plusieurs car certaines sont sans fenêtres. Toutes sont sans eau chaude. Le *Boston*, à côté, pour le même prix, est carrément moins bien.

🛏 *Colonial de Luxe* et *Colonial* (plan B3, **22**) : Salvador-Cucurullo, 113 et 115. ☎ 809-247-3122. • hotelcolonial@verizon.net.do • De 370 à 480 $Do environ (12,30 à 16 US$) la double, selon le confort dans le *Colonial* et de 390 à 540 $Do environ (13 à 18 US$) dans le *Colonial de Luxe*. Un bon hôtel composé de deux structures voisines, de confort assez comparable. Chambres bien tenues avec ventilo ou AC, mais toutes avec sanitaires (eau chaude). Parking. Bon accueil. Possibilité de manger sur place ; cuisine familiale.

🛏 *Hotel Monte Rey* (plan B3, **28**) : Salvador-Cucurullo, 92. ☎ 809-582-4558. Environ 300 $Do (10 US$) la nuit pour une personne. La double est à 370 $Do (12,30 US$). En face de l'hôtel précédent. Une trentaine de chambres sans grand charme, mais propres. Certaines avec ventilo, ou clim' ou TV. Bon à savoir, pas de porte entre la chambre et la douche-w.c...

🛏 *Hotel Dorado* (plan B3, **23**) : Salvador-Cucurullo, 88. ☎ 809-582-7563. De 230 à 290 $Do (7,70 à 9,70 US$) la chambre double, selon le confort. Une quarantaine de chambres dans cet hôtel genre sous-préfecture ; pas plus gai que ça mais assez correctement tenu et pas trop cher. Chambres avec ventilo ou AC.

Un peu plus chic

🛏 *Hotel Ambar* (hors plan par D1, 29) : av. Estrella-Sadhala. ☎ 809-575-4811 ou 809-575-1957. Aux limites de la ville, à 3,5 km exactement du centre (quand on met le compteur au niveau de l'hôtel *Gran Almirante*), sur la route de Puerto Plata. Grosse enseigne au-dessus de l'hôtel. Chambres doubles correctes à 800 $Do (26,70 US$) avec clim' et salle de bains. Vraiment excentré. Uniquement pour ceux qui disposent d'un véhicule. Bâtiment moderne sans charme devant une énorme artère. Chambres aux fenêtres quasi occultées. Moyennement tenu dans l'ensemble. Parking.

De beaucoup plus chic à très, très chic

🛏 ⍾ *Hodelpa Centro Plaza* (plan B3, 24) : calle del Sol, 54, à l'angle de Mella. ☎ 809-581-7000. ● www.hodelpa.com ● Entrée sur Mella en fait. Central. Chambres impeccables à partir de 2 070 $Do (69 US$) environ, petit dej' inclus. Hôtel de petit luxe, aux chambres nombreuses et vraiment très confortables. Une excellente affaire en plein centre-ville. Accueil professionnel. Salle panoramique pour le petit dej' et pour son resto *Alto Vista* au dernier étage. Garage gratuit et salle de gym. Pour une nuit, ne pas hésiter à taper dans cette catégorie. Petite boîte au rez-de-chaussée qui fonctionne les jeudi, vendredi et samedi (non, elle ne fait pas de bruit).

🛏 *Hotel Aloha Sol* (plan B3, 25) : calle del Sol, 50. ☎ 809-581-9203 et 809-583-0090. ● www.alohasol. com ● À deux pas du précédent, même trottoir. Chambres plaisantes à partir de 1 800 $Do (60 US$), petit déjeuner (léger...) compris. Luxueux sans excès, pas trop imposant, caractère encore intime, très confortable, service impeccable. Attention tout de même, certaines chambres sont sans fenêtre. Évitez également celles donnant sur la calle del Sol, plus bruyantes, ou préférez celles dans les étages supérieurs. Restaurant gourmet et parking gardé.

🛏 *Hodelpa Gran Almirante* (plan D1, 26) : av. Estrella-Sadhala. ☎ 809-580-1992. ● www.hodelpa. com ● Compter 4 350 $Do (145 US$) la nuit pour une chambre double. Le plus grand (160 chambres) et luxueux hôtel de Santiago. Assez excentré et isolé. C'est ici que descendent les hommes d'affaires de la ville. Les chambres donnant sur la grande artère ne sont pas très calmes. Il abrite également le grand casino de la ville, qui n'a rien d'excitant. Bon petit déjeuner-buffet (pas compris dans le prix de la chambre). Resto international, et parking très appréciable.

Où manger ?

Prix moyens

Sur la *calle del Sol,* entre Francia et la calle 7 (en face du monument aux héros de la Restauration), plusieurs établissements se succèdent pour tous les goûts, tous les budgets. Également, deux cafétérias ouvertes le dimanche dès 8 h, à l'angle des calles del Sol et 30-de-Marzo. Pour les trois adresses qui suivent, compter de 150 à 350 $Do (5 à 11,70 US$).

⍾ *D'Payamps* (plan B3, 31) : calle San-Luis, 39, entre Beller et Restauración. ☎ 809-247-4302. Ouvert tous les jours de 7 h à 23 h. Que cette cafétéria bien vilaine (murs rouge vif) ne vous effraie pas. C'est une sorte de fast-food local. Beaucoup de gens du quartier viennent y casser la croûte. Menu différent tous les jours, où l'on retrouve évidemment tous les classiques de la cuisine populaire. Roboratif et pas trop cher. Petit déjeuner à la dominicaine de 7 h 30 à 10 h.

I●I *Puerta del Sol* (plan C3, 32) : calle del Sol, à l'angle de Daniel-Espinel. ☎ 809-582-8018. Sert tous les jours de 11 h à minuit ou 1 h du matin. Grande terrasse-bar-resto ouverte sur la rue et face au monument aux héros de la Restauration. Plats simples et populaires. Surtout bien pour l'atmosphère de fin de semaine. Pas prétentieux pour un

peso. La musique est forte et la nourriture bon marché. Assez bruyant car la rue passe devant, mais c'est un rendez-vous « popu ».

I●I *Panadería Sarnelli* (plan B3, 33) : à l'angle de la calle del Sol et de Benito-Monción. Ouvert de 7 h à 20 h (le samedi jusqu'à 12 h). Fermé le dimanche. Ce n'est pas un resto, mais une pâtisserie. Petits pains et bons gâteaux, à déguster sur les bancs du parque Duarte juste en face.

Plus chic

I●I *Nano's Bar et Grill* (hors plan par D2, 34) : av. Benito-Juarez, 57, près de la calle 13. ☎ 809-276-5752. Ouvert de 11 h à 1 h du matin, en continu. Compter de 300 à 500 $Do (10 à 16,70 US$). Assez à l'écart du centre, dans une courette bien agréable, au calme, avec pas mal de végétation et de jolis oiseaux en cage. Spécialités de viandes grillées de qualité même si la carte propose aussi quelques produits de la mer. Cuisine goûteuse et populaire – donc plutôt copieuse – et très bons accompagnements. Une adresse suffisamment raffinée pour attirer une clientèle de classe moyenne. Un lieu très fréquenté par les familles le dimanche.

I●I *El Tablón* (plan C3, 43) : calle del Sol (près de l'angle de la calle 7). ☎ 809-581-3813. Ouvert tous les jours de 11 h jusque tard le soir. Compter de 300 à 500 $Do (10 à 16,70 US$). C'est un *parrilla*-bar, c'est-à-dire qu'on peut y effectuer un repas complet ou grignoter un p'tit truc tout simple. Décor en bois et grosses tables rugueuses. Atmosphère assez branchée et clientèle mélangée, beaucoup de jeunes et étudiants mêlés aux cadres en complet-cravate. Le week-end, souvent de belles motos garées devant. On y vient autant pour l'atmosphère et le cadre que pour la table, assez classique (brochettes, sandwichs, hamburgers, plats locaux...).

Beaucoup plus chic

I●I *Paparazzo* (plan C2, 36) : calle Mauricio-Alvarez, 6. ☎ 809-587-6578. Compter plus de 600 $Do (20 US$). Resto ouvert tous les jours. Sert jusque tard dans la soirée. Grande salle assez sombre, réchauffée par un mur en brique, beaucoup de bouteilles (impressionnant choix de vins) et une ambiance

classe et décontractée à la fois. Clientèle dans le coup. Nourriture assez chère, mais plats *criollos* et quelques *carnes* à prix doux. La longueur et la variété de la carte permettent cependant de surfer sur celle-ci pour éviter le coup de bambou.

Où dormir ? Où manger dans les environs ?

â I●I *Hotel Camp David Ranch* (hors plan par D1, 27) : km 7,5, carretera Luperón, Gurabo. ☎ 809-

276-6400. Pour s'y rendre, voiture indispensable : de l'avenida Sadhala, prendre la carretera Luperón *(plan D1)* sur exactement 5 km. Tourner à droite à la 3e station *Texaco*, traverser la station (si, si !) et prendre à gauche la piste caillouteuse puis rouler jusqu'à une grande pancarte trompeuse sur la gauche (« Camp David Ranch, 400 m »). En fait, nécessité de franchir 500 m plus loin une sorte de barrière privée, de passer devant le *Rancho Luna* (on laisse la pancarte sur la gauche) et de grimper encore 2,5 km (contrairement au mile indiqué). Grimper jusqu'au sommet de la colline. Belles chambres très confortables autour de 1 200 $Do (40 US$). Déco de bon goût. Prendre celles qui ont un balcon avec vue sur la ville. Elles sont toutes au même prix. Le resto (plats autour de 350 $Do, soit 11,70 US$) domine majestueusement la plaine du Cibao, avec une superbe terrasse. C'est un grand moment que de voir le soleil se coucher sur la plaine et les lumières de Santiago s'allumer

une à une. Hommes d'affaires et couples d'amoureux adorent cet endroit pour le panorama et le dépaysement. Pour la cuisine aussi, régulière, de bonne qualité et pas plus chère qu'en ville. L'originalité du lieu réside également dans le parfum de nostalgie trujilliste qui y flotte. Le bar s'appelle *Generalísimo* et, à la carte, on trouve un *filete* du même nom. Pour vous mettre dans l'ambiance pré-1961, visitez le mini-musée automobile dans la salle à manger. Vous verrez la Cadillac du *comandante en jefe de las Fuerzas Armadas*, sa Chevrolet 57... La Cadillac jaune appartenait à Ramfis (le fils de Trujillo), la Cadillac 66, à Balaguer ! Et la cuisine dans tout ça ? Bon choix, servie généreusement. En particulier, le *cordero asado*, la *palestilla de cordero*, le *salpicón de mariscos*, l'*arroz a la Reina*, la *cazuela de mariscos*, les pâtes, *filetes* et poissons divers.

Sur la route de Punta Cabarete

I●I *Caffeto Restaurant :* lieu-dit Carret, village de Jamao, La Cumbre. ☎ 809-578-7058. À 14 km au nord de la ville de Moca, sur la route 21 qui traverse la Sierra, reliant Moca à la côte nord (Sabaneta dans la bahia Escondida). Plats autour de 300 $Do (10 US$). Ce resto jouit d'une vue exceptionnelle sur la plaine du Cibao. Rien que pour ça, le *Caffeto* mérite un détour. Pas difficile

à trouver car il est situé sur la droite de la route, dans la montée vers le sommet de la Sierra, après une série de virages rapprochés. Ne pas aller jusqu'au village même de Jamao. Il propose une bonne cuisine locale. Salle intérieure ou terrasse ? On préfère la deuxième. Bonne adresse pour boire un verre et faire une escale sur la route de Cabarete.

Où boire un verre ?

Le soir, le centre de Santiago est étrangement mort. Peu ou pas d'animation. Les bars et les boîtes sont assez éclatés aux différents coins de la ville. Seule concentration de bars : autour de la calle del Sol, à partir de Francia *(plan C3)*, au pied du monument aux héros de la Restauration.

🍸 *Montezuma (plan C3, 40)* : calle Francia, à l'angle de Beller. Ouvert jusqu'à minuit tous les jours mais souvent bien plus tard. Un des classiques de la jeunesse pour boire un verre. Grande, élégante et moderne

terrasse, sous un toit en forme de pyramide aztèque. Vraiment agréable. Plusieurs niveaux, tous ouverts sur la rue, avec des coins et des recoins, des escaliers en fer forgé, de la terre cuite, des comptoirs en bois, de la végétation. Piste de danse aussi.

❦ |●| Le Kukaramacara : sur Francia, presque à l'angle de Beller. Resto mais aussi bar, style western. Pour faire le pendant au *Montezuma* dont il est le voisin.

❦ Francifol *(plan B3, 41) :* calle del Sol (entre Monción et Lopez). En face du *centro cultural*. Ouvert tous les soirs de 18 h 30 à minuit. Les vendredi et samedi, jusqu'à 4 h du matin. Un lieu à taille humaine. Décor sympa, vélo en néon au mur, endroits intimes et tamisés, coin banquette. Beaucoup de bois. On y danse en fin de semaine.

❦ Pop's Café *(plan D2, 42) :* av. del Llano (et 27-de-Febrero). ☎ 809-581-3891. Derrière le *supermercado Nacional*. Ouvert de 18 h jusqu'au dernier client. Fermé le lundi. Un des bars les plus populaires du circuit étudiant. Décoré de vieux objets, comptoir de céramique noir et blanc. Groupe en général le jeudi. Bien tamisé, belle atmosphère. Excellente musique rock, mâtinée de pop latino recherchée. Prix des consos tout à fait modéré.

Où danser ?

♪ Francifol *(plan B3, 41) :* calle del Sol (entre Monción et Lopez). Voir plus haut. Très central. Bar dansant fréquenté par les jeunes urbains.

♪ Baha Club *(plan C2, 45) :* sur la calle de La Salle, entre 27-de-Febrero et J.-P.-Duarte, plaza Zona-Rosa. Curieuse disco possédant de larges baies vitrées sur la rue. Ambiance pas bégueule, beaucoup d'étudiants. Petits groupes musi-caux parfois.

♪ Tribeca *(plan C2, 36) :* calle Mauricio-Alvarez, 6, à côté du *Paparazzo*. Fermé les lundi et mardi. Bar et disco à la mode, dans une rue calme, avec vitrines sur la rue. Plutôt chicos. Pour fréquenter la jeunesse dorée de Santiago. Assez américain. Déco qui ne fait pas boîte du tout (c'est le même proprio que le *Paparazzo*).

À voir

Pour ces visites, il peut être intéressant de lire ou relire la rubrique « Cigares » dans le chapitre « Généralités », afin de mieux comprendre ce que vous allez voir.

🎥🏃 Visite de la fabrique Tabacalera del Monte *(hors plan par D2) :* av. Federico-Velázques, 378, Guazumal Abajo. ☎ 809-846-0605 ou 809-570-9269. ● www.zemiscigars.com ● Sortir de Santiago par l'avenida 27-de-Febrero, puis filer tout droit en direction de Tamboril. À Guazumal Abajo, repérer un *colmado (épicerie)* dans un virage, puis une fabrique de cacao, c'est juste en face. Un nouveau fabricant français qui devrait réussir dans le domaine des cigares, Sylvain Bischoff, âgé d'une trentaine d'années, a un parcours peu banal : docteur en philosophie, anthropologue (spécialiste des Taïnos) et passionné de cigares qu'il a approchés par ces derniers qui, il ne faut pas l'oublier, sont en fait les « inventeurs » du tabac. Avec son associé Enrique Duran, depuis 2001, ils apportent sur ce marché une note de fraîcheur, tant par la qualité de leur production que par la présentation. Les cigares sont entièrement faits à la main par 80 salariés, à la manufacture, dont les ateliers rappellent les *bohíos* indiens. La production est d'environ 10 000 cigares par jour. La fabrique travaille pour des clients précis et possède neuf marques propres : les *Zemis* (dieux Taïnos), *Fuma Dominicana, Mojo, Las Mariposas, Leyenda Cubana* et *Buzz* (parfumés au cognac, à la vanille, au chocolat... C'est à la mode aux États-Unis !). Ne les cherchez pas en France, la clientèle de la *Tabacalera del Monte* est exclusivement américaine. À tout visiteur, Sylvain offre un cigare et les vend, en particulier aux lecteurs du *Guide du routard,* à prix d'usine (entre 0,50 et 3 US$, ils valent entre 7 et 13 US$ en magasin). Sylvain Bischoff, s'il est disponible, vous fera faire lui-même la visite de sa fabrique et vous emmènera dans les plantations du Cibao. Il est intarissable sur les Taïnos, et sur le tabac, bien sûr.

🏃 *Visite de la fabrique de cigares Leon-Jimenes* *(hors plan par D2, 50) :* calle 27-de-Febrero, n° 146. ☎ 809-241-1111. À l'est du centre-ville. La fabrique se situe 1,5 km exactement après le croisement de Estrella-Sadhala, sur la droite. Ouvert à la visite du lundi au vendredi de 8 h à 16 h (la boutique est ouverte aux mêmes horaires). Il s'agit d'un bâtiment jaune, réplique exacte de l'atelier de 1913. Pas de réservation nécessaire et peu importe le nombre de personnes, il y a toujours une visite en partance avec un guide parlant le français. Visite guidée dans toutes les langues. Durée : 30 mn. On peut prendre des photos et même fumer pendant la visite ! Explications intéressantes où l'on voit les *torcedores* (rouleurs) opérer. De 7 h 45 à 8 h 45 du matin, un employé lit la presse à haute voix pour les ouvriers, une tradition qui se pratique aussi à Cuba. C'est très bien fait, instructif, et les guides sont sympathiques et compétents. De toute la gamme, Aurora reste le cigare le plus renommé de la maison.

🏃🏃🏃 *Centro Leon* *(centre culturel Eduardo-Leon-Jimenes ; hors plan par D2, 50) :* calle 27-de-Febrero, n° 146. ☎ 809-582-2315. ● www.centroleon. org.do ● Ouvert tous les jours (sauf le lundi) de 8 h à 18 h. Billet : 100 $Do (3,30 US$) ; visite guidée en français : 150 $Do (5 US$). Inauguré en 2003, pour le centenaire de l'entreprise Jimenes, par la fondation du même nom, le bâtiment présente une architecture résolument moderne. Il abrite un musée, une médiathèque, des salles d'expo et de conférence, une cafétéria et une boutique. D'avant-garde dans sa présentation, le musée est consacré à la culture et à l'histoire de la République dominicaine. Il est situé dans l'enceinte même de la fabrique de cigares Jimenes, près d'un grand parking. Voilà sans doute le plus beau musée privé de la République dominicaine.
– *Au rez-de-chaussée :* salles sur l'histoire et les traditions dominicaines (préhistoire, ethnographie). Une salle est consacrée à l'histoire de la famille Jimenes, depuis les arrière-grands-parents, cultivateurs de tabac dans la plaine du Cibao et fondateurs de la dynastie, jusqu'aux actuels dirigeants de la société Jimenes. En quatre générations, les planteurs sont devenus les chefs d'un empire industriel et commercial qui a fait sa fortune dans le tabac en se diversifiant dans d'autres activités : brasseries, commerce, banque. Rien que dans le tabac, l'entreprise emploie environ 4 000 personnes. C'est cette saga qui est reconstituée avec de nombreux documents d'époque.
– *Au premier étage :* remarquable musée d'Art moderne, œuvres d'artistes dominicains de grande qualité. Présentation très réussie de niveau international.

🏃 *Le vieux centre* *(plan A-B-C3) :* à l'évidence, tremblements de terre, incendies et guerres civiles ont laissé peu de témoignages de la première période coloniale. En revanche, le XIXᵉ siècle est bien présent dans ses nombreux styles et variantes. Il forme, avec les édifices contemporains, les magasins rutilants, les vieilles boutiques, les belles villas années 1930-1940 ou victoriennes, les pathétiques maisons délabrées en bois, les pauvres masures, un ensemble totalement hétéroclite, mais non dénué de charme. À vous de flâner, de partir en quête de détails architecturaux insolites, de télescopages amusants, le long de rues animées d'où le peuple n'a pas encore été exclu.

🏃 *Mercado Modelo* *(plan B3, 51) :* au sud de la calle del Sol, entre España et 30-de-Marzo, jetez un œil à cette adorable ruelle aux maisons colorées (et décrépites). Un petit coup de peinture ne ferait pas de mal. En déambulant dans ce quartier, on rencontre des dizaines de petits vendeurs de tout et de rien (fringues, babioles, breloques, bibelots... que de l'indispensable !). Ambiance extra pour qui prend son temps. Le marché, quant à lui (ouvert tous les jours de 8 h à 18 h – beaucoup moins de boutiques ouvertes le dimanche), est en fait beaucoup moins intéressant que les ruelles alentour.

🐾🐾 *El parque Duarte* (plan B3) : le cœur battant de la ville et en même temps un délicieux lieu pour se détendre et reposer ses gambettes, autour du kiosque à musique, dans l'ombre fraîche de ses grands arbres. Bordé par d'intéressants édifices, notamment au long de la rue où donne l'entrée de la cathédrale. Magnifiques immeubles du XIXe siècle aux élégantes façades. L'une d'entre elles présente un décor mauresco-tarabiscoté et une ravissante galerie à colonnettes. Noter les deux Indiens qui soutiennent l'auvent. À côté, le *palacio consistorial* de 1895, ancien hôtel de ville. Galerie à grande colonnade. Abrite un minuscule musée de la Ville (pas grand-chose à voir). Côté calle del Sol s'élève le *gobernación provincial,* gros édifice de style mussolinien et, derrière le *palacio consistorial,* on trouve le *centro cultural.* Au milieu de tout ça, quelques vénérables maisons de bois qui subsistent par miracle.

🐾 *La cathédrale de Santiago Apóstol* (plan B3) : parque Duarte. Reconstruite en 1868, à partir des ruines de l'ancienne cathédrale (victime d'un tremblement de terre en 1842). Heureusement, l'architecte l'a réédifiée en style gothico-néoclassique (version pâtisserie), ce qui permet de préserver le caractère et le charme colonial du quartier. Architecture cependant assez massive, parée contre tout type de séisme ! À l'intérieur, long vaisseau voûté en berceau, série de coupoles dans les bas-côtés et arches de la nef en brique nue.

🐾🐾 *Le musée folklorique Thómas-Morel* (plan B3, **52**) : Restauración, 174. ☎ 809-582-6787. Ouvert du lundi au vendredi de 9 h à 13 h 30 et de 15 h à 18 h, le samedi jusqu'à 12 h 30. Fermé le dimanche. Entrée : on donne ce qu'on veut (mais donnez, le musée le mérite).
Riche petit musée ethnographique, dans une jolie maison en bois (jaune à colonnettes vertes), pur produit de la passion et de la volonté d'une famille (le père d'abord, puis le fils), pour sauver la mémoire d'une ville, d'une région, représentée par ses traditions, les objets domestiques, l'art populaire en général.
Un remarquable travail de recherche et de collecte que personne n'avait pensé faire jusqu'à présent. Résultat, cet adorable capharnaüm dans une vénérable demeure en bois de 1812, rafistolée de partout. Parce qu'en plus, le musée ne reçoit qu'une misérable subvention de la part de la municipalité. Les modestes dons des visiteurs ne peuvent, bien entendu, nullement couvrir les frais d'entretien et le sympathique directeur en est réduit au bricolage de génie pour continuer son œuvre. Aussi, venez nombreux admirer sa superbe collection de masques de carnaval (plus de mille collectés depuis 1952, certains assez incroyables, ceux qui sont exposés ont remporté les premiers prix des carnavals de Santiago et de la région), figures monstrueuses ou diaboliques en papier mâché, objets taïnos, reconstitution d'une petite cuisine, évocation de l'histoire du *ron* et du tabac, section religieuse. En prime, un amoncellement d'objets insolites, peintures, dessins, vases espagnols, vestiges, etc.
Une plongée indispensable dans la culture populaire, obligatoire même, si l'on veut mieux connaître l'âme du Cibao !

➤ *Balade dans le quartier :* dans les rues perpendiculaires à la calle del Sol, vous découvrirez de pittoresques maisons en bois, certaines en pitoyable état, d'autres amoureusement entretenues (en particulier sur Duarte,

España, San-Luis...). À l'angle de calle del Sol et Pedro-M.-Hungria, pittoresque marché populaire *(mercado Yaque ; plan A3)*. Plus haut, grosse animation autour du *parque Valerio*. Dans un des coins, un vieux théâtre.

À quelques blocs, la calle 6-de-Septiembre mène au *cementerio municipal (plan B2)*. Au bord de l'allée centrale, vous retrouverez les traditionnels gros tombeaux ou mausolées baroques et grandiloquents de la bourgeoisie locale, vitrine et prolongement dans la mort de son haut standing de vie.

🎋 *El Museo masónico (plan B3, 53)* : à l'angle de Mella et de Restauración. Ouvert du lundi au vendredi de 9 h à 13 h et de 15 h à 17 h 30, ainsi que le samedi matin. Fermé le dimanche. Entrée gratuite. Dans une grande demeure aristocratique du début du XXᵉ siècle. Pour ceux et celles qui disposent d'un peu de temps et qui s'intéressent à la franc-maçonnerie (pépinière de grands hommes politiques dans les Caraïbes comme ailleurs). À considérer comme un vaste « cabinet de curiosités », pendant politique du *Museo folklorico*.

Une seule grande salle, où s'agglutine un pêle-mêle de souvenirs : photos anciennes, portraits de dignitaires, manuscrits, insignes, bannières, loges étrangères, monnaies, objets de toutes sortes... On a bien aimé ce désordre poétique de choses sérieuses ou d'objets parfaitement inutiles. Éléments de la loge *Nuevo Mundo nº 5*, collection de billets de banque figurant de grands francs-maçons : Simon Bolívar, José Martí...

🎋 *Le monument aux héros de la Restauration (plan C3)* : parque Monumento. Normalement, ouvert tous les jours de 9 h à 12 h et de 14 h à 17 h. Enfin, en théorie... Édifié en 1940 par Trujillo. Dédié aux dirigeants de la guerre de Restauration (1860-1864), sur la plus haute colline de la ville. En fait, vous l'aviez deviné, surtout élevé à la propre gloire du généralissime. D'ailleurs, au début, il s'appelait « monument à la Paix de Trujillo ». Tout en marbre blanc, haut de 67 m, bien assis, bien lourdingue, on dirait du Abadie pur jus !

Possibilité d'y grimper. Cependant, probable que l'ascenseur ne fonctionnera pas. Emprunter l'escalier en colimaçon (c'est préférable) n'est pourtant pas garanti non plus, bien que le monument soit officiellement ouvert la journée. Les militaires de service invoqueront des travaux, une pause, etc. En insistant un peu, l'un deux trouvera peut-être la bonne clé d'un des petits musées historiques dans les étages (mais pas de tous, faut pas rêver !). Intérêt moyen de toute façon pour ceux qui ont déjà visité le musée national d'Histoire et de Géographie de la capitale.

En revanche, ceux qui ont plongé avec passion dans l'histoire dominicaine (et nous en sommes) retrouveront avec plaisir vieilles photos, estampes, copies de documents, plans de batailles des révolutions de 1844 et 1865, témoignages et un tas de détails insolites ou curieux. Quelques dioramas aussi sur les événements les plus importants. De la terrasse, superbe vue sur la ville et les environs, certainement la meilleure qu'on puisse avoir.

QUITTER SANTIAGO

Deux compagnies de bus en fonction des destinations.

🚌 *Caribe Tours (hors plan par A1, 8)* : sur l'avenida 27-de-Febrero. À l'angle de Las Americas. ☎ 809-576-0790. Pour être précis, le terminal se situe à 3 km au nord du centre-ville si on met le compteur au niveau de la calle 30-de-Marzo (à l'angle de la 27-de-Febrero). Grand édifice jaune et bleu sur la gauche de l'avenue quand on vient du centre. Tous les départs se font de là. Pour gagner le terminal, prendre un *público* (Ruta A vers le nord ou un taxi).

➤ *Pour Santo Domingo :* départ toutes les 45 mn de 6 h à 20 h 15. Durée : 2 h 30.

➤ *Pour Puerto Plata et Sosua :* départ toutes les heures environ de 8 h 30 à 21 h 30. Durée : 1 h 15 pour Puerto Plata et 2 h pour Sosua.

➤ *Pour la presqu'île de Samaná :* changer de bus à Puerto Plata.

➤ *Pour Villa Vasquez, Montecristi et Dajabón :* 5 liaisons par jour de 9 h 30 à 18 h.

➤ *Pour Loma de Cabrera :* 3 départs quotidiens. Durée : 2 h 45. Le bus passe par Mao, Santiago Rodriguez, Villa de Los Almacedo, Partido et Loma de Cabrera.

🚌 *Terminal Metro* (plan D2, 10) *:* calle Maimón, à l'angle de l'avenida Juan-Pablo-Duarte. ☎ 809-582-9111.

➤ *Pour Santo Domingo* essentiellement : environ 12 départs par jour, de 6 h à 19 h 45.

➤ *Pour Puerto Plata :* environ 7 départs par jour de 9 h à 20 h 30. Durée : 1 h 30.

SAN FRANCISCO DE MACORIS   200 000 hab.

À une soixantaine de kilomètres à l'est de Santiago, et à 135 km au nord de Santo Domingo, San Francisco de Macoris se trouve au cœur d'une région agricole très fertile. Au sud, la plaine du Cibao étend des dizaines d'hectares de rizières vertes, aussi belles qu'en Asie. Plus loin, des paysages évoquent parfois la Normandie avec des prés à vaches, entourés de haies et piqués de bosquets. C'est dans cette région (vers Pimentel) que l'on fabrique les meilleurs fromages de l'île. San Francisco peut donc être une étape sur la route de la péninsule de Samaná (à 135 km à l'est), pour ceux qui ne désirent pas traverser le pays en une seule fois.

Comment y aller ?

➤ Si vous prenez l'autoroute (autopista Duarte) en venant de la capitale, il faut sortir 22 km après Bonao. C'est bien indiqué.

Où dormir ? Où manger ?

🛏 |♦| *Hotel Las Caobas :* urbanización Almanzar. ☎ 809-290-5858. En partant du centre, prendre la calle 27-de-Febrero vers la *urbanización* Almanzar et tourner à gauche après la station-service. Compter environ 1 520 $Do (51 US$) la chambre double. Chambres spacieuses, tout confort, mais dont l'entretien laisse un peu à désirer. Grande piscine autour de laquelle sont distribuées les 50 chambres. L'ensemble pourrait être agréable, s'il était davantage fréquenté. L'hôtel, en effet, est isolé au milieu d'un vaste espace et, depuis 6 ans, il semble attendre les projets qui devaient l'accompagner. Seuls un petit casino et une école de base-ball ont vu le jour. Le restaurant reste une bonne surprise : joli cadre, service très soigné, carte variée, cuisine correcte pour des prix s'étalant entre 200 et 500 $Do (6,70 à 16,70 US$). La cafétéria est moins chère.

LA CÔTE NORD

À L'OUEST DU CIBAO

De Santiago à Montecristi, on peut emprunter la route principale et effectuer rapidement les 125 km qui séparent les deux villes. On longe alors champs de maïs et de tabac, avant d'aborder au fur à mesure des paysages de plus en plus secs. Route peu intéressante en soi. Si vous êtes en voiture et pas pressé, prenez donc le chemin des écoliers, en empruntant la route 18 puis la 20, légèrement plus au sud que la carretera Duarte. On traverse alors des villages de plaine aux maisons ultracolorées, aux rues en terre, des petites villes sympas et de paisibles paysages. Prenez le temps de parcourir cette route tranquillement, de faire halte, de rencontrer cette population attentive et charmante. On arrive enfin à Montecristi, une bourgade tranquille qu'on adore. C'est de là qu'on peut organiser en une journée un petit circuit en boucle vers Manzanillo, Dajabón et son célèbre marché du lundi et du vendredi (d'où l'on peut passer en Haïti), puis vers Loma de Cabrera. Possibilité ensuite de remonter vers Sabaneta et retour vers Montecristi à l'ouest, ou Santiago vers l'est.

MONTECRISTI
18 000 hab.

Petite bourgade qui semble avoir été oubliée des circuits touristiques. Elle fut fondée en 1533, puis repeuplée vers 1750 par 60 familles qui venaient des Canaries. Ville où résida longtemps Maximo Gómez, grand combattant de l'indépendance de Cuba. José Martí y séjourna aussi pour préparer sa révolution. Port actif durant la seconde moitié du XIXᵉ siècle, lorsque y transitaient bois précieux et production agricole. Aujourd'hui, la récolte du sel est la principale activité même si elle est largement sur le déclin.
Ville du genre plutôt horizontal, un peu tristounette, avec un pittoresque quartier des pêcheurs où il fait bon flâner pour ferrer le sourire de ses habitants. C'est vrai qu'il y fait beau presque toute l'année. Très rapidement, un charme subtil vous envahit, comme la découverte d'un rythme de vie pas compliqué, de relations sociales très amicales, voire chaleureuses... On y prévoit une petite journée puisqu'il n'y a pas grand-chose à voir, et puis l'envie vous prend de rester quelques jours, pour jouir simplement de cette sérénité. Attention, on est en bord de mer mais la plage n'en est pas vraiment une. Pas de langue de sable où allonger sa serviette, et les abords de la mer ne sont pas toujours propres. La ville, quant à elle, se révèle plutôt très propre.
Tiens, sur le plan culinaire, à noter qu'on trouve dans la région de Montecristi beaucoup de *chivos* (chèvres). Les terres étant assez sèches, les chèvres se plaisent bien ici. De fait, la viande de chèvre est réputée jusque dans la capitale pour son goût particulier, donné par l'origan qui pousse naturellement dans le secteur, et que lesdites chèvres adorent.

Adresses utiles

■ *Alliance française (plan B1-2, 3)* : à l'angle de Duarte, 90 et Monción. ☎ 809-579-2345. Fondée en 1966 et tenue par une charmante directrice parlant un excellent français et qui est passionnée par le pays du fromage.

✉ *Poste (plan A1)* : à l'angle de Duarte et Colón. Ouvert du lundi au vendredi seulement, de 8 h à 17 h.

– Pas de *Verizon* en ville. Pour appeler, acheter des cartes téléphoniques et appeler depuis les cabines.

■ *Change et distributeur (plan A1, 4)* : *Banco de Reservas*, sur l'avenue Duarte, entre la calle Santiago-Rodriguez et Colón. ☎ 809-579- 2392. Ouvert du lundi au vendredi de 8 h à 17 h et le samedi de 9 h à 13 h. Fait le change de l'euro. Sinon, distributeur accessible 24 h/24. *El Bistrot (plan A1, 22)* fait aussi du change.

■ *Farmacia Pueblo (plan B2, 5)* : à l'angle de la calle Duarte et de Monción. ☎ 809-579-2394. Ouvert du lundi au samedi de 8 h à 19 h et le dimanche jusqu'à 14 h.

■ *Police touristique (Politur)* : sur la plage de Bolaños.

⌖ *Minimarket Peña (plan B2, 6)* : à l'angle de Beller et Duarte. On y trouve quasiment tout.

Où dormir ?

De bon marché à prix moyens

🛏 *Hotel Boss (plan B2, 12)* : calle La Cruz Alvarez, à l'angle de Presidente-Vasquez. ☎ 809-579-3236. Extrêmement basique. Petit hôtel vraiment très modeste, tout comme les prix. Valables pour les chambres les moins chères à 300 $Do (10 US$), les autres étant surestimées pour le minimum de confort offert. Attention, bruyant en fin de semaine, comme tous les établissements du centre.

🛏 *Hotel Don Gaspar (plan A1, 10)* : calle Presidente-Jimenez, 21 (à l'angle de Rodriguez-Camargo). ☎ 809-579-2477. Chambres avec ventilo à 450 $Do (15 US$). Petit hôtel dans une rue calme. Musique le samedi soir dans la boîte d'à côté. Petite piste de danse. Resto honnête au rez-de-chaussée. Bref, un plan routard.

🛏 *Chic Hotel (plan B1, 11)* : calle Benito-Monción, 44. ☎ 809-579-2316. Chambres doubles à 400 $Do (13,30 US$) sans air conditionné et 750 $Do (25 US$) avec. En vérité, il n'a de chic que le nom et, malgré son apparence moderne, c'est un hôtel tout ce qu'il y a de plus ordinaire. Fut certainement pendant longtemps le seul établissement de standing de la ville. Peut-être est-ce pour cela qu'il continue de recevoir les officiels de tout poil. Grand éventail de chambres propres à tous les prix. Certaines vieillottes au rez-de-chaussée, sans fenêtres, à éviter. En voir plusieurs avant de vous décider. Fait aussi resto mais l'agréable terrasse de la journée est éclairée de néons verts le soir, ce qui est peu ragoûtant.

Beaucoup plus chic

🛏 *Hotel Los Jardines del Atlántico (hors plan par A1)* : playa Juan-de-Bolaños. ☎ 809-576-2091 et 809-853-0040. ● www.elbistrot.com ● À côté de l'apart-hotel *Cayo Arena*. À 1,5 km du centre, en bord de plage (un peu boueuse par moments). Compter autour de 1 000 $Do (33,30 US$). Même proprio que le restaurant *El Bistrot*, le Français Hervé. Au milieu d'un jardin très soigné, 2 bungalows avec 4 chambres

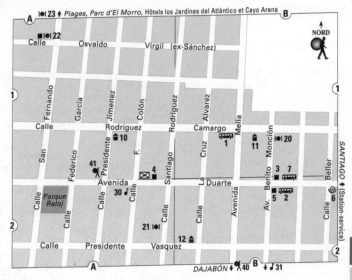

MONTECRISTI

A ◦I◦23 ↑ Plages, Parc d'El Morro, Hôtels los Jardines del Atlántico et Cayo Arena **B**

NORD

Calle Osvaldo Virgil (ex-Sánchez)

Calle Fernando García Jimenez Colón Rodriguez Alvarez Camargo Mella

Calle Rodriguez ≙10 Cruz 1 11 ◦I◦20 Moncíón

San Federico Presidente F. Santiago La Duarte 3 7 Beller

41 ⌂4 Avenida Av. Benito 5 2 6

Parque Reloj 30♪ Calle Calle Calle Calle Avenida Calle

21◦I◦ 12≙

Calle Presidente Vasquez

A DAJABÓN ↓ 🗡40 **B** ↓ ♪31

SANTIAGO ↑ (Station-service)

LA CÔTE NORD

MONTECRISTI

■ **Adresses utiles**	◦I◦ **Où manger ?**

Adresses utiles

- ✉ Poste
- 🚌 1 Caribe Tours
- 🚌 2 Expresso de Santiago
- 3 Alliance française
- 4 Change et distributeur
- 5 Farmacia Pueblo
- ⚙ 6 Minimarket Peña
- 🚌 7 Transporte del Cibao
- 22 Distributeur

≙ **Où dormir ?**

- 10 Hotel Don Gaspar
- 11 Chic Hotel
- 12 Hotel Boss

◦I◦ **Où manger ?**

- 20 Comedor El Portal
- 21 Comida Casera Lulu
- 22 El Bistrot
- 23 Coco Mar

♪ **Où sortir ?**

- 30 Calle 8
- 31 Ocean Café

🗡 **À voir**

- 40 Maison de Maximo Gómez
- 41 Galerie d'Art Oleo

simples (dont 2 avec clim') mais seulement 2 avec eau chaude. Idéal pour reprendre des forces. Calme total assuré et belle vue sur le parc du Morro. Parking gardé dans l'enceinte même de l'hôtel. Pour faire des excursions en bateau et en Haïti, voyez avec Hervé au *Bistrot*.
≙ *Apart-hotel Cayo Arena (hors plan par A1) :* playa Juan-de-Bolaños. ☎ 809-579-3145. À 2 km

du centre-ville. Sur la plage. Petit immeuble résidentiel, mi-location mi-proprio, comme ça se présente souvent. Appartements à 2 500 \$Do (83,30 US\$) très confortables de 2 chambres, avec coin-cuisine et salon-salle à manger. Petite piscine. Parking intérieur. Désert pendant la semaine, mais assez animé le week-end quand les familles dominicaines débarquent.

Où manger ?

Bon marché

I●I *Comedor El Portal* (plan B1, **20**) : à l'angle de la calle Benito-Monción et de Rodriguez-Camargo. Ouvert tous les jours de 8 h à 13 h. Plats du jour vraiment pas chers, pour clients pas trop exigeants (moins de 100 $Do, soit 3,30 US$). Un petit *comedor* populaire comme tout. Le genre d'endroit qu'on adore car familial et tout simplement bon. Trois tables dans une courette en terre battue, quelques chaudrons où mijotent un ragoût de *chivo,* de bœuf et de poulet et basta. La bonne petite adresse pour le déjeuner, tenue par Fausta depuis fort longtemps.

I●I *Comida Casera Lulu* (plan A2, **21**) : calle Santiago-Rodriguez, 40, près du siège du PLD. Ouvert tous les jours de 8 h à 16 h. Fermé le soir. Dans une maison traditionnelle, plancher en bois, véranda pour prendre l'apéro. Atmosphère familiale, cuisine simple et pas chère : *pollo, chivo, carite* (crustacés) *en lonjas, cangrejo, filete de meru,* etc.

De prix moyens à plus chic

I●I *Coco Mar* (hors plan par A1, **23**) : playa Juan-de-Bolaños, à côté de l'hôtel *Monte Chico.* Ouvert de 8 h à 22 h. Un resto tout bleu qui ne paie pas de mine, avec terrasse en bord de mer. Spécialités de poisson et fruits de mer à partir de 180 $Do (6 US$). Six personnes peuvent facilement se régaler avec le plateau de fruits de mer à 1 500 $Do (50 US$). Une opportunité à ne pas rater si vous voyagez entre amis. Vous pouvez aussi tenter le *chofán de mariscos* à 400 $Do (13,30 US$).

I●I *El Bistrot* (plan A1, **22**) : San-Fernando, 26, à l'angle de Osvaldo-Virgil. ☎ 809-579-2091. Ouvert de 12 h à 14 h 30 et de 18 h à minuit. Un peu plus de 300 $Do (10 US$) le plat. Cadre particulièrement sympa et accueil qui l'est encore plus. Hervé, un Français marié à une Dominicaine, vit ici depuis un bon paquet d'années. Outre le fait qu'il soit une véritable mine d'infos, il saura vous concocter une délicieuse cuisine à base de poisson et de *mariscos.* On a craqué pour le plat de *langostino special bistrot.* Viandes tendres et goûteuses également, salades copieuses. Terrasse près du bar bien agréable. Belle carte des vins. Pour les accros du Net, Hervé a installé un ordinateur, profitez-en, vous n'êtes pas près d'en retrouver dans la région. Consultation gratuite des mails pour les clients de son hôtel. Une excellente adresse, soignée comme tout.

Où sortir ?

♪ *Calle 8* (plan A2, **30**) : à l'angle de Duarte et de Colón. Grande terrasse complètement ouverte sur la rue. Énorme sono sous grillage qui hurle une musique dominicaine. En fin de semaine, impossible de dormir à 200 m à la ronde. Très grosse animation le dimanche soir surtout. Ambiance populaire vraiment sympa.

♪ *Ocean Café* (hors plan par B2, **31**) : à l'extrémité sud de la calle Monción. Grand café avec terrasse, dans une sorte de grosse maison orange, couverte de palmes, avec sa généreuse terrasse dominant la calle Monción. Juste à côté, sur la droite, la disco *Ocean.*

♪ *Disco Ocean Club* : à l'extrémité sud de Benito-Monción, puis à droite sur 30 m. Ouvert en fin de semaine seulement. Bon, on préfère le *Calle 8.*

À voir. À faire

※ *Le centre et le quartier des pêcheurs :* à l'ouest de la calle San-Fernando. Oh, rien de spectaculaire. Des tranches de vie seulement, de multiples clins d'œil, des sourires sincères, une bonne humeur communicative le long de rues bordées de maisons modestes, mais fort bien tenues. S'y intercalent de temps à autre de belles demeures victoriennes, témoignages des jours prospères au XIXe siècle, d'autres aussi fleurant bon leur page d'histoire.

※ En lisière du quartier des pêcheurs, le *parque Reloj* (plan A2), à l'angle de San-Fernando, bordé par sa massive *église* de style colonialo-gothique. Au centre de la place, une curieuse horloge à quatre faces, montée sur une structure métallique pas très esthétique qui fut achetée en 1895 à la France. Elle était destinée à un autre pays mais le bateau ayant eu des problèmes, il a fallu la débarquer ici. À l'angle de Duarte et F.-Garcia, la *villa de Dona Emilia Jimenez,* élégante vieille demeure qui sera peut-être un jour rénovée (on parle d'en faire un musée).
Toujours sur Duarte, mais à l'angle de Juan-La-Cruz-Alvarez, une vénérable maison, celle d'Humberto Marzan qui confectionna en 1863 le drapeau national. À l'angle de Duarte et Colón, belle maison avec galerie couleur ocre.

※ *La galerie d'Art Oleo* (plan A1, 41) : Duarte, 44. Pour les amateurs de belle peinture, cet atelier d'artiste regorge de jolies toiles exécutées par Leonardo Batista. L'artiste arrête volontiers son travail pour tailler une bavette avec les touristes de passage... et si vous êtes intéressé, vous pouvez toujours lui acheter un tableau. Il se repose le samedi.

※※ *La maison de Maximo Gómez* (hors plan par B2, 40) : Mella, 29 (et Vasquez). Ouvert (en principe !) tous les jours de 9 h à 12 h et de 13 h à 17 h. Gratuit (mais, bon, si vous pouvez donner quelque chose pour l'entretien...). La maison du grand libérateur a été transformée en musée. Une maison toute simple, mais qu'on sent tant chargée d'histoire, presque habitée encore. C'est ici que fut signé l'accord de coopération entre José Martí (le père de l'indépendance cubaine) et Maximo Gómez (le « Napoléon des guérillas », il ne perdit jamais une bataille), pour délivrer Cuba du joug espagnol. Les 27 volumes des œuvres complètes de José Martí nous permettent de mesurer qu'il fut aussi un immense écrivain. Dans la deuxième pièce, fresque figurant la fameux accord. Séduisants portraits de Martí et Gómez. Petit écritoire sur lequel fut signé l'accord. Belle photo aussi de leur rencontre à New York, en 1894, pour préparer la lutte armée. Portraits de famille. Reproduction de lettres et autres documents. Dans le jardin, statues des deux héros. Une visite émouvante.

※ *Les marais salants :* sur la route du parc du Morro. La plus grosse production de sel du pays. Le régal des photographes à l'aube et au coucher du soleil, lorsque bassins, greniers à sel en bois et tas de saumure prennent des teintes roses irisées, puis violettes. Pas de visite particulière. On se balade à pied dans les marais, en bord de mer.

※※ *Le parc national El Morro :* depuis le village se diriger vers la plage de Bolaños, puis prendre à droite le long de la mer et poursuivre sur 4 km. Gros promontoire rocheux dont on peut aisément atteindre le sommet grâce à un escalier de 595 marches (on a compté !). Cet escalier est malheureusement provisoirement fermé et parfois, en République dominicaine, le provisoire dure... Si la *Casa del parque* (maison du parc) est ouverte, peut-être vous fera-t-on payer un droit d'entrée ? Dans tous les cas, hardis gaillards, apportez votre gourde pour la grimpette. Tout le long, une espèce de parcours botanique a été organisé, avec les noms de quelques plantes de la région (*palo del rey, sangre de toro,* bois bandé...). Au sommet, panorama extra sur la région, l'îlot de Cabrita, les marais salants, le phare et toute la baie de Montecristi. Par temps clair, on voit même les îlots des *Siete Hermanos.* Une fois redescendus (ou bien si vous ne pouvez pas escalader *El Morro*), ceux qui ne sont pas trop fatigués pourront emprunter un autre petit chemin situé à gauche de la *Casa del parque,* qui mène vers *El Morrito* (le petit Morro). Au sommet de la falaise, là aussi, vue tout aussi extra. Et puis, de retour vers la *Casa del parque,* on peut prendre l'espèce de piste qui mène en 200 m, derrière le rocher, à la très jolie **Playa detras del Morro,** parfois caillouteuse, parfois sableuse, suivant l'humeur de l'océan, assez sauvage et même agitée à certaines périodes. Ça ressemble à Étretat avec 20 degrés de plus dans l'eau et dans l'air. On peut, bien sûr, s'y baigner.

➤ *Balade en bateau dans la mangrove et vers l'îlot de Cabrita :* possibilité de faire une agréable balade de 4 h en bateau dans la mangrove locale ou vers l'îlot situé au pied du Morro. La mangrove abrite des flamants roses et on peut se baigner dans ces allées d'eau. Sinon, l'îlot de Cabrita propose ses belles plages. Possibilité de se faire déposer, soit par un pêcheur, soit en demandant à Hervé, du restaurant *El Bistrot.* Compter environ 1 200 $Do (40 US$) par personne pour chaque excursion.

➤ *Balade aux cayos Siete Hermanos :* ce sont sept petites îles au large de la baie. À découvrir en bateau. Oiseaux, parfois des tortues de mer, petites plages désertes... Pour s'y rendre, demander aux pêcheurs locaux et négocier un prix.

➤ *Incursion en Haïti :* là encore, c'est Hervé qui peut se charger de vous organiser une incursion en Haïti avec visite à Milló de la Citadelle et du palais Sans-Souci du roi Henri Ier (Christophe), arrêt dans une rhumerie et une nuit au Cap-Haïtien. Pour l'organisation et l'accompagnement, Hervé prend 3 000 $Do (100 US$) pour le groupe. Pour les frais de voyage et d'hébergement, il faut compter, en sus, 3 000 $Do (100 US$) par personne et par jour, sur la base de 4 personnes.

QUITTER MONTECRISTI

🚌 **Terminal Caribe Tours** (plan B1, 1) **:** à l'angle de Mella et de Rodriguez-Camargo. ☎ 809-579-2129. Liaisons pour *Santiago, La Vega* et *Santo Domingo :* 6 départs par jour de 7 h à 16 h. Le bus s'arrête dans les 3 villes citées ci-dessus. Pour *Dajabón :* 5 bus par jour en fin de matinée, mais si on prend le bus, on rate le marché de Dajabón, ce n'est donc pas une bonne solution.

🚌 **Expresso de Santiago – Station de bus locale pour Santiago** (plan B2, 2) **:** dans le centre, sur Duarte (angle calle La Cruz-Alvarez/ av. Duarte), entre la *Farmacia Pueblo* et la station *Shell.* Beaucoup plus long et moins pratique qu'avec *Caribe Tours.* En effet, les bus desservent de nombreux villages sur la route.

🚌 **Transporte del Cibao** (plan B1-2, 7) **:** dans le centre, sur Duarte, en face de l'*Expresso de Santiago.* ☎ 809-579-3899. Liaisons pour *Santo Domingo :* 3 départs entre 7 h 15 et 13 h 15. Ces bus passent par *Santiago.* Pour *Loma de Cabrera :* 3 départs entre 11 h 45 et 19 h 15. Pour *Dajabón :* 3 départs entre 11 h 45 et 19 h 15.

➤ *Pour Dajabón :* tous les *guaguas* passent le long de la calle Mella. Départ toutes les 20 mn. En général, ils font signe à tout le monde pour monter. Départs sans arrêt le matin les jours de marché à Dajabón.

DE MONTECRISTI À DAJABÓN

Très bonne route.

🍴 Petite excursion, pour ceux qui ont le temps, au port de *Manzanillo* (autre nom : *Pepillo Salcedo,* attention, c'est celui qui figure sur les pancartes), situé à 9 km à l'ouest de la grande route. Cependant, pas beaucoup d'intérêt en soi. En fait, la création de la ville est entièrement due à la compagnie américaine « Chiquita Banana ». Le port fut actif jusque dans les années 1960, puisqu'on y embarquait les bananes pour la Floride. Il fut ensuite abandonné quand la compagnie américaine fut mise à la porte par les Dominicains. Tout est alors rapidement tombé en désuétude. De cette période prospère subsistent quelques vestiges, comme la vieille gare et quelques portions de rails rouillés.
Aujourd'hui Manzanillo est une ville tranquille, somnolant un peu, beaucoup même, et qui tente de faire redémarrer son activité.

Où manger à Manzanillo ?

🍽 **Restaurant Marlin :** calle Sanchez, en face du *parque.* Ouvert de 9 h à minuit. Spécialités de poisson et fruits de mer à environ 200 $Do (6,70 US$). Petite salle très sombre (mais fraîche, donc agréable par grosse chaleur), vous pouvez aussi préférer la terrasse.

🏖 **Plage d'Estero Balsa :** une route en terre, à gauche, à la sortie de la ville (en retournant vers la route Dajabón-Montecristi), mène à la lagune d'Estero Balsa. Le chemin longe une jolie mangrove. Le petit port de pêche tranquille abrite quelques barques colorées. La plage, très agréable et souvent déserte, est beaucoup plus belle que celle de Manzanillo. Sur la plage, petit resto bon marché de fruits de mer, le *Puerto Cristal.*

DAJABÓN

Ville-frontière avec Haïti. Fiévreuse, commerçante, lieu de passage de toutes les marchandises de contrebande qui circulent dans le coin. La frontière suit le *río* Massacre, ancien *río* Dajabón, rebaptisé après les massacres d'Haïtiens par la dictature trujilliste en 1937.
Il s'y tient deux fois par semaine un marché haïtien (en principe, les lundi et vendredi). La frontière est alors ouverte pour que les Haïtiens puissent venir acheter en République dominicaine les produits indispensables qui leur manquent (surtout l'alimentation).

Adresses utiles

🚌 **Caribe Tours :** dans une rue parallèle à celle du centre, à l'angle de la calle Marcelo-Garasco et de la calle Presidente-Henrique, à 3 mn du marché. ☎ 809-579-8554. Liaisons 6 fois par jour de 6 h 45 à 15 h 15 pour Santiago (durée : 2 h 30), La Vega (durée : 3 h 45), puis pour Santo Domingo (durée : 5 h).
🚌 **Parada Sichodusavamoda** *(Terminal de bus Expresso Liniero) :* en arrivant en ville, au niveau d'un

petit arc de triomphe ocre et vert. Non, ce n'est pas le nom du fakir cher à Pierre Dac et Francis Blanche, mais seulement le nom du terminal du syndicat des autobus ! Départ pour Santiago toutes les 20 mn de 5 h 30 à 18 h. Durée : 2 h 30. Préférer *Caribe Tours,* plus pro.

■ *Verizon :* au niveau de l'arche, sur la droite en arrivant en ville. Ouvert tous les jours de 8 h à 22 h.

Où dormir ? Où manger ?

🛏 |●| *Hotel Juan Calvo :* Presidente-Henrique, 46. ☎ 809-579-8285. Central et à 500 m de la frontière. Chambres à 375 $Do (12,50 US$) sans clim', et à 475 $Do (15,80 US$) avec, toutes avec bains privés et TV. Hôtel fort bien tenu. Restaurant également au fond du couloir. Là encore, nourriture correcte. Bien pour ceux qui voudraient assister au début du marché en arrivant la veille au soir. Le même propriétaire a construit, juste à côté, un autre petit hôtel dont l'ouverture était imminente lors de notre passage. Le confort des chambres devrait être supérieur, ainsi que leurs prix, bien entendu.

À voir

🕺🕺 *Le marché :* s'il y a une raison de venir à Dajabón, c'est vraiment pour son incroyable marché. Une marée humaine, un embouteillage de corps sur quelques centaines de mètres carrés. On y vend des légumes secs, quelques fruits, mais c'est essentiellement un marché aux fringues. Jeans, T-shirts, chaussettes, sous-vêtements et étonnamment des tonnes de paires de pompes : fausses baskets, vraies boots, escarpins de pacotille... C'est une avalanche de chaussures. Certaines sont de bonne qualité car elles proviennent de dons de l'armée américaine... et sont revendues ici. D'autres – en fait la plupart – sont des copies merdiques, autant le savoir.

Le manège de ce marché se révèle assez étonnant. Les vendeurs haïtiens arrivent tôt le matin par milliers, avec leur fardeau sur la tête. Un accord entre les deux pays leur permet de passer la frontière les jours de marché. Certains passent par le pont, d'autres traversent la rivière. Ils détaxent leur marchandise puis se dirigent vers le marché où ils achètent un emplacement (20 $Do le mètre). Même les vendeurs ambulants doivent payer un droit (l'équivalent d'un mètre) mais ils n'ont pas la possibilité de s'installer (normal, ils sont ambulants !), c'est pourquoi ils se promènent sans arrêt, avec souvent une vingtaine de paire de chaussures autour du cou. Une batterie de surveillants *(cobradores)* en chemisette bleu ciel contrôle sans arrêt les vendeurs. Scène déroutante que de voir ces *cobradores* devant un vendeur sans son ticket d'emplacement. La punition est instantanée et on lui pique une paire de pompes par mètre non payé. C'est une sorte d'amende immédiate qu'assez curieusement pas mal de vendeurs prennent avec le sourire. Autre scène dérangeante : le jeu qui consiste à tenter de passer le cordon de militaires qui cerne le marché et de « passer » de l'autre côté, en République dominicaine, là où l'on peut vivre décemment. Les militaires refoulent les Haïtiens... qui refont une tentative quelques minutes plus tard, un billet discrètement glissé dans la main du militaire.

Et puis à la fin du marché, le retour de l'autre côté du pont. On repart avec des tonnes de vivres. Il faut voir les porteurs d'œufs, de retour vers leur pays, jouer les équilibristes dans la poussière et la cohue, les brouettes chargées d'au moins cent kilos de vivres, poussées par de pauvres hères, véritables bêtes humaines... Incroyable vision.

➤ *INCURSION EN HAÏTI*

> **Mise en garde : étant donné la tension politique et sociale du pays, bien se renseigner avant d'y aller.**

L'occasion d'aller faire un tour à *Ouanaminthe,* la ville-frontière côté haïtien. Si vous êtes venu en voiture, le meilleur endroit pour la garer est devant le poste de police de la ville. Pas loin de l'hôtel *Juan Calvo.* La garer à la frontière (ou ailleurs) est assez risqué.
La douane dominicaine s'abrite dans un édifice-arche vert clair, juste avant le pont. Pour les touristes, nécessité d'aller faire viser son passeport et de payer une taxe à la sortie du pays, sous l'arche (15 US$), puis 10 US$ pour la ré-entrée (comme ils gardent la carte de tourisme, il faut la racheter au retour). L'entrée et le séjour en Haïti coûtent en théorie 10 US$. Le poste de douane est situé environ 500 m après le pont, sur le chemin de Ouanaminthe. Mais il semblerait que personne ne s'y arrête jamais. Et, de fait, il y a quand même très peu de touristes qui passent. À la sortie du poste de police dominicain, on passe le pont à pied, bondé les jours de marché puis... rien, même pas l'ombre d'une guérite haïtienne. Où se trouve donc la ville de ce côté-ci ? Campagne à perte de vue. Vous serez assailli par des petits motos-*conchos* pour vous rendre à Ouanaminthe à 2 km de là. Ne pas hésiter, c'est pas cher (négocier le prix avant) et ça vous économise des pas sous le cagnard.

OUANAMINTHE

S'y rendre de préférence le matin, en fin de matinée par exemple, dans la foulée de la visite du marché de Dajabón. De ce côté-là de la frontière, il y a aussi un marché (tous les jours, et qui décline en fin de matinée). Le contraste est évidemment terrible entre la ville et le marché de Dajabón (qui fait ville moderne à côté) et Ouanaminthe où tout n'est que désolation. Une place centrale vide, des rues défoncées, poussiéreuses. On ne conseille pas particulièrement de s'y rendre car on se sent déplacé. Voir sans être voyeur. À chacun de trancher. En tout cas, sachez que vous pénétrez dans l'un des trois pays les plus pauvres du monde et le plus pauvre du continent américain. Ici, toutes les comparaisons, toutes les métaphores sont possibles... ou impossibles : ville africaine, ville western tropicale décadente...
Pratiquement toutes les maisons sont en bois ou en mauvais béton, les rues en terre battue avec des crevasses incroyables. Peu de voitures, on arrive à dos d'âne, à cheval, en charrette, en camion, en taxi collectif saturé et bringuebalant. L'impression de dénuement paraît totale. Bien sûr, les enseignes font sourire (épicerie « Dieu est puissant », dépôt « Dieu devant », salon de coiffure « Chez Toto », etc.) et le grand marché semble si pittoresque, si coloré... Mais le regard lourd et les visages qui se détournent en disent long sur la pauvreté insupportable et les frustrations de cette population particulièrement démunie. Le secteur le plus poignant est celui des vendeuses de charbon de bois. Un petit tas devant chacune d'elles, quelques pièces au creux de la main à la fin de la journée...

DE DAJABÓN À LOMA DE CABRERA

Environ 20 km au sud de Dajabón. Village ou plutôt petite bourgade tranquille et sympa où l'on peut prendre un bain dans le centre (prendre à droite au niveau du *parque central,* puis à gauche juste avant l'église et faire 150 m. Le *río* Massacre passe par là et c'est le lieu de baignade favori des jeunes du coin. On se trempe dans la rivière et on se sèche sur les rochers. Quelques buvettes tout autour.

On peut ensuite poursuivre vers l'est en direction d'*El Pino* puis de **Sabaneta.** Une vingtaine de kilomètres par une route partiellement goudronnée. Très agréable, sinueuse et suivant les contours de sympathiques collines toutes rondes, vallonnées. C'est le chemin des écoliers qui permet de rallier ensuite Sabaneta, 18 km plus loin.

SABANETA

Agréable ville-carrefour. Marché particulièrement animé le samedi matin (de 8 h à 13 h). Sinon, rien de spécial.

Où dormir ?

🛏 ***Don Lolo :*** calle Sánchez, 157. ☎ 809-580-4412. Petit hôtel à la façade crème, absolument impeccable. Chambres claires et calmes, au mobilier de pin, avec ventilo ou AC. Excellent rapport qualité-prix si vous devez faire halte par ici pour une nuit.

QUITTER SABANETA

🚌 ***Caribe Tours :*** Restauración, 10, juste à côté du *parque municipal* (au centre-ville). ☎ 809-580-2285. Bus environ 5 fois par jour pour Mao, Santiago, La Vega, Bonao et Santo Domingo.

DE MONTECRISTI À LA PRESQU'ÎLE DE SAMANÁ

De Montecristi à la presqu'île de Samaná, sur 400 km, succession quasi ininterrompue de belles plages, de *resorts* luxueux, saupoudrée, de-ci, de-là, de petites plongées dans l'histoire. On dénombre plus de 100 grands hôtels fréquentés principalement par des Canadiens (beaucoup de Québécois), Américains, Allemands, Scandinaves et Français ! On a quand même dégoté, pour ceux qui voyagent en individuel, d'intéressantes adresses de séjour, loin des hordes touristiques.

PUNTA RUCIA (OU RUSIA)

Petit port de pêche connu des seuls Dominicains. Tout le coin est, pour le moment, vierge de développement touristique. Vous aurez ainsi une image intéressante du pays brut de forme. Pour s'y rendre : venant de Montecristi ou de Santiago, tourner à Villa Elisa. Bonne piste globalement, en tout cas par temps sec, d'une vingtaine de kilomètres, pour gagner le village. Peu avant l'arrivée, une fourchette. Prendre à gauche, direction Punta Rucia.

Pas de surprise, Punta Rucia se révèle conforme à nos espoirs : baraques en bois de guingois s'étirant au fil d'une superbe baie, quelques-unes sur pilotis, barques colorées se balançant langoureusement sur l'eau. Quelques gens de la ville commencent à construire en dur. Rythme de vie indolent, une certaine philosophie de l'existence... En revanche, le dimanche, très animé, les voitures bourrées de familles affluent en masse. La plage devant le village même est jolie, sans être la plus majestueuse du coin. On peut s'y baigner mais la vraie plage d'exception est située 2 km plus loin, vers l'est, et répond au nom de *La Ensenada*. Admirable. C'est là que les familles se retrouvent en fin de semaine pour pique-niquer ou s'attabler aux petites tables des restos improvisés.

Où dormir ?

Très peu d'adresses par ici. Dommage... ou plutôt tant mieux !

🛏 *Hotelito Punta Rucia Sol :* en arrivant dans le village, sur la droite, à hauteur du panneau Punta Rusia. ☎ 809-970-7543. ● h.life-center@verizon.net.do ● Chambres autour de 1 200 $Do (40 US$) et appartements à 2 500 $Do (83,30 US$). Une excellente petite adresse, sorte de *guesthouse* comme on en trouve en Asie du Sud-Est, tenue par une Australienne, qui a arrangé l'endroit avec amour et couleurs. Simple, coquet et assez confortable. Quatre chambres dans un petit édifice et un appartement immense dans la maison. Lits avec moustiquaire, douche (eau tiède). Agréable salon-salle de resto ouvert sur l'extérieur. Un bon rapport qualité-prix-sympathie.

🛏 *Cayo Arena :* prendre à gauche en arrivant dans Punta Rucia après l'hôtel *Punta Rucia Sol*. ☎ et fax : 809-656-0020. ● www.cayoarenatours.com ● Compter 1 050 $Do (35 US$) sans le petit dej' (130 $Do, soit 4,30 US$). Réduction pour les hôtes qui font aussi les excursions au cayo Arena. Cinq chambres face à la mer. Confort moyen (eau froide), mais situation sublime puisque carrément sur la plage. Restaurant où l'on sert du poisson (thon, dorade) pêché sur place. Prêt d'équipement pour la plongée sous-marine. De l'autre côté du chemin, 6 chambres toutes simples, certaines pouvant accueillir 4 personnes, dans un petit immeuble, avec ventilo, pas d'eau chaude mais balcon avec vue sur la mer. Elles sont moins chères que les premières et les prix sont à discuter. Cet établissement est en fait plus un lieu de départ d'excursion et de plongée qu'un hôtel classique. Tony, le proprio, un Italien parlant le français, est intarissable sur la beauté et la richesse des fonds de la région. Pour la visite du cayo Paraiso (ou cayo Arena), compter 900 $Do (30 US$) avec le repas et la boisson.

Où manger ?

Pour les repas, on se rabattra sur les gargotes offrant toutes poisson et langouste, bien sûr. Choisissez votre établissement selon votre goût. L'un d'eux sort du lot :

🍴 *Resto Juan Luis :* guinguette située en plein cœur du village. On y mange de la cuisine créole, du poisson ou de la viande, pour environ 100 $Do (3,30 US$). C'est aussi une disco-*terraza*, jaune et rose, où l'on danse le soir.

Autre solution, le midi, manger du poisson grillé sur la jolie plage de *La Ensenada*. Les femmes des pêcheurs vous grillent la pêche du matin.

À faire

▷ *La playa,* la *playa,* encore la *playa*... Située à 2,5 km du village, la plage de *La Ensenada* est vraiment la plus belle du coin. Il paraît que « Jules des Églises » voulait racheter la plage, mais les gens de Santiago qui apprécient le coin empêchèrent la transaction de se faire. C'est d'ailleurs une des dernières plages populaires qui n'a pas été bouffée par les hôtels de grande capacité. Et ça, pour les locaux, ça n'a pas de prix. Jolie baie au sable fin donc, bordée surtout d'*uvas de playa* (ombre garantie). Curieusement, très peu de cocotiers. Quelques barques et puis c'est tout. En semaine, peu de monde. En revanche, le week-end (surtout le dimanche), on vient en famille. Chaque voiture distille son *merengue,* couvert néanmoins par celui du marchand de bière (on a calculé : à 1 m, autant de décibels qu'un 747 au décollage). Atmosphère assurée. Possibilité de grignoter poisson, langouste et poulpe grillés, dans des petits *comedores* au bord de la plage.

➤ *Balade en bateau vers le cayo Arena :* les groupes viennent de Puerto Plata et de Sosua tous les jours pour s'embarquer à Punta Rucia vers cet îlot de sable fort réputé pour ses eaux d'une grande clarté. Si vous voulez faire l'excursion, demandez donc à Marco, enfin Marc, un Français original qui vit avec Guertie dans une maison de bois extra à environ 1 km après le village, en allant vers la *playa La Ensenada*. ● casitamariposa@hotmail.com ● Sa maison est sur la gauche à flanc de colline, dominant la mer. Demander, car c'est pas si facile à expliquer. Il n'a pas de téléphone, donc il vaut mieux aller le voir la veille. Il peut vous emmener sur sa barque (6 personnes maximum) pour pas trop cher (1 000 $Do par personne, soit 33,30 US$) vers le *cayo Arena* (langue de sable perdue au milieu des eaux cristallines, à environ 45 mn de bateau). Marco se débrouille pour vous y emmener tôt le matin en dehors des heures d'affluence. On peut rester quelques heures sur le *cayo*. Possibilité également d'aller à la pêche avec lui ou simplement de se faire embarquer pour faire de la plongée avec masque et tuba sur la barrière de corail, avec en plus balade et bain dans la mangrove (une exclusivité !). Pour cela, il vous demande 800 $Do (26,70 US$). Bon, ce n'est pas un tour-opérateur, c'est même un peu le contraire. Un gars cool, un Robinson, qui n'a pas envie d'être emmerdé.
Tiens, Marco et Guertie possèdent une sorte de chambre d'amis dans leur maison, avec terrasse donnant sur la mer. Vue fantastique. Simplissime et génial à la fois. Si elle est libre, il pourra vous la louer. Compter 600 $Do (20 US$) pour une nuit, petit dej' sur la terrasse inclus. Et comme cette formule en pleine nature, à flanc de falaise, avec accès direct à la mer, plaît bien, Marco a trouvé un associé, Jean-Louis. Ils viennent de construire 5 minuscules bungalows (pour 2 personnes), en bois et toit de palmes, rustiques, avec toilettes à l'extérieur à la dominicaine, eau tiède (le soir, quand elle a été chauffée par le soleil !). Compter 900 $Do (30 US$). Et puis, pour manger entre copains, il y a même une table d'hôtes. Bon, que l'on se rassure, Marco n'a pas été atteint par le virus du promoteur immobilier. Tout cela reste très raisonnable et est parfaitement intégré dans le paysage. On peut lui faire confiance.
Au fait, si vous passez par là, laissez quelques médicaments à Marco et Guertie, ils en feront profiter les gens du village.

DE PUNTA RUCIA À LA ISABELA

Attention, piste difficile et caillouteuse pour aller au plus court, en principe accessible aux seuls 4x4 ou motos tout-terrain. Nécessité de passer à gué deux fois et surtout d'affronter les descentes accidentées et ultra-boueuses vers la rivière. À notre avis, si l'on n'est pas l'un des dix premiers du Paris-Dakar, il vaut mieux renoncer ! En vérité, la faisabilité de la piste dépend grandement de la quantité de pluie tombée les jours précédant votre passage. Se renseigner impérativement avant de se lancer dans l'aventure. Le plus simple, bien sûr, est de retrouver la route de Santiago, puis celle de Puerto Plata.

LA ISABELA

La Isabela, en bord de mer (à ne pas confondre avec le village de Villa Isabella, qui est lui un peu à l'intérieur des terres), est aujourd'hui un parc national. Ce fut la première ville des Amériques et c'est aujourd'hui un petit village tranquille. Visite on ne peut plus historique. C'est lors du deuxième voyage des Espagnols, en 1493, qu'elle fut fondée. Quelque 17 bateaux amenèrent 1 500 hommes. Baptisée La Isabela en l'honneur de la reine Isabelle la Catholique. On y trouvait des fortifications militaires, des bâtiments civils abritant les premières administrations coloniales et des habitations. De ces dernières, construites en général en bois, il ne reste rien. Seuls des vestiges des édifices construits en dur subsistent.

Où dormir ? Où manger ?

Voir ci-dessous « De La Isabela à Puerto Plata ».

À voir

🏃 *L'église commémorative « Templo de Las Americas » :* sur une colline dominant le site, sur la route menant aux ruines du parc archéologique. Ouvert tous les jours de 6 h à 18 h. Elle fut construite pour célébrer le 500ᵉ anniversaire de la fondation de La Isabela en 1991. Grimper dans le clocher pour un ample panorama sur la baie. Sinon, elle présente peu d'intérêt en soi, à part, peut-être, la façade moderne et dépouillée à la fois. À l'intérieur, le chemin de croix, de facture assez originale. Notamment, détaillez la *Descente de Croix,* remarquable dans son expressionnisme. Véronique essuyant le visage du Christ est toute d'émotion contenue, tandis qu'on lit de la perplexité, de l'étonnement sur celui du garde romain. Bon, curieusement les tableaux sont mélangés et ne suivent pas le cours de la Passion.

🏃 *Le parc archéologique (Parque Nacional Historico La Isabela) :* on visite d'abord le musée, puis les ruines. Ouvert tous les jours de 8 h à 17 h. Entrée : 50 $Do (1,70 US$).
Dans le musée, histoire de La Isabela et souvenirs de la colonisation, maquette de la première maison de Christophe Colomb, four banal, meules diverses, jarres, mortiers en bois, etc. Bon, le musée est un peu prétentieux pour les collections qu'il propose. Étonnant de voir les investissements réalisés par l'Europe pour ce site. Il semblerait que des sommes importantes aient été attribuées à sa création, sans véritable réflexion sur son intérêt réel. Dans le parc, en bord de mer, à la vue des vestiges de la première ville du Nouveau Monde (réduits aux fondations ou à des alignements de pierres), les lecteurs réagiront sûrement de façon différente. Soit « Ah, c'est juste ça ! », soit le site leur parlera, car chargé du mystère de l'histoire ou possédant encore un puissant pouvoir d'évocation !

Après Santo Domingo et La Vega, La Isabela collectionne également quelques titres : première église catholique des Amériques dont on peut voir le tracé (le père Boil y dit la première messe, le 6 janvier 1494), premier cimetière chrétien et, avec l'*alhóndiga* (halle aux grains), le premier bâtiment en dur ! En revanche, les archéologues sont divisés sur ce qu'ils pensent être la maison de Colomb (ce sont les vestiges couverts, au fond du site). Cela dit, il dut sûrement y mettre les pieds et, si vous êtes seul dans le coin, au soleil couchant, le lieu dégage un certain charme. C'est à La Isabela que débarquèrent les fameux 30 chevaliers à l'origine de la fondation de Santiago. La première municipalité du Nouveau Monde fut aussi créée ici, le 24 avril 1494 ; cependant elle ne dura pas longtemps. Décimés par les fièvres, les difficultés d'approvisionnement, les survivants des 1 500 colons arrivés avec Colomb abandonnèrent le coin et se replièrent, quelques années plus tard, vers un nouveau site plus hospitalier : La Nueva Isabela, qui allait devenir Santo Domingo.

DE LA ISABELA À PUERTO PLATA

Pour ceux qui veulent prendre leur temps, halte sympa à **Luperón,** entre La Isabela et Puerto Plata. Petite marina de **Puerto Blanco,** puis village de **Maimón,** au bord de la route principale de Puerto Plata. Pour ceux qui auront choisi de parcourir la piste côtière qui relie Luperón à Maimón, paysages assez sauvages et vraiment très beaux. Luperón est un gros village assez animé, qui profite de la manne touristique provenant de Puerto Plata. Pas mal de discos et de bars tout de même mais atmosphère encore relativement tranquille.

Où dormir ? Où manger ?

🛏️ I●I **Hotel Rancho del Sol :** El Castillo, juste à côté de l'entrée du *Parque Nacional Historico,* à La Isabela. ☎ 809-696-0325. Ah, que voilà une belle adresse à des prix on ne peut plus corrects : compter autour de 30 US$ (ici, on n'accepte que les billets verts) pour 2, petit dej' inclus. Un petit hôtel collé à la mer, dans un environnement paisible et bucolique, offrant 8 chambres spacieuses et confortables, équipées d'une terrasse avec rocking-chair, face au grand large. Cadre et ameublement chaleureux. Ventilo. Grand jardin, tennis et piscine. Bar ouvert sympathique. La patronne, une Dominicaine mariée à un Belge, est très accueillante. Véranda pour les couchers de soleil et grande pelouse devant. Resto nickel à l'étage, ouvert sur l'extérieur et la mer au large. Canoë mis gratuitement à votre disposition. En option, ski nautique et plongée. C'est pas le tout, mais on y retourne !

🛏️ I●I **Puerto Blanco Marina :** à Luperón, sur la petite marina du même nom (suivre les panneaux sur la route principale). ☎ 809-257-1284. ● leninfernandez@hotmail.com ● La marina est située sur la gauche, quelques centaines de mètres avant d'arriver à Luperón. Entrer en passant sous un porche de pierre, les hôtels de la marina sont fléchés, sauf le *Puerto Blanco Marina* (demandez votre chemin). Resto en terrasse honnête et possibilité de trouver une chambre dans le petit édifice derrière le resto pour environ 600 $Do (20 US$), simple mais correcte, avec AC et eau chaude. C'est de cette marina que se font les départs des excursions en catamaran dans la baie. Pour les gens en groupe que ça intéresse, contacter Lucas, un Français. ☎ 809-707-0807. ● lucasguara@hotmail.com ●

I●I **Paradas :** avant d'arriver à Puerto Plata, vous trouverez sur votre gauche, après le village de

Maimón, plusieurs *paradas* sous de grandes paillotes, spécialisées dans les fruits de mer. Genre routiers dominicains. Compter moins de 200 $Do (6,70 US$) pour un repas correct. Poissons entiers frits, lambis, *mariscos.*

PUERTO PLATA

La « capitale » de la côte nord (la côte d'Ambre), l'un des plus importants ports de commerce du pays. On y embarque une grande partie de la production agricole du Cibao (canne à sucre, rhum, café, cacao, maïs, etc.). Point de départ vers l'est de la longue litanie des *resorts.* Ville assez animée, avec un vieux centre qui se laisse arpenter, de vénérables demeures victoriennes datant d'un XIXe siècle prospère et un vieux fort. Et puis, comme rien n'est parfait, quelques incohérences aussi, comme cette hideuse et bruyante centrale électrique sur le port, la saleté de certaines portions de la plage face au *Malecón...*
Juste avant d'arriver dans la ville, un immense dépôt d'ordures où des enfants noirs attendent l'arrivée des bennes, pour y trouver de quoi revendre et subsister... C'est aussi cela la réalité dominicaine. En fait, à Puerto Plata, il y a la ville, dominicaine, qui ne manque pas de charme, et la « réserve » à touristes, Playa Dorada, deux mondes quasi étrangers l'un à l'autre. À vous de choisir le vôtre...

UN PEU D'HISTOIRE

Christophe Colomb arriva sur cette côte le 11 janvier 1493. Les reflets argent de ses flots et de ses collines lui inspirèrent, dit-on, le nom de *Puerto Plata* (le « Port de l'Argent »). Concernant la fondation de la ville, certains l'attribuent à Bartolomé (frangin de Totofe) en 1496, d'autres à Nicolás de Ovando en 1502.
Le père Bartolomé de Las Casas y fonda un monastère en 1526. Attaque de pirates en 1555. Est-ce cela qui donna l'idée aux habitants qu'il valait mieux coopérer avec eux plutôt que de se faire piller sans cesse ? Est-ce à la suite de la première récession économique qu'ils subissaient (pour cause de désinvestissement de la mère patrie, plus intéressée par l'or mexicain et péruvien !) ? Toujours est-il que Puerto Plata s'adonna joyeusement à la contrebande et aux trafics de toutes sortes avec pirates, corsaires et autres flibustiers, et que cela ne plut pas au roi d'Espagne. Il ordonna donc la destruction de la ville en 1606. Puerto Plata renaquit cependant de ses cendres en 1746, grâce à des familles émigrées des Canaries. Le port recouvrit progressivement de son importance. En 1870, la ville fut même, dans les périodes politiques troubles de l'époque, capitale du pays pendant quelques mois. En 1916 y débarquèrent les premières troupes d'invasion américaines et dans les années 1980, les premiers touristes québécois fuyant cette maudite « sloche » et les rigueurs du « barbier » !
Enfants célèbres du pays : trois présidents de la République, *Gregorio Luperón, Ulisses Heureaux* et *Carlos F. Morales Languasco.* Citons encore *Emilio Prud'homme,* poète, auteur des paroles de l'hymne national.

Adresses utiles

ℹ️ *Office de tourisme* *(plan D3) :* à l'angle du *Malecón* et de Hermanas- Mirabal. ☎ 809-586-3676. Ouvert de 8 h à 17 h. Et *Politur :* ☎ 809-

LA CÔTE NORD

LA CÔTE NORD

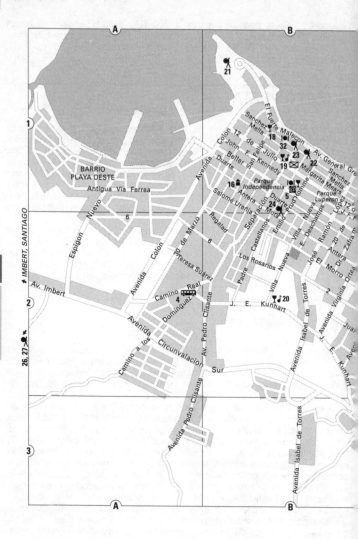

■ **Adresses utiles**

ℹ Office de tourisme
✉ Poste
🚌 3 Terminal Metro
🚌 4 Terminal Caribe
📷 5 Bar-resto Polanco

🏠 **Où dormir ?**

11 Portofino Guesthouse
12 Sofy's Bed & Breakfast

13 Hotel Condado
16 Hotel Victoriano
17 Hotel Sunshine

|●| **Où manger ?**

5 Restaurant Polanco
11 Portofino Guesthouse
30 Café Cito
31 La Parrillada

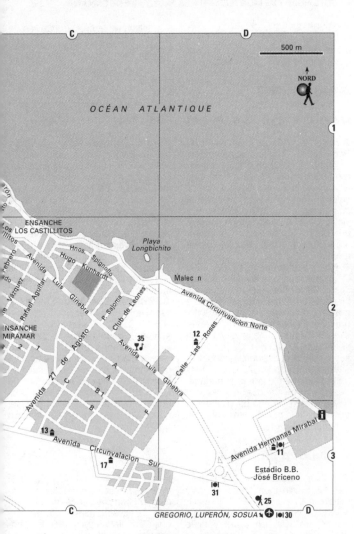

LA CÔTE NORD

PUERTO PLATA

32 Aguaceros

🍷 🎵 **Où boire un verre ?**
Où sortir ?

18 Tam Tam
19 La Eskina
20 Mountain View
35 Colmado Alexis

🏃 **À voir. À faire**

21 Fort San Felipe
22 Caserne des pompiers
23 Loge maçonnique
24 Musée de l'Ambre
25 Distillerie Brugal
26 Téléphérique pour le mont
   Isabel-de-Torres
27 Ocean World

320-0365. 24 h/24.

@ *Internet (plan B1, 5)* : de nombreux bars et restaurants mettent gratuitement leurs ordinateurs à la disposition de leurs clients. C'est le cas du resto-bar *Polanco*, calle Beller, 60.

Où dormir ?

De prix moyens à un peu plus chic

🛏 *Hotel Victoriano (plan B1, 16)* : San-Felipe, angle Restauración. ☎ 809-586-9752. La double à environ 500 $Do (16,70 US$). Bâtiment typique de la vieille ville avec un joli balcon. Petit hôtel bien tenu offrant un parking auto (pas évident dans la vieille ville). Accueil sympa du proprio Benjamin Rodriguez. Établissement plutôt conseillé aux joyeux fêtards...

🛏 *Hotel Sunshine (plan C3, 17)* : Circunvalación Sur, av. M.-Tavárez-Justo, 78. ☎ 809-586-1771. ● suns hinehotel@hotmail.com ● Facile à trouver : à l'entrée de Puerto Plata, prendre la déviation sud qui permet d'éviter d'entrer dans la ville. L'hôtel se trouve à droite juste après la super-*farmacia Scarlett*. La double à environ 950 $Do (31,70 US$). Dans un petit immeuble jaune d'un étage, des chambres standard qui risquent de se révéler un peu bruyantes car donnant sur le périph'. Restaurant et parking.

🛏 *Hotel Condado (plan C3, 13)* : av. M.-Tavárez-Justo, 45. ☎ 809-586-3255. Sur la Circunvalación Sur, à gauche en allant vers Playa Dorada, face à la super-*farmacia Scarlett*. Environ 900 $Do (30 US$) la double avec AC, TV. Préférer les chambres du fond qui ne donnent pas sur le périphérique. Hôtel de 24 chambres, réparties sur 2 étages, le long d'un corridor extérieur, et 3 appartements, bien tenus, avec une petite piscine. Bon accueil. Restaurant.

🛏 *Portofino Guesthouse (plan D3, 11)* : Hermanas-Mirabal, 12. ☎ 809-586-2858. À l'entrée de la ville, venant de Sosua (après la distillerie *Brugal*, tourner à droite). Un peu excentré, mais pas trop. Une vingtaine de chambres propres, avec salle de bains, TV câblée et AC, autour de 850 $Do (28,30 US$). Parking, jeux pour les enfants, petite piscine, resto. Globalement, un bon rapport qualité-prix.

Beaucoup plus chic

🛏 *Sofy's Bed & Breakfast (plan D2, 12)* : calle Las Rosas. Un peu difficile à trouver. ☎ 809-586-6411. ● www.popreport.com/SofyBB.htm ● Sur le *Malecón*, en allant vers le centre-ville, tourner à gauche à la hauteur de la statue de Neptune (dans la mer), puis première à gauche et deuxième à droite, chemin de terre. Compter 1 200 $Do (40 US$) la double avec petit dej' copieux inclus. Un bon plan, cette grande maison particulière tenue par Noëlle, une Canadienne sympathique et bavarde, intarissable mine d'infos sur la région. On se sent chez soi dans cette maison coquette. Possibilité de dîner.

Les *resorts*

Vers l'ouest

🛏 |●| *Hotel Riu Merengue :* bahía de Maimón. ☎ 809-320-4000. ● www.riu.com ● 9 km après Puerto Plata (vers l'ouest). Compter entre 3 400 et 4 100 $Do (114 à 137 US$) par personne, tout inclus, sur la base de 2 personnes. Dans une superbe baie, l'un des fleurons de la chaîne *Riu*. Immense complexe de 544 chambres, construit avec goût dans le style traditionnel. D'un luxe effréné, décoration particulièrement recherchée, matériaux nobles (marbre quasi hégémonique), etc. Petites unités toutes blanches sur 1 ou 2 étages, chambres spacieuses et confortables (minibar gratuit, TV satellite, coffre, etc.) Excellente cuisine, riches buffets et 2 dîners de gala hebdomadaires. Belle piscine avec un coin pour les enfants, service de baby-sitting gratuit de 19 h à minuit... Les sports, ah oui, les sports ! Planche à voile, canoë, voile, tennis, gym, gratuits, ça va de soi. Possibilité de jouer au golf et de monter à cheval dans les environs. Shows, dancing et on en oublie.

🏠 |●| *Hotel Riu Mambo :* à côté du précédent. Même chaîne d'hôtels. Une étoile de moins et « seulement » 454 chambres, cadre plus classique, et un peu moins cher. Compter entre 2 900 et 3 700 $Do (97 à 123 US$), tout compris. Prestations équivalentes.

À Playa Dorada

Gigantesque zone de loisirs balnéaires, 4 km à l'est, où l'on ne compte pas moins de 14 *resorts* (totalisant 5 000 chambres), en rangs serrés autour d'un golf 18 trous. On n'ose pas employer le terme « usine », on va se faire taxer de grincheux ou d'aigris ! Mais ce n'est pas, vous l'aurez compris, notre tasse de thé ! Pour éviter la répétition, on va déjà préciser qu'ils sont tous *all inclusive,* qu'ils possèdent tous 1 ou 2 piscines et des courts de tennis (à l'exception de 2 hôtels). Grand centre commercial au milieu, regroupant sur 2 niveaux des bars, restos, agences de voyages, *gift-shop,* téléphone *call back,* et même un Internet-café, au cas où vous auriez envie de contacter vos copains du bureau. Bon, voici quelques-uns des hôtels. Ensemble assez peu fréquenté par les Français, clientèle majoritairement américaine, canadienne, anglaise, allemande ou espagnole.

🏠 |●| *Occidental Grand Flamenco Puerto Plata :* accès à la plage. ☎ 809-320-5084. ● www.occiden tal-hoteles.com ● Groupe *Espagnol Occidental Hoteles.* Compter 3 900 $Do (130 US$) par personne sur la base de 2 par chambre. Quelques chiffres : 506 chambres et 7 restos. C'est l'un des plus grands, mais ça ne veut pas dire qu'il soit moins intime que les autres. Son plus : une architecture pastichant le style hispano-méditerranéen qui nous transporterait presque en Andalousie. Tout ça dans une réjouissante abondance végétale, avec des cascatelles. Chambres tout confort et plaisantes, 42 suites également. Une des piscines fait 1 000 m^2. Sinon, on y trouve quasiment tout : centre commercial, aire de jeux pour les enfants, équipes d'animation sportive, shows, discothèque, etc. Et pour les plus riches de nos lecteurs (trices), le *club Miguel Angel,* luxueuses suites avec entrée privée, concierge, jacuzzi, service de secrétariat... Restos pour tous les goûts : formule-buffet, *Via Veneto* (italien), *La Hacienda* (mexicain), *El Cortijo* (gastronomique), *El Lago* (snack), etc.

🏠 |●| *Hotetur Villas Doradas Beach Resort :* à côté du *Flamenco Beach.* ☎ 809-320-3000. ● www. hotetur.com ● Ce n'est peut-être pas le plus luxueux, mais c'est le moins cher de la région : 4 480 $Do (150 US$) pour 2 personnes, tout compris. Accès direct à la plage. Architecture pas désagréable. Plus « intime » : 245 chambres (dont 56 supérieures et 5 villas), 4 restos et 3 bars. Piscine pour les minots et classe de *merengue* pour les parents. Établissement très international, idéal pour les familles.

🏠 |●| *Gran Ventana Beach Resort :* proche de la plage. ☎ 809-320-2111. ● victoriahoteles.com. do ● Appartient au groupe *Victoria*

Hoteles. Compter 5 900 $Do (environ 197 US$) pour 2. Le dernier-né du complexe touristique aligne plus de 500 chambres joliment décorées, dans de petits (ou grands) immeubles aux couleurs chaudes. Par endroits, style vaguement victoriano-caribéen. Le tout encerclant une vaste piscine (et une petite pour les enfants, à côté). Cinq restos dont quelques-uns spécialisés en cuisine caraïbe, italienne, viandes et fruits de mer. Cinq bars. Clubs d'enfants et de plage, gymnase, sauna et tout le toutim pour les sports.

🛏 ❚●❚ *Occidental Allegro Playa Do-*

rada : le 1er hôtel ayant accès à la plage (venant de l'est). ☎ 809-320-3988. ● www.occidental-hoteles. com ● Fait partie du groupe *Occidental Hoteles.* Compter 2 900 $Do (97 US$) par personne en haute saison. Architecture sans charme excessif. Plus de 500 chambres (dont 12 *junior suites*). Coin-piscine peu intéressant et, là peut-être, une impression globale d'usine à touristes. Employés en casque colonial (pour faire la circulation ?). Casino et, bien sûr, toutes les prestations habituelles (4 restos, bars). Gratuit : tennis, voile, *snorkelling,* équitation, etc.

Où manger ?

❚●❚ *Café Cito* (hors plan par D3, *30*) : à la sortie de Puerto Plata, 500 m avant l'entrée de Playa Dorada sur la droite. ☎ 809-586-7923. Ouvert tous les jours (sauf le lundi en basse saison). Repas agréable, bon et copieux, à partir de 250 $Do (8,30 US$). Ambiance internationale et très sympathique (Tim Hall, le patron, est canadien anglais, mais il parle parfaitement le français). Bonne musique de fond, jazz, blues, rock. Belle vitrine de cigares pour les amateurs.

❚●❚ *La Parrillada* (plan D3, *31*) : sur la Circunvalación Sur en allant vers Playa Dorada, sur la droite. ☎ 809-586-1401. Ouvert tous les jours de midi à minuit. À partir de 250 $Do (8,30 US$). Compter 400 $Do (13,30 US$) pour une viande grillée devant vous sur le barbecue. Ce grill est à la mode chez les Dominicains. Pour vous faire patienter (pas longtemps, on vous rassure), on offre des petites tomates sauce piquante et du guacamole.

❚●❚ *Portofino Guesthouse* (plan D3, *11*) : Hermanas-Mirabal, 12. ☎ 809-586-2858. À l'entrée de la ville, venant de Sosua (après la distillerie

Brugal, tourner à droite). Le restaurant de cet hôtel, repérable aux deux statues qui soutiennent le porche d'entrée, est très coté. On y mange de la bonne cuisine dominicaine pour environ 200 $Do (6,70 US$). Service dominicain, lui aussi, un peu lent...

❚●❚ *Restaurant Polanco* (plan B1, *5*) : calle Beller, 60, esq. a E.-Prud'homme. ☎ 809-586-9174. Ouvert de 8 h à minuit. Carte variée de cuisine dominicaine et internationale, avec une langouste grillée à 600 $Do (20 US$). Dans une belle maison victorienne, toujours décorée de ballons de couleurs. Grand bar en faïence. José, le patron, est très accueillant, et offre l'accès Internet à ses clients. Café à côté, où il fait bon se prélasser en terrasse.

❚●❚ *Aguaceros* (plan B1, *32*) : sur le *Malecón,* à gauche de la loge maçonnique, en regardant l'océan. Sous une fausse paillote, ce restaurant à la clientèle dominicaine et étrangère propose une carte allant des pâtes aux spécialités de crabe (300 $Do ou 10 US$). Grand bar avec tabourets pour contempler le *Malecón.* Service souriant.

Où boire un verre ? Où sortir ?

🍸 🎵 *La Eskina* (plan B1, *19*) : calle Separación, esq. 12-de-Julio. Ou-

vert de 17 h à 1 h du matin. Bar très agréable sous une sorte de tonnelle.

On y entend souvent du jazz, ça change un peu du *merengue* et de la *bachata*.

🍹 *Tam Tam* *(plan B1, 18)* : sur le *Malecón*. Un bar à la mode où il fait bon prendre le frais à la terrasse abritée par son auvent, à moins que l'on ne préfère l'intimité de la mezzanine, à l'intérieur.

🍹 🎵 *Colmado Alexis* *(plan C2, 35)* : sur la grande avenue Luis-Ginebra, face à de grands entrepôts blancs. C'est le *colmado* de prédilection des Dominicains, pour boire une bière le soir et écouter les derniers tubes de *merengue*.

🍹 🎵 *Mountain View* *(plan B2, 20)* : calle Eugenio-Kunhart, esq. Villa-Nueva. ☎ 809-586-5757. Hôtel-bar-resto-piscine-parking et même disco. Soirées à thème en fin de semaine dans une ambiance typiquement dominicaine, peu de touristes...

🍹 Nombreux bars en plein air, sympas la nuit, dans le quartier de Hermanas-Mirabal à la fin du *Malecón*, en allant vers Playa Dorada.

À voir

🏛🏛 *Le centre historique* : Puerto Plata possède un vieux centre historique ne présentant certes guère d'homogénéité architecturale, mais la juxtaposition un peu anarchique des styles du XIXᵉ siècle qui façonnèrent la ville se révèle finalement intéressante. Le style victorien est cependant dominant. Vous le retrouverez principalement autour du *parque Independencia* (Beller et Separación) et des rues adjacentes *(plan B1)*. Demeures en bois aux franches couleurs, avec longues vérandas ou à encorbellement. Sur le *parque* également, belle *église San Felipe* et romantique kiosque à musique. Quelques maisons à voir au fil des rues : celles situées au carrefour des rues Restauración et S.-Felipe *(Hôtel Victoriano)*, sur Beller, au 37, le *palacio de Fede Lithgow,* un des plus beaux édifices, et au 32, la *casa Fila. Dubus Arzeno* (de 1865). Au 41, Ariza, la *casa Fila. Despradel,* l'un des meilleurs exemples du style « gingerbread » (1905). La *casa Jean-Dumezil,* sur Beller, 124, symbolise bien, quant à elle, le style Empire français (1909). La *casa Fila. Heureaux,* sur Margarita-Mears, 19, est à voir aussi (1890). Et encore, sur Duarte, 61, la *casa de Augusto Benz,* élégant palais néoclassique de 1918 (aujourd'hui, le musée de l'Ambre). Sur 12-de-Julio s'élève la *casa del general Luperón,* belle demeure de style « West Indies » (1875). Et si vous n'êtes pas saturé, la *vieille gare* *(antigua estación de ferrocarril ;* 1897 ; avec sa locomotive d'époque), sur l'avenida Colón près du port, mérite le détour.

🏛 *Le fort San Felipe* *(plan B1, 21)* : tout au bout du *Malecón*. Ouvert de 9 h à 17 h. Fermé le mercredi. Entrée : 50 $Do (1,70 US$).
C'est un important et rare témoin des premiers temps de la colonisation (1577). Grosse restauration en 1971. Édifié pour résister aux attaques des pirates, il servit également régulièrement de prison, pour les Indiens d'abord, puis les hommes politiques. Pablo Juan Duarte y fut emprisonné en 1844. Aujourd'hui, il abrite un modeste Musée militaire (armes rouillées, munitions, boulets, outils agricoles de la colonie).

🏛 *El Malecón* : il s'étend du fort de San Felipe à l'avenida Hermanas-Mirabal. Très tranquille la journée (beaucoup moins de trafic qu'à Santo Domingo), il ne s'anime vraiment que le soir (au niveau de la vieille ville seulement). Quelques édifices intéressants : à l'angle de Prud'homme, la *caserne des pompiers* *(cuartel de bomberos ; plan B1, 22)* dans un style Walt Disney (surtout sa façade côté mer avec ses deux tours encadrant une coupole qui fait penser à une église orthodoxe). À l'angle de Separación, l'architecture éclectique et colorée d'une *loge maçonnique* *(plan B1, 23)*.

Tout au bout, à l'intersection avec Hermanas-Mirabal, on arrive dans un quartier jadis animé, bien tombé aujourd'hui depuis l'interdiction des « salons de massage ». Hôtels et cafés assez décadents (quand ils ne sont pas fermés). On y trouve quand même la nuit tombée quelques bars sympas fréquentés par quelques marginaux et routards au long cours (surtout allemands). Plage ordinaire et pas très propre.

%% **Le musée de l'Ambre** (plan B1, 24) : Duarte, 61. ☎ 809-586-2848. ● www.ambermuseum.com ● Ouvert en semaine de 9 h à 18 h, le samedi de 9 h à 17 h, le dimanche de 9 h à 13 h. Entrée : 50 $Do (1,70 US$). Abrité dans une magnifique demeure néoclassique de 1918. Visite qui risque d'être redondante pour ceux qui ont déjà vu celui de la capitale.
Vous découvrirez ici toute l'histoire de l'ambre, cette résine d'arbres (souvent des conifères) qui s'est fossilisée, datant de près de cinquante millions d'années pour le gisement le plus ancien. Elle a eu la bonne idée d'enfermer en elle quantité d'insectes, larves, végétaux, une vraie bénédiction pour les chercheurs. Ici, tout au long d'un parcours soigné et éducatif, vous en survolerez toute l'histoire, de sa formation à ses applications.
Au rez-de-chaussée, boutique où vous découvrirez de superbes pièces et de nombreux bijoux. Les plus belles pierres sont très chères, mais un beau papillon ou un élégant hémiptère enfermé dans sa gangue depuis quelques millions d'années ne le mérite-t-il pas ? Jolis petits bijoux d'ambre sans insecte pour quelques dollars.

%% **Le mont Isabel-de-Torres** : il surplombe la ville et représente un populaire but de balade. Compter 10 mn pour la montée en téléphérique à 800 m de hauteur (hors plan par A2, 26). Il est unique dans les Caraïbes (fonctionne de 9 h à 17 h et fermé le mercredi pour entretien). Compter 200 $Do (6,70 US$) et minimum 20 mn d'attente, mais ça vaut le coup. Pour monter en voiture, un 4x4 est obligatoire. À pied, compter 2 h 30. Vue extraordinaire sur la mer, la ville et la montagne. Informations : ☎ 809-970-0105.
On trouve, en haut, un fort construit en 1942 par Trujillo (lorsqu'il déclara la guerre à... Hitler !), un grand *Cristo Redentor,* façon Corcovado et, bien sûr, les habituelles *gift shops* et buvettes. On peut y faire de petites balades à pied notamment jusqu'à la Cueva de los Indios. Le dimanche, beaucoup de Dominicains y montent pour pique-niquer.

% **La distillerie Brugal** (plan D3, 25) : à l'entrée de la ville (en venant de Sosua). Ouvert du lundi au vendredi de 8 h à 11 h 45 et de 13 h à 16 h 45. En fait, on ne visite pas vraiment la distillerie, c'est juste un coup de pub pour la marque. Du haut d'un bastingage, vous ne verrez qu'un bout de chaîne de mise en bouteille et conditionnement du rhum. D'un intérêt extrêmement limité ! Consolation, la dégustation gratuite à la fin de la visite et quelques infos intéressantes si le guide est bon. Bien sûr, boutique où l'on peut s'acheter son *Siglo de Oro* 12 ans d'âge...

% **Rancho Norteño** : en face de l'entrée de Playa Dorada. ☎ 809-261-1312. Si vous en avez marre de la plage, allez donc faire un peu d'équitation. À partir de 450 $Do (15 US$) l'heure, puis tarif dégressif. Le Rancho propose également une excursion à cheval de 5 h, avec un repas et un bain dans une rivière, convenant même aux cavaliers débutants, pour 1 050 $Do (35 US$), négociables suivant le nombre de personnes. Départ vers 9 h, transfert assuré depuis les hôtels de Puerto Plata. Les guides parlent le français, l'anglais et l'allemand.

%%% **Ocean World** (hors plan par A2, 27) : en sortant de Puerto Plata en direction de Santiago de los Caballeros, après le téléphérique du *monte* Isabel-de-Torres, sur la droite. Très bien indiqué. Les agences touristiques assurent les transferts depuis les hôtels. ☎ 809-291-1000. ● www.oceanworld.net ● Ouvert tous les jours de 9 h à 17 h. Entrée : 1 650 $Do (55 US$) pour les adultes et 1 200 $Do (40 US$) pour les enfants de 4 à 12 ans (gratuit en dessous). Cela peut paraître un peu cher, mais l'entrée comprend : les shows des otaries, les shows des dauphins, la possibilité de nager et de plonger au milieu de plus de 500 poissons exotiques, le parcours dans la grande volière (avec ses magnifiques perruches, aras, cacatoès, toucans), le bain dans la grotte des tigres (deux belles bêtes dont on est séparé par une solide vitre), la piscine, la séance de bronzette sur une plage artificielle, les explications (en plusieurs langues) de guides parfaitement serviables, compétents et qui n'accompagnent que de tout petits groupes... et un buffet pour le repas du midi. Les shows ont lieu toutes les heures à partir de 10 h. On peut aussi se baigner au milieu de requins (inoffensifs, rassurez-vous !). Prévoir une serviette de bain. La baignade avec les dauphins est à un prix prohibitif (120 US$) ; pour les enfants, on pourra se contenter d'un rapide bisou le temps de faire une photo (80 US$ quand même, mais dans ce cas l'entrée est comprise). Bref, tout cela n'est pas donné... mais laissera certainement un souvenir impérissable à vos enfants.

➤ DANS LES ENVIRONS DE PUERTO PLATA

⌁ *La plage de Costambar :* quelques kilomètres à l'ouest. Beaucoup de villas cossues et de résidences secondaires. Belle plage, la favorite des gens aisés de Santiago et de Puerto Plata.

QUITTER PUERTO PLATA

En bus

🚌 *Terminal Caribe (plan A2, 4) :* angle Eugenio-Kunhardt et Camino-Real. ☎ 809-586-4544. Bus pour Santiago et Santo Domingo toutes les heures entre 6 h et 19 h. Également pour Samaná-Sánchez (1 bus par jour, tôt le matin, trajet en 3 h ou 3 h 30).

🚌 *Terminal Metro (plan C2, 3) :* 16-de-Agosto et Kennedy. ☎ 809-586-6061. Au total, 5 à 6 bus quotidiens pour Santiago et Santo Domingo de 6 h 30 à 18 h 30.

En avion

✈ *L'aéroport international G.-Luperón (hors plan par D3)* est à 17 km à l'est de Puerto Plata. ☎ 809-586-0316 et 809-586-0313. C'est le 2ᵉ du pays. Compter une vingtaine de dollars pour le taxi (environ 600 $Do).

SOSUA

La « Boca Chica » du Nord, à environ 25 km de Puerto Plata, flamboyante station balnéaire des années 1980 et 1990, a pris du plomb dans l'aile. Ses beaux jours sont clairement derrière elle ! Les excès de la prostitution et du harcèlement des touristes (qui se laissaient facilement harceler d'ailleurs) avaient amené les autorités à moraliser assez sévèrement la ville. Résultat : une atmosphère de cité un peu désemparée, cherchant de nouvelles marques. Vous avez dit ville-étape, c'est le mot ! L'avantage, c'est que justement on peut y faire étape pour pas trop cher, car même en haute saison, les prix sont raisonnables.

Bon, vous l'avez compris, la ville ne possède pas un charme fou. C'est sans doute à cause de sa topographie. Elle se divise en deux : à l'est, *El Batey*, le quartier touristique (hôtels, boîtes un peu glauques et restos), où l'on n'est absolument pas en contact avec la population locale ; à l'ouest, *Los Charamicos,* le quartier dominicain, joyeux et animé, comme de coutume, mais où les touristes ne s'aventurent quasiment pas. Entre les deux : la plage. Elle se révèle plutôt agréable d'ailleurs, car la chute du tourisme a rééquilibré le rapport numérique entre les locaux et les touristes. Et en fin de semaine il y a presque autant de familles du village que de visiteurs étrangers.

UN PEU D'HISTOIRE

À la fin des années 1930, violemment déconsidéré par les massacres de Haïtiens de 1937 qui firent des milliers de morts, Trujillo songea à redorer son blason au niveau international et, surtout, aux yeux des États-Unis. Avant de déclarer la guerre à Hitler en 1942, il se proposa d'accueillir en République dominicaine des dizaines de milliers de juifs fuyant les persécutions nazies, et leur proposa la région de Sosua, à l'époque très peu développée. En fait, seuls 600 juifs vinrent s'y installer au début des années 1940. Ils se lancèrent alors avec succès dans l'élevage, le commerce de la viande et des produits laitiers, et furent à l'origine d'*El Batey* (aujourd'hui, la ville touristique). Beaucoup repartirent après guerre, mais restèrent les familles et leurs descendants qui avaient particulièrement réussi leur implantation. Témoignage de cette insertion réussie, la marque *Sosua* (l'une des plus importantes entreprises alimentaires du pays). Mais les traditions se perdent, la synagogue est presque toujours fermée, et l'on compte sur les doigts de la main les survivants de cette époque. Les nostalgiques du passé ne manqueront pas de visiter le très intéressant Musée juif, accolé à la synagogue (voir plus loin).

Adresses utiles

■ *Verizon (plan B2, 1) :* à l'entrée de la ville, sur la route principale, quartier Los Charamicos. Ouvert tous les jours de 8 h à 22 h. Un autre dans le centre *(plan D2, 1),* sur Dr-Alejo-Martinez (dans une rue face à la *Banco Popular*).

■ *Distributeurs de billets (plan C1, 2) :* Banco Popular, Dr-Alejo-Martinez. Et à droite dans la rue qui descend à la plage (côté El Batey).

■ *Exchange Bank (plan D2, 3) :* calle de l'Ayuntamiento, à côté de l'hôtel *One Ocean Place.* Ouvert du lundi au samedi de 8 h à 18 h et le dimanche de 8 h à 15 h. En général,

bon taux de change pour l'euro.

@ *Connexion Internet :* trois adresses parmi d'autres. *Internet Café (plan D1, 4)* sur Alejo-Martinez, à l'angle de Proyecto. ☎ 809-571-4639. Ordinateurs accessibles 24 h/24. Et puis, l'*Exchange Bank (plan D2, 3),* à côté de la mairie, possède également des ordinateurs. Mêmes heures d'ouverture que leur point de change (voir ci-dessus). Et enfin, la 3e adresse presque en face de la synagogue.

■ *Farmacia (plan A2, 7) :* sur la grande route à l'ouest de la ville.

Où dormir ?

Bon à savoir : sur cette côte il ne fait jamais trop chaud la nuit car il y a toujours de l'air et du vent. Inutile donc de prendre des chambres avec AC (économie !). Par ailleurs, imprégnés du tourisme jusqu'à la racine, les hôteliers présentent souvent leurs prix en US$ plutôt qu'en $Do. Tous les hôtels mentionnés ci-dessous sont situés à l'est de la ville (El Batey).

D'un peu plus chic à beaucoup plus chic

🏠 *Coco Hotel (hors plan par D1, 10) :* calle Alejo-Martinez. ☎ et fax : 809-571-2184. Un peu loin du centre. Établissement bien tenu proposant une douzaine de chambres confortables et 6 appartements (plus chers). Petit déjeuner copieux pour 110 $Do (moins de 4 US$). Convivial, pas trop onéreux, avec un petit côté presque familial. Piscine, bar, resto correct. On y parle le français.

🏠 *Hotel Nuevo Mundo (plan D2, 12) :* calle Ayuntamiento (à côté de la mairie), El Batey. ☎ 809-571-3131. ● oneocean@verizon.net.do ● Hôtel encore un rien familial, fort bien tenu et très bien équipé (clim', TV...), au calme, qui propose aussi, depuis la crise du tourisme, des chambres à la nuit pour les gens de passage. Jolie piscine. Le tout impeccable et pas trop l'usine. C'est la même maison qui possède le kiosque de change et qui propose l'accès à Internet.

🏠 *Apart-hotel Romanoff (plan D1, 11) :* calle Ayuntamiento. ☎ 809-571-3242. ● a.romanoff@verizon.

net.do ● Chambres assez confortables. Établissement agréable, pas trop mal tenu. Bar, piscine, jardin tropical. Accueil sympa. La patronne parle un peu le français.

🏠 *Pension Anneliese (plan C1, 13) :* Dr-Rosen, 1. ☎ et fax : 809-571-2208. ● www.weblatino.de/pension ● Petite structure d'une douzaine de chambres, tenue par des Allemands, dans une ruelle en cul-de-sac qui donne sur une petite plage. Petite piscine sur l'arrière. Globalement très correct, les prix varient beaucoup suivant la saison (entre 750 et 1 800 $Do, soit 25 à 60 US$).

🏠 *Hotel Garden Keti (plan D2, 14) :* Dr-Rosen, 32. ☎ 809-571-1557. ● hotel.garden@verizon.net.do ● Petit hôtel offrant un calme et une intimité réjouissants. Super bien tenu et bon accueil. Chambres donnant sur un patio verdoyant (quelques-unes avec coin-cuisine) et une petite « piscine-haricot ». Bar et salle de resto sympas. Solarium. Direction italienne.

Beaucoup plus chic

🏠 *Piergiorgio Palace Hotel (plan C1, 15) :* La Puntilla. ☎ 809-571-2626. Fax : 809-571-2786. ● www.piergiorgiohotel.com ● Compter plus de 2 100 $Do (70 US$). Dominant la mer, un hôtel à la magnifique architecture victorienne et d'un raffinement total. D'une blancheur immaculée, avec de longues et élégantes vérandas côté extérieur. Au bout d'une rue, adossé à la falaise, calme garanti. Superbes jardins pour les couchers

de soleil et les mots d'amour. Luxuriante végétation et 2 piscines (un peu petites d'ailleurs). Chambres fraîches et colorées d'un confort intégral (lits romantiques, tissus à fleurs, mobilier en rotin peint), petit balcon dominant l'horizon pour certaines d'entre elles (les autres avec *vista tropicale* – en fait, c'est simplement sur l'arrière), TV satellite, téléphone direct, coffre, etc. Remarquable restaurant (voir « Où manger ? Très chic »).

■	**Adresses utiles**		**7** Farmacia
	1 Verizon		
	2 Distributeur de billets	●	**Où dormir ?**
◙	**3** Change et connexion Internet		
◙	**4** Internet Café		**10** Coco Hotel
⊟	**5** Caribe Tours		**11** Apart-hotel Romanoff
⊟	**6** Públicos		**12** Hotel Nuevo Mundo
			13 Pension Anneliese

Où manger ?

Tous les restos mentionnés sont situés à El Batey.

Prix moyens

|●| *La Finca* (plan D1-2, 20) : Dr-Alejo-Martinez, à l'angle de la calle Rosen. ☎ 809-571-3925. Ouvert tous les jours de 18 h à 23 h. De

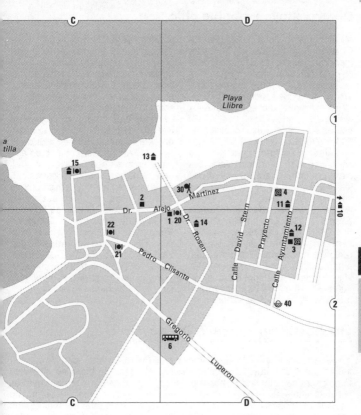

SOSUA

14 Hotel Garden Keti	**22** Morua Mai
15 Piergiorgio Palace Hotel	✹ **À voir**
◉ **Où manger ?**	**30** Synagogue et musée juif
15 La Puntilla de Piergiorgio	⊛ **Achats**
20 La Finca	**40** Minimercado
21 P.J.'s Restaurant	SUPER-SUPER

200 à 300 $Do (6,70 à 10 US$). Bon choix pour ceux qui souhaitent varier les plaisirs : poulet, viande, poisson. Salle élégante agrémentée de plantes vertes et de petites lampes.
◉ *P.J.'s Restaurant (plan C2, 21) :* Pedro-Clisante, 1. ☎ 809-571-2091. Ouvert tous les jours 24 h/24. Compter 200 à 300 $Do (6,70 à 10 US$).

Grande salle-terrasse aux couleurs très vives, tout en bois, où l'on vous propose de copieuses spécialités de viandes (fondue, steaks et entrecôtes), servies avec une belle portion de frites (ou autre légume) et une sauce au poivre vert, champignons, roquefort... Une bonne adresse pour les amateurs.

De prix moyens à plus chic

🍴 *Morua Mai (plan C2, 22)* : Pedro-Clisante, 5. ☎ 809-571-2503. Cadre moderne, ouvert, aéré. Atmosphère chic de bon aloi, mais serveurs un peu pesants à l'entrée. Bonne réputation. Quelques spécialités : pizzas, *pasta* et mérou au chablis pour ceux qui sont en fonds. Crevettes, paella également. Prix raisonnables (de 300 à 600 $Do, soit 10 à 20 US$) si on sait bien lire la carte et qu'on ne se laisse pas entraîner vers des plats prétentieux qui ne valent pas les prix demandés. Il y a même des sandwichs à la carte.

🍴 *La Puntilla de Piergiorgio (plan C1, 15)* : La Puntilla. ☎ 809-571-2626. À la « pointe », surplombant superbement la falaise, un resto extra pour nos lecteurs (trices) amoureux (et aussi un super hôtel, voir plus haut). Compter entre 300 et 600 $Do (10 à 20 US$). Environnement de style colonial victorien de charme. Végétation et fleurs abondantes, petits bassins et fontaines qui glougloutent. Au choix, la belle terrasse couverte ou l'un des adorables balcons à l'aplomb de la falaise, pour roucouler tranquillement. Le soir, tout simplement féerique. Festival de petites ampoules dégageant une douce intimité, guère troublée que par le ressac tout en bas de la falaise... Atmosphère chic, bien sûr, mais les serveuses virevoltent avec une chaleureuse décontraction. Belle cuisine italienne, vous vous en doutiez, et pas si chère que ça eu égard au cadre. Quelques fleurons de la carte : escargots, *fettuccine Piergiorgio, tortelloni alla ricotta, filetto Great Caruso,* veau à la pizzaiola, *seafood BBQ* ou *casserole,* etc. Pour l'un des balcons romantiques, quasi obligatoire de réserver ; pour le reste, quasi aussi...

Où boire un verre ? Où sortir ?

Tout s'ordonne le long d'Alejo-Martinez et de Pedro-Clisante, dans le quartier touristique d'El Batey. Enseignes, menus, marques de bière en allemand témoignent de l'ethnie dominante à Sosua. Bon, vous nous direz, c'est très subjectif, mais atmosphère un peu tristounette. À Los Charamicos, quand glauque et sordide il y a, au moins se teintent-ils de bonne humeur et d'un certain lyrisme dominicain. Quant aux boîtes légèrement défraîchies, elles ont pour noms *C'est la vie, La Dolce Vita, Flamingo* ou *Merengue Club...* Elles en changent parfois, mais sont toujours conformes à ce qu'on en attend !

Achats

🎁 *Minimercado SUPER-SUPER (plan D2, 40)* : calle Pedro-Clisante, esq. Ayuntamiento. ☎ 809-571-3862. Ouvert du lundi au samedi de 8 h à 20 h. Fermé le dimanche. Les frères Martinez ont quitté la Méditerranée il y a bien longtemps pour s'installer ici et créer une des meilleures boutiques de Sosua, entre autres pour les cigares et les alcools.

À voir. À faire

🏖 *La plage* : accès par le quartier de *Los Charamicos,* petit coin populaire et agréable. Bien, vous êtes venu un peu pour cela, non ? Parking payant (éviter cependant d'y aller en voiture en période de pointe). Un kilomètre de plage environ. Très vite bondée en haute saison mais, en fait, c'est assez peu

souvent le cas depuis la chute du tourisme à Sosua. Quand c'est plein, c'est la négation de la détente, dans une pesante atmosphère touristique. Le reste du temps, c'est plutôt un rendez-vous familial et sympathique, même s'il ne faut pas s'attendre à être tranquille plus de 10 mn (vendeurs de tout et de n'importe quoi). Au-dessus de la plage, une sorte de promenade avec force échoppes et petits bars de plage.
– Chapitre plages, possibilité de varier les plaisirs à la *playa Llibre (plan D1)*. Accessible à pied du centre d'El Batey. Moins de monde, mais assez agitée et parfois dangereuse.

🎬 *La synagogue (plan D1, 30) :* Alejo-Martinez, El Batey. Édifice en bois style années 1940, avec véranda sur jardin. En principe, deux services par mois. Pour la visiter, demander au musée.

🎬 *Le Musée juif (plan D1, 30) :* à côté de la synagogue. Ouvert du lundi au vendredi de 9 h à 13 h et de 14 h à 16 h. Entrée : 75 $Do (2,50 US$). Intéressant, ce petit musée rappelant l'Holocauste et la venue des premiers juifs à Sosua. Émouvant et parfois cruel. Accueil sympa à l'entrée, et on vous ouvrira volontiers les portes de la synagogue si vous le désirez.

➤ DANS LES ENVIRONS DE SOSUA

🎬 *Colombus Aguaparque :* à 3 km de Sosua, sur la route de Puerto Plata, sur la gauche. ☎ 809-571-2642. Ouvert tous les jours de 10 h à 18 h. Entrée assez chère. Ça peut intéresser les familles avec enfants. Immenses piscines avec toboggans et tubes divers. D'autres « slides », visiblement pour ados et adultes, permettent de dévaler la colline à vive allure.

QUITTER SOSUA

🚌 *Bus Caribe Tours (plan B2, 5) :* à côté du *Verizon,* à l'entrée ouest de la ville (Los Charamicos). ☎ 809-571-3808.
➤ *Pour Puerto Plata, puis Santiago, La Vega, Bonao et Santo Domingo* (le bus s'arrête dans toutes ces villes) *:* environ une quinzaine de liaisons quotidiennes de 5 h 15 à 18 h 30 environ. Durée pour Santo Domingo : 4 h 30.

🚌 On trouve les *Públicos (plan D2, 6)* à la station *Texaco,* dans le quartier d'El Batey.
➤ *Pour Cabarete, Río San Juan ou Puerto Plata :* les bus partent quand ils sont pleins. Sinon, on peut les héler au passage.

ENTRE SOSUA ET CABARETE

Si vous préférez le surf au *kite surf,* arrêtez-vous 6 km avant Cabarete, sur la plage d'*El Encuentro*. Vous pouvez vous y rendre en taxi ou moto-*concho* jusqu'à l'hôtel du même nom, puis marcher ensuite une quinzaine de minutes. Sur le spot, il y a différents loueurs de matériel et l'ambiance est très décontractée, même s'il y a beaucoup d'adeptes, en toutes saisons.

Où dormir ?

🏠 *Natura Cabañas :* à environ 6 km de Cabarete en arrivant de Sosua. | Entrer dans le *Residencial Perla Marina* situé sur la gauche de la route.

Propriété entourée d'un muret de pierres, Paseo del Sol, 5. ☎ et fax : 809-571-1507. ● www.naturacabana.com ● Compter autour de 2 100 $Do (70 US$) par personne, petit déjeuner (qui change tous les jours) et transfert de l'aéroport compris (les cartes bancaires ne sont pas acceptées). Les amoureux de la nature et de l'originalité ne seront pas déçus. Plantées dans un grand terrain envahi par les arbres, à deux pas d'une plage pratiquement privée, les dix *cabañas*, toutes différentes, ne ressemblent à rien de connu, notamment la *Coral* en forme de pentagone construite autour d'un rocher de corail ou l'*Africaine* distribuée autour d'un coin-cuisine ouvert sur l'extérieur. Leur capacité est de 2 à 8 personnes. Elles allient confort et rusticité. Ainsi les fenêtres sont à claires-voies et les salles de bains laissent apparaître les pierres. Le concepteur est un architecte chilien et son épouse un ardent défenseur de la nature et de la médecine naturelle. Leur assistante, Roxane, parle le français. Les 2 petits restaurants proposent des menus soignés à 210 et 270 $Do (7 et 9 US$). Si vous voulez évacuer votre stress, vous pourrez même vous faire bichonner (bains de boue thérapeutiques, massages, soins du visage, bains de vapeur, séances de yoga). Bref, si vous avez besoin de vous relaxer, ne cherchez pas ailleurs.

CABARETE

LA CÔTE NORD

À une quinzaine de kilomètres à l'est de Sosua, c'est la petite capitale de la planche à voile et du *kite surf*, considérée comme l'un des meilleurs spots au monde. Près de 4 km de plage ourlée de cocotiers. Cependant, la station est une création quasiment artificielle. Petit village dominicain un peu en retrait dans les terres. L'étroitesse de la zone entre la mer et la route, l'importante urbanisation sur 1 km (hôtels, restos, discothèques, boutiques serrées les unes contre les autres), conjuguées au ballet automobile, accentuent l'effet de concentration humaine et touristique. Aussi peu authentique soit-elle, on aime bien Cabarete pour son côté vraiment jeune et pêchu. Sport de glisse la journée et bonnes descentes le soir dans les nombreux bars de plage. Bref, pas un village typiquement dominicain, mais une atmosphère sympathique d'éclate sportive.

CABARETE, LA PLANCHE À VOILE ET LE *KITE SURF*, LE FUN, QUOI !

La planche, tout le monde connaît, mais le *kite surf* ? Le *kite surf*, également appelé *kite board, kite boarding* ou *fly surf,* selon le pays, est un sport fantastique qui fait littéralement planer ses adeptes, qui fait rêver les foules et qui, aujourd'hui, alimente largement les médias. Le principe de ce sport trottait déjà dans la tête de plusieurs inventeurs dans les années 1960. Mais ce n'est qu'en 1984 qu'il est devenu réalité quand deux Bretons passionnés de sports nautiques, Dominique et Bruno Legaignoux, ont démarré leurs travaux et ont déposé le brevet de l'aile courbe à structure gonflable qui permet de s'envoler dans les airs sans que l'aile ne se déforme. Ils ont résolu du même coup le problème de la retombée de l'aile dans l'eau.
Mais on vous parle déjà technique sans même vous dire de quoi il s'agit : le *kite* se compose de deux choses. Un flotteur de planche à voile et une aile de parapente – enfin du même genre. Les pieds calés dans les *foot-straps*, le surfeur surfe (normal !), tracté par l'aile gonflée de vent, 30 m plus haut et reliée par des fils à une barre tenue fermement par notre *kite-surfer*, exactement comme un cerf-volant (*kite* signifie d'ailleurs cerf-volant). Les types, en

prenant appui sur la vague, portés par l'aile, se soulèvent dans les airs de manière impressionnante. Le vent, l'eau, l'homme, pas un bruit, juste du fun... Désormais au point, le *kite surf* est en pleine explosion, notamment à Cabarete, l'un des meilleurs spots au monde pour l'enseignement et la navigation. La plage de Cabarete est tout simplement superbe, baignable et surtout très exposée au vent. Mais pourquoi ce coin-là est-il devenu un haut lieu pour le *kite surf* mais aussi pour la planche à voile ? Alors voilà : ici le vent monte graduellement en force dans la journée, garde une puissance très régulière et surtout souffle parallèlement à la plage, ce qui fait qu'il n'y a jamais de danger pour les sportifs : en effet, ceux qui pourraient se trouver en difficulté ne sont pas éloignés vers le large. Pour un débutant en *kite surf* le danger est autant de se faire emporter au large que de se faire ramener violemment vers la terre alors qu'on est en train de s'envoler dans les airs. Avec un vent de travers, le problème n'existe pas.

Et puis parce que les chiens et les chats ne font pas forcément bon ménage, les espaces où véliplanchistes et *kite-surfers* opèrent ne sont pas les mêmes. Les *kiters* se réunissent sur la *playa Goleta*, à l'ouest de la ville, tandis que les autres se donnent rendez-vous dans la baie de Cabarete, devant le centre de la bourgade. Concernant l'apprentissage du *kite surf*, on trouve aujourd'hui 5 écoles à Cabarete (voir la rubrique « À faire »).

Infos utiles

Dans la rue principale, on trouve : de nombreux **points de change,** des **centres Internet,** plusieurs **farmacias,** des points de départ des **motos-conchos.** Et un bon plan pour les amateurs de cigares : le **Palacio del Tabaco,** tenu par Michel Martin.
Et puis un **supermercado** à l'entrée du village, sur la droite (quand on vient de Sosua).

Où dormir ?

Tous les hôtels sont situés le long de la route principale, qui constitue de fait l'unique rue de Cabarete, soit côté plage (les plus chers), soit de l'autre côté de la route. On indique la position des hôtels dans le texte.
– **Avis aux kiters :** ceux qui souhaitent séjourner à Cabarete durant une assez longue période prendront un hôtel pour une nuit et, le lendemain, chercheront une maison à partager en discutant avec les habitants ou avec les jeunes dans les bars. Le partage de maison est un mode de logement très habituel dans le coin. Et ça coûte beaucoup moins cher.

De un peu plus chic à beaucoup plus chic

🏠 **Kite Beach Hotel :** à l'entrée est de Cabarete, à environ 1 km avant le centre-ville, directement sur la plage, sur la gauche. C'est certainement l'hôtel le moins cher côté plage. ☎ 809-571-0878. ● www.kite beachhotel.com ● Compter autour de 1 500 $Do (50 US$) pour 2. Un hôtel de *riders,* c'est-à-dire vraiment dédié aux *kite-surfers,* qui ont ici le lieu idéal pour se retrouver. Chambres petites mais très bien tenues (douche chaude), avec ventilo ou

AC. Elles étaient en réfection lors de notre passage. Petite piscine agréable. Le vendredi, soirée « Friday BBQ », grosses grillades pour les *riders* épuisés. Le tout devant la plage.
🏠 **Hotel Kaoba :** en plein Cabarete, dans la rue principale, côté opposé à la plage. ☎ 809-571-0300. Fax : 809-571-0879. ● www.hotelkaoba. com ● en tout 67 chambres correctes à partir de 750 $Do (25 US$) dans des bungalows. Compter

2 400 $Do (80 US$) pour de petits appartements. Route à traverser pour accéder à la mer. Bungalows certes un peu serrés les uns à côté des autres mais, avec ses tarifs modérés, cet hôtel présente un intéressant rapport qualité-prix. D'autant qu'il est noyé dans la végétation (bananiers, papyrus, palmiers). Piscine. Resto avec terrasse, spécialités de fondues. Direction suisse francophone. Internet.

🛏 **Hotel Albatros :** à l'entrée en venant de Sosua, sur la droite. ☎ 809-571-0841 et 809-571-0905. ● www. albatroscabarete.com ● Chambres autour de 1 050 $Do (35 US$) pour 2. Pas de petit déjeuner, mais il y a des croissanteries toutes proches. Ensemble confortable et qui respire la classe, excellent accueil, décoration soignée, architecture victorienne. Un poil à l'écart de la route et donc plutôt au calme. Jolie et agréable piscine et végétation luxuriante. Chambres dotées de tout le confort. Également des studios avec cuisinette, et des appartements pour 4, 5 et 6 personnes.

🛏 **Cita del Sol :** rue principale, en entrant en ville, sur la droite (donc pas côté plage). ☎ 809-571-0720. ● www.citadelsol.com ● Juste après le *Kaoba*. De 1 200 à 1 500 $Do (40 à 50 US$) pour 2 selon la saison, pour de véritables appartements. Compter 10 US$ par personne supplémentaire. L'édifice semble un peu triste, mais l'ambiance se révèle bon enfant. Beaucoup de familles qui se côtoient avec gentillesse. Bon confort (cuisine, frigo, TV, canapélit...).

Très, très chic

🛏 **Villa Taina :** dans le centre de Cabarete, côté plage, donc sur la gauche quand on arrive de Sosua. ☎ 809-571-0722. ● www.villataina. com ● Chambres entre 1 950 et 3 090 $Do (65 à 103 US$), suivant la saison, avec un chouette petit déjeuner-buffet compris, qu'on prend en bord de plage. Impeccables, lumineuses, fort bien équipées. Ne pas prendre en revanche celles en bord de route. Plus cher avec la vue sur la mer. Un gros effort de déco pour cet ensemble cohérent, soigné et élégant. Une bonne idée : si vous ne savez pas surfer, profitez-en pour apprendre. L'hôtel vous offre une heure gratuite par jour.

Où manger ?

Bon marché

Quelques gargotes dans le petit bout de village authentiquement dominicain appelé *Callejón* et situé à l'ouest du village, à l'entrée de celui-ci. Pour s'y rendre, prendre le chemin sur la droite (quand on vient de Sosua) au panneau « Caves of Cabarete ».

🍽 **El Tigre :** sur le chemin des Caves (grottes) de Cabarete, à 1 km environ après avoir quitté la route de Sosua. Le vrai *comedor* derrière ses grilles et sous son toit de tôles, avec ses petites tables proprettes. Des prix totalement routards : 80 $Do (2,70 US$) le *sancocho* ou le *mondongo*, le *bistec* à 75 $Do (2,50 US$) ou le poisson à 225 $Do (7,50 US$). La jeune et sympathique patronne, Lorenza, vient volontiers discuter avec vous et, si elle a le temps, elle vous fera un brin de conduite dans le Callejón (si c'est un lundi, ne manquez pas les combats de coqs). On aimerait bien y retourner boire un *Santo Libre* (rhum limonade) !

🍽 **Cafeteria Sandros :** rue principale, face à l'entrée de la plage. Un autre *comedor* qui sert de la bonne cuisine dominicaine.

De prix moyens à un peu plus chic

I●I *La Casita de Don Alfredo (Chez Papy) :* dans le centre, directement sur la plage. ☎ 809-889-4670 et 809-889-4670. Fermé le dimanche. Compter entre 200 et 600 $Do (6,70 à 20 US$). Beaucoup de produits provenant de la mer et charcuterie alsacienne maison. Salle ouverte sur la mer au 1er étage, peut-être plus calme que sur la plage, et bon accueil de Papy, le patron cuistot, qui nous vient tout droit de Strasbourg. Excellents *camarones* au lait et pastis, certainement un grand souvenir gastronomique de vos vacances. Il y a des plats moins chers et Papy sait adapter ses prix à la clientèle. Si ce n'est pas l'heure de manger, allez-y au moins pour boire un pastis !

I●I *La Casa del Pescador :* au milieu du village, il donne directement sur la plage. ☎ 809-571-0760. De 200 à 600 $Do (6,70 à 20 US$). Plateaux de fruits de mer très complets et délicieuse paella. Ce très bon resto offre, midi et soir, un large choix de poisson frais (on vous le montre avant de le préparer) et ils ont même un vivier sur la plage. Une attention pour la jeunesse, le plat spécial *niño*, et pour les parents, vin au verre à un prix très correct.

Où boire un verre ? Où sortir ?

Tout se passe sur la plage même. Cabarete, c'est le rendez-vous des glisseurs. La clientèle est jeune et sportive. Ici, on vogue la journée au gré des flots et on fait la fête après. Bonnets de nuit, s'abstenir. Tous les bars, restos, boîtes sont situés dans le centre. Pour chercher le bar qui vous séduit le plus, arpentez la plage et laissez-vous attirer par les musiques, les atmosphères, la faune... Les lieux sympas ne manquent pas :

Y ♪ *Onno's bar* (jolie ambiance rock et techno, éclairé à la bougie ; le grand rendez-vous nocturne de la ville) ; *Las Brisas* (où l'on écoute la *bachata*, plus fréquenté par les locaux) ; *LAX* (très bien pour le début de soirée, ouvert jusqu'à 1 h du matin) ; et puis encore le *Jose O'Shay's (Irish Beach Pub),* musique live 5 soirs par semaine, essayez de tomber le bon jour ; et bien d'autres... Allez, en tout une bonne douzaine d'endroits où passer un moment. Tiens, on joue même au volley la nuit.

Y ♪ Dans le village dominicain, 50 m après *El Tigre* (voir « Où manger ? Bon marché »), on trouve un lieu ouvert avec quelques tables de billard. Le soir, la sono joue à fond et on y danse le *merengue* et la *bachata.* Amusant et typique.

À voir. À faire

➢ *Balade dans le village, combats de coqs et lagune :* dans le « vrai » village dominicain. À l'entrée ouest de Cabarete, prendre à droite au panneau « Caves of Cabarete ». La *gallera* se trouve à environ 1,2 km de la route, sur la gauche. Prendre la direction des grottes (fléché depuis la route principale). Combats le lundi à partir de 16 h. Atmosphère *as usual* ! L'occasion de se faire un petit bain d'authenticité, si l'on en a marre des discussions techniques des véliplanchistes au bar ou à table. D'ailleurs, la rue principale du village aligne aussi quelques sympathiques petites gargotes populaires (voir « Où manger ? »), où vous entendrez enfin parler espagnol. Le village abrite également une petite *laguna* (un peu crado d'ailleurs) où l'on peut observer quelques oiseaux.

LA CÔTE NORD

🍃 *Las Cuevas de Cabarete :* plus loin sur le même chemin, tout au fond du village, on trouve un site composé de quelques grottes dont l'accès n'est possible que par le biais d'une visite guidée. Entrée : 420 $Do (15 US$), prix prohibitif pour ce qu'on voit, et le guide se contente de bredouiller quelques explications-prétextes qui ne justifient en rien le tarif. Le seul intérêt est qu'il est possible de se baigner dans l'eau d'une des grottes.

➢ À l'entrée du site, le petit *Rancho La Cueva* (☎ 809-426-5241) organise des balades à cheval dans le parc pour 600 $Do (20 US$) les 2 h (tarif dégressif ensuite). Également une excursion avec repas (1 350 $Do ou 45 US$).

– *Kite surf :* c'est l'enfant naturel d'une planche à voile et d'un cerf-volant. Si vous êtes sportif, essayez, sinon regardez, c'est spectaculaire ! À 1 km de Cabarete en allant vers Sosua, il y a plusieurs centres de *kite surf*.

■ *Kite Club :* à 1 km du centre de Cabarete, vers Sosua, côté plage, évidemment. ☎ 809-571-9748. ● www.kiteclubcabarete.com ● Une école de *kite board* installée depuis 2000. Stage de tous niveaux, depuis les cours d'initiation jusqu'aux spécialistes qui viennent s'éclater sur ce spot considéré comme l'un des meilleurs du monde. Cours particuliers également avec Gaël, un Français.

DE CABARETE À RÍO SAN JUAN

🔀 À environ 40 km de Cabarete, juste après *playa Rogelio,* sur la gauche part une route qui mène à la *playa Magante.* L'embranchement est mal signalé (en tout cas officiellement), mais un grand panneau publicitaire indique les restos *El Pescador* et *Papagallo Beach Club.* La plage se situe 1,5 km plus loin. Et vous ne serez pas déçu. Plage superbement sauvage. Loin des centres touristiques, de chouettes adresses vous attendent :

Où dormir ? Où manger ?

|●| À environ 37 km de Cabarete, 3 km avant *playa Magante,* vous arrivez à *Río Piedra.* Sur le bord de la route (côté gauche), quelques *comedores* improvisés, avec 2 tables, 2 rondins qui brûlent et quelques poissons qui cuisent. Le bonheur tout simple pour 3 pesos-6 sous.

🛏 |●| *Papagallo Beach Club :* sur la plage même. ☎ 809-844-3452. ● www.papagallo-beach.com ● Tenu par Florence. Juste 5 bungalows directement sur la plage à environ 1 500 $Do (50 US$). Confort simple mais suffisant. Plutôt pas mal arrangé. Pour ceux qui cherchent le vrai calme, il faut le dire pas si facile à trouver dans ce pays. Chouette resto proposant du poisson qu'on mange, à l'aise comme un préfet, sous de petites paillotes. Excursions de pêche et de plongée et balades à cheval au coucher de soleil.

🛏 |●| *Club Bahia Principe :* à 4 km de *playa* Magante vers l'est et à 18 km avant Río San Juan. ☎ 809-226-1590. ● www.bahia-principe. com ● À partir de 2 520 $Do (85 US$) *all inclusive* par jour, par personne (sur la base de 2 par chambre). Le *resort* le plus luxueux de la région et un record de chambres... 941, réparties en petites unités à la belle architecture de type créole. Le seul *resort* qu'on connaisse avec une longue *Main Street* à la Disneyland se déroulant avant l'entrée principale, genre de voie triomphale bordée de boutiques de toutes sortes, un distributeur de billets (plus casino, disco, karaoké, etc.). Tout au bout, la réception, l'administration, les services, les restos, etc. Les logements se répartissent également de part et d'autre, en deux longues ailes le long de la plage. Ainsi la mer n'est-elle jamais loin pour qui que ce soit (en revanche, le petit dej' l'est nécessairement pour quelques-uns, mais ils ont en contrepartie plus de calme). Environné totalement par la forêt tropicale. 5 km de plage privée. Luxe raffiné et discret. Chambres spacieuses aux couleurs pimpantes, mobilier en rotin peint, belle terrasse ou large balcon. Tout le confort (minibar, TV satellite, coffre, AC). Restaurants de plage (mexicain, italien, américain). Pour le soir, plantureux buffet réparti sur 3 salles. Sept bars. Pratiquement tous les sports (même le foot). Très grande piscine centrale, avec coin pour les enfants. Planche à voile, catamaran, kayak, *snorkelling*, tennis, VTT, *fitness* et cours de *merengue*. En extra, ski nautique, école de plongée, balades en bateau, équitation, etc. Miniclub et possibilité de baby-sitting.

RÍO SAN JUAN

Grosse bourgade de pêcheurs, vivant aussi de l'élevage environnant. Sans caractère particulier, mais assez avenante et peu touchée par le tourisme de masse. Quelques jolis alignements de demeures en bois aux couleurs pimpantes. Vie sociale sympa au petit port. Maisons très modestes, voire pauvres, abritant familles de pêcheurs et quelques troquets de marins d'où éclate la musique dès 9 h du matin. Petites poissonneries familiales où l'on vient de loin pour s'approvisionner.

Où dormir ? Où manger ?

🛏 |●| *Hotel Bahia Blanca :* calle Gaston-F.-Deligne. ☎ 809-589-2563. ● bahia.blanca.dr@verizon. net.do ● Une vingtaine de chambres confortables de 15 à 35 US$ (on n'accepte pas les pesos !), sans le petit déjeuner. Prix en fonction de la période et la durée. Lors de votre réservation, demandez une chambre avec vue sur la mer car celles donnant sur la rue sont au même prix. Carrément les pieds dans l'eau, dans un environnement plaisant, un petit hôtel tenu depuis longtemps, avec beaucoup de gentillesse, par une sympathique Québécoise. Calme, atmosphère familiale, l'idéal pour reprendre des forces. Quelques fauteuils devant la mer pour la contempler. Au resto, bonne petite cuisine. De part et d'autre de l'hôtel, deux petites plages adorables et tranquilles.

|●| *Restaurant Teresa :* calle Duarte, 13, à droite presque en arrivant sur la lagune. ☎ 809-589-2789. Ouvert de 7 h à 22 h. *Comedor* à la façade de planches jaunes et blanches. Cuisine dominicaine à partir de 100 $Do (3,30 US$).

|●| *Le Café de Paris :* ouvert tous les jours jusque tard. Carte variée de fruits de mer, crevettes, lambis, mérous et même des pizzas au feu de bois. Menu à 500 $Do (16,70 US$). Belle terrasse donnant sur la laguna Gri-Gri, salle intérieure avec bar. Tenu par un Français, Michel, c'est le rendez-vous de la communauté francophone de la région.

À voir. À faire dans le coin

△ *La playa, la plagina, la plage, the beach... :* vous pouvez toutes les expérimenter. En particulier, la *playa El Caletón,* à 2 km de Río San Juan, vraiment superbe. Pour y aller, attention, le panneau *playa Caletón* est sur la droite (mais il faut tourner à gauche) et peu visible. Un chemin y mène en 400 m. Petite plage vraiment charmante, en arc de cercle, fermée par des rochers rongés par l'eau, bien ombragée et qui descend en pente douce. Sur l'arrière, petit *comedor* et buvette sympa. Plus loin, la **playa Grande,** notre préférée, située à une dizaine de kilomètres de Río San Juan. Petit panneau *playa Grande* sur la droite (mais il faut tourner à gauche). Cette plage, publique, se trouve 1,5 km après le *Occidental Allegro Playa Grande,* dont on parle dans « Où dormir ? Où manger ? » ci-dessous (« De Río San Juan à Nagua »). Bordée de cocotiers et d'*uvas de playa.* Attention, à peine indiquée depuis la route principale. Encore un peu sauvage, pas trop fréquentée, tranquille (sauf quand des *sankis-pankis* – petits vendeurs de plage – très collants repèrent des proies). Des clients du *resort* y viennent même, quand ils veulent échapper à leur ambiance trop touristique. Une bonne dizaine de *comedores,* sur la gauche (boissons, poisson grillé...).

🍴 *La laguna Gri-Gri :* dans le centre de San Juan, embarquement au bout de la calle Duarte. On peut faire la balade à n'importe quel moment de la journée (jusqu'à 17 h), mais c'est plus sympa dans la matinée. Une des balades les plus chouettes de la région (1 h environ). Bateaux pouvant prendre une dizaine de personnes. Compter 900 $Do (30 US$) pour le bateau de 3 à 7 personnes. On se promène jusqu'à l'océan dans une belle forêt de palétuviers. Beaucoup d'occasions d'observer les oiseaux (surtout le matin de bonne heure). Ensuite, arrêt baignade dans une jolie crique. Possibilité d'aborder aussi la lagune à pied, depuis l'hôtel *Bahia Blanca,* en allant jusqu'au bout de la rue, vers l'est, depuis la petite plage.

DE RÍO SAN JUAN À NAGUA

Superbe côte qui a jusqu'à présent échappé à l'urbanisation et aux *resorts.* Mais pour combien de temps ? Route en excellent état. En cours d'itinéraire, un gentil petit parc, **Cabo Frances Viejo,** et **Cabrera,** un autre village de pêcheurs qui cependant présente beaucoup moins d'intérêt que Río San Juan. Côte moins hospitalière à cet endroit. D'ailleurs, sur le littoral de la ville, on trouve de petites falaises contre lesquelles la mer se déchaîne parfois. Quelques plages qui vous feront de l'œil au passage : *La Preciosa, El Bretón, playa Diamante* (très mignonne, qui descend en pente très douce et fermée par une barrière de corail), *playa Entrada, playa Bonita, playa Boca.* En cours de route, un petit parc écologique. Vers Nagua, on traverse de jolies palmeraies ourlant des plages désertes. Attention, elles sont parfois dangereuses. Être très prudent (courants violents).

Où dormir ? Où manger ?

🛏 🍴 *Occidental Allegro Playa Grande :* à la *playa Grande,* à 8 km à l'est de Río San Juan. ☎ 809-582-1170. ● www.occidental-hoteles. com ● Bien fléché. Compter 1 800 $Do (60 US$) par personne sur la base de 2 par chambre, tout inclus. Un des plus importants *resorts* de la *Costa verde,* au bord de la plus belle plage du coin. Clientèle groupes et classe moyenne (surtout allemande). Environ 300 chambres confortables, réparties en petits immeubles. Beaucoup de gazon et de verdure. Immense salle à manger rose et vert pastel, en forme de paillote. Le soir, formule buffet. Correct, mais pas d'une grande sophistication. Ne pas se pointer trop tard, sinon ce n'est plus très chaud et les plats ne sont pas tous renouvelés. Animation nocturne bon enfant type *Club Med.* Et tous les sports aquatiques (planche à voile, *snorkelling,* etc.), tennis, vélo, club d'enfants. Très grande et belle piscine. L'attrait principal du *resort* est son golf, réalisé par Robert Trent Jones. Les amateurs le considèrent comme l'un des meilleurs du monde, c'est dire... En gros, c'est un 18-trous (dont 12 au bord de la falaise, directement sur la mer). Il est ouvert de 7 h à 17 h.

Aux alentours de Cabrera

🏠 l●l *Hotel La Catalina :* à environ une vingtaine de km de Río San Juan et 2 km avant Cabrera, en venant de Río San Juan. ☎ 809-589-7700. ● www.lacatalinainn.com ● Compter entre 2 400 et 3 000 $Do (80 et 100 US$) la chambre double avec petit dej', suivant la saison. En demi-pension, compter 4 500 $Do (150 US$). Sur une colline verdoyante dominant l'horizon, des petites maisons disséminées dans un immense jardin luxuriant. Une douzaine de chambres, toutes avec balcon et vue imprenable. Particulièrement agréables, fraîches, colorées et dotées de tout le confort. Et 15 petits appartements pour familles. Deux piscines et tennis. Salle à manger à niveaux particulièrement plaisante et terrasse de rêve pour les douces soirées. Table d'hôtes et menu qui change chaque jour, le chef est français. Pain maison et délicieuses pâtisseries. Bibliothèque, Internet, billard, navette pour la plage. Tarifs préférentiels pour le golf de *playa Grande*. Une adresse très chic présentant un bon rapport qualité-prix.

l●l *Queso Don Bululu :* à une dizaine de kilomètres de Cabrera (en direction de Nagua), en bord de route, côté gauche. Ouvert de 7 h 30 à 18 h 30 (ou 19 h, ça dépend). Notre adresse insolite du mois... Tout simplement le meilleur yaourt de la côte nord, de Montecristi à Samaná ! Une grosse portion de yaourt riche, onctueux, d'une fraîcheur exquise, dont on reprend nécessairement une deuxième part. Produit par une petite laiterie familiale.

NAGUA

Importante ville-carrefour, point de jonction pour la péninsule de Samaná et San Francisco de Marcoris. Cependant, vous n'y traînerez guère, rien à faire, rien à voir.

Adresse utile

■ *Hôpital :* le *Policlinico Union* bénéficie d'une excellente réputation dans la région. Si vous êtes dans la région, c'est ici qu'il faut aller en cas de pépin sérieux.

Où dormir ? Où manger à Nagua et dans le coin ?

🏠 *Aparta-hotel Central :* Mella, à l'angle de Conde. ☎ 809-584-4255. ● www.hotel.central.com.do ● Dans le centre. À partir de 900 $Do (30 US$). Une trentaine de chambres propres et bien tenues. Avec ventilo ou AC. Aucun charme, mais peut dépanner.

l●l *Comedor Hernandez :* Matancita, à 3 km de Nagua, vers Sánchez, sur la gauche de la route. Ouvert midi et soir. Resto très popu-

LA CÔTE NORD

laire parmi les Dominicains. Propre, accueil sympa. Cuisine traditionnelle, prix modérés et qualité régulière. Poisson frais, bon *cangrejo*, plats de légumes copieux. Salle à manger-terrasse ouverte et aérée. Une bonne étape pour le déjeuner.

QUITTER NAGUA

🚌 **Terminal Metro :** calle Sánchez, dans le centre, juste à côté du *parque central* et à 2 mn de son collègue *Caribe Tours*. ☎ 809-584-3159.
➢ **Pour Samaná :** 2 fois par jour, tôt le matin et dans l'après-midi.
➢ **Pour Santo Domingo :** 4 départs par jour.

🚌 **Terminal Caribe Tours :** calle Mella, esq. a Conde. ☎ 809-584-4405.
➢ **Pour Santo Domingo :** une grosse dizaine de départs par jour. Durée : 3 h 30.
➢ **Pour Samaná :** environ 6 départs par jour, de 9 h à 19 h.
➢ **Pour Río San Juan :** environ 5 départs par jour, de 10 h 45 à 19 h.

LA PÉNINSULE DE SAMANÁ

Longue d'une soixantaine de kilomètres et large de vingt, la péninsule de Samaná concentre toutes les beautés et tous les contrastes de l'île. Sur une superficie somme toute réduite, on y trouve tout à la fois la montagne, la forêt tropicale exubérante, de merveilleuses baies et plages sauvages, des villages traditionnels quasi intacts, cohabitant de façon équilibrée, harmonieuse... Séparés au milieu par une cordillère d'une moyenne de 400 m (point culminant, le *monte La Meseta* à 605 m). Climat fortement tempéré par les alizés et il y pleut un peu plus que dans le reste du pays, d'où cette riche végétation. Étant donné l'étroitesse de la péninsule, cela donne parfois des côtes à grimper assez proches des cols du Galibier ou du Tourmalet.

Au chapitre des merveilles naturelles de la péninsule, citons le *parque nacional de Los Haïtises,* l'observation des baleines, les cascades de Limón, le *cayo Levantado,* la *plage de Cosón* à *Las Terrenas* et puis bien d'autres petits points d'intérêt à découvrir avec du sable entre les doigts de pied.

LE DESTIN D'UNE PÉNINSULE

Longtemps isolée par l'absence d'infrastructures routières correctes, cette presqu'île resta à l'écart du modernisme et, de fait, du tourisme de masse. Dans les années 1980, quelques Français aventureux en rupture d'Antilles trop civilisées et repoussant toujours plus loin les frontières du paradis terrestre, découvrirent le site et s'y installèrent. D'autres vinrent se réfugier là pour soigner leur stress urbain ou tout simplement se refaire une vie. Et aussi quelques poètes, artistes et artisans y puisant une nouvelle inspiration, de nouvelles forces... Ajoutons à cette petite « colonie » française, des cousins québécois tombés en amour pour ces quelques arpents de fougères arborescentes et d'*uvas de playa* nourries d'eaux cristallines !

Aujourd'hui, la péninsule est devenue le port d'ancrage de près de 2 000 Français, la plupart totalement intégrés dans la vie dominicaine. Beaucoup travaillent dans le tourisme, la restauration, l'hôtellerie, le commerce, contribuant à dynamiser fortement l'économie locale. Cependant, tous ces heureux défricheurs vous le diront : le temps du « pionniérisme » est terminé. L'implantation de quelques *resorts* touristiques, le déchaînement de la spéculation immobilière depuis quelques années, le début d'urbanisation de certaines portions de plages sauvages et le pire... le changement des mentalités. Et puis il faut bien reconnaître qu'à la suite des pionniers, sont venus s'accrocher des faiseurs de fric – souvent des faiseurs d'illusions – qui pensaient qu'avec du soleil et des nanas, la vie allait être plus facile. Ceux qui ont fait leur trou ici savent pourtant que rien n'est facile, même ici et peut-être surtout sous le soleil. Cela dit, du strict point de vue socio-ethnologique, cette forte émigration française (tout est relatif) est un phénomène finalement assez rare dans le monde pour être regardé avec intérêt et sympathie.

Certains diront de Las Terrenas : « Trop de Français ! ». D'autres s'intéresseront à ce curieux et fragile équilibre entre une population autochtone ouverte et chaleureuse et celle, française, qui tente ici de retrouver une simplicité de vie, un contact à l'autre fait de bonhomie et de douceur. Quoi qu'il en soit, amis lecteurs, ne traînez pas trop pour bénéficier des dernières années d'un mode de vie, d'une atmosphère encore assez uniques dans le pays ! D'autant que l'on annonce la construction, attendue depuis longtemps, de l'autoroute qui reliera la presqu'île à la capitale, la création d'un aéroport international à El Catey près de Sánchez et l'achèvement, enfin, de la marina de Samaná. On évoque carrément un futur Monte-Carlo de l'Amérique latine !

UN PEU D'HISTOIRE

Le 12 janvier 1493, Christophe Colomb (encore lui !) découvrit la baie de Samaná. Dans son journal de bord, il est écrit : « parvenu à la hauteur du cap de l'Amoureux, il vit que s'ouvrait entre les deux promontoires une immense baie de trois lieues de large, au milieu de laquelle était un îlot minuscule ». Là, l'accueil des Indiens ciguayos fut nettement moins chaleureux que celui des Taïnos. Première bataille du Nouveau Monde : sept Espagnols contre une bande d'Indiens. Les conquérants furent reçus par une nuée de flèches. Les Indiens prirent la fuite. Hernando Colón, fils de Christophe Colomb, a raconté la scène dans ses mémoires : « En souvenir de la lutte qui avait eu lieu en cet endroit et des armes dont se servaient les Indiens, l'Amiral changea le nom du golfe de Samaná, que lui donnaient les indigènes, en celui de golfe des Flèches. »

Bien plus tard, au début du XIXe siècle, quand le traité de Bâle attribua la partie hispanique de l'île à la France, l'administration napoléonienne songea un temps à transférer la capitale dans la péninsule et projeta de rebaptiser Santa Bárbara de Samaná en **Port Napoléon.** Le musée de las Casas Reales (à Santo Domingo) conserve un plan dessiné de cette nouvelle ville quadrillée qui ne vit jamais le jour.

Peu après, en 1809, l'éviction rapide de la France de la région annula ce beau projet. Au cours du XIXe siècle, des esclaves noirs américains, en fuite ou libérés, échouèrent sur les côtes de la péninsule de Samaná et s'y fixèrent. On retrouve d'ailleurs la trace de ces origines américaines tant dans les patronymes des habitants, à consonance anglaise, que dans les nombreux lieux de culte biblique.

Comment y aller ?

En voiture

➤ *Depuis Santo Domingo :* compter 3 h 30 à 4 h de route. Eh oui, charme des pays du Sud, l'itinéraire n'est pas encore direct. Le plus pratique et rapide consiste à prendre l'*autopista* Duarte en direction de Santiago. Environ 13 km avant d'arriver à cette ville, emprunter la route de San Francisco de Macoris puis continuer par la route 132 en direction de Nagua, en passant par Pimentel. La route est bitumée, avec quelques nids-de-poule, mais sans danger. Elle est assez longue : plus de 100 km entre l'autoroute et Nagua (côte nord). Donc prendre son temps. Les paysages sont particulièrement beaux et fertiles : tout d'abord de grandes et vertes rizières dans la plaine du Cibao puis, après San Francisco de Macoris, une sorte de petite « Normandie dominicaine » avec des haciendas, des champs où paissent des troupeaux de vaches, des publicités pour le lait et le fromage !

En bus

➤ *Trajet Santo Domingo-Samaná :* les compagnies *Metro* et *Caribe* desservent à elles deux Sánchez et Samaná de 6 à 8 fois par jour. Ce sont des bus modernes et confortables, avec toilettes, TV, AC (prévoir même une

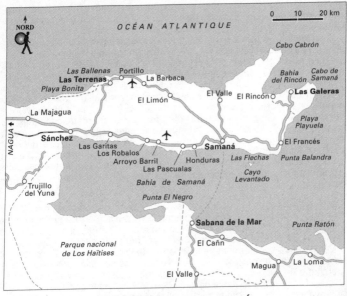

LA PÉNINSULE DE SAMANÁ

petite laine). Environ 4 h de trajet. La compagnie *Samaná* assure fréquemment la liaison Santo Domingo-Samaná et même Las Terrenas. Départ calle Caracas, à côté du parc Enriquillo. ☎ 809-682-0021.

➤ *De Sánchez à Las Terrenas :* *guagua* ou moto-*concho*. Pour un *concho*, compter (de jour) environ 100 $Do (plus de 3 US$). Attention à la *guagua*, normalement le prix tourne autour de 50 $Do (1,70 US$) par personne en collectif. Veillez à ce qu'il ne se transforme pas tout à coup en taxi privé et qu'on ne vous réclame pas 300 à 600 $Do (10 à 20 US$) pour la course.

En avion

✈ *L'aéroport d'Arroyo Barril* et celui de *Portillo* assurent la liaison avec la capitale.

➤ Deux vols quotidiens à 10 h et 16 h par *Aerodomca* (● www.aerodomca. com ●) depuis l'aéroport d'*Herrera* (à 45 mn de l'aéroport international de Santo Domingo, à l'ouest de la capitale). Environ 35 mn de vol. Prix : 1 650 $Do (55 US$). Trois vols quotidiens en avion avec *Helico Tropical Services* (☎ 809-240-6607) au départ d'Herrera : à 10 h 15, 14 h et 16 h 45. Même tarif.

En bateau

➤ *Depuis Sabana de la Mar (côte des Cocotiers) :* un bateau en bois traverse la baie de Samaná 3 à 5 fois par jour (voir plus loin à « Samaná »).

LAS TERRENAS   25 000 hab.

De Sánchez, la montée de la Loma vers Las Terrenas est rude. Et au sommet, voilà que s'offre à vos yeux un panorama à couper le souffle, du *cabo*

Cabrón au *cabo Francés,* une immense baie aux eaux d'un bleu-vert profond, bordée de plages plantées de cocotiers. N'hésitez pas à faire une petite halte. Vous comprendrez alors pourquoi les Indiens taïnos avaient choisi de s'établir dans la région et pourquoi, quelques siècles plus tard, des Français, pour la plupart montagnards d'origine, fatigués des neiges éternelles, posèrent leur sac dans ce petit paradis terrestre et y construisirent leurs cases. Ils ne tardèrent pas à faire des émules et, peu à peu, surgirent de terre de petits hôtels, des restaurants, des bars, des boutiques. Rejoints bientôt par des Belges, des Suisses, des Québécois, ils sont aujourd'hui près de 2 000 francophones et leur école scolarise plus de 120 enfants... Il est bien révolu le temps du petit village de pêcheurs, bien souvent coupé du monde, quand la piste le reliant à Sánchez (goudronnée seulement depuis 1989), se révélait impraticable. Aujourd'hui, Las Terrenas est une station balnéaire qui peut combler aussi bien ceux qui souhaitent partager des vacances en famille que ceux qui aiment faire la fête entre copains, aussi bien les sportifs que ceux qui veulent se reposer, aussi bien les adeptes du *sea and sun* que les routards...

Las Terrenas est un village horizontal, enfoui dans les cocotiers, bénéficiant des plages sauvages les plus séduisantes du pays, avec un rythme de vie nonchalant et actif tout à la fois. Mais, hormis la rue principale, toutes les autres voies sont restées en terre, souvent profondément ravinées par les camions et se transformant en fondrières aux grandes pluies. Et par temps sec, le village est souvent enveloppé d'un halo de poussière. Curieusement, personne ne songe à reboucher les nids-de-poule. Laxisme ou volonté de reculer l'échéance inévitable de la modernité ? Nul ne le sait. Ce qui est sûr, en revanche, c'est qu'il flotte dans le village une atmosphère très particulière, qui s'insinue très subtilement. On s'y sent bien, il y fait bon vivre. Une espèce de planète à part. On y ressent une harmonie, une véritable osmose, disons le mot, entre la population dominicaine et la petite communauté européenne. C'est que les nouveaux *conquistadores* (du moins la majorité d'entre eux) ne ressemblaient aucunement aux farouches compagnons de Christophe Colomb ; eux, ce qu'ils voulaient avant tout, c'était profiter de la vie et d'une nature enchanteresse. Les Européens ont apporté avec eux leur sens de l'organisation, leur génie d'entreprendre, leur modernité. En retour, ils ont reçu des Dominicains leur art de jouir de la vie en cultivant la nonchalance et le dilettantisme. Et chacun y a trouvé son compte. Et c'est vrai qu'à Las Terrenas, il est frappant de voir cette harmonie entre les deux communautés. Bon revenons sur terre, tout n'est pas parfait, là pas plus qu'ailleurs. Le soir, dans les bars du village des pêcheurs (on l'appelle encore comme cela...), vous aurez l'impression d'être à Saint-Trop'. Et vous vous direz peut-être que vous n'avez pas fait 8 000 km pour cela. Mais si vous en avez marre d'entendre parler le français, remontez la calle Duarte, au-delà de la calle Mella, là, vous retrouverez la République dominicaine...

Adresses utiles

🛈 *Office de tourisme (plan D1) :* au 1ᵉʳ étage du Paseo. ☎ 809-240-6363. Petit bureau ouvert de 8 h à 15 h les jours ouvrables. Peu de documentation et infos assez succinctes.

✉ *Poste (plan D1) :* dans le centre commercial *El Paseo de la Costa nera,* en face du cimetière. Horaires assez irréguliers mais ouvert en théorie de 8 h à 17 h. Parfois en manque de timbres.

■ *Verizon (plan D1, 2) :* dans la rue principale, dans le centre (au pied des antennes). Ouvert tous les jours de 8 h à 22 h.

■ *Poste de police (plan D1, 3) :* ☎ 809-240-6022. Peut dépanner en cas de problème. Abrite également *Politur,* la police touristique. ☎ 809-

240-6199 et 809-754-3039.

■ *Change* (plan D1, *5*) : Fort Knox, Paseo de la Costanera. ☎ 809-854-9155. ● http://fort-knox.monsite. wanadoo.fr ● Ouvert tous les jours de 8 h à 13 h et de 16 h à 20 h sauf le dimanche après-midi. Hervé et Laurent accordent aux lecteurs du *GDR* le meilleur taux, surtout pour les euros. Coffres à louer pour un jour ou pour un an, afin de ne pas prendre le risque de perdre son passeport ou son billet d'avion retour... N'hésitez pas à les contacter avant votre départ pour connaître la tendance, qui peut varier énormément d'un mois à l'autre.

■ *Distributeurs de billets* : Paseo de la Costanera (plan D1, *5*) et dans le centre commercial *Piazza Commercial L.T.* (plan C2) dans la rue principale.

■ *Docteur Polanco* : à l'entrée du village, sur la gauche quand on vient du centre, 300 m avant la station *Esso*. ☎ 809-240-6028 ou 809-249-5518 (son portable en cas d'urgence). Certainement un des meilleurs du coin. C'est le médecin de la communauté française, bien que lui-même ne parle pas la langue de Voltaire.

■ *Farmacias* : deux pharmacies à noter. La première, *Farmacentro Principal*, dans la rue principale (plan C2, *7*). ☎ 809-240-6199. Ouvert tous les jours de 9 h à 21 h. Prix raisonnables. La deuxième dans le *Paseo de la Costanera* (plan D1, *5*). Ouvert du lundi au vendredi de 8 h à 20 h ; le samedi, de 8 h à 12 h et de 16 h à 19 h. Fermé le dimanche. Bien plus chère, mais on y parle le français.

■ *Consul honoraire de France* : Gérard Prystasz, hôtel *Atlantis* (voir « Où dormir ? »). ☎ 809-240-6111 et 809-855-9820. Fax : 809-240-6205. Gérard est le patron de l'hôtel *Atlantis*. Ne le contacter qu'en cas de problème grave (accident, vol ou perte de documents...).

■ *Presse française* (plan D1, *8*) au fond de la galerie marchande *Plaza Taina*, dans la rue principale. Ouvert de 9 h à 13 h et de 16 h à 19 h 30. On y trouve *Le Monde*, *Le Figaro*, *Libé*.

❀ *Centre Internet* (plan D1, *5*) :

dans le *Paseo de la Costanera*, à côté de la *Heladeria Bruno*, même proprio, d'ailleurs il a appelé sa boutique « cyber-glacier ». ☎ 809-240-6790. Ouvert tous les jours de 8 h à 20 h 30. Hyper bien équipé, et on peut y surfer au calme. Autre centre Internet, près de la boulangerie *Sucré-Salé*, dans la galerie marchande *Plaza Taina* (plan D1, *8*).

❀ *Supermarché Rey* (plan C2) : dans la rue principale à gauche, au début du village, quand vous arrivez de Sanchez. ☎ 809-240-6010. Ouvert de 8 h à 21 h du lundi au samedi, ainsi que le dimanche matin. Sur place également un resto typique et bon marché.

■ *Bahía Tours* (plan D1, *9*) : dans le centre, à l'extrémité de la rue principale, en face du *Paseo de la Costanera*. ☎ 809-240-6088. Fax : 809-240-6297. ● bahia.tours@verizon. net.do ● Fermé le dimanche. Agence tenue par des Français depuis plus de 10 ans qui offre, en plus de la billetterie aérienne, la réservation de chambres dans tous les hôtels de l'île, un service d'excursions, des séjours à thèmes, la location de villas, les transferts entre aéroports.

■ *Rancho La Cascada* (plan C1, *10*) : 140 calle Carmen, à l'angle du chemin qui mène à San Ferreol ☎ 809-240-5482 et 809-360-2793. ● pierre.fayet@caramailmax.com ● Propose toutes les excursions des environs : baleines, Los Haïtises, El Limón, Ríos Tropicales... Guides francophones.

■ *Caribe Excursiones* : ☎ 809-458-5231. Sébastien organise des excursions en mer, à bord d'un bateau sûr et puissant, jusqu'à Playa Jackson, un très beau site naturel au pied des *lomas* (petites montagnes). Départ vers 9 h, compter une heure de traversée. Retour vers 16 ou 17 h selon la mer. Pêche à la ligne, plongée avec masque et tuba, dégustation de noix de coco. Tarifs : 50 US$ par personne, 25 US$ pour les moins de 12 ans.

■ *Azul Inmo Caribe* : ☎ 809-881-1291. ● www.azul-inmo-caribe. com ● Location de villas et gestion immobilière. On peut aussi contacter cette agence en France au : ☎ 04-

232

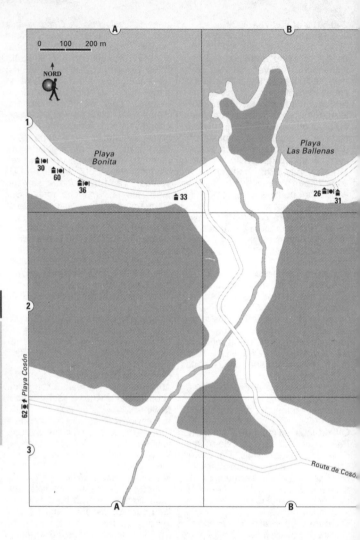

Adresses utiles

- **1** Office de tourisme
- ✉ Poste
- Terminal des *guaguas*
- **2** Verizon
- **3** Poste de police et police touristique
- **5** Paseo de la Costanera : change, Internet, pharmacie
- **7** Farmacentro Principal
- **8** Galerie marchande

Plaza Taina : presse française, Internet, Car Silver
- **9** Bahía Tours
- **10** Rancho La Cascada
- **11** Cathias Corp.

Où dormir ?

- **11** Guest House
- **20** Hotel Juan Carlo
- **21** La Elegancia Hotel et Restaurant
- **22** Sabana Real

- **23** San Ferréol
- **25** La Tortuga
- **26** Eva Luna
- **27** El Rincon de Abi
- **28** Hotel Papagayo
- **29** Casa del Mar Neptunia
- **30** Hotel Atlantis
- **31** L'Iguana Hotel
- **32** Tropic Banana
- **33** Hotel Acaya
- **34** Villas Paloma
- **35** Panorama Beach
- **36** Bahia Las Ballenas
- **37** Aligio Beach Hotel

LA PÉNINSULE DE SAMANÁ

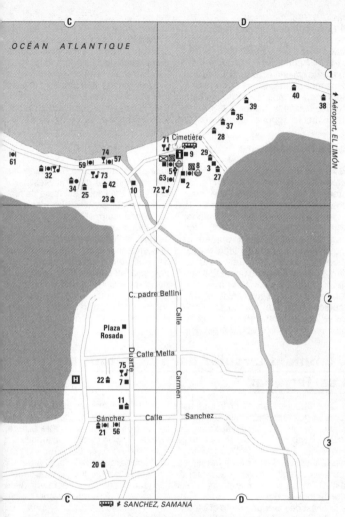

OCÉAN ATLANTIQUE

LA PÉNINSULE DE SAMANÁ

LAS TERRENAS

93-07-91-88.

■ *La Leçon de Français* (plan C1) : dans le village des pêcheurs, première rue à gauche. ☎ 809-848-9143. ● henrigrau@yahoo.fr ● Intéressante initiative d'Henri Grau qui consacre son temps et sa retraite à apprendre la langue de Victor Hugo aux Dominicains. Depuis 1998, cette petite école apporte aux jeunes et moins jeunes (une centaine) un moyen évident de s'insérer dans le monde du travail touristique, qui est, on s'en doute, la principale source de revenus des 20 000 habitants de Las Terrenas. N'hésitez pas, si vous avez des livres, cahiers, stylos, à les leur apporter, c'est sympa pour eux. En France, vous pouvez contacter Mme Alsina au : ☎ 04-67-30-81-58.

Aide humanitaire

■ *Association humanitaire dominico-européenne* (plan D1) : au premier étage de la galerie marchande *Casa Linda,* angle avec la calle Duarte, au niveau de la plage. ☎ 809-240-5073. ● humani.repdom@internet.net.do ● Bureau et bibliothèque ouverts du lundi au samedi de 10 h à 13 h. Cette association humanitaire fait un travail sérieux et efficace sur le terrain. Elle fournit une logistique d'aide et des médicaments aux structures médicales locales, dont certaines sont rudimentaires. Si la médecine est gratuite en République dominicaine, les médicaments et les analyses ne le sont pas. Bien souvent, faute de ressources suffisantes, les gens ne peuvent se faire soigner. La location des livres finance quelques dépenses. Mais l'essentiel vient des dons des entreprises ou des particuliers. Si vous voulez aider cette association, prenez contact avec elle, avant de partir, par l'intermédiaire de son courriel. Si vous avez des médicaments en trop après votre voyage, vous pouvez les déposer sur place.

Comment circuler dans et autour de Las Terrenas ?

Las Terrenas est en fait un village assez étendu qui s'articule autour de deux axes principaux, le chemin le long de la plage et la calle Duarte, la rue principale, qui lui est perpendiculaire. On circule très mal dans la calle Duarte, même depuis qu'elle est en sens unique, ce que tout le monde réclamait ! On emprunte donc la calle Duarte dans le sens sud-nord (de Sanchez vers les plages) et la calle qui lui est parallèle, dans le sens inverse. On peut arpenter les rues et ruelles à pied, mais quand on commence à fatiguer, le plus simple est d'emprunter un moto-*concho*. Mode de locomotion pas cher (à condition de négocier) mais qui, à la longue, peut s'avérer un peu crevant. Sinon, l'idéal est de louer une moto et de partir un ou plusieurs jours à l'aventure. La meilleure monture pour ces balades, c'est la 125 DT, il n'y a pas mieux. Si vous êtes 3 ou 4, prenez une petite jeep pour les excursions plus éloignées. Attention, il n'y a jamais d'assurance pour les problèmes concernant la mécanique. Pour le reste, c'est votre assurance personnelle qui joue (si vous en avez une).
Quelques loueurs :

■ *Car Silver* (plan D1, 8) : dans la galerie marchande *Plaza Taina.* ☎ et fax : 809-240-5488. ● carsilver@hotmail.com ● Ce loueur offre une gamme importante de véhicules en très bon état et, surtout, la possibilité (moyennant supplément, bien sûr) de prendre ou de laisser votre véhicule dans n'importe quel aéroport international du pays. Tenu par des Français. C'est l'un des meilleurs plans pour louer un véhicule dans le pays.
■ *Cathias Corp.* (plan C3, 11) : au

milieu de la calle Duarte, edificio 150. ☎ 809-240-5095. Location de motos Suzuki 125 cc. (800 $Do, soit 26,60 US$ par jour), Quads (1 500 $Do ou 50 US$ par jour) et scooters (600 $Do ou 20 US$ par jour). Tarifs dégressifs.

La nuisance des quads

Ce moyen de transport ouvert et à quatre roues, enfant caché d'une voiture qui s'ignore et d'une moto qui ne veut pas dire son nom, est de plus en plus prisé par les touristes et les résidents. D'ailleurs, le nombre d'engins qui circulent aujourd'hui à Las Terrenas devient franchement inquiétant. D'abord, le boucan est tout simplement infernal et nombre de touristes s'en plaignent. Ensuite et surtout, l'utilisation qui en est faite par certains est vraiment scandaleuse : rouler à fond sur la plage (alors que c'est interdit), traverser les rivières sans égard pour la population locale qui s'y lave, s'y baigne, lave le linge... Il semblerait que le quad, pas discret pour un peso mais pratique, soit le moyen de transport le plus éclatant pour des touristes eux-mêmes très peu discrets. À terme, si les autorités locales n'y font pas gaffe, on fuira le secteur à cause de ces engins...

Où dormir ?

De bon marché à prix moyens

Attention, on vous prévient tout de suite, les adresses ci-dessous sont uniquement pour les vrais fauchés. Elles ne proposent pas grand-chose, donc ne s'attendre à rien. Ce sont parfois des établissements à fonctions multiples, ne soyez pas étonné.

🛏 *Sabana Real (plan C2, 22)* : dans une ruelle perpendiculaire à la rue de l'hôpital. ☎ 809-240-6690. Chambres doubles à 250 $Do (8,30 US$). Un des hôtels les moins chers de la ville. Quelques chambres en rez-de-chaussée, dans un environnement quelconque. Très basique, et propreté limite...

🛏 *Hotel Juan Carlo (plan C3, 20)* : prendre la route de Cosón, panneau sur la droite, juste après l'intersection. ☎ 809-240-6543 et 809-974-2980. À 250 $Do (autour de 8,30 US$), le plan routard pas cher. Évidemment, à ce prix-là, on n'est pas tout près de la mer. Un hôtel de poche, peint de couleurs vives (orange, vert, jaune...). On est dans la partie populaire du village, dans le coin le plus dominicain. Ultra-simple, pas très propre et environnement souvent bruyant en fin de semaine.

🛏 *La Elegancia Hotel et Restaurant (plan C3, 21)* : calle Sánchez, 48. ☎ 809-240-5477. Chambres de 400 à 500 $Do (13,30 à 16,70 US$) pour les plus grandes. Petit hôtel tout propre, en rez-de-chaussée, dans un quartier populaire, mais très confiné et sans aucun espace ni dégagement au niveau de la vue. Un des seuls dans cette catégorie qui allie propreté et prix bas. Chambres minuscules (la porte ouvre à peine, coincée qu'elle est par le lit). Parking.

🛏 *Guest House (plan C3, 11)* : au milieu de la calle Duarte, edificio 150, au-dessus de la location de véhicules Cathias Corp. ☎ 809-864-7301 et 809-240-5095. Patrick et Ludo louent un petit appartement pour 2 personnes à 450 $Do (15 US$) la nuit, 2 300 $Do (77 US$) la semaine et 5 800 $Do (194 US$) le mois. Salle de bains, petite cuisine équipée, ventilateurs. Une très bonne adresse, vu le prix. Seul inconvénient, la proximité de discothèques en plein air...

D'un peu plus chic à beaucoup plus chic

🏠 *Casa del Mar Neptunia* (plan D1, **29**) : av. Emilio-Prudhomme, 1. ☎ 809-240-6617. • www.casas-del-mar-neptunia.com • Sur la route de Portillo, première petite rue à droite en sortant du centre. Environ 1 050 $Do (35 US$) la chambre double avec petit déjeuner. Un petit appartement, à l'étage, peut convenir pour une famille de 4 personnes (1 650 $Do ou 55 US$, petit dej' compris). Bien que cela n'ait rien à voir avec son ancienne profession, Super-Catherine (c'est son surnom), la propriétaire (qui, soit dit en passant, a vécu de longues années à Cuba), est une décoratrice inventive. Chaque bungalow, de style victorien, possède son thème décliné dans les moindres détails, jusqu'au rideau de douche, aux draps et serviettes (brodées par Catherine elle-même). Grand confort, tout a été refait en 2004 à la suite du passage du cyclone *Frances*. Propreté méticuleuse reconnue par un prix lors d'une inspection du ministère du Tourisme ! Quant aux petits déjeuners, que l'on prend sous un petit *rancho,* ou bien sur sa terrasse privative, ils changent tous les jours et la vaisselle est assortie au thème choisi par Super-Catherine qui a horreur de la monotonie ! On vient de l'extérieur pour les savourer, c'est vous dire !

🏠 *Casa Larimar* (plan C1, **42**) : pueblo de los Pescadores. ☎ 809-240-6539. • www.casalarimar.com • Entre 750 et 1 200 $Do (25 à 40 US$) la chambre double. Dans un immeuble de deux étages, où dominent les couleurs bleu et blanc, un charmant petit hôtel tout récent, convenant pour des séjours plus courts. Les douze chambres, à la déco moderne, offrent tout le confort. Tandis que les enfants font trempette dans la petite piscine, les parents peuvent bronzer tranquillement sur la terrasse où Bruno, le sympathique propriétaire, sert, au coucher du soleil (vue imprenable sur l'océan) des *tapas* dans le petit bar qu'il a aménagé.

🏠 *Casa Niña* (plan D1, **39**) : ☎ 809-240-5490. • casanina@verizon.net.do • Une bonne adresse, très bien située. Dix-sept bungalows doubles à partir de 1 200 $Do (40 US$). Confort standard (douche-w.-c.). Terrasse très agréable, petite piscine, et proximité du bord de mer ainsi que du village. Petit déjeuner très correct.

🏠 *El Rincon de Abi* (plan D1, **27**) : av. Emilio-Prudhomme. ☎ 809-240-66-39. • elrincondeabi@yahoo.fr • Double à 800 $Do (26,70 US$). Prendre un chemin de terre sur la droite avant l'hôtel *Papagayo*. Continuer 200 m environ. C'est sur la droite. Petits bâtiments peints en rose et mauve enfouis dans un jardin tropical. Les chambres ont toutes douche-w.-c. et ventilo. Vue sur le jardin. On est accueilli par un couple de Français, Martine et Didier, très aimables et attentifs. Cuisine collective à disposition (midi et soir).

🏠 *San Ferréol* (plan C1, **23**) : calle Carmen. ☎ et fax : 809-240-6263. • www.san-ferreol.com • Bungalows confortables pour 2, 3, 4, 5 ou 6 personnes : de 950 à 1450 $Do (31,70 à 49 US$). Tenu par un ancien de chez *M. Bricolage* et une ancienne du *Club Med*. Yves et Clotilde forment un duo bien sympathique. Pas loin de la plage et pourtant quasiment au centre du village. Parfaitement au calme, niché dans la verdure, voici un ensemble de petits bungalows simples et très colorés, vraiment bien arrangés, fonctionnels et mignons comme tout. Cuisinette, douche-w.-c., un bout de terrasse, le tout est très convivial. Pour les petits groupes, les prix dégressifs sont vraiment intéressants.

🏠 *Hotel Papagayo* (plan D1, **28**) : carretera Portillo. ☎ 809-240-6131. • www.hotel-papagayo.com • Chambres à partir de 650 $Do (21,70 US$) petit dej' inclus. En retrait de la route et assez proche du centre, avec la mer à deux pas. Petit hôtel repris par des Français, qui proposent une quinzaine de chambres confortables dans une maison de style créole avec balcons. Bar-snack sur la pelouse face à la mer.

🛏 *La Tortuga* (plan C1, 25) : à 200 m en retrait du village des pêcheurs (derrière *Tropic Banana*). ☎ 809-240-6566. • www.hotel-latortuga.com • Compter de 1 650 à 1 950 $Do (55 à 65 US$) pour 2, petit dej' inclus. Ensemble de bungalows sur deux niveaux autour d'une grande piscine. Chambres joliment décorées par Bibou qui aime les couleurs « flashy ». Bar accueillant (cocktail de bienvenue offert), ambiance cool et, comme souvent à Las Terrenas, direction française.

🛏 ●|● *Casa Grande* (plan A1, 60) : playa Bonita. ☎ 809-240-6349.

• www.casagrandebeachhotel.com • Entre 1 500 et 2 400 $Do (50 à 80 US$) la chambre double avec petit dej'. Les chambres, entièrement rénovées, tout confort, sont pimpantes et se répartissent en deux petits édifices, l'un couvert de palmes, l'autre de style néo-classique, l'un plus proche de l'océan (pour ceux qui aiment être bercés par le bruit des vagues), l'autre en retrait (pour ceux qui préfèrent le silence). Elles ont terrasse ou balcon, la moitié avec vue sur la mer, et un petit coin-salon. Fait aussi resto (voir plus loin. « Où manger ? Beaucoup plus chic »).

De beaucoup plus chic à très, très chic

🛏 *Hotel Atlantis* (plan A1, 30) : sur la playa Bonita. ☎ 809-240-6111. • www.atlantis-beachhotel.com • À 3 km de la ville, juste avant l'une des plages les plus sauvages du pays (playa Cosón). Compter entre 1 800 et 3 300 $Do (60 à 110 US$) pour 2 selon la vue et la saison. Hôtel quasiment sur la plage. Un vrai lieu de détente. L'adresse idéale pour amoureux de longues balades matinales sur les plages désertes. À partir de l'hôtel, environ 8 km de sable sont à votre disposition. En revanche, les noctambules prévoiront un petit budget *conchos* pour revenir de boîte la nuit. Curieuse architecture, vraiment originale, avec des toits en forme de champignons évoquant vaguement un village de Schtroumpfs au Mexique (il y a un côté hacienda là-dedans). Une vingtaine de chambres avec ventilo (2 avec AC) très agréables, toutes différentes, pleines d'un indicible charme, sans être écrasantes de luxe. Pas de piscine, pas de télé, pas de téléphone dans les chambres. Tant mieux. Accueil chaleureux de Gérard et Véronique. Le vrai plus de l'*Atlantis,* c'est la cuisine, qu'on déguste sous une adorable terrasse, mais on vous en parle plus longuement dans la rubrique « Où manger ? », plus loin.

🛏 *Bahia Las Ballenas* (plan A1,

36) : ☎ 809-240-6066. • www.las-terrenas-hotels.com • Chambres doubles entre 2 400 et 3 900 $Do (80 à 130 US$), petit dej' inclus. Très bel ensemble de luxe, joliment décoré dans le style tropical, dans un jardin directement sur la playa Bonita (il n'y a que le chemin à traverser). Une trentaine de chambres, vastes, avec terrasse de bois, meublées chacune dans un style différent : Maroc, Asie, Mexique... Salle de bains extérieure, un peu comme à Bali. Du luxe et du charme. Jolie piscine. Direction française. Nombreuses activités, piscine, plongée. Excellent resto dirigé par Paco (voir plus loin « Où manger ? »), boutique, bar.

🛏 *L'Iguana Hotel* (plan B1, 31) : ☎ 809-240-5525. • www.iguana-hotel.com • Chambres doubles aux environs de 2 100 $Do (70 US$), selon la saison, petit dej' inclus. Facile à trouver : suivez la plage de gauche en arrivant à la mer et, après avoir roulé environ 1 km, tournez et prenez le chemin à gauche après *Le Colibri*. Situé à 150 m d'une plage de sable fin, ce bel établissement exotique comporte 8 bungalows indépendants et confortables, composés chacun de 2 chambres, encadrant une belle pelouse. Chambres pour 2, 3 ou 4 personnes. Bar agréable. Un endroit très au calme. Très bon accueil d'Annette et de son frère

LA PÉNINSULE DE SAMANÁ

Pierre, des « chtimis » bien sympas. 🛏 ⦿ *Tropic Banana* (plan C1, *32*) : en bord de plage. ☎ 809-240-6110. ● www.tropicbanana.com ● Toutes les formules (simples, doubles, familles). Pour 2, compter entre 1 800 et 3 300 \$Do (60 à 110 US\$), petit dej' inclus. Demi-pension, 875 \$Do (30 US\$) en sus par personne. Hôtel d'excellente réputation offrant une vingtaine de chambres confortables, décorées avec goût et simplicité à la fois, au milieu d'un jardin tropical qui a été malheureusement amputé pour construire la Résidence *Don César*. On peut s'attendre à ce que le secteur soit perturbé par les travaux pendant quelque temps. Piscine et tennis. Bar très populaire pour l'apéro. Bon resto et musique en fin de semaine.
🛏 *Hotel Acaya* (plan A1, *33*) : sur la playa Bonita. ☎ 809-240-6161. ● www.nuevo-acaya-hotel.com ● À partir de 1 800 \$Do (60 US\$) la chambre double, petit dej' inclus. Ensemble d'une quinzaine de chambres dans 3 maisons traditionnelles, de style victorien, blanc et bleu ciel. En rez-de-chaussée ou à l'étage, avec les cocotiers devant, un peu en retrait du chemin, et face à la mer. Certaines petites, d'autres plus grandes. En voir plusieurs, on préfère celles de la maison la plus récente. Ventilo et douche chaude. Plutôt un bon rapport qualité-prix. Les propriétaires sont d'anciens viticulteurs du Midi, c'est vous dire l'ambiance. Ils essaient de développer le vignoble dominicain.
🛏 *Panorama Beach* (plan D1, *35*) : ☎ 809-240-6665. ● www.panorama beach.com ● Prix indicatifs : autour de 4 500 \$Do (150 US\$) par jour pour une villa de 4 ou 5 personnes. Sur la plage qui mène à Portillo, ce bel ensemble résidentiel propose 10 villas de prestige au bord de la mer. Service hôtelier traditionnel (ménage fait tous les jours, draps changés...), bon resto, bar très convivial, et une grande piscine. Idéal pour les familles et les groupes d'amis. De nombreuses formules sont possibles.
🛏 *Villas Paloma* (plan C1, *34*) : derrière le *Tropic Banana*. ☎ 809-240-

5077. ● www.lasterrenas.free.fr ● Tout proche de la plage. Prix à la semaine ou à la nuitée. Compter 2 250 \$Do (75 US\$) pour 2 et 2 850 \$Do (95 US\$) pour 3 à 5 personnes. À la semaine, 13 500 \$Do (450 US\$) pour 2 et 17 100 \$Do (570 US\$) pour 3 à 5 personnes. L'un des plus séduisants ensembles de bungalows du coin. Équipe française vraiment sympathique. Dans un très grand jardin verdoyant, des maisons de style créole bien espacées et à l'architecture fort bien pensée, le tout dégageant beaucoup de charme. Deux chambres spacieuses, salle de bains, cuisine équipée (réchaud, micro-ondes, frigo). Joli décor à l'éponge. Terrasse. Ventilo, coffre, etc. Grande piscine et bar avec Canal satellite. Location de quads et de motos.
🛏 *Palapa Beach Hotel* (plan D1, *40*) : sur la plage de Punta Popy, à la sortie de Las Terrenas en direction de Portillo. ☎ 809-240-6797. ● www.palapabeach.com ● Bungalows de 1 800 \$Do (60 US\$) pour 2 personnes à 2 400 \$Do (80 US\$) pour 4 personnes. Nichés autour d'une grande piscine, ils sont en bois et décorés en accord avec l'environnement. Les petits déjeuners, à base de produits locaux, sont servis sur les terrasses des chambres ou bien au bar de plage *Palapa Beach*. Un atout pour cet hôtel de charme : son relatif éloignement du centre de Las Terrenas en fait un havre de calme.
🛏 ⦿ *Eva Luna* (plan B1, *26*) : à 200 m de la plage Las Ballenas, en face de l'hôtel *Iguana*. ☎ 809-240-5704 et 809-978-5611. ● www.villa-evaluna.com ● Compter 3 600 \$Do (120 US\$) pour 2 avec petit dej'. Cette maison d'hôtes tenue par Aude et Olivier comporte trois villas de deux chambres et une villa d'une chambre, grand confort. Service soigné et attentif à la clientèle. Table d'hôtes avec des menus gastronomiques (Olivier a été chef de cuisine dans de grands restaurants en France et ailleurs, et cultive particulièrement les mélanges de saveurs). Compter 1 400 \$Do (47 US\$). Réserver la veille. Pour vacanciers gourmets.

Les *resorts*

Les *resorts* ne correspondent pas trop au style et au mode de vie de Las Terrenas, c'est évident. En fait, ils ne sont pas bien nombreux. Voici donc notre sélection.

🛏 *Aligio Beach Hotel* (plan D1, 37) : sur la route de Portillo, à 500 m du centre. ☎ 809-240-6255. ● www.bravoclub.it ● Prix intéressant : entre 3 640 et 6 000 $Do (120 à 200 US$) pour deux personnes, tout compris, sur la base de 2 par chambre. Tenu par des Italiens. De nombreux francophones y séjournent et sont satisfaits. L'inconvénient principal des *resorts* est d'être coupés du monde extérieur. Celui-ci fait exception à la règle, car situé « intra-muros » comme on dit à Saint-Malo, on peut donc aller boire un coup et profiter facilement des avantages de la vie nocturne, surtout les insomniaques. Bon confort et prestations de qualité. Une adresse à taille humaine.

🛏 *El Portillo Beach* (plan D1, 38) : à El Portillo, à gauche après l'aéroport. ☎ 809-240-6100. ● www.portillo-resort.com ● À 5 km à l'est du village de Las Terrenas. Plus de 110 chambres, de 4 200 à 5 400 $Do (140 à 180 US$) environ pour 2 personnes, selon la saison, et selon la formule d'hébergement, tout inclus. Au milieu d'une belle palmeraie, dans un coin encore vierge. Lagon extra, grâce au récif corallien. Petites unités d'habitation agréablement disséminées. On a le choix entre des chambres traditionnelles (standard ou *superior*), dans de petits édifices sans charme (les moins chères) ou de chouettes *cabañas* tout en bois, directement sur le sable au milieu du jardin, équipées de kitchenette et salon. Large utilisation du bois et du rotin. Excellent confort : téléphone, ventilo, coffre, frigo, etc. Deux restos, disco, miniclubs (vraiment mini, c'est d'ailleurs leur point faible), piscine extra, jacuzzi, tennis, équitation, vélo, planche à voile, kayak, etc. Avec supplément, la plongée (club bien équipé).

Où dormir dans les environs ?

🛏 *Cabaña « El Manantial »* : dans le village d'El Limón. Première route à droite après avoir traversé un pont sur le *río*, puis à droite encore après un deuxième pont. Environ 500 $Do (17 US$) pour deux. Au mois, le gîte entier est loué 7 500 $Do (250 US$). Un bon plan. Fabrice et Elvira vous accueilleront à la bonne franquette dans leurs deux gîtes au confort « rural ». Chaque bungalow peut accueillir au minimum 4 personnes, il comporte deux chambres encadrant la salle de bains (pas d'eau chaude). Possibilité de rajouter des lits dans la mezzanine. Grand terrain, traversé par un ruisseau. Fabrice se fera un plaisir de vous emmener à pied ou à cheval à la cascade d'El Limón et vous montrera ses réalisations à base d'*higüero* (calebasse), c'est super joli, et Elvira vous expliquera comment, avec les femmes d'El Limón, elles ont créé une petite coopérative de production artisanale... Très sympa tout ça. C'est vraiment le rendez-vous des écolos... Notre coup de cœur.

Où manger ?

Les fauchés pourront s'offrir un *pollo al carbón* (poulet grillé) ou un *pica pollo* dans la rue principale de Las Terrenas. Il y a plusieurs vendeurs. Essayez aussi, en face de la *disco-terraza Denny*, les *empanadas* d'*El Pelu*, petit kiosque en bois bleu que ce sympathique barbu tient depuis plusieurs années. Nous vous recommandons l'*empanada* au lambi ou au poisson, un régal pour une quarantaine de pesos. Ouvert seulement le matin.

Bon marché : moins de 150 $Do (5 US$)

|●| **Comedor Rossy – Chez Marytza** *(plan C3, 56) :* calle Sánchez, 38. ☎ 809-839-6876. Ouvert toute la journée, tous les jours. La patronne y prépare une cuisine simple, honnête et copieuse. Terrasse typique sur la ruelle, avec une fresque naïve représentant le parc des Haïtises. Les grands classiques : *pollo a la criolla, carne de res, moros y cristianos* (riz et haricots mélangés), *la morcilla del Cruce, el pescado a la plancha* et surtout les meilleurs *camarones* (crevettes) du coin à un prix abordable. Qualité régulière de la cuisine. Ambiance dominico-française. Et si vous ne parlez pas l'espagnol, ce n'est pas un problème, Marytza parle un peu le français. Possède aussi quelques chambres d'hôtes.

|●| **Rinconcito Terrenero** *(plan D1, 63) :* calle Duarte, face au centre téléphonique *Verizon.* Dans cette reproduction d'une maison typique des Caraïbes, avec son plafond de *yagua* (feuilles de palmier), ses murs de bambou, ses tableaux naïfs, où dominent les couleurs vives orange, vert et jaune, on sert une bonne cuisine dominicaine. Essayez donc le *pescado al coco.*

|●| ⍟ **Chez Bruno – Le Glacier** *(plan D1, 5) :* calle Libertad. Dans le *Paseo de la Costanera.* Ouvert tous les jours sauf le dimanche. Jolie terrasse animée où l'on peut déguster, outre les glaces (délicieuses), des salades, sandwichs, paninis et, bien sûr, le « pan bagna », normal, les propriétaires sont toulonnais.

|●| **Casa July** *(plan D1, 5) :* calle Libertad. Dans le *Paseo de la Costanera.* Ouvert du lundi au samedi. Fait aussi Internet. Les plats du jour sont simples et bons, et à des prix sages. Un bon lieu de rendez-vous quand on a une petite faim.

|●| **Sucré-Salé** *(plan D1, 8) :* à l'entrée de la plaza Taïna, dans la rue principale, face au *Paseo de la Costanera.* Petite boulangerie française tenue par des Alsaciens : pains aux céréales, croissants, pains au chocolat, tarte à la noix de coco, au citron... Quelques tables en terrasse.

Prix moyens : aux alentours de 350 $Do (12 US$)

|●| **El Cayuco** *(plan C1, 57) :* Pueblo de los Pescadores (village des pêcheurs), côté village. ☎ 809-240-6885. Grande terrasse sur la mer et, bien sûr, spécialité de fruits de mer, poissons... Un plan sympa pour une petite faim (ou un petit budget), les tapas : on peut se restaurer dans un cadre super avec des produits variés, bien cuisinés, le pied, quoi !

|●| **Cueva Taina** *(plan C1, 59) :* Pueblo de los Pescadores. À côté de *El Cayuco,* mais salle plus petite. La belle décoration intérieure évoque l'histoire et les coutumes des Indiens taïnos. La cuisine, préparée avec soin, décline la tradition dominicaine de la mer avec, bien sûr, la patte du chef qui lui donne une saveur relevée. Bref, ce resto se distingue pour sa qualité, tout en gardant des prix raisonnables.

|●| **La Elegancia** *(plan C3, 21) :* calle Sánchez, 48. ☎ 809-240-5477. Ouvert tous les jours sauf le mercredi, uniquement le soir. Élégante, cette salle l'est à l'évidence : charpente de bois, maquettes de bateaux rustiques et quelques fresques indiennes aux murs. Ici, la pizza est reine. Mais pas n'importe laquelle. Ce sont d'excellentes pizzas, vraiment goûteuses, généreuses et savoureuses, à la pâte croustillante. Une réussite. L'apéritif est offert en plus. Pas mal, non ? Fait également hôtel (voir « Où dormir ? »).

|●| **Brasserie Barrio Latino** *(plan D1, 5) :* dans le *Paseo de la Costanera.* ☎ 809-240-6367. Ouvert du petit dej' à assez tard. Brasserie en terrasse, tenue par un Français, qui offre un large choix de sandwichs, salades, plats du jour et d'excellentes glaces. Le vrai bon plan, en fait, ce sont les pizzas livrées directement à votre hôtel sur simple appel.

I●I *Restaurant Finn* (plan C1, 61) : sur la route de Las Ballenas, 300 m après le *Tropic Banana*. ☎ 809-884-9971. Le soir seulement et fermé le lundi. Voilà un restaurant qui ne paie pas de mine mais qui gagne à être connu. Installé dans une ancienne cabane de pêcheur, décorée subtilement juste ce qu'il faut, Willy, le chef, autodidacte, a appris ici à travailler les produits locaux. Résultat, une cuisine naturelle et savoureuse. Le Tout-Las Terrenas y court, il est donc prudent de réserver.

De plus chic à beaucoup plus chic : 600 $Do (20 US$) et plus

I●I *L'Atlantis* (plan A1, 30) : playa Bonita. ☎ 809-240-6111. ● www.atlantisbeach-hotel.com ● À 4 km de Las Terrenas. D'abord, le cadre est sympa, en salle comme en terrasse. On imagine sans peine, à travers palmiers et cocotiers, les kilomètres de sable. Le soir, atmosphère intime et délicate, l'adresse idéale pour dîner en amoureux. Gérard, le chef, fut celui du président Mitterrand de 1984 à 1986. Intéressante alliance des produits locaux, du savoir-faire et de l'inspiration. Goûts et parfums se télescopent en bouche, les petits légumes révèlent de nouvelles saveurs, sauces exquises... les produits de la mer exhalent toute leur fraîcheur. Quelques plats de pâtes aussi, à prix plus doux. Très belle carte des vins, uniquement français.

I●I *Bahia Las Ballenas* (plan A1, 36) : sur la jolie playa Bonita. ☎ 809-240-6066. Dans un cadre luxueux, sous une admirable structure en bois et feuilles de palme, fort bien arrangée, à 30 m de l'eau. Un des premiers Français installés dans le pays vous propose un bon choix de produits de la mer finement préparés. De ses nombreux voyages, le chef a rapporté une cuisine inventive et exotique : *ceviche*, nems, demi-poulet *a la diabla* ou aux noix de cajou, *chivo guisado*...

I●I *Casa Grande* (plan A1, 60) : playa Bonita. ☎ 809-240-6349. Très bonne table là encore, tenue par un Français et une adorable Andorrane. Cadre très agréable, grande paillote, déco ethnique chic. Présentation soignée des plats dans de grandes assiettes carrées. À la carte, poissons, fruits de mer, bonnes viandes grillées comme du bœuf d'Argentine, des carpaccios et aussi des plats de pâtes moins chers. Excellents desserts : délicieux nougat glacé au gingembre et jasmin.

I●I *Al Paso* (hors plan par A3, 62) : sur la playa Cosón. ☎ 809-706-5520 et 809-876-3995. Attention : ne sert que le midi et jusqu'à 15 h environ. Fermé le mardi. Réserver, c'est plus sûr. C'est l'une de nos meilleures adresses. D'abord, accueil sympa de deux Français, Maryse et Yves, qui ont longtemps vécu aux États-Unis. Le chef est en cuisine et ne fait son tour des tables qu'à la fin du service. Ensuite, cadre très agréable : le vrai resto de plage. On mange sur des tables posées à même le sable ou sous une paillote en dur. Carte très courte mais excellente cuisine, simple, fine et digeste. Produits de la mer d'une fraîcheur extrême (livré chaque matin). Superbes poissons grillés, tartare de thon du tonnerre ! En dessert, succulentes tartelettes maison (ce sont les seuls desserts) au coco, au citron, aux noix de pécan et miel... Une adresse sans chichis et extra.

LA PÉNINSULE DE SAMANÁ

Où boire un verre ? Où sortir ?

Soirées sympathiques à Las Terrenas. D'abord, la petite communauté française a imposé l'apéro comme rituel. On passe du *Pacopacha* au *Syroz*, au *Mosquito* et au *Café Atlantico,* en faisant halte dans quelques bars du village des pêcheurs. On cause de tout et puis, toujours le même débat : quand va se terminer l'autoroute de Saint-Domingue à Sánchez ? Et cet aéroport international, où en est-on ? Après, il y a inévitablement un creux, parce que les endroits où l'on danse ne commencent vraiment à gigoter qu'à partir de 23 h. De temps en temps, soirées à thème dans certains établissements, hôtels, bars, restos. Regarder les affiches placardées un peu partout.

🍸 🎵 *Tropic Banana* (plan C1, 32) : une adresse parfaite pour l'apéro. C'est au comptoir de ce bar que s'est décidé presque tout ce qui s'est fait à Las Terrenas. C'est l'endroit tranquille où, profondément assis dans un grand fauteuil, on sirote un *santo libre* (rhum limonade) tout en racontant ses aventures de la journée. Ambiance plus chaude les vendredi et samedi où un orchestre local anime le bar.

🍸 *Le Syroz* (plan D1, 71) : juste à côté du *Pacopacha.* Ouvert à partir de 17 h et jusqu'au dernier client. C'est un petit bar chic et chaleureux à la fois. Accueil de Michel Voleau qui a su créer une ambiance jazzy amicale et raffinée. Aménagé avec de multiples coussins indiens et de longues et étroites banquettes. Admirez au passage sa très belle collection de tableaux. Dehors, terrasse sur la plage, sous les cocotiers éclairés. Fréquenté en majorité par les résidents. Spécialité de petit vin au verre, kir et bien entendu l'éternel pastis.

🍸 *El Mosquito* (plan C1, 74) : dans le pueblo de los Pescadores. ☎ 809-867-4684. Un nouveau bar du soir ouvert par Alex, dans une ambiance africaine. Petit salon avec fauteuils et canapés, mais l'ambiance est surtout au bar.

🍸 🎵 *Café Atlantico* (plan C1, 73) : pueblo de los Pescadores. ☎ 809-240-6648. Ouvert tous les jours de 17 h à 4 h du matin. Dans la rue la plus animée du secteur. C'est à la fois un restaurant (de qualité) et un bar de nuit style *lounge.* Planchers en bois, jardin intérieur, murs blancs et cocotiers. On se retrouve ici avant ou après la discothèque (mais souvent tard dans la nuit), près du bar intérieur très design. L'endroit est animé par Sergio, le jovial et dynami-

que propriétaire, originaire de Font-Romeu. Ce personnage « solaire » sait comment électriser une ambiance. Musique caraïbe, house music. Les gens dansent parfois tard.

🍸 🎵 *Pacopacha* (plan D1, 71) : en face du *Paseo de la Costanera.* ☎ 809-240-6300. Beach-bar confortable et sympa, directement sur la plage. Certains soirs, on y danse sur une piste de danse posée sur le sable. Rendez-vous des résidents à l'heure de l'apéro. Parfait pour un verre à quelque heure que ce soit. Huit jackpots comme à Las Vegas, resto-grill *on the beach by night.*

🍸 🎵 *Nuevo Mundo* (plan D1, 72) : dans le centre, à notre avis, la boîte la plus locale, bien que la direction soit italienne. Le patron a su finement attirer une clientèle à moitié dominicaine et à moitié européenne. Alchimie et atmosphère vraiment extra... et de plus en plus chaude au fil de la nuit. Le samedi soir, on danse sur la grande piste. En semaine, plutôt sur celle près du bar, dans une sympathique intimité. Beaucoup de femmes légères comme des plumes glissent, aériennes, dans le sueur et le brouillard des clopes.

🍸 🎵 *Disco-terraza Denny* (plan C2, 75) : dans le centre, facilement repérable au nombre de motos stationnées devant. C'est un *centro cervercero* (où l'on sert uniquement de la bière) et une *disco-terraza,* discothèque en plein air. Ressemble à un parking en sous-sol avec ses colonnes de béton. Un endroit typiquement dominicain, où les jeunes aiment s'assourdir de décibels, boire une *Presidente,* danser... et plus si affinités.

À faire

La balade des plages

À pied ou en *concho*. Choix cornélien pour se fixer définitivement sur une plage. Le mieux, c'est de les faire toutes.

⌂ Commencer par celle de **Las Ballenas.** Arrivé au bout, cul-de-sac sur un petit *río*. Terminus des voitures et des *conchos*. Très joli coin avec, en fond, les trois îlots des Baleines. Plage peu fréquentée et beach-bar. Possibilité de continuer à pied, vers la playa Bonita.

⌂ Une qu'on aime bien aussi, c'est la **playa Bonita** (la bien-nommée). Après 3 km de tape-cul, vous aurez bien mérité d'y plonger.

⌂ Super balade à la **playa Cosón** *(hors plan par A3).* À l'ouest de la playa Bonita. Prendre un *concho* pour effectuer les 6 km de piste (glissante par temps de pluie). Au passage, on aura remarqué qu'un *resort* et un lotissement de villas ont quelque peu balafré la belle forêt tropicale. On arrive à une cocoteraie (finca de Chavan) et à l'embouchure du *río* Cosón. Traverser la cocoteraie. Image mythique du palmier penché et du petit pont de troncs de cocotier jeté sur le *río* et permettant l'accès à l'une des plages les plus sauvages de la péninsule. Si vous possédez votre propre véhicule, restez pour le coucher de soleil, admirable ici ! Bonne idée de jogging matinal ou de rando : revenir vers la playa Bonita par le front de mer. Attention : de nombreux touristes s'y sont fait voler leurs affaires.

Activités nautiques et sports

– **Plongée :** avec le *Tropical Diving Centre*, près de Villas Paloma *(plan C1, 34).* ☎ 809-240-6375. ● www.tropicaldivingcenter.com ● Ouvert tous les jours à partir de 9 h. Les proprios, François et Lucette, ont une réputation de sérieux bien établie. Ils vous accorderont une remise de 10 % pour un baptême et pour une plongée sur présentation du *Guide du routard*. Ils peuvent aussi déposer les plongeurs confirmés (niveau 2) qui viennent avec leur équipement sur les sites en leur fournissant les plans (570 $Do ou 19 US$).

Voici deux plongées faciles pour les débutants, mais néanmoins suffisamment riches et variées pour intéresser les brevetés. Compter de 690 à 1 050 $Do (23 à 35 US$) selon le degré d'équipement et le nombre de plongées effectuées.

↘ **El Paseo del Palacio** *(environ 12 m maxi) :* mise à l'eau devant Isla Grande et passage sous une porte sous-marine, « grille-soleil » dans les Antilles françaises. Petits mérous de roche et anémones, puis *reef* où cohabitent maintes variétés de poissons multicolores, papillons, mérous, gros-yeux, cardinaux, quelques bonites. Dans une fosse, coraux, éponges, oursins... En fin de plongée, un bout de tunnel (4 m de long)... mais gardons un peu de mystère.

↘ **Los Arcos** *(sur un fond de 13 m) :* une grande fosse de corail où s'ébat toute la faune sous-marine des Caraïbes. Impressionnantes arches et grottes sous-marines. Passages étroits mais jamais dangereux et la sortie est toujours visible. Caranges, bonites et perroquets. Souvent des bancs de poissons-verre encadrés par des chevaliers impavides et de gracieux *Pipe Fish* qui vivent au pied du tombant.

– **Voile, surf et planche à voile :** s'adresser au club *Pura Vida,* à côté du bar *Pacopacha,* directement sur la plage. ☎ 809-801-1555. ● ricoleif@hotmail. com ● École, randonnées, location de surf, *kite surf, wind surf...*

– **Équitation :** on trouve un ranch près de Villas Paloma (plan C1, **34**). ☎ 809-839-2683. ● www.horseridingcaribbean.com ● Luc propose toutes sortes de promenades, à l'heure, pour 2 h ou à la journée à partir de 360 \$Do (12 US\$). Réduction de 10 % accordée à nos lecteurs sur tous les tarifs. Randonnées sur les plages les plus sauvages. Sinon, balade équestre à la cascade d'El Limón, en une ou deux journées. En deux jours, la sortie comprend une nuit et un repas chez l'habitant (compter 3 000 \$Do ou 100 US\$). Itinéraire établi selon l'aptitude des cavaliers.

Achats

⚜ **El Paseo de la Costanera** (plan D1, **5**) **:** en face du cimetière. Pour ceux qui ne seraient pas convaincus que Las Terrenas est entré dans la modernité, allez faire un tour dans ce centre commercial à visage humain et aux allures tropicales, avec beaucoup de bois (fermé le dimanche). Au moins 40 boutiques et prestataires de services (pharmacie, boutiques de vêtements et de cadeaux, banque, change, Internet, art taïno, salons de beauté, de coiffure, assurances, avocats, etc.). On y trouve aussi une très belle boutique de bijoux, *Terrenas en Plata*. Très beaux bijoux de qualité et de très bon goût, en argent, ambre, larimar, corail... Également une boutique de cigares, assez bien fournie.

⚜ **Haitian Caraibes Art Gallery** (plan D1) **:** en face du *Paseo de la Costanera*. ☎ et fax : 809-240-6250. Ouvert tous les jours sauf le dimanche, de 9 h à 13 h et de 16 h à 20 h. Une vraie galerie d'art, ne vous y trompez pas, car si l'entrée fait plus boutique que galerie, levez le nez et vous admirerez une quarantaine de peintres haïtiens. Dans la salle du fond, des grands noms : Prosper Pierre Louis, Prefete Duffaut, Calix Henry ; et de nouveaux talents déjà reconnus : Dabady, Espiegle, les frères Rouanez, Denis Rousseau. Claude Lachamp, journaliste et ancien correspondant TV en Haïti, est plus collectionneur que marchand, et plutôt que de galvauder l'art haïtien, il a préféré rentabiliser sa galerie en valorisant du bel artisanat. Le talent reconnu des peintres exposés a un prix... mais il est vraiment justifié. Spécialiste

d'Haïti, Claude n'est pas avare d'anecdotes sur le pays voisin, ni sur la vie dominicaine si tant est que vous montriez un intérêt pour « son île ». Amateur de cigares, il saura guider votre choix dans sa cave climatisée. Grand fumeur lui-même, il a sa propre marque de cigares : *Haitian Caraibes,* qu'il a élaborée pour son plaisir d'abord et pour le vôtre si vous recherchez les modules corsés.

⚜ **Nativ'Arte :** face au *Verizon*. ☎ 809-240-6412. Grand choix d'objets artisanaux et peintures fabriqués localement et de bon goût. Bonnes idées de cadeaux. Accueil sympa et prix modérés.

⚜ **Galerie El Cacique :** dans les galeries du *Paseo de la Costanera*. ☎ 809-240-6390. Ouvert tous les jours sauf le dimanche. Ici, venez admirer de belles reproductions d'art taïno et autres objets d'art d'artistes locaux : Miguel Estrella, Angel Lorenzo, et surtout les frères Guillen.

⚜ **Casa Linda** (plan D1) **:** le style créole victorien de ce bel ensemble nous évoque la grande époque de Sánchez. Belle terrasse du bar-resto *La Bodega* pour déguster un *cuba libre*.

⚜ Juste à côté, le petit **centre commercial Plaza Taina** (plan D1, **8**). Le promoteur, nostalgique de cette civilisation indienne disparue, a réalisé autour de ce thème un ensemble où culture et commerce se côtoient. Pour les gourmands, une pâtisserie alsacienne, on ne vous dit que ça... et un bar-resto grec dans le fond, *Le Taina,* avec une jolie terrasse.

➤ *DANS LES ENVIRONS DE LAS TERRENAS*

➤ *Balade à la cascade d'El Limón (hors plan par D1) :* à ne pas rater, d'autant plus qu'elle se réalise dans de super conditions. Pour y aller avec votre propre véhicule, prenez la piste intérieure pour Samaná (par Portillo), goudronnée. El Limón se trouve à 14 km de Las Terrenas. Ceux sans véhicule prendront une *guagua* depuis Las Terrenas. Départs très régulièrement le matin juste devant la *Casa Linda,* face au cimetière (35 $Do, soit un peu plus de 1 US$).

La balade à la cascade est superbe. Durée : environ 3 h aller-retour. L'excursion peut se faire sans problème entre 8 h 30 et 15 h. Essayez d'éviter le dimanche, jour où vous risquez de rencontrer davantage de monde. Par ailleurs, plus on y va tôt, plus on est seul. On emprunte des sentiers étroits, on passe par des bouts de forêt tropicale, traversée de rivières à gué, avec des panoramas sensationnels qui permettent l'observation d'oiseaux, notamment les faucons chasseurs. À l'arrivée, ravissante cascade de 10 m, dans un écrin de verdure puis, à deux pas, une autre chute, de près de 50 m celle-là. On pique une tête dans une eau délicieuse. Possibilité pour les plus courageux de passer derrière le rideau d'eau (c'est rigolo, le rideau d'eau !). Cette balade peut se faire à pied, vous ne mettrez pas plus de temps qu'à cheval car les animaux vont au pas. Mais évidemment c'est un peu moins sympa.

À cheval, la montée se fait tranquillement, sur des bêtes vraiment pépères. C'est donc parfaitement accessible à tous ceux qui ne sont jamais montés. Nécessité d'être accompagné par un guide et d'avoir de bonnes chaussures. Évitez simplement les jours de grosse pluie (et même les lendemains), car le terrain est alors glissant. À pied, vous n'aurez à acquitter que le droit d'entrée au parc naturel : 5 $Do. À cheval, c'est évidemment plus cher, d'autant qu'on vous propose en général un repas (bienvenu après cette charmante expédition).

Plusieurs *paradas* vous proposent la balade. Voici les principales que l'on trouve sur la route de la cascade en arrivant de Las Terrenas. Il y en a d'autres, de l'autre côté, si vous venez de Samaná.

■ *Chez Santi :* c'est le premier à gauche, sur la route qui mène au chemin de la cascade. ☎ 809-452-9367. ● limonsanti@terra.es ● Santi est un Espagnol installé ici depuis de longues années, fort sympathique et qui parle un délicieux français. Il est sérieux et a toujours des chevaux et des accompagnateurs disponibles (il fait travailler les gens du village) dès que vous arrivez. Inutile de réserver. Excursions de 9 h à 15 h. Compter 700 $Do (23,30 US$) cheval et repas inclus en redescendant ; 550 $Do (18,30 US$) pour les enfants. Il faut ajouter le pourboire au guide (environ 150 $Do ou 5 US$). Sans le repas, l'excursion coûte 450 $Do (15 US$).
Santi propose aussi des excursions à pied ou à cheval, avec ou sans repas, à la plage de Morón et loue des chambres (420 $Do ou 14 US$ la double).

■ *Rancho La Cascada :* c'est le dernier à droite sur la route de Samaná après avoir dépassé d'1 km le chemin de la cascade. ☎ 809-270-9107. Dans ce joli *rancho,* Colón vous accueille avec la machette au côté, mais il est tout à fait paisible. Il propose des montées à cheval ou à mule (encore plus tranquille pour les mauvais cavaliers) à la cascade, entre 8 h et 15 h, pour 500 $Do (16,70 US$), plus pourboire au guide (spécialité du chef, les *arepas de yuca*). Sans repas c'est 300 $Do (10 US$).

■ *Basilio y Ramona :* à 1 km du village d'El Limón, toujours sur la même route. ☎ 809-282-609. ● radabasilioyramona@yahoo.es ● Plus rustique mais encore moins cher. Là, le cheval vous coûtera 250 $Do (9 US$). Plus l'indispensable pourboire au guide. Au retour, vous pouvez manger pour 100 $Do (un peu plus de 3 US$).

■ *Miguel y María :* juste après le chemin qui mène à la cascade, donc moins de bitume à faire à cheval. ☎ 809-282-7699. Là, le cheval et le repas vous coûteront 350 $Do (12 US$). N'oubliez pas le guide !

➢ *Ríos tropicales, Safari-Quad, découverte de la presqu'île de Samaná :* ces excursions sont proposées par le *Rancho La Cascada,* 140, calle Carmen à Las Terrenas *(plan C1-2).* ☎ 809-360-2793 et 809-240-5482. ● pierre.fayet@caramailmax.com ● Le *Safari-Quad* vous promène à travers des plantations de caoutchouc et de cacao et se termine par une baignade à la plage Morón (4 500 $Do ou 150 US$ pour deux personnes avec repas). Départ à 8 h et retour à 17 h. *Ríos Tropicales* vous fait remonter en barque le *río Barracote* puis redescendre le *Yuna* au milieu de paysages sauvages habités par des paysans (1 800 $Do ou 60 US$ pour la journée avec repas). Pour le même prix, vous pouvez préférer la *découverte de la presqu'île de Samaná,* en *guagua* (moins fatigante).

➢ *Survol de la région en avion ou hélicoptère :* la compagnie *Helicotropical Services,* installée à Punta Cana et à Saint-Domingue, opère depuis l'aéroport de Portillo, à 5 mn de Las Terrenas. Info en français : Jean-Pierre Mabille (belge). ☎ 809-240-6607. ● helicotropicalserv@hotmail.com ● Une excursion hors du commun : survoler les magnifiques plages de la région, remonter les gorges du *río* Limón, admirer la cascade, survoler le cayo Levantado... Vous en aurez plein les yeux, un moment que vous n'oublierez jamais. Une demi-heure en avion : environ 90 US$, en hélicoptère (4 passagers) 450 US$.

➢ Et puis dans la péninsule, il y a le *parc national de Los Haïtises* et l'*excursion aux baleines* si c'est la période (voir plus loin).

QUITTER LAS TERRENAS

En bus, moto-concho ou guagua

🚌 *Terminal des públicos ou guaguas pour Sánchez et Samaná (hors plan par C3) :* en sortant de Las Terrenas, sur la route de Sánchez, à 200 m avant la station Esso, sur la gauche (peu visible).

➢ *Pour Sánchez :* de 6 h à 18 h, environ toutes les 30 mn.
– Dans tout le village, on trouve des motos-*conchos* qui vous emmèneront en une demi-heure pour 100 $Do (3,30 US$). Déconseillé si vous avez des bagages ou si vous tenez à la vie...

🚌 *Terminal des guaguas pour El Limón et Samaná :* juste à l'extrémité de la rue principale, devant la *Casa Linda,* face au cimetière *(plan D1, juste à côté du 9).* Toute la journée, toutes les 30 mn environ. Route en très bon état.

➢ *Pour Santo Domingo :* bus privé à 5 h, 7 h, 8 h et 14 h en théorie (à vérifier). Durée : environ 5 h. Inconvénient : pas de soute à bagages (ne pas en avoir trop pour pouvoir les glisser sous le siège). Un peu moins cher que les deux grosses compagnies (*Caribe Tours* et *Metro*), qu'on ne trouve d'ailleurs qu'à Sánchez. Sinon, *guagua* ou *concho* jusqu'à Sánchez et, de là, bus *Caribe* ou *Metro*.

En avion

➢ *Pour Santo Domingo :* avec *Tropical Service* (compagnie tenue par un francophone, voir plus haut « Survol de la région en avion ou hélicoptère », ☎ 809-240-6607), 3 vols quotidiens depuis le petit aéroport de Portillo (à 5 km de Las Terrenas). Départs à 8 h, 11 h 30 et 15 h et arrivée à Las Americas (vols internationaux) ou à Santo Domingo Herrera (lignes domestiques) environ 40 mn plus tard. Prix : autour de 55 US$ par personne pour Herrera et 65 US$ pour Las Americas. *Aerodomca* (☎ 809-240-6571) offre le même service aux mêmes prix à 8 h 30 pour Herrera, 15 h et 16 h 45 pour Herrera via Las Americas. Renseignements aussi à *Bahía Tours* (☎ 809-240-6088). Ces vols sont pratiques, car la plupart des avions pour l'Europe partent en fin d'après-midi. C'est beaucoup plus cher que les transports terrestres, mais on gagne quand même une bonne demi-journée de plage ! À méditer pour ceux qui n'ont que peu de vacances, car le bus met environ 5 h et il faut ensuite prendre un taxi (coût : environ 460 $Do, soit 15 US$).

SÁNCHEZ ET LE PARC NATIONAL DE LOS HAÏTISES

C'est la ville-carrefour pour Las Terrenas et Samaná. Le croiriez-vous, Sánchez fut longtemps un port très important. Terminus de la plus grande ligne de chemin de fer du pays. Depuis La Vega et sa région, elle servait à transporter la canne à sucre et autres produits agricoles du Cibao jusqu'au port de Sánchez, d'où ils étaient chargés sur les cargos. L'envasement de la baie, la grosseur des bateaux empêchèrent finalement ces derniers d'atteindre Sánchez. La ligne fut abandonnée, l'activité commerciale périclita. La ville sombra alors dans une léthargie totale et n'évolua guère durant des dizaines d'années. Résultat, l'impression de se promener dans un vieux film colonial des années 1930-1940. On peut être sensible au charme de ces vieilles demeures créoles en bois aux tons pastel délavés d'où surgissent des nuées d'enfants. Dans la rue principale, quelques détails insolites de-ci de-là, comme ces deux anciens hôtels de style victorien avec longues vérandas qui durent connaître des heures glorieuses. Aujourd'hui, ce sont des logements populaires. Devant, deux boggies de train, vestiges de l'ancienne ligne. En redescendant vers le port, à droite, grand bâtiment de bois déglingué, ancien siège social du *ferrocarril Sánchez - La Vega* (enseigne qui s'estompe). Voir aussi, dans le centre, l'adorable et pimpante église *Nuestra-Dama-de-Lourdes* toute jaune et bleu, croquignolette à souhait. Ce sont des bonnes sœurs françaises qui la tiennent. En face, vieille villa de bois à colonnades, à la large véranda, qui tombe doucement dans l'oubli, rongée par les herbes folles.
Aujourd'hui, Sánchez ne vit quasiment que de la pêche à la crevette et un peu du tourisme (avec des excursions au parc national des Haïtises). La municipalité soutient l'idée d'un gros dragage de l'ancien port pour redévelopper l'activité maritime, mais cela semble à beaucoup très utopique, voire irréalisable. D'autant plus que, pas loin, des millions de dollars ont été investis pour l'agrandissement du port d'Arroyo Barril et la marina de Samaná et qu'à ce jour, ça n'a guère relancé le trafic !

Où dormir ?

🛏 *Hotel Patria :* San Tome, 24. ☎ 809-552-7371. Il n'est pas indi- | qué. Quand vous êtes dans la rue San Tome, c'est à gauche en des cendant, un petit immeuble d'un étage, avec entrée et balcon fermés par une grille noire. À partir de 300 $Do la chambre (environ 10 US$). Hôtel plus proche, voire à la limite de la pension, super bien tenu et à prix modérés. Patronne charmante. Une dizaine de chambres avec ou sans *baños*. Impeccables, très claires, avec belle literie et ventilo. Salon-TV agréable et petite terrasse. Adresse intéressante pour ceux qui souhaitent prolonger sérieusement notre réflexion sur la relance des activités portuaires de la ville ou pour ceux qui partent au parc de Los Haïtises tôt le matin ou qui retournent vers Santo Domingo par le premier bus.

LE PARC NATIONAL DE LOS HAÏTISES

🪓🪓🪓 Sánchez et Arroyo Baril sont les deux principaux ports d'embarquement pour le *parc des Haïtises* (« pays de montagnes », en langue taïna), l'un des musts du pays. Pour les coordonnées du bureau du parc, on vous renvoie au chapitre « Sabana de la Mar », où celui-ci est situé. En gros, vous évoluerez parmi des îlots rappelant (en plus petit) les fameux *mogotes* de la baie d'Along (au Vietnam) ou de la vallée de Viñales (Cuba). Balade dans les mangroves aussi, au milieu des palétuviers, ces « arbres-racines », pittoresques forêts d'entrelacs qui, selon les Indiens d'autrefois, les protégeaient des ouragans. Enfin, on met pied à terre de temps à autre pour visiter des grottes ornées de pétroglyphes. Au passage, on tourne autour d'une fabuleuse île aux oiseaux. À la fin, baignade dans une eau douce bien fraîche. Repas compris au retour. L'excursion dure environ 5 h. On part de Sánchez vers 9 h 45, on est de retour aux alentours de 15 h (juste pour les cars de Saint-Domingue).

Comment y aller ?

Plusieurs solutions, mais quelle que soit la formule choisie, l'excursion comprend la traversée en bateau rapide de Sánchez au parc, les boissons à bord et un bon repas qui vous attend au retour. Gratuit pour les enfants de moins de 4 ans, mais on déconseille de les emmener. Presque moitié prix pour les enfants (jusqu'à 14 ans).
– *Par soi-même :* vous vous débrouillez pour aller par vos propres moyens à Sánchez (*guaguas* régulières depuis l'entrée du village de Las Terrenas – voir « Quitter Las Terrenas ») et vous vous rendez directement à l'agence *Amilka,* près du port, tout le monde connaît. ☎ 809-552-7664. Appelez la veille pour savoir s'il y a un départ le lendemain. Compter alors 1 200 $Do (40 US$) par personne, bateau, entrée du parc, guide sur le bateau parlant 3 ou 4 langues (ce qui peut être un inconvénient car leurs explications ne vont jamais très loin) et repas compris.
– *Avec un guide français expérimenté :* contacter Pierre Fayet. ☎ 809-360-2793 ou 809-240-5482. ● pierrefayet@caramailmax.com ● Prix par personne : 1 800 $Do (60 US$) incluant transfert depuis l'hôtel, droit d'entrée au parc, guide, boissons à bord et repas. Pour ceux qui y vont avec leur propre véhicule, c'est 200 $Do (6,70 US$) de moins. Si vous voulez découvrir l'autre face du parc de Los Haïtises, ce spécialiste et pionnier français, installé ici depuis plus de 15 ans, organise l'excursion une fois par semaine, en général le vendredi (à vérifier avec lui). Il emmène sur réservation des petits groupes francophones. Auteur d'un petit livre sur le sujet, c'est un véritable passionné des Taïnos et un ardent défenseur de la nature. C'est dans cette zone inviolée où peu de personnes ont pénétré que les derniers Indiens taïnos sont morts au début du XVIe siècle. Les amateurs de cette aventure humaine ne seront pas déçus par le côté historique et géopolitique des explications don-

nées. Les guides s'arrangent pour que les groupes ne se retrouvent pas ensemble aux mêmes endroits. On a parfois l'agréable impression d'être les seuls sur le site. Au cours de la traversée de la baie, il n'est pas rare d'apercevoir des dauphins. Au retour, la mer est parfois bien formée. Gare aux embruns. Prévoir une serviette de bain, voire un vêtement de rechange...

– *Par agence :* on peut également acheter l'excursion dans une agence de Las Terrenas. Prix : également autour de 1 800 \$Do (60 US\$) par personne (transport aller-retour inclus).

L'excursion

Le parc, grand de plus de 200 km², héberge une faune propre aux marécages des côtes caraïbes : frégates magnifiques, albatros, pélicans, vautours, mouettes, colibris, perroquets, tortues et rongeurs. Également une flore intéressante à observer (forêts de palétuviers, orchidées, acajou, tunnels de verdure, mangrove rouge et plantes médicinales) et de très belles falaises en roche corallienne qui émergent au milieu de la baie.

L'une des attractions du parc, ce sont les *grottes,* habitées il y a environ 500 ans par les Amérindiens, qui y ont laissé des dessins rupestres (pictographes) et de très belles gravures (pétroglyphes). La *cueva Arena* est l'une des plus connues. On y accède par une charmante petite plage où se trouvent la maison des gardiens et quelques tables de pique-nique. De là, un petit chemin de sable mène à la grotte. À l'entrée, d'étonnantes têtes sculptées, dont une en très bon état. À l'intérieur, 3 petites salles habitées par des chauves-souris.

Plus loin (il faut reprendre le bateau), perdue dans la forêt, la vaste *cueva de la Linea,* célèbre pour ses centaines de dessins représentant des hérons, baleines, chauves-souris, enfants, bateaux à voile (figurant, paraît-il, l'arrivée des Espagnols !), personnages rigolos, etc. Pour peindre, les Indiens utilisaient un mélange de carbone, de jus de fruits et de graisse de lamantin, ce qui explique l'excellent état de conservation de ces dessins. Dans l'une des cavernes, des panneaux (uniquement en espagnol) donnent des explications sur la vie des Indiens. L'un d'eux raconte la légende de la princesse indienne Onaney, favorite du grand chef Caonabo, qui se cacha dans la grotte pour échapper aux conquistadors. Votre guide vous racontera peut-être aussi la frissonnante histoire des enfants indiens qui furent kidnappés par une tribu cannibale rivale, puis gavés pour être ensuite dévorés !

Plus loin, le *cayo de los Pajaros* (l'île aux oiseaux)... sans un seul volatile, mais d'autres rochers font le régal des photographes, qui peuvent, en particulier, saisir l'étonnante parade des frégates. Plus de 100 espèces différentes d'oiseaux vivent dans le parc.

QUITTER SÁNCHEZ

➢ *Pour Santo Domingo :* la compagnie *Caribe Tours* est située sur la grande route qui mène à Nagua, la calle de la Libertad à la sortie ouest de la ville. ☎ 809-552-7434. Propose 6 liaisons par jour (3 le matin, 3 l'après-midi). Durée : un peu moins de 4 h. *Metro* assure 2 liaisons en bus par jour. Arrêt à la station-service *Texaco,* au carrefour de la route de Las Terrenas et de la grande route de Samaná. ☎ 809-552-7332.

➢ *Pour Puerto Plata :* 1 bus par jour avec *Caribe Tours,* normalement à 16 h 30 (à vérifier). Le bus passe par Río San Juan, Cabarete, Sosua et Puerto Plata. Intéressant aussi pour ceux qui y reprennent l'avion.

➢ *Pour Las Terrenas :* au carrefour de la route Las Terrenas-Sánchez. Motos-*conchos* (autour de 100 \$Do de jour, soit 3 US\$) et *guaguas* (autour de 50 $Do par personne, soit plus de 1 US$). Si vous arrivez le premier, refusez que le chauffeur vous emmène seul et vous propose un prix « taxi » (au moins 300 $Do, soit 10 US$). On trouve aussi des *guaguas* dans la calle Duarte (rue principale). Pratique pour ceux qui dorment à l'hôtel *Patria*.

SANTA BÁRBARA DE SAMANÁ
50 000 hab.

Plus communément appelée *Samaná,* Santa Bárbara de Samaná est la capitale régionale. Ville moderne sans charme, car elle fut totalement reconstruite après un violent incendie qui la détruisit dans les années 1950, elle vit globalement de son administration, de la pêche, de la production de noix de coco et du tourisme (observation des baleines et visite du parc des Haïtises). Une marina toujours en construction devrait être opérationnelle sous peu (allez, dans 10 ans !). En attendant les yachts, on a mis des voiles sur des tours en béton d'un esthétisme discutable.

DEUX À TROIS CHOSES SUR LES BALEINES À BOSSE

La baie de Samaná est l'une des plus importantes concentrations de *baleines jubartes* (dites « à bosse ») au monde. Environ un millier d'entre elles viennent batifoler dans les eaux chaudes et tranquilles de la baie pour se reproduire ou mettre bas (avec un pic d'au moins 250 bébêtes à la mi-février). Caractéristiques : si elles ne sont pas les plus grosses (la baleine bleue peut mesurer jusqu'à 36 m et peser 160 tonnes), elles appartiennent au groupe des « grandes ». De 12 à 15 m de long et de 40 à 60 tonnes en moyenne. En tout cas, ce sont les plus ludiques et joyeuses de toutes les espèces (surtout les mâles).
Pour séduire, elles sont capables d'effectuer des sauts époustouflants et de chanter de façon très mélodieuse. Dans *Moby Dick,* Herman Melville s'extasie sur leur tempérament joueur. Une des figures les plus populaires : le saut. Le mâle sort comme une fusée, le corps souvent entièrement hors de l'eau et les nageoires tendues comme un avion (beau splash au retour). Record porté au *Guinness Book,* un jeune a effectué 135 sauts en 1 h 15 (très amoureux, paraît-il, on espère qu'il a conclu !). Autres mouvements : elle ne sort que la tête et la replonge en claquant l'eau du menton... ou alors elle ne sort que la queue qui retombe sur le côté. Un truc qu'elle adore : le *flippering,* rotation du corps à l'horizontale, en faisant claquer une ou deux nageoires. Et bien d'autres, comme le *spyhop* qui consiste à émerger doucement à la verticale comme un périscope et à redescendre de la même manière.
Quelques traits physiques : corps noir ou gris foncé avec des taches blanches sur les nageoires. Sur le museau et le menton, des *nodules,* sortes de protubérances de la taille d'une orange. Pas de dents, bien sûr, mais des centaines de lames élastiques en corne qui retiennent la nourriture et qu'on appelait dans le temps des « baleines ». Jadis, elles servirent à fabriquer les parapluies et à rendre belles nos arrière-grands-mères (pour les corsets, par exemple).

La baleine à bosse : une grande chanteuse...

Le commandant Cousteau l'appelait le « Caruso des profondeurs ». Seul le mâle pousse la chansonnette (la femelle n'émet que des sons de basse fréquence pour communiquer). La chanson peut être captée par une autre baleine jusqu'à une distance de plus de 20 km. Elle se compose de « phrases » et de « thèmes » ; c'est la plus complète du monde animal, dit-on !

Première chanson rock de tous les temps aussi, puisqu'on a réussi à retranscrire certains des sons les plus populaires chez elles, comme « whoop whoop yup » (proche du fameux « wap dou wap »).

Un thème se compose de plusieurs phrases, les mêmes pour les baleines d'une même région et toujours chantées dans le même ordre. Ce qui fait donc la différence entre baleines, c'est la capacité de certaines de chanter plus longtemps dans l'eau, si elles n'ont pas à remonter aussi souvent que les autres. Autre truc curieux : les mâles démarrent toujours une saison de reproduction avec la chanson de l'année précédente. Puis, les « paroles » changent progressivement, adoptées au fur et à mesure par tous les mâles ! Les chercheurs n'ont pas encore trouvé qui commence le premier à changer la chanson, ni comment elle se communique aux autres. Ce qui est sûr, c'est qu'on ne l'entend qu'au moment de la reproduction. C'est probablement pour les mâles le moyen de commencer leur jeu de séduction auprès des belles, et de marquer leur territoire vis-à-vis de leurs rivaux. Ce qui n'empêchera pas les acrobaties amoureuses, ni les durs « coups de boule » avec un dangereux rival.

Cela ne fait qu'une cinquantaine d'années que l'on a réussi à enregistrer ces chansons. Jusque-là, on s'amusait des récits de marins étonnés des drôles de sons perçus à travers la coque de leur bateau, les mettant sur le compte des traditionnels contes et légendes de la mer, des monstres marins ou d'un coup de rhum de trop !

... et une sacrée routarde, avide de records !

Les baleines à bosse sont, en outre, de grandes routardes. Lors de leur migration, pour passer l'hiver dans les eaux chaudes, elles sont capables d'effectuer plus de 2 000 km depuis les côtes de Nouvelle-Angleterre, plus de 3 000 km depuis le Labrador et 5 000 km depuis le Groenland ou l'Islande. Profitons-en pour dénoncer une fois de plus l'utilisation des filets dérivants de la grande pêche industrielle. Non seulement ils tuent les dauphins, mais aussi les jeunes baleineaux, obligés de nager plus souvent près de la surface, du fait de leurs faibles capacités à remplir leurs poumons et à plonger profondément (déjà qu'ils servent de petit dej' aux orques et aux grands requins, mais ça, c'est dans l'ordre des choses !).

Enfin, quelques derniers chiffres insolites : le bébé baleine pèse 1 tonne et mesure déjà 3 à 4 m. Il prend à sa maman plus de... 180 l de lait par jour (contenant 50 % de graisse) et grossit de... 45 kg quotidiennement (près de 2 kg à l'heure !). Un genre de record, non ? Quant à la maman, elle ingurgite près d'une tonne de petits poissons et « krills » (crevettes) par jour. Pas dans la baie de Samaná, heureusement pour les pêcheurs de Sánchez, mais dans le Grand Nord, en été, là où les baleines vont reconstituer leur réserve de graisse. Un chiffre incroyable : entre les deux migrations (descente vers le sud, séjour en baie de Samaná, remontée vers le nord), une baleine de 40 tonnes peut en perdre au moins 8 !

Voilà, bonne observation après ça et un grand merci à Ken de Pree et Kim Beddall pour ces riches informations.

Adresses utiles

⊞ *Samaná Tourist Service :* av. de la Marina, 6. ☎ 809-538-2848 et 809-538-2740. ● samana.tour@veri zon.net.do ● Fermé le dimanche. Une excellente agence de voyages francophone spécialisée dans l'or-

ganisation d'excursions dans la péninsule, les séjours, billets d'avion et de bateau, etc. En particulier, propose un circuit d'une journée en 4x4 (10 personnes maximum), en maints endroits insolites, traversée de la pé ninsule, visite des cascades et de plages sauvages.

■ *Banco Popular :* sur le *Malecón*, 4 (c'est la route bordant la mer). ☎ 809-538-3666. Ouvert du lundi au vendredi de 8 h 15 à 16 h et le samedi de 9 h à 13 h. Fermé le dimanche. Change l'euro et l'US$. Distributeur extérieur.

Où dormir ?

De prix moyens à plus chic

■ *Hotel Docia :* calle Teodoro-Chacerreaux, angle avec la calle Duarte. ☎ 809-538-2041. Juste en face de l'église anglicane, celle avec ses tôles rouge et blanc, pas loin du *Malecón*. Compter 500 $Do (environ 17 US$) la chambre double. Petit hôtel sans prétention mais fort bien tenu, avec un intérieur clair et net, dans un décor simple. Les chambres, toutes au rez-de-chaussée, ont douche-w.-c. Elles donnent sur l'arrière, le jardin ou la place (calme la nuit).

■ *Casa de huéspedes D'Merihe :* calle detras de la Marina (comandancia del Puerto). ☎ 809-538-2680. Autour de 500 $Do (17 US$) la chambre pour 2 ou 3 personnes. Certaines sont plus claires que les autres. Confort minimum. Bien pour une nuit de passage.

■ *Casa de huéspedes Mildania :* calle F.-del-Rosario-Sanchez, 41. ☎ 809-538-2151. Doubles de 450 à 700 $Do (15 à 23,30 US$), suivant le confort, petit dej' compris. En arrivant à Samaná depuis Sánchez, au premier carrefour de forme circulaire, sur la gauche. Il y a 4 petites pensions côte à côte dans ce tronçon de rue, à 200 m de la mer. Au premier étage d'une petite maison bien tenue, voilà des chambres simples mais impeccables avec douche, w.-c., TV, ventilo ou AC.

■ *Casa de huéspedes El Paraiso :* calle F.-del-Rosario-Sanchez, 53. ☎ 809-538-2648. Doubles entre 500 et 700 $Do (17 à 23,30 US$). À côté de trois autres pensions bon marché. Une pension familiale très bien tenue. Chambres propres et calmes avec ou sans ventilo. Bon rapport qualité-prix.

■ *Hotel Bahia View :* av. Circumvalación, 4. ☎ 809-538-2186. Au grand carrefour, au niveau du rond-point situé juste avant d'arriver au *Malecón*. Reconnaissable à sa structure aussi pyramidale que moche. Chambres de 600 à 800 $Do (20 à 26,70 US$), selon le confort (ventilo ou AC) et la capacité, certaines pouvant accueillir 4 personnes. Accueil au 1er étage. Bon choix de chambres, très propres et bien tenues. Un cran au-dessus des autres. Central. Peut convenir pour une nuit.

■ *Tropical Lodge :* av. de la Marina. ☎ 809-538-2480. ● www.samana-hotel.com ● En surplomb du *Malecón,* à environ 1 km du centre-ville, en direction de Las Galeras. Chambres doubles autour de 1 800 $Do (60 US$), avec le petit dej'. L'hôtel comporte plusieurs petits bâtiments emboîtés les uns dans les autres à flanc de colline. Chambres de bon confort et calmes, offrant (pour certaines) une fort belle vue de la baie. Petite piscine panoramique. Fait aussi bar et resto. L'accueil gagnerait à être un peu plus chaleureux.

Où manger ?

De bon marché à prix moyens

|●| *L'Hacienda :* dans une rue perpendiculaire au *Malecón*. ☎ 809-538-2383. Tourner à gauche au niveau du restaurant *Le France.* Ouvert tous les jours. Formule avec plat unique à 190 $Do (environ

6 US$). Cadre frais tout vert et blanc. Bonne atmosphère.

I●I *Le France* : av. de la Marina, 6, sur le *Malecón*. ☎ 809-538-2257. Ouvert tous les jours, sauf le lundi, de 10 h à minuit. Plat du jour à partir de 190 $Do (6 US$). Une bien bonne étape culinaire, claire et ouverte sur la rue. Terrasse côté mer. Accueil souriant et prévenant de Tony depuis 14 ans. Même des sandwichs et des crêpes pour les petites faims rapides.

I●I *Le Bambú* (ex-Camilo) : *Malecón*, 3, à côté de Victoria Marine. ☎ 809-538-2495. Ouvert midi et soir. Plats de 200 à 350 $Do (6,70 à 11,70 US$). La *ensalada* de lambis est très copieuse et fort goûteuse.

Repas sur une belle terrasse bien aérée donnant sur la baie ou dans une salle intérieure des plus agréables. Service très souriant.

I●I *La Mata Rosada* : *Malecón*, 5. ☎ 809-538-2388. Ouvert midi et soir. Fermé le mardi. Menu pas cher autour de 140 $Do (environ 5 US$). Plats de 150 à 300 $Do (5 à 10 US$). Une belle terrasse couverte, bien verdoyante et un bar convivial, c'est l'établissement où l'on aime se retrouver entre anciens, nouveaux et touristes de passage. Il ne faut pas manquer cette excellente table où la qualité des mets, la présentation et l'accueil vous feront passer un très bon moment. Carte ciblée produits de la mer. Cave intéressante.

Où dormir ? Où manger dans les environs ?

🛏 *Hotel Ballenas Escondidas* : Los Naranjos. ☎ 809-495-0888. ● www.ballenas-hotel.com ● À quelques kilomètres après le *Gran Bahia*, sur votre droite en allant vers Las Galeras. Chambres à 1 950 $Do (65 US$) ou bungalows à 2 550 $Do (85 US$) pour 2, avec petit dej'. Ce très bel établissement, récent, a été construit par deux médecins toulousains tombés amoureux du site. On les comprend, la situation de cet hôtel est exceptionnelle : loin de la ville, de la foule et de tout, quelques bungalows avec terrasse, parfaitement intégrés dans le site, le tout donnant directement sur une petite plage privée. Comme ils voulaient bien faire, il y a également une piscine avec jacuzzi et un bar et même un terrain de pétanque ! En projet, un petit resto panoramique qui offrira, sans doute, la plus belle vue panoramique de toute la presqu'île de Samaná. Une bien belle adresse et, en prime, un charmant accueil d'Alexandra.

🛏 I●I *Hotel Occidental Gran Bahia* : Los Cacaos. ☎ 809-538-3111.

● www.occidental-hoteles.com ● À 8 km de Samaná, direction Las Galeras. À partir de 5 100 $Do (170 US$) pour deux personnes en formule tout compris. Un peu plus cher en fin de semaine. Construit face à la mer, sur un promontoire rocheux, avec accès direct à la plage. Superbe ensemble hôtelier d'une centaine de chambres (dont quelques suites et 2 villas) qui a su préserver l'intimité de ses clients. À l'intérieur, vaste atrium lumineux avec fontaine qui glougloute. Décoration de style colonial raffinée. Chambres de grand confort, meubles en osier tressé, tissus à fleurs, couleurs fraîches, un maximum avec balcon et vue sur le large. Piscines panoramiques de rêve, club de remise en forme, billard, tennis, *snorkelling*, balade au cayo Levantado (une gratuite par séjour, sauf le mercredi), etc. Avec supplément, équitation, golf 9 trous, plongée, pêche au gros. Deux restaurants : *Las Flechas* (buffet) et *Anadel* (à la carte).

LA PÉNINSULE DE SAMANÁ

Où sortir ?

On se retrouve le soir en fin de semaine sur le *Malecón*. Petits bars où la jeunesse et les familles se baladent en mangeant une glace. Souvent des sonos improvisées.

À voir

– *Le petit marché :* à l'entrée de la ville (à droite, venant de Sánchez), surtout le samedi, quand tous les paysans y descendent pour vendre leurs produits.

– Une autre curiosité : les *ponts de la baie.* Ils coûtèrent des millions de dollars et ne servent strictement à rien (d'ailleurs, ils sont inaccessibles !). Lubie stupide et mégalo du dictateur Trujillo puisqu'ils mènent à des îlots... inhabités et sans aucune utilité !

– Au passage, voir la *chapelle* importée d'Angleterre en 1823 et lieu de culte aujourd'hui d'une église anglicane (en face de l'hôtel *Docia*). Se renseigner sur les messes chantées du soir.

À faire

✗✗✗ *L'observation des baleines :* se déroule de mi-janvier à mi-mars. C'est, vous vous en doutez, une expérience inoubliable. Il existe plusieurs agences qui vendent l'excursion auprès d'une dizaine de compagnies de bateaux agréées. Mais la plus ancienne est tenue par une Canadienne anglophone qui a largement participé à la protection des mammifères marins.

■ *Victoria Marine Whale Samaná :* sur le *Malecón,* presque face au ponton principal. ☎ et fax : 809-538-2494. ● www.whalesamana.com ● En principe, 2 excursions quotidiennes à 9 h et 13 h 30 (dépendant aussi du nombre de passagers). Nécessité de réserver quelques jours à l'avance. À bord, toujours un *marine mammal specialist,* un ou une spécialiste de la chose baleinière pour donner les explications. Pour faire l'excursion, plusieurs solutions : la facilité consiste à passer par une agence (soit depuis Las Terrenas, soit de Samaná) qui vend un « tout compris » (transport aller-retour depuis votre hôtel, bateau, boissons à bord et déjeuner au *cayo Levantado* au retour). Prix : autour de 2 200 $Do (74 US$) avec repas. Il est également possible de réserver directement par téléphone auprès de Kim et d'aller par ses propres moyens à Samaná. L'excursion simple vous coûtera beaucoup moins cher : 1 470 $Do (49 US$; 29 US$ pour les enfants). Le déjeuner au *cayo Levantado* n'est alors pas inclus, mais vous aurez quand même la possibilité d'y débarquer et d'y passer quelques heures, si vous prenez le tour du matin (il faut simplement le dire lors de la réservation par téléphone). Retour à Samaná autour de 12-13 h.

– *Kim Beddall* consacre sa vie à la défense des baleines à bosse. Depuis une vingtaine d'années, elle se bat avec passion pour les protéger et éviter une exploitation trop touristique de leur présence. Elle a fait notamment adopter, avec d'autres organismes comme le CEBSE, un code de conduite très strict vis-à-vis des baleines (concentration de bateaux interdite, distance de 50 m pour voir une baleine seule, 80 m quand elle est avec le petit, vitesse très réduite pour se rendre sur le spot, puis moteur arrêté, etc.). Son bateau, le *Victoria II,* a été modifié pour l'observation des baleines. Il faut absolument éviter de partir avec de trop petits bateaux peu expérimentés ou peu soucieux des règles, les conditions de transport, de sécurité et d'approche étant alors loin d'être réunies (qualité des infos guère garanties non plus).

– *Des conseils :* chapeau et crème solaire indispensables, téléobjectif entre 80 et 200 mm pour les photographes, et jumelles pour ceux qui en ont. Posséder aussi une certaine dose de patience. Les baleines n'étant pas encore salariées par l'office de tourisme, elles remontent quand elles veulent et exécutent les figures qui leur semblent le mieux correspondre à leurs intérêts immédiats (ne pas oublier qu'elles peuvent rester jusqu'à 40 mn sous l'eau).

■ *Embat SA : Malecón,* 1, dans un bâtiment blanc, surélevé par rapport à la rue. ☎ 809-538-2016. ● embatsa mana@yahoo.es ● Entre le 15 janvier et le 15 mars, tous les jours, Alberto Herrero, qui navigue dans le coin depuis belle lurette, propose l'observation des baleines au prix de 1 200 $Do (environ 40 US$). Le repas au *Cayo Levantado* est facturé 300 $Do (10 US$). Il peut aussi vous emmener dans la baie, sur un catamaran de 14 m, le mardi et le samedi, avec es-cale aux *cayos Farola* et *Levantado,* et repas sur la plage privée. Départ à 10 h, retour vers 17 h. Compter 1 200 $Do (40 US$) par personne, demi-tarif pour les enfants. C'est également un spécialiste du parc des Haïtises. Compter 1 500 $Do (50 US$) pour la balade avec une paella aux *camarones* de Sánchez sur la plage *Los Corales.* Uniquement le mercredi et le vendredi. Ces excursions sont aussi vendues par *Bahía Tours* à Las Terrenas.

🦐 *El cayo Levantado :* superbe îlot tropical en face de Samaná, la carte postale type à envoyer aux collègues de bureau. Plusieurs départs le matin du port. Se renseigner sur place. Tout y est : luxuriante végétation, petits chemins bucoliques, eau azur limpide, cocotiers, sable doré, etc. Mais, car il y a un mais, l'îlot est minuscule et sa réputation a largement été dépassée par sa capacité d'accueil. Résultat, en saison, ce paradis devient un peu l'enfer. On s'explique : les tour-opérateurs programmant la balade aux baleines prévoient tous dans leur « package » le déjeuner sur le *cayo.* Résultat : on se retrouve parfois à plusieurs centaines à manger comme à la cantine une nourriture médiocre, à l'ombre de grandes bâches bleues, prisonnier qu'on est de son groupe. La langue de sable devant est hyper-bondée et l'atmosphère vraiment pas notre tasse de thé.
Un conseil : si vous voulez passer un moment sur le *cayo* après avoir vu les baleines, c'est possible (voir plus haut) mais ne prenez pas le déjeuner. Il suffit d'apporter son pique-nique (un poulet rôti par exemple, des fruits, un peu d'eau et le tour est joué). Ceux qui n'ont rien apporté trouveront de tout sur place... à des prix élevés (éviter tout ce qui est fruits de mer et crustacés ; tarifs déments, car facturés au poids). On peut alors choisir un bout de plage moins fréquentée, par exemple sur la droite du ponton quand on débarque. S'il est vrai que les plages sont propres et l'eau extra, l'arrière de celles-ci est un véritable dépotoir. Dernier détail : les amateurs de solitude éviteront encore plus le week-end. Bon, sinon c'est joli.

🦐 *Le CEBSE – Centro de la Naturaleza :* suivre la baie sur la droite quand on regarde la mer (là où il y a le chantier de la marina). ☎ 809-538-2042. Petit centre (une seule salle) ouvert en général pendant la saison des baleines du lundi au vendredi de 9 h à 12 h et de 14 h à 17 h. En fin de semaine, seulement l'après-midi. Petit droit d'entrée. Ceux et celles concernés par les questions d'écologie peuvent rendre visite à ce *Centre pour la conservation et le développement écologique de la baie de Samaná.* Composé de Dominicains et d'écolos d'autres pays travaillant ensemble sur les questions de préservation de la nature. Expo à vocation pédagogique sur les richesses et les ressources naturelles de la région. Bibliothèque et petite boutique d'artisanat.

⛰ *La playa d'El Valle :* on trouve une vilaine piste, à 1 km de Samaná, vers Las Galeras. Tourner à droite à l'embranchement, puis à gauche 200 m après. Seuls les 4x4 et les motos passent. En cours de route, deux gués à franchir. Renoncer à la balade en cas de pluie, ils peuvent se transformer en torrents. Arrivé tout au bout, après tant d'efforts, vous comprendrez pourquoi on trouve si peu de monde sur la plage. Une des plus sauvages du pays. Petit

LA PÉNINSULE DE SAMANÁ

resto où, en fonction de la pêche, vous dégusterez langouste ou poisson, sinon poulet. Un conseil, ne pas attendre la nuit pour revenir (les pistes de jour, c'est difficile, alors dans le noir !). Attention quand même, avis aux nageurs imprudents, les courants sont dangereux.

QUITTER SANTA BÁRBARA DE SAMANÁ

En bus

➤ *Pour Santo Domingo :* bus *Caribe Tours,* sur le *Malecón*, près du *Banco Popular.* ☎ 809-538-2229. En moyenne, 6 liaisons par jour, de 7 h à 16 h (par Sánchez, Nagua...). Durée : 4 h 30. Tarif (aller) : 210 \$Do (7 US\$). Pour **Puerto Plata,** service irrégulier, se renseigner.

La compagnie *Metro* (*Malecón*, 6, ☎ 809-538-2851) dessert la capitale le matin de bonne heure et en début d'après-midi (225 \$Do ou 7,50 US\$).

➤ *Pour Las Galeras :* uniquement des *guaguas,* qu'on peut prendre près du marché, sur le *Malecón*.

En bateau

➤ *Pour Sabana de la Mar par le bac :* si l'on doit rejoindre l'est de l'île, la liaison maritime Santa Barbara de Samaná – Sabana de la Mar permet de gagner presque une journée en évitant de retourner à Saint-Domingue. Les bateaux partent du quai en face du *Banco Popular* et assurent la navette 3 à 5 fois par jour dans chaque sens. Départs normalement entre 7 h et 15 h. Durée du trajet : 1 h.

– *Prix du billet aller :* environ 100 \$Do (3,30 US\$). Les billets s'achètent à bord. Attention : ce bac n'accepte pas les voitures, seulement les piétons et des motos. Si on a de la chance, on peut même voir des baleines.

LA ROUTE VERS LAS GALERAS

➤ Belle route goudronnée. Quelques arrêts intéressants en chemin comme la **plage de Las Flechas.** Eh oui, c'est là que Christophe Colomb crut que la nuit était tombée brutalement, alors que ce n'était qu'un nuage de flèches expédiées par des Indiens ciguayos furieux qu'on ne les ait pas prévenus de la visite. Plage tout à fait croquignolette.

Petite diversion ensuite par **Los Cacaos.** Village de pêcheurs traditionnel. Ancien petit port d'où l'on chargeait le marbre extrait dans la région. De cette époque, subsistent un bout du môle, quelques poutres métalliques rouillées et toujours le sourire des habitants.

➤ Nouvelle diversion à droite *(playa Frontón),* pour une balade de 7 km en tout. Cette petite route n'est pas évidente à trouver. Elle se situe exactement à 7,1 km avant d'arriver à la plage de Las Galeras, en face d'une *gallera* (petite enceinte circulaire de bois où ont lieu les combats de coqs). Autre indication : 100 m exactement après cette route sur la droite, côté gauche, pancarte pour la *playa Rincón*. Si vous voyez ce panneau, c'est que vous avez dépassé l'embranchement (donc, demi-tour).

– Balade sympa sur cette route mignonne, qui devient piste après quelques kilomètres, longeant de belles falaises abruptes, parsemées d'une maigre végétation et de cactées et tombant sur de toutes petites cultures ou prairies. Quelques modestes demeures d'agriculteurs qui vous sourient. Route excellente sur la majeure partie de l'itinéraire. Au passage, à gauche, une minuscule chapelle en bois et une école. Derrière, part un sentier vers des ***grottes*** où furent effectuées quelques recherches archéologiques sur les Indiens qui les utilisèrent. Un peu plus loin, de gros ***blocs de marbre,*** comme tombés de la falaise. C'est ici que l'on a extrait longtemps le beau marbre qui servit à la construction de tant de monuments et de villas de prestige dans les grandes villes. Vestiges rouillés de machines, de roues de treuil, de grues, envahis par la végétation.

– Le dernier kilomètre, la route devient piste. Elle est alors un peu plus difficile pour les voitures particulières. Possibilité de continuer à pied. Terrain de plus en plus rocailleux, de type karstique. Et puis, on perçoit progressivement une sorte de grondement sourd, inégal, avec de brusques moments d'intensité qui évoquent quelque monstre ou tyrannosaure évadé d'un éventuel *Jurassic Park* ! Peu avant d'arriver à la mer (à peine 100 m avant le cul-de-sac), petit chemin informe à droite, menant à ce bruit mystérieux... On tombe alors sur un trou dans la roche d'où jaillit, de temps à autre, un souffle gigantesque dans un bruit de tonnerre.

– Vous venez de tomber sur la *boca de la Tierra,* appelée aussi ***bouche du Diable,*** un spectaculaire phénomène géophysique. Une noix de coco envoyée dans la bouche peut être projetée à 100 m. Dans cette roche étroite et creuse, complètement taraudée, la mer s'engouffre avec furie par-dessous. L'eau, comprimée dans les boyaux étroits, explose alors sous l'énorme pression et ressort, furieuse, dans ce souffle spectaculaire par une fente quasi invisible. Ne pas s'approcher trop près, est-il besoin de le préciser ?

⌂ Balade à la ***plage d'El Rincón*** : en reprenant la route principale, 100 m plus loin donc, sur la gauche. C'est une belle plage quasi déserte proche de Las Galeras. Une douzaine de kilomètres (les 2 derniers sont vraiment difficiles) pour y arriver. Le rivage mériterait toutefois un petit coup de nettoyage de temps en temps.

🐾 ***Iguanario :*** sur la route de la plage *El Rincón,* après avoir tourné à droite au village *Los Tocones.* Entrée 50 $Do (1,70 US$). Ouvert de 10 h à 17 h. Grâce à l'initiative de la *Sociedad ecológica Los Laicos,* une dizaine d'iguanes rhinocéros (espèce endémique de la République dominicaine, en voie d'extinction) se prélassent au soleil dans un enclos. On espère qu'ils vont s'y plaire et se reproduire. Bon c'est pas terrible, mais ça part d'un bon sentiment. Si vous êtes sensibles aux espèces en voie de disparition, vous pourrez adopter (financièrement) une de ces charmantes et inoffensives bébêtes, qui ne demandent qu'à vivre.

LAS GALERAS

Le bout du bout de la péninsule. Là encore, un village de pêcheurs, au fond d'une vaste baie, tombé récemment dans les rets du tourisme, mais pas du tourisme de masse. Pas mal de Français et d'autres s'y réfugièrent en des temps plus rustiques et sereins. Aujourd'hui, coexistence d'un mode de vie nonchalant et d'une atmosphère toujours authentique, avec une infrastructure hôtelière moderne et confortable. Las Galeras est plutôt recommandé aux amoureux du calme...

Adresses utiles

⊛ ***Nouveau Centre commercial :*** à droite en arrivant, au dernier carre- | four avant la plage. Téléphone, Internet, agences touristiques, boutiques. Notre coup de cœur : Fanny, qui tient *Art Tribal,* une bien jolie boutique pleine de peintures et d'artisanat, et vous offre un accueil chaleureux.

⊛ *Centre commercial Plaza Lusitania :* en face du précédent, de l'autre côté du carrefour. *Minimarket,* pizzeria...

◼ *Verizon :* dans le nouveau centre commercial.

@ *Internet :* dans le nouveau centre commercial.

◼ *Caribe Fun Rentals :* au carrefour des centres commerciaux, à gauche, direction Villa Serena. ☎ et fax : 809-538-0109. ● caribe fun_wy@hotmail.com ● Location de motos Yamaha DT 125, l'idéal pour découvrir la région.

Où dormir ?

Bon marché

🛏 *Hotel El Sol :* en entrant dans Las Galeras, en venant de Samaná, environ 1 km avant la plage, prendre un chemin de terre à gauche, au niveau du panneau d'entrée de la station. À 400 m plus loin environ, sur la gauche. Demandez, les gens du quartier connaissent. Pas de téléphone pour les joindre. La double à 300 $Do environ (10 US$) : la chambre la moins chère de Las Galeras. Confort vraiment spartiate, pour petits budgets. Ces *cabañas* qui ne disent pas leur nom sont réparties autour d'un trou qui sert normalement de piscine. Douche (eau froide) et w.-c. dans les chambres.

D'un peu plus chic à beaucoup plus chic

🛏 *Hotel La Playita :* en arrivant à Las Galeras, tout de suite à gauche après le panneau marquant l'entrée de la ville. ☎ 809-325-0019. Bien indiqué. À partir de 750 $Do (25 US$). Ensemble de 18 chambres, sur 2 niveaux. Quelques *cabañas* également, un peu moins chères (400 $Do ou 13,30 US$). Confort simple et suffisant. Tenu par une équipe française. Petite piscine, bar, le tout à 300 m de la mer.

🛏 *La Plantación Guesthouse :* entre les deux centres commerciaux, prendre à droite. C'est ensuite sur la gauche (panneau). ☎ 809-538-0079. ● www.laplantacion.com02. com ● Doubles de 900 à 1 050 $Do (30 à 35 US$) sans le petit dej', selon la saison. Intéressante maison, récente, au style un peu Art déco, avec demi-rotonde en avancée, petite terrasse et grande pelouse devant. Quatre chambres coquettes avec sol en ciment coloré. Elles ont douche-w.-c. et jouissent d'une petite terrasse. Rémi, le propriétaire, propose une table d'hôtes et organise des sorties de pêche au gros.

🛏 *Hotel Moorea Beach :* prendre à gauche au niveau des centres commerciaux ☎ 809-538-0007. ● www. hotelmooreabeach.com ● Chambres à partir de 1 500 $Do (50 US$), *desayuno* inclus. Ça ressemble à une grande et élégante villa italienne sur 2 étages, au milieu de vastes pelouses et d'un bois de cocotiers. Toit de tuiles rouges et galeries à balustres. Une douzaine de chambres sans esbroufe, bien tenues, dont une majorité avec vue sur la mer. Piscine et jacuzzi. Bonne cuisine dominicaine. Bar et salle à manger agréables.

🛏 *Bungalows La Bella Aventura :* en entrant dans Las Galeras, au niveau des centres commerciaux, prendre à gauche la direction de l'hôtel *Villa Serena.* 200 m avant celui-ci, vous verrez 2 maisons de style polynésien, avec un toit de canne, c'est là. Pas de téléphone pour le moment mais un e-mail : ● labellaventura@hotmail.com ● Entre 1 050 $Do la chambre pour 2 personnes en bungalow et 1 350 $Do le bungalow entier pour 4 personnes

(35 à 45 US$) la nuit. Repas du soir possible : compter 450 $Do (15 US$). Dans un coin calme, Michelle et Gérard, deux Belges sympathiques, tiennent soigneusement leurs 3 bungalows entourés d'un très agréable jardin. Confort standard : douche (eau douce alors qu'à Las Galeras, elle est en général saumâtre) et w.-c. Deux sont avec kitchenette. Les proprios organisent aussi des excursions à VTT, à cheval et à moto.

⌂ *La Isleta :* en remontant de la plage, première à droite. ☎ 809-538-0116. ● www.la-isleta.com ● Compter environ 900 $Do (30 US$) la chambre et 1 750 $Do (58,30 US$) l'appartement. Un petit hôtel très sympathique avec une terrasse donnant sur la mer. Eau chaude, cuisine équipée, à 50 m de la plage. Pas de bar, ni de petit dej' mais jacuzzi. Direction française (Fati et Dominique).

⌂ *Juan y Lolo :* à gauche au niveau des centres commerciaux, direction Villa Serena. ☎ et fax : 809-538-0208. ● www.juanylolo.com ● De 750 à 3 600 $Do (25 à 120 US$) par jour suivant le nombre de personnes et la taille du bungalow, le plus grand pouvant accueillir jusqu'à 8 personnes. Location minimum. 2 nuits. Jean et Laurence vous proposent un ensemble d'une vingtaine de villas en location. Toutes équipées, de style bungalow polynésien, avec jardin et à deux pas de la plage.

Très, très chic

Deux adresses très différentes :

⌂ |●| *Villa Serena :* prendre à gauche au niveau des centres commerciaux. ☎ 809-538-0000. ● www.villaserena.com ● De 3 600 à 4 200 $Do (120 à 140 US$) la chambre double, selon le confort et la saison. Accueil en français. Magnifique villa de style caraïbe surplombant le large, au milieu d'un jardin de rêve. En harmonie totale avec la nature environnante. Décoration intérieure d'un haut raffinement, ameublement original, lits en osier tressé. Terrasse spacieuse. Piscine frangée de cocotiers, à l'abri des vents dominants. Un véritable petit éden pour amoureux ou lecteurs en voyage de noces. Évidemment, c'est cher. Seul petit défaut, « plage » privée insignifiante (mais il y en a tant tout autour). Bon resto, mais carte un peu limitée.

⌂ |●| *Casa Marina Bay :* prendre à droite entre les deux centres commerciaux. ☎ 809-538-0020. ● www.amhsamarina.com ● Compter un minimum de 3 300 $Do (110 US$) par personne (en *all inclusive*), sur la base de 2 personnes. Vous l'aviez deviné, c'est un *resort* classique, plutôt correct, avec son côté vacances faciles et un peu l'usine à la fois. Pavillons et petits immeubles disséminés dans la verdure, pas trop les uns sur les autres. Propose 250 chambres et 50 suites. Bon confort : clim', TV câblée, téléphone, coffre, balcon ou terrasse. Plage superbe de 2 km et 2 piscines. Tous les sports : planche à voile, kayak, *snorkelling,* tennis, équitation, vélo, *kid's club* pour les minots (avec minidisco, siouplait !). Proposent 2 restos et 4 bars, pratique pour éviter votre voisin de palier.

Où manger ?

|●| Sur la plage au bout de la rue principale, un *« collectif » de cuisine locale (Asociación Comunitaria de Vendedoras de Las Galeras)* offre un choix de poisson et de fruits de mer préparés devant vous. On mange sous une grande hutte plantée dans le sable, à l'ombre des cocotiers. C'est souvent frais, moins cher que dans les restos classiques, et on aime bien l'atmosphère. Un conseil, si vous êtes accro au petit

vin blanc avec les fruits de mer, achetez une bouteille au supermarché de la *Plaza Lusitania,* et venez la déguster avec votre langouste, personne ne s'en formalisera.

|●| *Chez Denise :* face au nouveau centre commercial. Dans son *comedor* amélioré, Denise mijote de bons plats depuis de nombreuses années. Une valeur sûre. Goûtez son poulet au curry à 200 $Do (moins de 7 US$).

|●| *Restaurant Ruby :* face au cen-

tre commercial *Plaza Lusitania.* Sous un élégant *rancho* ouvert sur l'extérieur. Les *lambis* sont copieux et bien présentés (220 $Do, soit 7,30 US$). Il y a aussi des plats moins chers. Seul défaut, il n'y a pas toujours ce qui est annoncé à la carte.

|●| *Pizzeria :* dans le centre commercial *Plaza Lusitania.* Fermé le mercredi. Tous les résidents recommandent chaudement cette vraie pizzeria italienne. Bon et copieux.

Où boire un verre ? Où danser ?

– Pour les sorties nocturnes, rien de grandiose ici. On vous indique quand même :

▼ ♪ *L'Aventure :* sur la gauche en arrivant, à 200 m de la plage. Ouvert tous les jours à partir de 16 h. Pizzeria, café, bar, dancing. Jean vous accueillera en ami et vous passerez un bon moment, surtout en fin de semaine.

▼ ♪ *Disco-terraza Manuel :* en haut du village, à gauche en descendant vers la plage. Repérable le soir

à ses décibels et lumières. Rendez-vous des jeunes du coin pour boire une bière et danser un *merengue* torride.

▼ ♪ *D'Vip disco-bar :* calle principal. Ouvert tous les jours jusqu'à 4 h du matin.

▼ ♪ *Néry Vidéo bar* et *Chez Manuela,* dans la rue principale.

➤ *DANS LES ENVIRONS DE LAS GALERAS*

– *Plongée et sortie baleines :* avec *Dive Samaná,* qu'on trouve à l'hôtel *Casa Marina Bay.* ☎ et fax : 809-538-0210. Taka (un Japonais) et son équipe connaissent bien les fonds de la région. Excellent matos. Il propose également des sorties à la rencontre des baleines en saison. Réservation indispensable par téléphone.

⚓ *La Playita :* prendre à gauche, au niveau des centres commerciaux. Elle est fléchée. Très jolie et déserte. Mais pas pour longtemps, un hôtel a surgi de terre sur la colline.

FRAGILE

Certains souvenirs de vacances ne sont pas jolis. La prison est là pour vous le rappeler.

Tout adulte ayant eu des relations sexuelles
avec un enfant dans le cadre
de la prostitution en France ou à l'étranger
s'expose à 10 années de prison.

association Contre la Prostitution Enfantine

14, rue Mondétour - 75001 Paris - Tél. : 01 40 26 91 51 - a.c.p.e@wanadoo.fr

www.acpe-asso.com

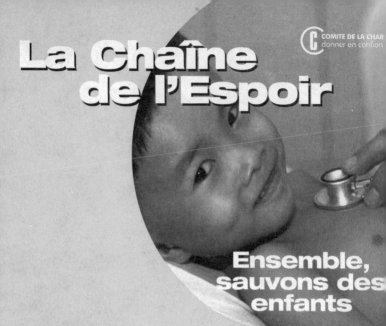

La Chaîne de l'Espoir

Ensemble, sauvons des enfants

Depuis 1988,
La Chaîne de l'Espoir s'est donnée pour mission d'opérer en France ou dans leur pays d'origine des enfants gravement malades des pays en développement en attente d'un acte chirurgical vital.

Parce qu'il n'y a pas d'avenir sans enfance

6000 enfants opérés depuis 1988

Association de bienfaisance assimilée fiscalement à une association reconnue d'utilité publique

LA CHAÎNE DE L'ESPOIR

Vous pouvez envoyer vos dons à :

La Chaîne de l'Espoir
96, rue Didot - 75014 Paris
Tél. : 01 44 12 66 66 - Fax : 01 44 12 66
www.chaine-espoir.asso.fr

► ● ◄ P 125 F5.6 ⁺⁻0⁻ ⚡

es peuples indigènes croient qu'on vole eur âme quand on les prend en photo. Et si c'était vrai ?

Pollution, corruption, déculturation : pour les peuples indigènes, le tourisme peut être d'autant plus dévastateur qu'il paraît inoffensif. Aussi, lorsque vous partez à la découverte d'autres territoires, assurez-vous que vous y pénétrez avec le consentement libre et informé de leurs habitants. Ne photographiez pas sans autorisation, soyez vigilants et respectueux. Survival, mouvement mondial de soutien aux peuples indigènes s'attache à promouvoir un tourisme responsable et appelle les organisateurs de voyages et les touristes à bannir toute forme d'exploitation, de paternalisme et d'humiliation à leur encontre.

Survival
pour les peuples
indigènes

**Cour pénale internationale :
face aux dictateurs
et aux tortionnaires,
la meilleure force de frappe,
c'est le droit.**

L'impunité, espèce en voie d'arrestation.

fidh

Fédération Internationale
des ligues des Droits de l'Homme.

www.fidh.org

m'man, p'pa, 'faut pô laisser faire !

HANDICAP INTERNATIONAL

titeuf "totem" de nos 20 ans

Pour découvrir l'engagement de Titeuf et nous aider à continuer :

www.handicap-international.org

routard
ASSISTANCE
L'ASSURANCE VOYAGE
INTEGRALE A L'ETRANGER

VOTRE ASSISTANCE « MONDE ENTIER » LA PLUS ETENDUE

RAPATRIEMENT MEDICAL **ILLIMITÉ**
(au besoin par avion sanitaire)
VOS DEPENSES : MEDECINE, CHIRURGIE, (env. 1.960.000 FF) **300.000 €**
HOPITAL, GARANTIES A 100% SANS FRANCHISE
HOSPITALISE : RIEN A PAYER ! … (ou entièrement remboursé)
BILLET GRATUIT DE RETOUR DANS VOTRE PAYS : **BILLET GRATUIT**
En cas de décès (ou état de santé alarmant) **(de retour)**
d'un proche parent, père, mère, conjoint, enfant(s)
*BILLET DE VISITE POUR UNE PERSONNE DE VOTRE CHOIX **BILLET GRATUIT**
si vous être hospitalisé plus de 5 jours **(aller - retour)**
Rapatriement du corps – Frais réels **Sans limitation**

RESPONSABILITE CIVILE «VIE PRIVEE» A L'ETRANGER

Dommages CORPORELS (garantie à 100%) ....(env. 4.900.000 FF) **750.000 €**
Dommages MATERIELS (garantie à 100%) ....(env. 2.900.000 FF) **450.000 €**
(dommages causés aux tiers) (AUCUNE FRANCHISE)
EXCLUSION RESPONSABILITE CIVILE AUTO : ne sont pas assurés les dommages
causés ou subis par votre véhicule à moteur : ils doivent être couverts par un contrat
spécial : ASSURANCE AUTO OU MOTO.
ASSISTANCE JURIDIQUE (Accident) ....(env. 1.960.000 FF) **300.000 €**
CAUTION PENALE .... (env. 49.000 FF) **7500 €**
AVANCE DE FONDS en cas de perte ou de vol d'argent ..(env. 4.900 FF) **750 €**

VOTRE ASSURANCE PERSONNELLE «ACCIDENTS» A L'ETRANGER

Infirmité totale et définitive (env. 490.000 FF) **75.000 €**
Infirmité partielle – (SANS FRANCHISE) **de 150 €** à **74.000 €**
(env. 900 FF à 485.000 FF)
Préjudice moral : dommage esthétique (env. 98.000 FF) **15.000 €**
Capital DECES (env. 19.000 FF) **3.000 €**

VOS BAGAGES ET BIENS PERSONNELS A L'ETRANGER

Vêtements, objets personnels pendant toute la durée de votre voyage à l'étranger :
vols, perte, accidents, incendie, (env. 6.500 FF) **1.000 €**
Dont APPAREILS PHOTO et objets de valeurs (env. 1.900 FF) **300 €**

À PARTIR DE 4 PERSONNES
TARIFS
"Spécial Famille"
Nous consulter Tél. : 01 44 63 51 00
Souscription en ligne : www.avi-international.com

routard
ASSISTANCE
L'ASSURANCE VOYAGE
INTEGRALE A L'ETRANGER

BULLETIN D'INSCRIPTION

NOM : M. Mme Melle |⎵|⎵|⎵|⎵|⎵|⎵|⎵|⎵|⎵|⎵|⎵|⎵|

PRENOM : |⎵|⎵|⎵|⎵|⎵|⎵|⎵|⎵|⎵|⎵|⎵|⎵|⎵|

DATE DE NAISSANCE : |⎵|⎵|⎵|⎵|⎵|⎵|⎵|⎵|

ADRESSE PERSONNELLE : |⎵|⎵|⎵|⎵|⎵|⎵|⎵|⎵|⎵|⎵|

|⎵|⎵|⎵|⎵|⎵|⎵|⎵|⎵|⎵|⎵|⎵|⎵|⎵|

|⎵|⎵|⎵|⎵|⎵|⎵|⎵|⎵|⎵|⎵|⎵|⎵|⎵|

CODE POSTAL : |⎵|⎵|⎵|⎵|⎵| TEL. |⎵|⎵|⎵|⎵|⎵|⎵|⎵|⎵|⎵|⎵|

VILLE : |⎵|⎵|⎵|⎵|⎵|⎵|⎵|⎵|⎵|⎵|⎵|⎵|⎵|

DESTINATION PRINCIPALE..
Calculer exactement votre tarif en SEMAINES selon la durée de votre voyage :
7 JOURS DU CALENDRIER = 1 SEMAINE
Pour un Long Voyage (2 mois…), demandez le **PLAN MARCO POLO**

COTISATION FORFAITAIRE 2006-2007
Tarif inchangé depuis 2002

VOYAGE DU |⎵|⎵|⎵|⎵|⎵|⎵| AU |⎵|⎵|⎵|⎵|⎵|⎵| = |⎵|⎵|
                                                                    SEMAINES

Prix spécial *«JEUNES»* (3 à 40 ans) : **20 € x** |⎵|⎵| = |⎵|⎵|⎵| €

De 41 à 60 ans (et – de 3 ans) :   **30 € x** |⎵|⎵| = |⎵|⎵|⎵| €

De 61 à 65 ans :   **40 € x** |⎵|⎵| = |⎵|⎵|⎵| €

Tarif "**SPECIAL FAMILLES**" 4 personnes et plus : **Nous consulter au 01 44 63 51 00**
Souscription en ligne : www.avi-international.com

Chèque à l'ordre de ROUTARD ASSISTANCE – *A.V.I. International*
28, rue de Mogador – 75009 PARIS – FRANCE - Tél. 01 44 63 51 00
Métro : Trinité – Chaussée d'Antin / RER : Auber – Fax : 01 42 80 41 57

ou Carte bancaire : Visa ☐   Mastercard ☐   Amex ☐
N° de carte : |⎵|⎵|⎵|⎵|⎵|⎵|⎵|⎵|⎵|⎵|⎵|⎵|⎵|⎵|⎵|⎵|
Date d'expiration : |⎵|⎵| |⎵|⎵| Signature

*Je déclare être en bonne santé, et savoir que les maladies
ou accidents antérieurs à mon inscription ne sont pas assurés.*

Signature :

Information : www.routard.com / Tél : 01 44 63 51 00
Souscription en ligne : www.avi-international.com

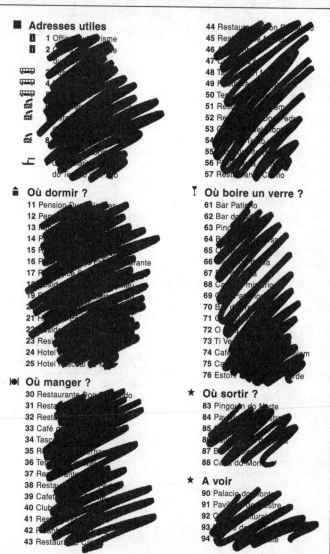

■ **Adresses utiles**
- 1 Offic██ █████isme
- 2 █████████

Où dormir ?
- 11 Pension ███ █████as
- 12 Pen████
- 13 █████
- 14 P█████
- 15 R█████
- 16 R███████
- 17 R████████ █████rante
- 23 Resi███
- 24 Hotel █████
- 25 Hotel █████ ██ █

|◉| **Où manger ?**
- 30 Restaurante ███ ████do
- 31 Resta██████
- 32 Resta██████
- 33 Café █████
- 34 Tasc██████
- 35 R████████
- 36 Te██████████
- 37 Re███████
- 38 Restau██████
- 39 Café███████
- 40 Club████
- 41 Res████████
- 42 R████████
- 43 Restau█████ ███

- 44 Restau██████
- 45 Rest██████
- 46 ████
- 47 ████
- 48 Te██████
- 49 R████████
- 50 Te████████
- 51 Res████████
- 52 Re████████████
- 53 ████████████
- 54 ████████
- 55 ████
- 56 P████████
- 57 Restau█████ ███mo

Où boire un verre ?
- 61 Bar Pati██o
- 62 Bar d████
- 63 Pinc████
- 64 B████████
- 65 C████
- 66 ████████
- 67 R████████
- 68 Ca██████████
- 69 C████████
- 70 B████████
- 71 C████████
- 72 O████████
- 73 Ti Ve████
- 74 Café████████ █████em
- 75 Ca████
- 76 Eston████████ ████de

★ **Où sortir ?**
- 83 Pingo██ do N█rte
- 84 Pav████████ █████re
- 85 ████████
- 87 B████████
- 88 Ca██ do Mon██

★ **A voir**
- 90 Palacio do ███ont██
- 91 Pavi████ █████estre
- 92 C████████████
- 93 ████████████
- 94 ████████████

INDEX GÉNÉRAL

OÙ TROUVER LES CARTES ET LES PLANS ?

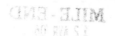

les **Routards** *parlent aux* **Routards**

Faites-nous part de vos expériences, de vos découvertes, de vos tuyaux.
Indiquez-nous les renseignements périmés. Aidez-nous à remettre l'ouvrage à jour. Faites profiter les autres de vos adresses nouvelles, combines géniales...
On adresse un exemplaire gratuit de la prochaine édition à ceux qui nous envoient les lettres les meilleures, pour la qualité et la pertinence des informations. Quelques conseils cependant :
– Envoyez-nous votre courrier le plus tôt possible afin que l'on puisse insérer vos tuyaux sur la prochaine édition.
– N'oubliez pas de préciser l'ouvrage que vous désirez recevoir.
– Vérifiez que vos remarques concernent l'édition en cours et notez les pages du guide concernées par vos observations.
– Quand vous indiquez des hôtels ou des restaurants, pensez à signaler leur adresse précise et, pour les grandes villes, les moyens de transport pour y aller. Si vous le pouvez, joignez la carte de visite de l'hôtel ou du resto décrit.
– N'écrivez si possible que d'un côté de la lettre (et non recto verso).
– Bien sûr, on s'arrache moins les yeux sur les lettres dactylographiées ou correctement écrites !

Le Guide du routard : 5, rue de l'Arrivée, 92190 Meudon

E-mail : guide@routard.com
Internet : www.routard.com

Les **Trophées** *du* **Routard**

Parce que le *Guide du routard* défend certaines valeurs : Droits de l'homme, solidarité, respect des autres, des cultures et de l'environnement, les Trophées du Routard soutiennent des actions à but humanitaire, en France ou à l'étranger, montées et réalisées par des équipes de 2 personnes de 18 ans à 30 ans.
Pour la seconde édition des Trophées du Routard 2005, 6 équipes sont parties, chacune avec une bourse et 2 billets d'avion en poche, pour donner de leur temps et de leur savoir-faire aux 4 coins du monde. Certains vont recenser des sites de tourisme solidaire au Sénégal, installer du matériel informatique dans une école au Burkina Faso, créer un atelier de couture au Vietnam ; d'autres vont perfectionner la production d'une micro entreprise laitière au Burkina Faso, aider une association d'orphelins à accéder à l'auto-financement par l'élevage bovin au Congo ou encore construire un puits en Inde.
Ces projets ont pu être menés à bien grâce à l'implication de nos partenaires qui nous soutiennent depuis le début : le Crédit Coopératif ● www.credit-cooperatif.coop ● et l'Unat ● www.unat.asso.fr ●

Routard Assistance *2006*

Routard Assistance, c'est l'Assurance Voyage Intégrale sans franchise que nous avons négociée avec les meilleures compagnies, Assistance complète avec rapatriement médical illimité. Dépenses de santé et frais d'hôpital pris en charge directement sans franchise jusqu'à 300 000 € + caution + défense pénale + responsabilité civile + tous risques bagages et photos. Assurance personnelle accidents : 75 000 €. Très complet ! Le tarif à la semaine vous donne une grande souplesse. Tableau des garanties et bulletin d'inscription à la fin de chaque *Guide du routard* étranger. Si votre départ est très proche, vous pouvez vous assurer par fax : 01-42-80-41-57, en indiquant le numéro de votre carte de paiement. Pour en savoir plus : ☎ 01-44-63-51-00 ; ou, encore mieux, sur notre site : ● www.routard.com ●

Photocomposé par MCP - Groupe Jouve
Imprimé en France par Aubin
Dépôt légal n° 61739 - 8/2005
Collection n° 13 - Édition n° 01
24/0306/1
I.S.B.N. 2.01.24.0306-9